난징南京학살과
일본의 신문보도

지은이
조마루 요이치 上丸洋一, Jomaru Yoichi

1955년 기후(岐阜)현 출생. 1978년 와세다대학교 정치경제학부 졸업. 아사히신문사 입사 후 학예부, 기획보도부를 거쳐 오피니언 편집장, 월간지 『논좌(論座)』 편집장, 편집위원(언론 및 미디어 담당) 등을 지냈다. 2020년 정년퇴임 후 프리랜서 저널리스트로 활동하고 있다. 주요저서로는 『책은 뉴스다!』(고미치 쇼보), 『『제군!』『정론』의 연구-보수언론은 어떻게 변용해왔는가』(이와나미서점), 『원자력발전과 미디어-신문 저널리즘의 두 번째의 패배』(아사히신문출판), 『신문과 헌법 9조』(아사히신문출판) 등이 있다. 공저로는 『신문과 전쟁』(아사히신문출판), 『신문과 쇼와』(아사히신문출판) 등이 있다.

옮긴이
윤소영 尹素英, Yoon So-young

숙명여대 사학과 졸업. 일본 오차노미즈여자대학 인문과학박사. 역사학자. 독립기념관 한국독립운동사연구소 학술연구부장을 지냈다. 근대한일관계사, 한국독립운동사 및 독도 영토주권 관련 연구 외에, 한국독립운동사 및 일제의 사상탄압과 관련된 일본어 자료 번역집을 다수 발간했다. 최근 연구논문으로는 「가지 와타루(鹿地亘)의 반전반제운동(反戰反帝運動)과 조선」(2021), 「일본 측 정보자료를 통해 본 1920년대 김성숙의 활동 궤적과 사상」(2022), 「1930년대 중국에서 전개된 김성숙의 번역 활동과 그 사상적 맥락」(2024) 등이 있다. 번역서로는 『일제강점기 치안유지법 운용의 역사』(오기노 후지오), 『일제강점기 치안유지법의 현장』(오기노 후지오), 그 외 『일본신문 한국독립운동 기사집』(독립기념관), 『사상통제(1~3)』(공역, 동북아역사재단) 등이 있다.

난징(南京)학살과 일본의 신문보도
일본인 기자들은 무엇을 보도하고, 무엇을 보도하지 않았는가?

초판발행 2025년 4월 20일

지은이 조마루 요이치
옮긴이 윤소영

펴낸이 박성모
펴낸곳 소명출판
출판등록 제1998-000017호
주소 서울시 서초구 사임당로14길 15 서광빌딩 2층
전화 02-585-7840
팩스 02-585-7848
이메일 somyungbooks@daum.net
홈페이지 www.somyong.co.kr

ISBN 979-11-5905-309-2 03910
정가 39,000원

ⓒ 윤소영, 2025

잘못된 책은 구입처에서 바꾸어드립니다.
이 책은 저작권법의 보호를 받는 저작물이므로 무단전재와 복제를 금하며,
이 책의 전부 또는 일부를 이용하려면 반드시 사전에 소명출판의 동의를 받아야 합니다.

난징南京학살과
일본의 신문보도

일본인 기자들은 무엇을 보도하고,
무엇을 보도하지 않았는가?

조마루 요이치 지음 · 윤소영 옮김

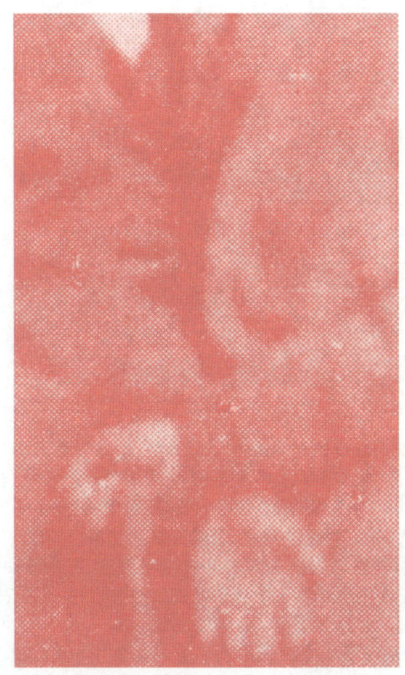

NANJING JIKEN TO SHIMBUN HODO
Copyright ⓒ 2023 Jomaru Yoichi, All rights reserved.
Original Japanese edition published in Japan by Asahi Shimbun Publications Inc.
Korean translation rights arranged with Asahi Shimbun Publications Inc.
through Imprima Korea Agency.

이 책의 한국어판 저작권은 Imprima Korea Agency를 통해
Asahi Shimbun Publications Inc.과의 독점계약으로 소명출판에 있습니다.
저작권법에 의해 한국 내에서 보호를 받는 저작물이므로 무단전재와 무단복제를 금합니다.

일러두기

1. 이 책에서 인용한 원문자료에는 중국을 지나(支那)라고 호칭하고 있는데, 이는 차이나(China)의 소리음이다. 이것은 메이지유신 후 일본에서 한자어 '중국'이 중심 국가라는 뜻이므로 이를 인정하지 않는다는 의도를 담은 호칭이었다. 번역에는 당시 일본 측의 의도와 그 분위기를 전하기 위해 원자료 인용의 경우, 그대로 표기했다.
2. 일본어 명칭, 이름, 지명은 기본적으로 일본어 발음으로 표기했으며, 일본어 표기는 한글 외래어표기법에 따랐다. 단, 한국에서 관용적으로 사용되는 일본 잡지명은 한국어 발음으로 표기했다.
   예) 서명 : 문예춘추(文藝春秋), 개조(改造) 등 / 용어 : 중지나(中支那) 방면군
3. 본문에서 일본어 한자의 약자는 정자로 표기했다.
4. 한국의 독자를 위해 필요한 부분은 **[역주]**로 표시했다.
5. 일반 독자의 가독성을 높이기 위해 일본어 서명은 본문 중 번역했다. 원서에는 참고문헌이 생략되어 있으나 이 책에서는 본문에 인용된 참고문헌의 서지사항을 확인하여 권말에 부록으로 실었다.
6. 중국 지명과 중국 인명은 원칙적으로 중국어 발음으로 표기했으나 일부 고유명사는 한글 음을 쓰고 한자를 병기했다.
   예) 샤칸(下關), 신가구(新街口), 광화문(光華門), 우화대(雨花臺)

2024년 일본저널리스트회의^JCJ 상^賞 심사평

조마루 요이치, 『난징사건과 신문보도 – 기자들은 무엇을 쓰고 무엇을 쓰지 않았는가』, 아사히신문출판

일본의 침략전쟁범죄를 상징하는 「난징대학살」^난징사건^은 저 아우슈비츠에서의 나치의 만행에 필적하는 전쟁범죄인데, 이 책은 당시의 일본 신문 기자가 무엇을 쓰고 무엇을 쓰지 않았는지를 추적하여 검증한 역작이다. 필자는 2007년부터 2008년까지 전시^戰時^ 보도를 검토하는 『아사히신문』 석간 특집 연재 기사 「신문과 전쟁」 취재반에 참가하여, 「난징」 시리즈를 담당했다. 2020년에 정년퇴임을 계기로 다시 한번 '난징사건'과 씨름하며 매일같이 당시의 신문보도를 조사했다. '난징사건 환상설', '100인 참수'를 비롯한 일본군의 만행, 수많은 학살 사례를 마주하며 진위^眞僞^를 검증하는 작업을 계속했다. 당시의 보도나 기록을 발굴하고 기사를 추적하여 생존한 기자를 취재하며 검증했다. 멀미가 날 것 같은 작업 속에서 사실이었던 내용은 물론, 전후좌우의 상황, 외국의 기사^記事^까지도 다각적인 검토를 거듭하여 '있었을 것이 분명한 사실'을 규명한 성과의 의의는 크다. 전장^戰場^에 갔던 기자, 카메라맨은 엄혹한 보도 통제라는 규제하에 군기^軍紀^ 복종, 검열, 보도 규제, 종군기자 지침에 의해서 점점 '일등 입성', '보도보국^報道報國^', '보도전사^戰士^'의 모습으로 변해갔던 실상을 기사로 검증하여 밝힌 점은 무서울 지경이다. 종전^終戰^ 후 생존한 기자에 대한 취재와 전우회^戰友會^의 기록 가운데 많은 사람들의 의식이 변하지 않고, 책임도 느끼지 않을 뿐더러, 보고 싶지 않은 풍경은 존재하지 않았다는 억지를 강요당했던, 일본의 교육과 세뇌당한 일본인의 상황에 경악하게 된다. 난징사건에 관한 연구는 꽤 진척되어 있고, 관련 출판물도 많지만, 신문

방송 등 영향력이 큰 저널리즘의 역할은 더욱 중대하다. 기시다^{岸田} 정권에 의한 군비확장과 전쟁 준비가 추진되고 있는 2024년에 『난징사건과 신문보도』라는 역작을 만나게 된 의의는 크다.

JCJ賞

上丸洋一,『南京事件と新聞報道 記者たちは何を書き, 何を書かなかったか』, 朝日新聞出版

　日本の侵略戦争の犯罪を象徴する「南京大虐殺」−南京事件は, 西のアウシュヴィッツでのナチス蛮行に 匹敵する戦争犯罪であるが, 当時の日本の新聞記者は何を書き何を書かなかったかを追跡し, 検証した力作. 筆者は, 2007~2008 年朝日新聞夕刊の「新聞と戦争」で戦時報道を検討する連載の取材班に参加.「南京」シリーズを担当した. 2020年フリーになったのを機に再び「南京事件」に向き合って, 当時の新聞報道を調べ る毎日が続く.「南京事件まぼろし説」「百人斬り」はじめ日本軍の蛮行, 虐殺の数々に向き合い, 真偽の確か め作業が続く. 当時の報道や記録を掘り起こし, 記事を追い生存の記者を取材して検証する. 気の遠くなるよ うな作業のなかから, 事実としてあったことは勿論, 前後左右の状況, 外国の記事も使っての多角的な検討に より, あったはずの事実を浮き彫りにしている意義は大きい. 戦場に行く記者, カメラマンは厳しい報道規制のもと, 軍紀服従, 検閲, 報道規制, 従軍記者心得により,「戦場一番乗り」「報道報国」「報道戦士」に絡め取られていく様を記事で検証しながら明らかにしているのが 恐ろしい. 終戦後, 生存の記者への取材, 戦友会の記録のなかで, 多くの人々の意識が変わらず, 責任も感じず, 見た くないことはなかったことにする有様を突きつけられ, 日本の教育と, 洗脳された日本人の状況に愕然とさせ られる. 南京事件についての研究はすすみ, 書物も多いが, 新聞, 放送など影響力の大きなジャーナリズムの有り様 がますます重大である. 岸田政

権による軍備拡大と戦争準備がすすめられるこの2024年,『南京事件と新聞報道』という力作を得たことの意義は大きい.

한국어판에 부쳐

한국을 처음 방문한 것은 1976년 여름이었다. 나는 와세다대학교 3년생. 그것이 나의 첫 해외여행이었다. 당시 한국은 박정희정권시대였으며, 그 후에 대통령이 된 김대중 씨는 옥중에 있었다. 이와나미서점이 발간한 월간지 『세계』가 거의 매 호마다 한국의 민주화운동에 대해 특집기사를 편성하고 있었다. 그것을 읽으니 한국에 대해 좀 더 알고 싶어져서 한국여행을 생각하게 되었다.

시모노세키와 부산을 잇는 관부연락선으로 부산으로 건너가, 경주에서 버스를 타고 북상하여 강릉, 속초, 설악산으로, 다시 서쪽을 향하여 춘천, 서울, 판문점으로, 거기에서 남쪽으로 내려가 광주, 목포, 제주도로, 그리고 다시 목포로 되돌아와 여수에서 부산으로, 저렴한 숙소를 찾아다니는 1개월 남짓의 배낭여행이었다. 판문점을 방문한 다음 날에는 포플러 나무 벌목을 둘러싸고 남북한 병사가 충돌한 사건 포플러사건이 일어났다. 이 여행을 통해 나는 귀중한 경험을 많이 하게 되었다.

1978년에 나는 아사히신문사에 입사했다. 한반도의 동향과 한일관계사에 대한 관심이 사라지지는 않았지만, 한국을 방문할 기회는 오랫동안 찾아오지 않았다.

두 번째 방한은 2018년 가을이었다. 청일전쟁 연구의 일인자인 역사학자 고故 나카츠카 아키라中塚明 선생을 인솔자로 한 스터디 투어 '동학농민전쟁의 역사를 찾아서' 팀에 참가하여 42년 만에 한국을 방문하게 되었다. 이 투어의 경험을 기초로 나는 2019년 1월 『아사히신문』 석간에 전 5회 연재로 「동학농민전쟁의 흔적을 찾아서」를 집필했다.

같은 무렵, 나는 한국 3·1운동 당시의 독립선언서를 나가사키長崎현에

사는 사토 마사오佐藤正夫라는 분이 조부祖父 때부터 갖고 있다는 사실을 알게 되었다. 2019년 3월 1일 독립운동 100주년에 맞추어 기사를 집필하고 싶다고 생각했다. 그를 위해서는 그것이 틀림없는 '오리지널' 독립선언서라는 것을 확인하지 않으면 안 되었다.

무작정 한국 독립기념관 홈페이지를 찾아 문의하는 글을 남겼다. 다행히 일본어로 질문을 접수하는 이메일 주소가 적혀 있었기 때문이다. 이에 대응해 준 이가 독립기념관 내의 조직인 한국독립운동사연구소의 윤소영 연구위원이었다. 한동안 윤 연구위원과 메일 왕복이 이루어졌고, 마침내 나가사키현에 있는 독립선언서는 '오리지널'이라는 것과, '오리지널' 독립선언서는 한국에도 8장밖에 현존하지 않는다는 것, 게다가 사토 마사오 씨의 독립선언서는 3·1운동 당시 평양에서 수득한 진귀한 선언서임을 알게 되었다.

덧붙여, 2019년 3월 말 윤소영 연구위원이 도쿄 고려박물관에서 3·1운동 백주년 기념 강연을 하게 되었을 때, 사토 마사오 씨는 나가사키에서 도쿄로 직접 와서 윤 연구위원을 만났다. 그리고 그후에 윤 연구위원의 설득으로 마침내 그 독립선언서 원본을 2019년 5월 독립기념관에 기증하게 되었는데, 저자는 이 뜻깊은 기증식을 취재하기 위해 세 번째로 한국을 방문했다.

그 후 도쿄와 한국에서 몇 번인가 윤소영 님을 직접 만나서 이야기를 나눌 기회가 있었다. 졸저인 『난징사건과 신문보도』가 2023년 10월에 출판되자마자, 나는 바로 그에게 헌정했다. 얼마 후 그는 이 책을 한국어판으로 번역하고 싶다는 말을 했다. 나는 흔쾌히 승낙했다. 윤소영 님은 한국의 출판사와 교섭을 해 주었고, 열정적으로 번역 작업을 진행했다.

이렇게 3·1운동 100주년을 맞이한 해에 일어난 우연한 만남에서 이 책의 한국어판까지 탄생하게 된 것이다. 한국의 독자를 위해 꼼꼼히 번역을 해 주신 윤소영 님, 그리고 한국어판 간행에 힘을 기울여 준 소명출판의 관계자 여러분께 깊은 감사를 드린다. 이 책이 한국의 독자들에게 어떻게 읽히게 될지 조심스러우면서도 기대된다.

『난징사건과 신문보도』 집필을 위해 저자가 수집한 신문자료는 최근 독립기념관 한국독립운동사연구소 자료수집팀의 요청을 받아 2024년 6월, 동 기념관에 기증했다.

2024.7.1

조마루 요이치 上丸洋一

역자의 말

'아는 만큼 보인다'는 것은 역사에서도 예외는 아니다.

이 책을 2023년 말, 저자인 조마루 요이치 님이 서울에 왔을 때 선물로 받았다. 이제 막 인쇄소에서 나와, 일본의 일반서점 판매대에 깔리기도 전이었다. 그때 조마루 기자님은 허리가 아프다며 보행이 다소 불편한 모습이었다. 그 불편함의 이유에 대해 더 깊이 묻지는 않은 채, 책을 받아들고 감사 인사를 했을 뿐이었다. 조마루 기자님의 불편한 보행의 이유는 독자들이 저자의 후기를 읽으면 바로 알게 될 것이다.

집에 돌아와 이 책을 읽으면서, 일본군의 난징학살의 상징적 키워드인 '100인 참수 경쟁'에 대해, 방대한 자료에 입각하여 그 실상과 의미를 추적했음을 알고 매우 놀랐다. 책을 다 읽고 나서는 이 책을 한국의 독자들에게 소개해야겠다는 생각이 들었다.

일본의 『아사히신문』은 한국에서도 진보적인 신문으로 알려져 있다. 조마루 요이치 기자는 그동안 동학농민운동이나 3·1운동에 대해서도 기획 기사를 집필하는 등 한국의 항일운동에 대해 경외심을 갖고 보도한 지식인이기도 하다. 이 책은 아사히신문사에서 평생을 봉직한 저널리스트로서, 일본 역사왜곡문제의 중심에 있는 난징학살사건이라는 무거운 주제를 정면으로 마주하며, 일본의 전쟁 책임에 대한 진지한 성찰을 담고 있었다.

일반적으로 한국인들은 일제강점기에 일본이 한국에게 자행한 침략행위와 각종 만행에 대해 규탄하면서도 같은 시기에 중국 난징에서 일어난 대규모 학살사건에 대해서는 깊은 관심은 갖지 않았던 것 같다. 그러기에 이 책은 우리들의 자국 중심적인 역사왜곡문제에 대한 시야를 확장시켜 줄 책이라고 생각했다. 나아가 일본의 대표적 신문사에서 잔뼈가 굵은 일본의 지식인이 이 문제를 어떻게 성찰하고 있는지를 관찰자의 시점에서 바라볼 수 있다는 점, 게다가 그동안 국내에서는 쉽게 접근할 수 없던 당시의 일본 지방신문이 난징사건을 어떻게 보도했는지를 살펴볼 수 있다는 점에서도 매력적인 저술이다. 이렇게 한 권의 책으로 세 가지 목적을 달성할 수 있는, 그야말로 1석 3조의 책으로써 혼자 보기는 아깝다는 생각을 하게 되었다. 마침 소명출판이 그 창구 역할을 흔쾌히 수락했기에, 이렇게 번역서를 상재하게 되었다.

이제 출간을 앞두고, 역자로서 이 책을 손에 들고 페이지를 넘기고 있을 독자에게 몇 가지 도움말을 드리고자 한다.

첫째는 일본의 역사왜곡문제와 관련하여 이 책이 갖는 의미에 대한 것이다. 독자들도 알다시피, 일본의 역사왜곡문제는 일제 패망 이후 현재까지 끝나지 않은 이슈이다. 그중 1937년 12월 13일 당시 중국의 수도 난징에 입성한 일본군은 중국군 포로 외에 어린이를 포함한 수많은 중국인을 학살했다. 그 숫자는 중국의 공식적인 입장은 30만 명 이상으로 보고 있으며, 연구자에 따라, 20만 명, 2만 명, 3만 명 등으로 편차가 있다. 한국에 대한 일본의 식민 지배 반성 문제도 그렇지만, 일본에서 우익 성향의 정치지도자가 득세하면 학살 숫자는 더욱 줄어들고, 심지어 '학살이 없었다'는 주장조차 목소리의 톤이 높아진다. 최근 일본에서는 그러한 경향이 강화되고 있다는 점을 고려한다면, 저자의 이 저서는 더욱 빛을 발한다.

저자는 일본군의 난징학살에 대해 그동안 학자들이 접근하지 않은 방식으로 이 문제를 풀고자 했다. 그것은 앞서 언급했듯이, 연구 방법에서 마이크로필름으로 보존된 일본 전국의 지방신문에 착목한 것이다. 이것은 매우 발품과 '인내 품'이 드는 연구 방법이다. 요즘 일본의 대부분의 중앙 일간지는 데이터베이스로 구축되어 사용료를 지불하면 웹으로 열람할 수 있게 되었지만 지방지의 경우는 아직도 마이크로필름 상태로 보존되어 있는 상황이다. 그러니 저자는 이를 일일이 찾아다니며 마이크로필름을 리더기에 장착하여 어두침침한 화면을 응시하며 해당 기사를 찾아, 출력하여 자료 수집과 기사 내용 정리를 해 나간 것이다.

저자는 일본군의 난징학살을 단순히 난징에 종군한 일본군 부대의 일탈로서의 만행으로 보지 않고, 일본의 종군기자가 애국이라는 미명하에 전쟁 실상을 보도하기를 꺼렸으며 결국 전쟁 협력을 선택했다는 점, 일본 국민은 주로 전장戰場에서 종군기자들이 송고한 기사를 신문을 통해 접하면서 이를 성전聖戰으로 여기며 들떠 있었고 이를 본 어린이까지 침략전쟁을 응원하는 분위기가 만연했음을 고발하고 있다. 이쯤에서 이 책이 마무리되어도 아무런 부족함이 없을듯한데 저자는 더욱 이야기를 끌고 나가, 1945년 패망 이후 일본의 지식인이 이 문제를 어떻게 다루어왔는지를 소개하고, 그 안에 담긴 일본 지성의 문제점까지 날카롭게 공격하고 있다.

둘째, 이 책의 원제 '난징사건南京事件과 신문보도'의 한국어판 제목이 '난징학살과 일본의 신문보도'가 된 경위에 대한 것이다. 개념어는 그 안에 담긴 내용의 표상表象이다. 예를 들어 이 책의 본문에서 저자는 당시 일본군이 중국침략에 대해 '전쟁'이라 명명하지 않고 '사변事變'이라고 부른 이유를 지적하고 있다. 즉, '전쟁'이라고 명명할 경우, 국제법의 규범을 의식하지 않을 수 없기 때문에, 국제법의 규칙에서 벗어날 수 있도록 '국가와 국가 간의 대등한 전쟁' 개념이 아니라 굳이 '특별한 변고變故가 발생했다'는 의미에서 '사변'이라는 용어를 사용했다는 지적이다. 그럴 경우, 전쟁포로에 대한 국제적 규범을 지켜야 할 의무가 발생하지 않는다고 당시의 일본 군부軍部는 주장할 수 있었다는 것이다. 과연, 1930년대 중국 침략에 대해 일본은 상해上海사변, 만주滿洲사변, 일지日支사변 등, 타국인이 직관적으로 이해하지 못할 자신들만의 언어로 표현했는데, 이런 표현에는 이와 같은 함의가 숨어 있었던 것이다.

그렇다면, 그 연장선상에서 '난징사건'과 '난징학살'이라는 명칭에 대해서도 생각해볼 수 있겠다. 사실 이 명칭을 둘러싼 미묘한 갈등은 2007년부터 3년 동안 전개된 '중일역사공동연구'에서도 나타났다. 중국 측 연구자는, 일본 측 연구자가 '난징사건'이라고 명명하여 '난징학살', '난징대학살'이라고 명명하지 못하는 점을 들어, 그 개념의 모호성을 지적했다. 그런데 당시 이 지적을 받은 일본 측 연구자는 연구결과물에는 '난징사건'을 '난징학살사건'으로 제목을 수정하는 모습을 보였다.[1]

이와 같은 사례에서 엿볼 수 있듯이, 일본에서 '난징사건'이라는 명칭은 난징학살을 부정하는 일본 우익 논객들의 저술에서 흔히 발견된다. 그런데, 이 책은 제목을 '난징학살'이라고 분명히 밝혀도 손색이 없을 정도로 저자는 난징학살을 정조준하여 논증하고, 나아가 일본의 전쟁 책임을 구조적으로 추궁하고 있음에도 불구하고 '난징학살'이라는 표현을 책 제목으로 선택하지 않았다. 아마 여기에는 최근 일본에서 고조되는 우경화 경향 속에서 일본 우익으로부터 공격당하고 있는『아사히신문』의 처지가 반영된 것은 아닐까 라는 생각도 들었다. 그런 점을 고민하면서 한국어 번역본의 제목에 대해 저자께 의논을 드렸더니, 두말하지 않고 '난징학살'이라는 제목에 동의해주셨기에 한국어판의 제목에는 '난징학살'로 명명하게

---

1 張連紅,「학술대화-일중역사공동연구에서의 난징대학살」,『일중역사공동연구-제1기 보고서』, 2010.8 참조.

되었다. 이 점을 밝혀두고자 한다.

끝으로, 당시 난징이 어떤 상황이었는지, 이 책에서는 설명하고 있지 않아서 독자의 궁금증을 위해 간단히 부연하고자 한다. 당시 난징은 1927년부터 중국 국민당 정부의 수도였다. 1927년 당시 36만 명이던 인구는 1937년 3월 말 1,019,667명으로 나타나고 있다.[2]

먼저 당시 장제스蔣介石 국민정부군에는 독일 군사고문이 파견되어 있었고 각종 무기는 독일제로 무장하고 있을 정도로 독일과의 관계가 깊었다. 이런 상황에서 당시 장제스는 1922년에 워싱턴에서 체결된 9개국조약에 입각하여 국제사회가 일본의 중국 침략을 제지해주기를 요청했다. 이에 1937년 10월 6일 미국무성은 대일성명서를 발표하여 '일본의 중국에서의 행동은 국제원칙에 반하고 또한 9국조약의 부전不戰조약 조항에 저촉된다'고 밝혔다.[3] 미국의 강경 자세에 힘을 얻은 중국의 제안으로 1937년 11월 3일에 벨기에 수도 브뤼셀에서 9개국조약 회의가 개최되었다. 그러나 일본은 '일본의 중국에서의 행동은 중국 측의 극단적인 배일·항일정책 강행, 특히 실력에 의한 도발 행동에 대한 자위 조치이며 9개국조약의 규정에 해당하지 않는다며 불참을 통보했다.[4] 독일도 또한 불참을 통보했다.

이러한 상황 속에서 장제스는 충칭으로 수도 천도를 결정하고 난징에서 탈출했으며 난징에는 탕성즈唐生智를 총사령관에 임명하여 방비를 명

---

2 南京特務機關, 『南京市政槪況』, 1942.3, 13~14쪽, 일본국회도서관 소장본. 이 자료에 의하면, 1938년 2월 말에는 200,000명으로 80여만 명이나 감소했다가, 1938년 10월 말에 329,488명으로 증가한다. 일본군의 난징 침공에 앞서 난징을 탈출한 사람들이 수십만 명이었던 점을 고려하더라도 이 숫자의 급격한 감소는 중화민국의 수도였던 난징이 일본군의 난징 침공으로 괴멸적인 타격을 받았음을 충분히 알 수 있는 수치이다.
3 鹿島守之助, 「九国条約を排擊す」, 『外交時報』 793호, 1937.12, 15·5쪽.
4 위의 글, 16~17쪽.

령했다. 탕성즈는 일본군과 화평교섭을 시도하고자 했으나 이미 일본군은 성 밖까지 와 있는 상태였다. 그는 12월 12일 오후 5시까지 중국 병사들의 철퇴를 명했으나 이미 퇴로는 차단당한 후였다. 탕성즈 총사령관은 충칭의 장제스의 명으로 이 날 난징에서 탈출했다. 결국 지도자 없이 난징에 남아있던 중국군을 포함한 중국 민중은 일본군에게 먹잇감으로 던져진 꼴이 되었다.

이 시기의 상황을 알 수 있는 자료로 주목되는 것은 저자도 본문에서 인용하고 있는 당시 독일 지멘스사의 직원인 존 라베의 일기이다.

『라베일기』에는 이제 난징에는 "오직 아주 가난한 사람들만이 있다"고 하였다. 그리고 12월 13일에 일본군은 난징에 점령군으로 입성했고, 이어 중국군 포로와 중국 민중에 대한 체포와 학살, 부녀자 강간과 약탈 등이 자행되었다. 영문판 『라베일기』에는 당시에 찍은 잔혹한 사진들이 다수 게재되어 있다. 라베는

> 지금 우리가 겪고 있는 공포. 우리 구역 밖에는 약탈 당하지 않은 상점이 하나도 없으며, 이제 안전구 내에서도 약탈, 강간, 살인, 난동이 일어나고 있다.

라며, 절체절명의 위기 상황을 전하고 있다. 라베는 당시 2만 5,000여 명의 중국인을 보호함으로써 후대의 중국인들에게 난징의 쉰들러로 알려지며 추앙받고 있다. 라베가 난징을 떠난 날인 1938년 2월 22일, 교외 지역에는 약 30,000구의 시신이 여전히 매장되지 않은 채 누워 있었다고 한다. 1938년 4월 15일 라베 부부는 베를린에 도착하여 난징의 참상을 전하는 강연회를 개최했으나, 독일 히틀러 정부는 라베의 강연 활동과 난징학살의 사진 공개를 제지시켰다고 한다. 당시 독일은 일본과의 우호관

계 유지가 필요했다는 것이다. 라베는 1950년에 사망했다.[5]

1937년 난징학살이 우리에게 남기는 교훈은 '전쟁의 가장 큰 피해자는 약자'라는 점이다. 일국의 수장이 '장기 항전'을 내세우며 수도를 버리고 탈출했고, 총사령관도 빠져나갔으며, 부자도 도망갈 수 있었다. 미처 도망가지 못한, 도망갈 수 없었던 사람들이 난징에 남았고, 이들을 인도적 견지에서 보호하고자 한 몇몇 외국인들이 자진하여 잔류했다. 이런 내용은 이 책에서는 설명되지 않았다. 아마 이런 이야기들은 '가해자'라는 일본인의 입장에서 이 사건을 조명하고 있는 저자에게는 하기 어려운 이야기였을 것 같다. 그것은 '책임 전가'의 뉘앙스로도 받아들여질 수 있기 때문이다.

그런 점에서 한국인인 우리는 난징학살에 대해 좀 더 객관적인 견지에서 이를 살펴봐야 하지 않을까 한다. 자국의, 혹은 어떤 집단의 이기심을 채우기 위해 수많은 인명을 살상하고 공포로 몰아넣는 행위를 서슴지 않는 리더들, '100인 참수 경쟁'으로 내몰아 전쟁과 약탈을 일상적인 것으로, 무감각하게 만든 일본의 군 수뇌부들, 이른바 '대의'라는 명분 아래 국민의 생명을 돌보지 않은 중국의 최고 통수권자의 책임도 추궁해야 할 것이다. 그리고 이것은 한국인인 우리에게도 남의 이야기는 아니다. 우리 역시 현대사에서 무수한 양민 학살뿐 아니라 베트남에서 학살 가해자로서의 어두운 역사를 갖고 있기 때문이다. 결국, 사람들이 '선함'을 행할 수 있도록 사회와 국가의 시스템을 만드는 것, 폭력을 정당화하는 그 어떤

---

[5] 『라베일기』는 독일어 원본을 영어로 번역한 것과, 일본어 번역본, 중국어 번역본이 있다. 저자는 본문에서 일본어 번역본을 인용하고 있는데, 일본어 번역본의 경우 누락 번역과 오역이 많다는 지적을 받고 있다. 역자는 영문판 e북을 활용했다. John Rabe, *The Good Man of Nanking-The Diaries of John Rabe*, Alfred A. knopf, New York, 1998 참조.

논리에도 결연히 반대할 것, 이것이 난징학살의 역사가 우리에게 전하는 메시지가 아닐까 한다.

　저자가 2023년 현재 난징사건을 통해 저널리스트로서 어떤 교훈을 도출하고 있는지, 구체적인 내용은 독자들이 확인해 주시길 바란다.

　이와 같은 의미 있는 책의 한국어판 번역을 허락해 주신 조마루 요이치 기자님, 아사히신문사 출판부 관계자, 또한 소명출판의 박성모 대표님과 이희선 편집자께 깊이 감사드린다.

2025년 4월
윤소영

차례

2024 일본저널리스트회의^{JCJ} 상 심사평	3
한국어판에 부쳐	7
역자의 말	10

서장
『환상』의 정체
21

1. 그 기자는 난징에 가지 않았다 23
2. 공표된 현장 사진 35
3. 취재수법에 대한 의문 44
4. 왜 이 책을 집필했는가? 56

제1장
상하이 전선^{上海戰線}에서
63

1. 보도 통제와 '신화^{神話}' 65
2. 중국군을 얕보지 마 74
3. 마쓰이 이와네^{松井石根}의 기자 회견 80
4. 히노 아시헤이^{火野葦平}의 편지 86

제2장
난징^{南京}으로
97

1. 일등 입성을 노리며 99
2. 향토 부대와 신문기자 106
3. 일장기와 방화^{放火} 112
4. 동정과 학살 122
5. 오보^{誤報}와 만세 131
6. 함락 전야 145

제3장
여러 가지 100인 참수^{斬首}
153

1. 사라진 일곱 번째 문장 155
2. 창작인가? 사실인가? 160
3. 「○○인 참수」의 실상 165
4. 참수와 검열 175
5. 기자가 본 포로 참살 181
6. 황군^{皇軍}의 윤리 189

제4장
잔적残敵 소탕
199

1. 기자 입성　　　　　　　　　　201
2. 학살을 기록한 종군화가　　　　209
3. 『아사히신문』 난징 통신국　　　215
4. 외국 특파원과의 조우　　　　　225
5. 세계로 발신된 난징사건　　　　230
6. 난민구難民區와 도덕　　　　　　238

제5장
샤칸下関에서
243

1. 강 위의 학살　　　　　　　　　　245
2. 7천 명 한 명도 남김없이　　　　251
3. 야전野戰 우편국장의 증언　　　256
4. 사이조 야소西條八十와 입성入城 기념식　263
5. 비참한 입성　　　　　　　　　　270

제6장
막부산幕府山의 포로
277

1. 포로 1만 4,777명　　　　　　　279
2. 『후쿠시마민유福島民友신문』의 「향토부대 전기」　288
3. 야마다는 배를 보았는가?　　　295
4. 모로즈미兩角 수기　　　　　　298
5. 병사들의 일기　　　　　　　　306
6. 거기에 기자는 있었는가?　　　311
7. 기사는 작성되고 있었다　　　　324

제7장
점령하의 난징
339

1. 난민구의 신문기자　　　　　　　341
2. 난징은 미소 짓네　　　　　　　350
3. 스기야마杉山平助와 이시카와石川達三　359
4. '부흥' 광경　　　　　　　　　　365
5. 군기軍紀 숙정肅正　　　　　　　372

제8장	1. 동양평화를 위해	381
후방이라는 전장戰場	2. 오가와 아이지로小川愛次郎	390
379	3. 비판자들의 시점	400
	4. 군국 미담軍國美談과 아들의 편지	409

제9장	1. 근거 없는 우월감	421
1945년 8월 15일	2. 특집「태평양전쟁사」	429
이후의 공백	3. 도쿄재판	439
419	4. 휴머니즘의 한계	447
	5. 향토부대 전기戰記의 전쟁관	454
	6. 혼다 가쓰이치, 중국 여행	462

종장	1. 전시戰時 보도는 무엇이었는가?	475
기자들의 전쟁 책임	2. 보도 통제와 기자	482
473	3. 전前 종군기자의 종전 후	491
	4. 침묵의 의미	501
	5. 과오를 반복하지 않기 위해서	511

저자 후기	524
참고문헌	536
찾아보기	545

서장

『환상』의 정체

1. 그 기자는 난징에 가지 않았다

"어라? 이건 이상하네?"

2020년 5월 하순, 스즈키 아키라鈴木明의 저술인 『난징대학살의 환상』이하, 『환상』이라고 줄임을 다시 한번 읽었을 때의 일이다.

〈그림 1〉 『난징대학살의 환상』 표지

저자인 스즈키는 1972년, 중국 전선戰線에 종군했던 전 기자를 취재했다. 난징南京 함락 직후 발생한 포로의 집단 학살에 대해 물었는데, 전 기자의 답변은 "뭐가 뭔지 갈피를 잡을 수 없었다"는 것이다. 이 부분을 읽었을 때였다. 뭔가 이상하다고 느낀 것은.

왜냐하면, 스즈키가 만난 기자는 1937년 12월 13일 난징 함락 후 2개월이 지나고 나서 처음으로 난징에 갔기 때문이다. "뭐가 뭔지 갈피를 잡을 수 없었다"고 해도 이상하지 않다. 난징에서 대량으로 포로 학살이 자행되었을 때 그 기자는 아직 후쿠시마福島에 있었기 때문이다.

『제군!』에 연재

순서대로 설명하자. 『환상』은 1973년 3월에 문예춘추文藝春秋에서 단행본으로 간행되었다. 그 후 증쇄를 거듭하여 10년 후인 1983년 11월에 문춘文春 문고판이 출판되었다.[1] 저자는 이 문고판 『환상』을 읽었다. 그리고

---

[1] 2006년에는 신서(新書) 크기의 『난징대학살』의 환상』이 출판사 와쿠에서 간행되었다. 그 「해설」에서 히가시나카노 슈도(東中野修道)는 "일본군의 난징 점령에 관한 연구사

그 후에도 몇 번이나 이 책을 읽었다.

저자는 2005년부터 2007년에 걸쳐 논문 「『제군諸君!』,『정론正論』의 연구」를『아사히신문』종합연구본부가 발행한 월간조사연구지『AIR21 아사히총연朝日總研 리포트』에 부정기적으로 기고하여 보수언론지의 논조 변화를 검증했다.² 그때『환상』의 토대가 된 스즈키의 일련의 논고도 읽었다. 월간지『제군!』에 수록된 다음의 다섯 편이다.³

    제1편 난징대학살의 환상 1972년 4월호
    제2편 무코이向井 소위는 왜 살해되었는가? 난징 '백인 참수'의 환상 1972년 8월호
    제3편 무코이 소위는 왜 살해되었는가? 보유補遺, 1972년 10월호
    제4편 난징 소화12년1937 12월 1972년 12월호
    제5편 난징 소화12년1937 12월(속편) 1973년 1월호

이것이 단행본『환상』에서 제1장 난징대학살의 환상, 제2장 무코이 소위는 왜 살해되었는가?, 제3장 난징으로 가는 길, 제4장 난징 소화12년

    에서 선구적인 연구," "그 후 연구의 기초가 되었다"고 평하고 있다.
2 上丸洋一,『『諸君!』『正論』の研究－保守言論はどう変容してきたか』, 岩波書店, 2011 참조.
3 스즈키 아키라가『제군(諸君)!』에 난징학살과 관련된 글을 기고한 경위는『주간 독서인』1973년 5월 28일호에 소개되었다. 당시『제군!』의 편집장이었던 다나카 겐고(田中健五) 씨(현재『문예춘추』편집장)에 의하면 "그 무렵, 난징학살에 관해서 여러 저널리즘이 다루었는데, 중국에 다녀온 사람들이 '사실은 그렇지 않다'고 말했으므로 사건의 원점부터 조사하자는 입장에서 기획된 것"이었다고 한다. 그 집필자로 스즈키 씨가 기용된 것은 다나카 씨가 중국문제연구가인 나카지마(中島嶺雄) 씨를 방문했을 때 거기에 스즈키 씨가 합석하고 있어서 서로 알게 된 것이 계기였다. 그 때 스즈키 씨는 타이완 문제에 대해 열심히 이야기한 모양인데, 난징대학살의 원점을 조사하자는 기획이 세워졌을 때, 다나카 씨가 스즈키 씨를 특별히 선발한 것이다.

1937 12월, 제5장 거기에서 나카지마中島 사단은 무엇을 했는가? 라는 소제목으로 대체로 순서대로 수록되어 있다. 단 초출 논고보다 매우 가필되어 있다

2007년부터 2008년에 걸쳐 『아사히신문』은 전시戰時 보도를 검증한 「신문과 전쟁」을 석간에 연재했다. 취재반에 참가한 저자는 이 가운데 「난징」 시리즈를 담당하여 일본군의 난징 공략을 둘러싼 보도를 살펴보았다. 그때에도 『환상』을 재차 읽었다.

이와 같이 몇 번이나 읽었던 『환상』이지만, 그때까지는 앞서 언급한 기술이 이상하다는 것을 눈치채지 못했다.

무책임한 문장

2020년 2월, 코로나 바이러스 감염이 일본 내에 확산되기 바로 직전에 저자는 아사히신문사에서 정년 퇴임했다. 그리고 일본군의 난징 침공 당시의 신문 보도에 대해 다시 조사하기로 마음먹고 본격적으로 자료 수집에 나섰다. 『환상』을 다시 잡은 것은 이 작업을 시작한 지 3개월 정도 지나서였다. 그때 비로소 이 책의 이상한 점을 깨닫게 되었다.

스즈키의 서술 요지는 다음과 같다.

후쿠시마현의 아이즈와카마쓰會津若松에 본거지를 둔 보병 제65연대 모로즈미 교사쿠, 兩角業作 연대장, 통칭 모로즈미 부대가 1937년 12월 난징 공략전에서 대량의 포로를 획득했다. 이것을 하타 겐스케秦賢助[4]라는 작가가 잡지『일본주보日本

---

4 [역주] 1896~?, 일본의 소설가. 후쿠시마현 출생. 와세다대학을 중퇴하고 군사소설을 다수 집필함. 작품에는 『항일여군(抗日女軍)』(好文館書店, 1941), 『군신전(軍神傳)』(潮文閣, 1942) 외에 식민지 조선에서 징병되어 최초의 전사자가 된 이인석 상병을 주인공으로 한 『조국의 깃발 아래 이인석 상등병(祖國の旗の下に, 李仁錫上等兵)』(高山書院, 1941) 등이 있다.

週報』에 기고한 것을 알게 되었다. 하타의 행적을 조사하기 위해 그의 출신지인 후쿠시마현의 신문사를 방문하고『후쿠시마민유신문福島民友新聞』[5]의 전 특파원 사카모토坂本를 교외의 자택으로 방문했다.

다음은『환상』의 일부분이다.

사카모토 씨는 다행히 일화사변日華事變[6] 발발과 함께 중지中支[7]에『후쿠시마민유福島民友』의 특파원으로 파견되어 당시 사정에 밝았다. 그래서 하타秦賢助 씨의 이름을 말하자 그는 돌연 "그 사람 나쁜 사람이에요. 그러면 안 돼"라고 손사래를 쳤다.

"그 사람은 자신이 겪지도 않았으면서 다른 사람에게 듣고는 마치 자신의 체험처럼 적어버려요. 예전에『전성기의 백호부대花の白虎部隊』정확한 제목은『백호부대』[8]라는 책을 출판했는데, 우리가 말한 것을 자신이 인터뷰한 것처럼 썼어요. 나중에는 신문 스크랩으로 조작했어요. (…중략…)"

"하타 씨의 일은 판명되었지만, 그렇다고 해도 모로즈미 부대에게 잡힌 1만 4천 명으로 확인(?)된 대량 포로는 어디로 어떻게 사라져 버린 것일까?『아사히신문』의 특파원이었던 요코타橫田 씨는 전술한 것처럼 이미 사망했고, 사카모토 씨는 모로즈미 부대를 따라서 난징으로 갔을 텐데, 대량 포로 건에 대해서는 뭐가 뭔지 갈피를 잡을 수 없었다. 얼굴빛으로 보면 거짓말을 하는 것으로도 보이지 않고 아무래도 정말 모르는 것 같았다.

---

5 [역주] 1895년에 후쿠시마(福島)현 후쿠시마시에서 창간된 지방 일간지.
6 [역주] 1937년 중일전쟁의 다른 표현.
7 [역주] 현재의 중국 화중(華中)에 해당. 중국 양쯔강과 황하 사이의 지역. 제2차 세계대전까지 일본은 이 지역을 중지(中支)로 불렀다.
8 [역주] 秦賢助,『白虎部隊』, 平凡社, 1939.

이 대목이 문제가 되는 부분이다.

사카모토란 누구인가?

스즈키는 사카모토에 대해 『후쿠시마민유신문』의 특파원이었다고 적었다. 애당초, 여기서부터 틀리다. 난징 공략을 취재한 『후쿠시마민유』의 특파원 중 사카모토라는 기자는 없다. 중일전쟁 초기, 『후쿠시마민유』가 중국에 파견한 기자는 당시 서명 기사를 통해 보면 '이치노세 나오하루市野直治, 1937년 12월 3일 귀국, 하세가와 헤이하치로長谷川平八郞 두 명이며, 그 후 1938년 1월 10일에 난조 기요미南條淸三가 후쿠시마를 출발하여 중국으로 향한 사실이 확인될 뿐이다.

사카모토를 중국으로 파견한 것은 『후쿠시마민유』가 아니라 그 라이벌 신문사인 『후쿠시마민보福島民報』[9]이다.

2020년 5월에 내가 『환상』을 읽고 이상하다고 생각한 것은 도쿄의 국립국회도서관에서 복사해온 난징 공략 당시의 『후쿠시마민보』의 기사를 우연히 며칠 전부터 읽고 있었기 때문이다.

> 이상하군. 사카모토라는 기자가 후쿠시마를 출발한 것은 1938년에 접어들어서일 텐데······.

머릿속에 번쩍하는 것이 있어서 바로 복사본을 확인해보았다. 스즈키는 중요한 신문의 명칭을 착각한 것이다. 게다가 그 기본적인 사실 오류는 그 후 문고판 등에서도 그대로 반복되어 정정되지 않았다.[10]

---

9 [역주] 1892년 후쿠시마현 후쿠시마시에서 창간한 지방 신문.
10 그 외에 『가호쿠신보(河北新報)』도 모두 『가호쿠일보(河北日報)』로 잘못 기술하는 등

사카모토의 풀네임은 사카모토 로쿠로坂本六良. 확실히 사카모토는 모로즈미 부대에 종군했다. 그러나 사카모토가 파견된 시기를 『환상』은 '1937년 7월 7일 중일전쟁 발발과 함께'라고 했으나, 그렇게는 말할 수 없다. 난징이 함락한 1937년 12월 13일 전후의 시기에 사카모토는 난징이 아니라 후쿠시마에 있었기 때문이다.

사카모토가 난징에 간 것은 이곳이 함락된 지 2개월여가 지난 무렵이다. 1938년 2월 3일 자 『후쿠시마민보』에 사고社告가 실렸다. 그것은 「사카모토 종군기자 5일 출발 결정」이라는 제목으로 다음과 같은 내용이다.

> 양쯔강 이북, 진포선津浦線(天津·浦口 간의 철도선)에서 활약하고 있는 모로즈미両角부대의 전적戰績 및 향토 장병의 소식을 상세히 전하고자 종군기자 제2진으로 편집국원 사카모토 로쿠로坂本六郎 군을 파견하기로 결정, 수속 중이었는데 최근 모든 준비를 완료하고 오는 5일 오전 10시 24분 후쿠시마 발 준급準急열차로 홀로 장도壯途에 오르게 되었다. (…중략…) 쉬저우徐州 작전의 전기戰機11가 실로 요동치고 있어서, 동 기자가 전지戰地에서 보낼 제1보는 흔하지 않은 대회전大會戰에서 향토 부대의 빛나는 위훈 보고가 될 것이다.

사카모토를 파견한 주요 목적은 난징 침공 후에 이루어진 쉬저우徐州 작전의 취재였다. 2월에 파견된 사카모토는 당연하지만 난징 함락의 장면을 목격하지는 않았다. 난징 공략을 취재하지 않은 사카모토에게 난징 공략 이야기를 듣고 스즈키는 어떻게 할 생각이었던가?

　초판본 이래의 오기가 와쿠출판사본까지 그대로 이어졌다.
11　[역주] 전쟁 수행의 기회, 전쟁의 기밀 사항.

대량 포로의 건에 대해서 (사카모토는) 뭐가 뭔지 갈피를 잡지 못했다. 얼굴빛으로도 거짓말을 하는 것으로 보이지 않았고 아무래도 정말 모르는 모양이다.

스즈키는 정말로 무슨 의미가 있는 것처럼 그렇게 적고 있다. 그러나 사실상, 사카모토의 답변이 전혀 갈피를 잡을 수 없는 말이어도, 또는 정말 모르는 모양이었다고 해도 놀랄 일이 아니다. 스즈키는 사카모토를 만났을 때 제일 먼저 "당신은 언제 난징에 들어갔어요?"라고 물어봐야 했다. 그 점을 애매한 채로 놔두면 취재는 앞으로 나아갈 수 없다.

그렇다고 해도 스즈키는 사카모토가 난징 침공에 종군하지 않았다는 것을 정말 몰랐을까? 몰랐다고 한다면 너무나 우둔하고, 알고도 쓰지 않았다면 너무나 불성실하다. 어느 쪽이든 매우 엉성한 취재였다고 할 수밖에 없다. 이런 식으로 난징사건의 '진상'을 규명한다는 것은 도저히 미덥지 못하다.

혹시 스즈키는 사카모토가 "아무래도 정말 모르는 모양이다"라고 일부러 적음으로써, 독자가 포로의 대량 학살 등은 명확하지 않은 소문『환상』에 불과하다고 생각하도록 암시할 의도는 아니었을까? 이를 위해서 사카모토가 난징에 들어간 시기를 일부러 명시하지 않은 것은 아닐까? 그런 의심조차 일어난다.

회상기에 기술

그러면, 난징 침공에 종군한 『후쿠시마민보』의 기자는 누구인가? 바로 야나이 쇼고로^{箭内正五郎}이다. 스즈키가 『환상』 취재에 나선 1972년 당시, 야나이는 생존해 있었다. 『난징사건은 없었다』[12] 등의 저서가 있는 근현대사 연구자 아라 겐이치^{阿羅健一}는 1985년 12월, 81세였던 야나이를 후

쿠시마 시내의 자택에서 만나 이야기를 청취했다.^{아나이 쇼고로의 증언에 대해서는 제}
^{6장에서 검토}13 스즈키는 취재할 상대를 잘못 골랐다.

그 후 나는 사카모토가 회상기 『무관의 제왕^{無冠の帝王}』을 1984년에 출판한 것을 알게 되었다. 이 책에서 사카모토는 종군기자 체험에 대해 다음과 같이 기술하고 있다.

> (1938년) 2월 3일 (앞선 신문사 사고^{社告}에 의하면 실제로는 5일로 보임) 나는 단신으로 중지전선^{中支戰線}으로 출발했다. (…중략…) 나가사키에서는 선박 사정으로 2박하고 상해로. 도착한 상해는 바로 전날까지 격전장이었다. 불탄 건물도 있고 죽은 자도 있었다. 격전의 흔적이 여전히 그대로이다. 후쿠시마 병대인 모로즈미 부대를 쫓아 상해에서 1인 여행. 나중에 군용기를 얻어 탔지만, 그때는 기차를 타고 전선^{前線}으로 갔다. 도중 난징에서 본 것, 들은 것, 그것은 그 저주스러운 난징학살이다. 뭐가 쌓여 있는 거지? 하며 악취를 참으며 가까이 다가가 보면, 양쯔강변에 시체더미다. 이 난징에서 잠깐 숨을 돌렸다. 강 건너 푸커우^{浦口}로 건너가 진포선^{津浦線}을 따라 북상한다. 걷거나 화물차를 타거나 하며.

『무관의 제왕』에 의하면 사카모토는 1945년 이후 『후쿠시마민유신문』으로 돌아와 정경부장, 주필을 역임하고 1950년에 퇴사했다. 주간지

---

12 阿羅健一,『南京事件はなかった』, 展轉社, 2022.
13 阿羅健一,『듣고 쓴 난징사건(聞き書南京事件)』1987년 간행, 『난징사건 일본인 48인의 증언』이라는 제목으로 2002년 소학관문고에 수록. 나아가 2022년에 전 육군 군인 2인의 증언을 추가한 『결정판 난징사건 일본인 50인의 증언』이 이쿠호샤(育鵬社)에서 간행되었다. 본서의 인용은 소학관 문고판에 의했다.
[역주] 이쿠호샤(育鵬社)는 일제강점기 한국 식민지 미화 및 일제의 침략전쟁을 옹호하는 우익역사단체가 운영하는 출판사임.

『후쿠시마 정경신문福島政經新聞』(나중에 『히노데신문日出新聞』으로 개제) 창간에 관여하여 사장을 역임했는데, 10년 만에 사임했다. 그후 평화·호헌 운동에 종사하여 1973년에 월간 『재계 후쿠시마』 편집위원에 취임했다. 1991년에 83세로 타계하기까지 왕성히 집필했다고 한다. 『재계(財界) 후쿠시마』, 1991.11

되돌아 온 『요미우리신문』 기자

난징 공략의 진상을 취재하려고 스즈키가 만난 전 특파원 중 하라 시로原四郎가 있다. 하라는 1972년 당시 『요미우리신문』의 부사장에 재직했다. 중일전쟁 초기, 하라는 중국에 파견되었다. 『환상』에 의하면 하라는 난징사건에 대해 다음과 같이 말했다고 한다.

> 당시 신문기자가 보지 못했다는 것은, 요컨대, 당시 기자는 용감하게 싸우는 일본군의 기사만 보내면 그만이었기 때문에, 휴머니즘의 입장에서 일본군의 폭행에 대해 깊숙이 취재하지 않은 것은 당연했다.

스즈키는 마치 하라가 난징에서 학살을 '보지 못했다'고 말한 것처럼 적고 있다. 그런데 자료를 찾아보니, 하라도 역시 난징 함락 시에는 난징에 없었다. 그러나 스즈키는 그 사실을 적지 않았다.

하라에 대해서는 저자도 다소 예비지식이 있다. 1954년 3월 1일 중부 태평양 마샬제도의 비키니섬 앞바다를 항해하던 참치 어선, 제5복룡환福龍丸이 미국의 수소폭탄 실험에 조우하여 승무원 23인이 피폭한 사건이 발생했다. 이 사실을 특종 기사로 작성한 이가 『요미우리신문讀賣新聞』의 당시 사회부장 하라였다. 이 경위에 대해 저자는 1945년 이후 일본의 원자력정책과 이를 둘러싼 보도에 대해 검증한 『아사히신문』의 연재 「원자력발전과 미디어」2011~2012 관련 취재를 할 때 조사한 적이 있다. 그 하라가 난징에서 어떤 기사를 취재한 것일까? 그런 궁금증으로 당시 신문을 찾아보았다. 그랬더니, 상하이에서 난징으로 향한 부대를 따라간 하라는 1937년 11월부터 12월 초까지 매일같이 자신의 서명 기사를 작성했다. 그러나 난징에서 송고한 하라의 서명 기사는 확인하지 못했다.

그 후 하라가 1987년에 일본신문협회의 인터뷰에서 다음과 같이 말한 것을 알게 되었다. "나는 난징에 가지 않았어요", "상하이에서 난징이 함락되었다고 듣고 나는 그해 말에 일본으로 돌아왔습니다". 일본신문협회 편, 『별책 신문연구 25 – 구술(口述)로 엮은 신문사(新聞史)』, 1989

하라도 역시 난징에 가지 않은 것이다. 그러면 난징사건에 대해 언제 알게 된 것일까? 하라는 1982년에 이렇게 말하고 있다.

> 내가 난징에서 대학살이 있었던 것 같다는 정보를 접한 것은 난징이 함락하고 3개월 후의 일. 당시 군에 의한 함구령이 있었던 것은 아니다. 왜 지금 이런 뉴스가? 라고 이상하게 생각하고 각 지국에 확인해 보았는데, 확실한 내용은 파악할 수 없었다. 또한 중국군의 선전공작이라는 것이 대체적인 의견이었다. 『세계일보』 1982.8.31

이대로라고 한다면, 하라는 1938년 3월경이 되어 처음으로 일본 국내에서 '대학살' 정보를 접한 것이 된다. 그리고 그것은 확실한 정보가 아니었다고 하라는 결론짓고 있다.

한편 난징 함락에서 1개월이 지난 1938년 1월 13일 『요미우리신문』 상하이지국에 도착한 기자 오마타 유키오 小俣行男는 그날 밤 난징에서 돌

아온 연락원에게 포로 학살 이야기를 들었다고 한다. 연락원이란 원고 운반 등 보도 활동을 지원한 사람을 말한다. 오마타는 1967년에 출판한 저서 『전장과 기자戰場と記者』에서 일본군이 난징, 샤칸下關에서 중국인 포로를 일렬로 세우고 중기관총으로 쏘았다는 연락원의 말에 이어서 다음과 같이 적고 있다.

연락원의 이야기는 귀를 막고 싶을 정도로 잔혹한 이야기뿐이었다. 우리는 신문사에 있었기 때문에 전장의 이야기는 일반인보다 잘 알고 있을 터였다. 그러나 도쿄에는 이런 끔찍한 이야기는 전해지지 않았다. 그뿐 아니라 도쿄에 있으면 언제부터인가 모두 성전聖戰이라는 어휘의 마술에 걸려 있었다. (…중략…) 매일매일 '호국護國의 귀신이 되어 산화散華했다'라던가 '유구한 대의大義에 산다'라던가 '동양 평화를 위한 성전聖戰'이라던가 하는 말을 듣고 있노라면 언제부터인지 전장은 신성한 곳으로 바뀌어버렸다. (…중략…) 그런데 (이곳에) 와 보니, 전쟁터란 살인, 강도, 강간, 방화……모든 흉악한 범죄가 집단적으로 이루어지고 있는 무시무시한 곳이었다.

보도인報道人의 죄

패전한 지 거의 1년이 지난 1946년 7월 31일, 도쿄재판극동국제군사재판에서 난징사건을 둘러싼 심리審理가 진행되고 있었을 때, 『요미우리신문』은 사설에서 다음과 같이 피력했다.

난징폭행사건은 당시 종군한 자라면 많든 적든 그 사실을 알고 있을 것이다. '성전聖戰'이라면서 침략전쟁을 강행하고, 일시적인 승리 후에 일어난 온갖 만행을 목격하면서도 게다가 여전히 '황군皇軍'이라며, 감히 직언하지 못한 우리들 보도인 報道人 의 죄는 결코 가벼운 것이 아니다.

그런 만행을 감행하면서 '중국 민중을 적으로 삼는 것이 아니다'라는 성명 聲明 을 밀어붙이고자 한 억지는 그 후 모든 대 對 중국 시책의 모순이 되어 나타나고 있다. 무엇보다 중국 민중에게 일본에 대한 적대감을 심고, 그 적대감이 10여 세기에 걸친 중·일 국교 國交 의 역사에서 유래가 없을 정도로 심각하고 잔혹한 것으로 영향을 끼치고 있다는 점에서 우리는 난징폭행사건을 중심으로 한 군벌의 만행이라는, 씻을 수 없는 역사적 죄악을 인정하지 않으면 안 된다.

그렇다고 해도 스즈키는 하라를 인터뷰했을 때 그가 난징함락 때 어디에 있었는지 확인하지 않았던 것일까? 아니면 일부러 애매한 채로 내버려 둔 것일까?

스즈키는 『중국의 붉은 별』이라는 저서로 중국공산당의 실상을 세계에 전파한 미국의 저널리스트 에드가 스노우의 『아시아의 전쟁』[14]에서 난징사건을 언급한 것을 지적하고, "스노우는 난징에 가지 않은 것이 확실하므로 구체적인 취재를 하지 못했다. 현란한 문장이지만 내용은 설득력이 없다"고 비판했다. 그러면서 스즈키 자신은 함락 당시 난징에 없었던 것이 확실한 전 특파원을 취재하여 "뭐가뭔지 갈피를 잡지 못했다"라는 식으로 적고 있는 것이다.

또한 에드가 스노우의 『아시아의 전쟁』에 대해 "내용에는 설득력이 없다"고 한 부분은 『제군 諸君 !』 1972년 10월호에 게재된 스즈키의 논고 제3편에서 인용했다. 단행본에서도 『아시아의 전쟁』을 언급하고 있는데, 위의 구절은 삭제되어 있다.

---

14 Edgar Snow, *The Battle for Asia*, Random House, Inc. New York, 1941; エドガー・スノー 著・森谷巖 訳, 『アジアの戰争』(現代史大系3), みすず書房, 1956.

2. 공표된 현장 사진

『환상』의 저본이 된 논고가 『제군!』에 연재된 1972년 당시에 난징사건을 둘러싼 자료는, 현재의 상황과 비교하면 질과 양 모두 부족했던 것은 사실이다. 특히 일본인 장병의 일기 등 일본군의 행동을 기록한 자료는 거의 발굴, 공표되지 않았던 때였다. 그렇다고 하여 전혀 없었다고는 할 수 없다. 예를 들면 교토 제6사단 제30여단의 여단장이었던 사사키 도이치佐佐木到一의 수기 『어느 군인의 자전自傳 증보판』[15]은 현장의 지휘관의 입장에서 난징전투의 모습을 묘사하고 있다. 스즈키도 사사키의 수기에서 다음 구절을 인용하고 있다.

> 부대를 정돈하면서 전진, 화평문和平門에 도착하다. 그 후 포로가 속속 투항하여 수천 명에 달함. 격앙된 병사는 상관의 제지도 듣지 않고 모조리 살육한다. 다수 전우戰友의 유혈과 10일간의 고생을 되돌아보면 병사들이 아니어도 "모두 해치워 버려"라고 말하고 싶어진다.[16]

---

[15] 사사키 도이치(佐佐木到一)의 수기는 처음에 『어느 군인의 자전(自傳)』이라는 제목으로 1963년에 보통사(普通社)에서 출판되었다. 여기에는 '난징 공략'의 장은 포함되지 않았다. 이어서 1965년에 집영사(集英社)가 간행한 『소화전쟁문학전집 별권 알려지지 않은 기록(知られざる記錄)』에 사사키의 「난징공략기(南京攻略記)」가 수록되었다. 이것은 사사키가 1939년 4월 타이프 인쇄해 둔 초고 「전장기록-중지작전편(戰場記錄-中支作戰編)」을 개제한 것이다. (하시카와 분조(橋川文三)에 의한 동 『별권』 해설에 의함) 그 후 1967년에 경초서방(勁草書房)에서 「난징공략(南京攻略)」의 장을 추가하여 『어느 군인의 자전(自傳) 증보판』이 간행되었다.

[16] 스즈키 아키라는 어째서인지 이 구절의 출전을 밝히지 않고, "사사키 소장의(일본인에 의해 작성된, 아마도 유일한 일급자료) 자주 사용되는 자료의 한 구절"이라고만 적고 있다. 인용도 부정확하여 각주 11의 『소화전쟁문학전집 별권』과 『어느 군인의 자전(自傳) 증보판』의 해당 부분과 비교하면 '片はし'를 '片っぱし', '辛慘'을 '辛酸'으로 바꾸는 등, 이 짧은 인용문 중에 적어도 여섯 군데 원문과 다른 부분이 있다.

평론가인 하시카와 분조(橋川文三)는 이 책의 해설에서 "난징학살의 정경을 묘사한 1945년 이후의 많은 기록과 비교하면 이 기록은 매우 충분하게 박진감이 있다고 할 수 있다"고 평가하고 있다. 그런데 스즈키는 위의 부분을 인용하면서 하시카와와는 정반대로 "안타깝지만 '대학살'의 구체적인 이미지는 떠오르지 않는다"라고 단정해 버린다. 자신의 '대학살' 이미지에 부합하지 않는다는 것일까?

뒷 짐 결박된 손

사사키의 수기뿐 아니다. 난징성 안에서 촬영한 학살 사체 사진이 1945년 이후 미국의 일본 점령이 종결되고 반년 정도 지난 시기에 일본의 잡지에 게재되었다. 이 사실은 현재에도 일반에는 그다지 알려지지 않은 것 같다. 사진을 게재한 것은 월간 사진잡지인 『국제문화화보』(1949년 창간, 국제문화정보사)의 1952년 9월호이다. 「처음으로 세상에 모습을 드러낸 난징대학살의 실상」[17]이라는 제목으로 펼친 면 2페이지에 크고 작은 12점의 사진이 소개되었다.

[역주] '片はし'와 片っぱし는 '모조리, 닥치는 대로'라는 뜻이나 후자가 좀 더 강한 표현이다. '辛慘'은 '괴롭고 참혹하다'는 뜻이고, '辛酸'은 괴롭고 슬프다는 뜻이다. 즉 스즈키는 당시 병사들이 전쟁 상황을 참혹하게 여겼던 정신 상태에 대한 표현은 완곡한 어휘로, 중국군 포로에 대한 학살 의지는 감정적으로 격앙된 강한 어휘로 어감을 조율, 왜곡시켜 인용한 것이다.

17 '난징대학살'이라는 호칭은 『아사히신문』 기자, 혼다 가쓰이치(本多勝一)가 1971년 르포 「중국 여행」에서 사용한 것이 처음이라는 견해가 일부에서 있다. 그러나 이것은 사실이 아니다. 중국의 군사법정에서 전범(戰犯)으로 재판을 받은 전 구마모토(熊本) 제6사단장 다니 히사오(谷壽夫)의 1947년 1월 15일 자 진술서(申弁書)(鈴木明, 『난징대학살의 환상(南京大虐殺のまぼろし)』에 수록) 중에도 '난징대학살'이라는 어휘가 사용되고 있다. 또한 여기에서 소개하듯이 국제문화화보 1952년 9월호에도 '난징대학살'이 타이틀로 사용되었다. 그 외에도 예를 들면 1955년에 간행된 다치노 노부유키(立野信之)의 소설 『도쿄재판』에도 '난징대학살'이란 표현이 보인다.

촬영한 이는 '동맹통신同盟通信'의 사진기자로 교토 제16사단(나카시마 게사고中島今朝吾사단장)에 종군한 후도 겐지不動健治이다. 1952년 당시 후도는 이 『국제문화화보』의 편집장으로 재직했다. 이하, 사진 설명을 소개한다.

〈그림 2〉 『국제문화화보』 표지, 1952.9

① 남경함락 직후의 처참한 남경성 안
② 여자와 아이 참살 사체
③ 확실히 알 수 있는 병사의 사체
④ 형장刑場으로 이송되는 사람들
⑤ 남경공략전에 종군한 당시 본지 후도 편집장중앙 왼쪽은 당시 부대장 나카시마 제16사단장공략군 전투지휘소에서
⑥ 양민도, 비전투원도, 병사도 구별이 안 되는 포로수용소
⑦ 내일의 운명을 모르는 포로들
⑧ 인간의 살코기에 몰려드는 들고양이
⑨ 총검으로 죽인 순간
⑩ 거리에 뒹구는 비전투원 학살 사체

마지막으로 비전투원 학살 사체 사진에는 적어도 일곱 명의 사체가 확인된다. 그중 뒷 짐 결박한 것이 확실한 사체도 있다. 단지 그 어느 사진도 촬영 일시와 촬영 장소가 명시되지 않은 점이 아쉽다. 사진에는 다음과 같은 짧은 기사가 적혀 있다.

전범戰犯재판의 법정에서 이른바 '난징대학살'로써 세계의 이목을 놀라게 한 중일전쟁 중 최악의 사건도 이미 10여 년이나 경과한 금일, 군국 분위기가 불식된 현재에는 그 모든 것이 거의 망각되려 하고 있다. 우연히 본사에서 발행하고 있는 화보 근대백년사가 조만간 발행되는 제15집에서 그 진상을 다루려고 하는 단계에 이르렀으므로, 여기에 처음으로 그 당시 사진을 세상에 내놓게 되었다. 그래서 본지에서도 동시에 이들을 게재하고 기록하여 경세警世와 자성自省의 재료로 삼기로 하였다. 이들 사진은 당시 나카시마 게사고 사단16사단에 종군기자로서 난징에 입성한 본지 후도不動 편집장이 당시 10여 일에 걸쳐 엄중한 촬영금지령의 망을 뚫고 촬영한 일부로서, 지금까지 세상에 오해를 낳을 우려가 있음을 걱정하여 한 번도 빛을 보지 못한 귀중한 사진이다. (…중략…) 이 사건에 대해서는 이미 전범 재판 기록에도 상술되었고 무엇보다 불명예스러운 구 일본군의 만행으로 세계적으로 널리 선전된 것으로, 양심 있는 일본인으로부터 한결같이 빈축을 산 것이다. 그리고 법정 증언에 의해 처음으로 알려진 이 대참학사건은 오래도록, 지금에 이르기까지도 추악한 역사의 한 페이지로 오점을 남기고 있다.

또한 편집 후기에는 이렇게 적고 있다.

본 호 권두 3, 4페이지가 다소 어두운 느낌의 페이지가 되었습니다만, 난징학살사건 사진이 처음 공간물에 소개되는 만큼 자화자찬으로 송구한 감이 있으나 이채를 띠고 있다고 생각합니다. 무엇보다 태평양전쟁 중에 사상자의 부분은 여기저기서 끔찍한 장면을 많이 봐서 익숙한 분이 많으므로 그다지 깊은 감흥을 받지 않을지도 모르지만, 중일전쟁 중에 큰 문제가 된 것으로써 전범戰犯 재판에서도 대단히 중대시된 것은 이미 모두 알고 계실 것입니다. 그리고 당시 신문기자로서 종군했던 본지 편집장이 직접 촬영한 것인 만큼, 그 진실성은

▲ 처음으로 세상에 모습을 드러낸 난징대학살의 실상

① 남경함락 직후의 처참한 남경성 안

② 여자와 아이 참살 사체

③ 확실히 알 수 있는 병사의 사체

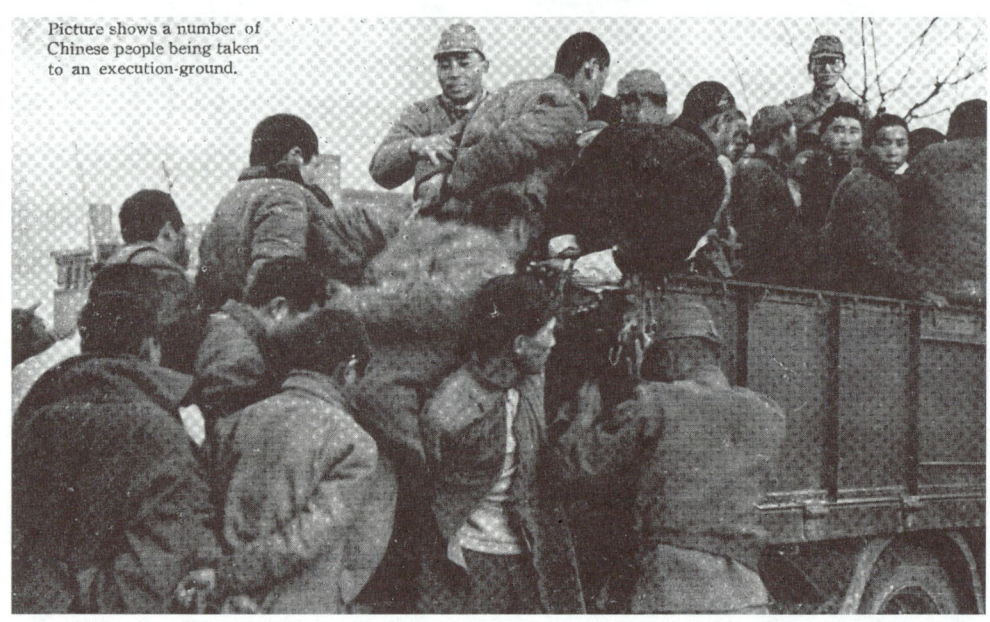

Picture shows a number of
Chinese people being taken
to an execution-ground.

④ 형장(刑場)으로 이송되는 사람들

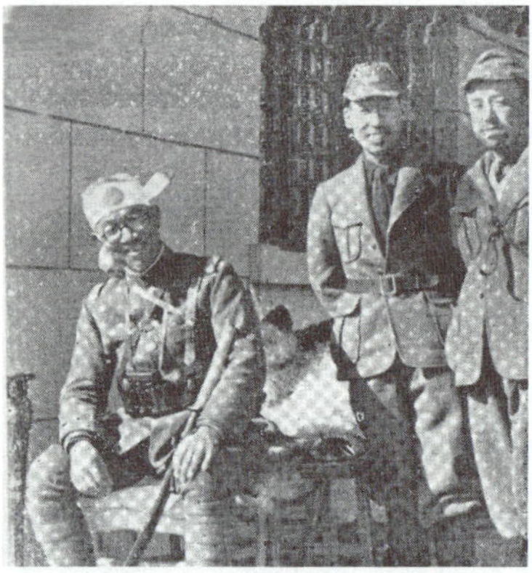

⑤ 남경공략전에 종군한 당시 본지 후도 편집장(중앙).
왼쪽은 당시 부대장 나카시마 제16사단장
(공략군 전투지휘소에서)

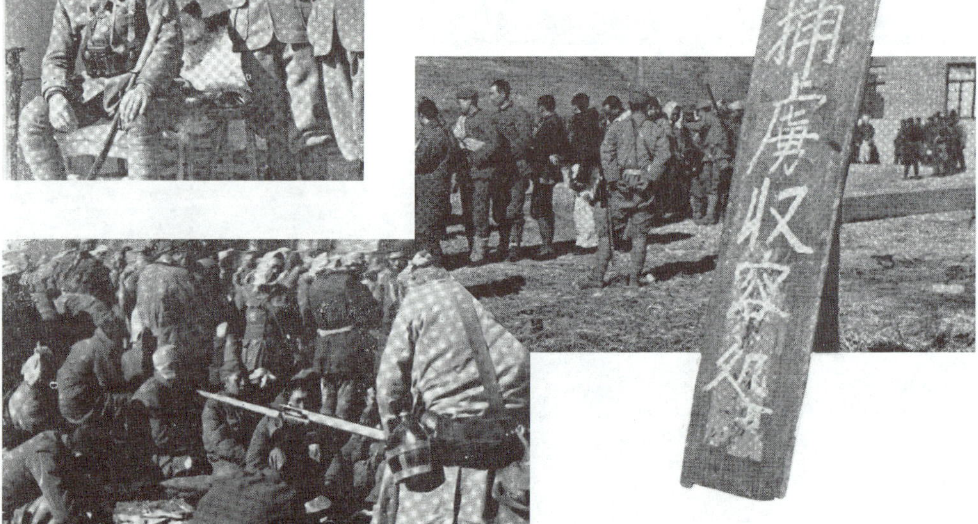
捕虜収容所

⑥ 양민도, 비전투원도, 병사도
구별이 안 되는 포로수용소

⑦ 내일의 운명을 모르는 포로들

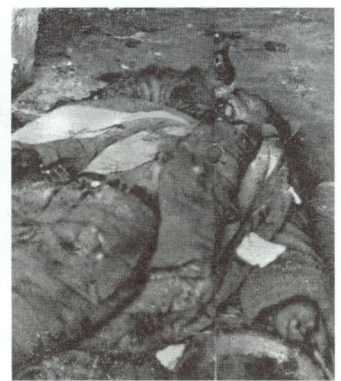

⑧ 인간의 살코기에 몰려드는 들고양이

⑨ 총검으로 죽인 순간

⑩ 거리에 뒹구는 비전투원 학살 사체

보증되는 바입니다. 지금까지 이것이 발표되지 못한 원인은 여러 가지 있지만, 여기에서는 생략하겠습니다. 사진이 흩어지기 전에 역사적인 기록으로서 본지에 게재해두는 것도 의의 없는 일은 아닐 것이라고 생각합니다.

에드가 스노우의 『아시아의 전쟁』에도 게재

확실히 후도^{不動} 자신이 촬영한 사진을 그 자신이 편집장으로 일하고 있던 잡지에 게재했으므로 사진의 출처를 의심할 여지는 없다. 미군의 일본 점령이 끝난 뒤에 공표한 것은 사진이 전범 소추^{訴追}에 이용되지 않도록 배려한 것은 아니었을까 추측된다. 스즈키는 후도가 촬영한 현장 사진을 보지 못했을까? 스즈키가 『환상』에서 에드가 스노우의 『아시아의 전쟁』을 다룬 것은 이미 언급했다. 실은 이 『아시아의 전쟁』에도 후도가 촬영한 사진 3점이 게재되어 있다. 『국제문화화보』 1952년 9월호에 게재된 12점 중 3점인데 후도에게 제공받은 사진임이 명기되어 있다. 따라서 『아시아의 전쟁』을 읽고 스즈키가 이들 사진을 보지 않았다고는 생각하기 어렵다.

스즈키가 취재했던 1972년 당시 후도는 70대 전반으로 건재했다. 그것은 난징 공략에 종군한 병사나 기자를 취재한 아라 겐이치^{阿羅健一}가 "후도 씨는 (1937년 12월) 13일에 난징에 입성했다. 찾아뵈려고 하던 중에 소화 60년¹⁹⁸⁵에 87세로 작고하여 이야기를 들을 수 없었다"라며 1987년의 저서 『듣고 쓴 난징사건』에 적고 있으므로 확인할 수 있다. 스즈키는 후도를 취재하지는 못한 것 같다.

후도 겐지의 회상

후도는 난징에서의 취재 체험을 글로 남기지 않았을까? 이것이 궁금하여 조사해보니 마침 후도에게는 『총담 가마쿠라산^{叢談 鎌倉山}』¹⁹⁷¹이라는 저서가 있고, 그 안에서 다음과 같은 기술이 있음을 발견하게 되었다.

난징대학살사건 현장에 우연히 조우하여 몰래 사진을 촬영했다. 평소 새끼 고양이 한 마리를 자동차 타이어로 압살해도 안타까워 견디지 못했으면서 인간을 대량으로 학살하는 생지옥 현장에서 정신이 아득해지면서도 렌즈를 들이댄 그 이상심리는 냉엄한 전쟁의 '사느냐 죽느냐'의 한계 선택에 놓인 무아無我의 심경을 가진 자만의 비인간적인, 특이한 심리 현상인 것일까? 귀국할 때 그 사진 대부분은 폐기를 명받거나 몰수당해버렸는데, 그중 몇 장인가는 위기를 피하여 가지고 올 수 있었다. 그리고 그것이 나중에 유일한 당시 자료가 되어 귀중하게 여겨져 매년 그 기념일에는 신문잡지나 화보지에 촬영자 이름이 명시되어 같은 사진이 몇 번이나 게재된 것은 다소 부끄럽고 곤혹스러운 느낌이 든다.

현장 사진의 대부분은 중국에서 반출하지 못했다고 한다. 『총담 가마쿠라산』에 의하면 후도는 태평양전쟁이 시작된 후, 동맹통신이 중심이 되어 일본군 점령군 하의 싱가폴에서 발행한 『쇼난신문昭南新聞』의 이사 등을 역임하고 패전 후 귀국했다. 1949년에는 출판인이었던 오사와 요네조大澤米造와 공동으로 국제문화정보사를 설립하여 편집장에 취임했다. 그리고 난징에서 몰래 가져온 사진을 자신이 편집장으로 일하던 잡지 『국제문화화보』에 게재한 것이다.

후도는 또한 1975년 2월에 저술한 회고록 『사진 편력 70년』[18]동맹사진부 동인회 발행, 비매품에서도 난징에서의 취재에 대해 언급하고 있다. 『총담 가마

[18] 『사진 편력 70년(寫眞編曆七十年)』은 『교도통신(共同通信)』의 선배인 누마다 기요시(沼田淸) 씨로부터 복사본을 제공 받았다. 감사함을 전한다.

쿠라산』의 기술과 내용은 거의 겹치지만, 일본 국립 국회도서관에도 소장되지 않은 자료이므로 기록한다는 의미로 인용해 둔다.

난징 입성 시에는 그 악명 높은 난징대학살사건의 현장에 직면하여 몰래 이를 취재하고 다수의 사진을 촬영한 것이었다.

평소 새끼고양이 한 마리를 타이어로 압살해도 차마 눈 뜨고 보지 못하는 심경인데, 인간의 대량학살이라는, 생지옥의 처참한 광경 장면에 임하여 번번이 슬픔으로 아득해지면서도 이성을 묵살하고 임무를 위해 나서서 렌즈를 들이댄 그 이상심리는 스스로도 실로 풀기 어려운 점이 있다. 이것이야말로 전장에 임하여 사느냐 죽느냐의 한계에서 그 선택을 부여받은 무아無我의 심경에 있던 자만이 체험할 수 있는, 비인간적인 특이한 현상일까? 패전 후 여러 가지 논란의 표적이 된 이 사건에 대해 그 현실을 직시하지 않고 잡음만 내는 것은 무의미하다. 귀국 때 찍은 필름 대부분은 애석하게도 몰수당해 버렸지만, 위기를 면하여 가져온 소수의 사진은 지금도 귀중하게 여겨져 신문과 잡지에 이용되는 일이 많다.

『사진 편력 70년』에 의하면 잡지『국제문화화보』는 매호 인쇄 부수가 50만 부를 밑돌지 않았다고 한다.

3. 취재 수법에 대한 의문

스즈키의『환상』을 정독하면, 그 취재 수법에 의문이 생긴다. 전 특파원을 취재했을 때, 스즈키는 왜 그들이 종군 중에 작성한 기사나 촬영한 사진이 게재된 지면을 입수하여 사전에 읽고, 그것을 취재 상대에게 제시함으로써 그들의 기억을 이끌어 내고자 하지 않았을까? 끝없이 확장되는 기억과 망각의 혼돈 속에서 확실한 증언을 듣기 위해서는 사전에 그를 위한 준비작업은 필수적이다. 신문기자나 신문 카메라맨의 경우는 오히려 당시의 자료^{신문지면}가 남아있으므로 준비하기 쉬울 텐데 말이다.

그런데 『환상』을 읽노라면 스즈키는 거의 사전 준비 없이 말하자면 '빈손으로' 취재 상대를 만나러 간 것 같다. 전 기자를 만나 이야기를 듣는데 그들이 종군 중, 어떤 기사를 작성했는지, 사전에 파악하지 않고 만나는 것은 눈을 멀뚱멀뚱 뜬 채 취재의 단서를 놓치는 것과 같다. 그것은 또한 상대의 생각이나 기억의 착오를 바로잡는 데에도 빼놓을 수 없는 작업인 것이다. 어려운 일이 아니다. 난징 함락 전후의 1개월분이라도 신문 기사를 점검해 두면 보다 구체적인 이야기를 끄집어낼 수 있지 않았을까?

목숨을 구걸을 하는 사람들

또 하나, 의문인 것은 취재 상대가 말한 이야기의 핵심을 스즈키가 얼마만큼 정확히 파악하고 이를 문장으로 작성했을까, 이다.

함락 직후에 난징에 들어간 보도 관계자 중에 영화 카메라맨 시라이 시게루^{白井茂}가 있다. 시라이는 함락 다음날 1937년 12월 14일 다큐멘터리 영화 촬영을 위해 난징에 들어갔다. 스즈키는 이 시라이를 만나 이야기를 청취하고 있다. 『환상』에 의하면 시라이는 스즈키에게 이렇게 말했다고 한다.

영화니까 젊은 여자를 찍고 싶었는데 아무튼 젊은 여자는 마지막까지 만나지 못했다. 우리 보도인은 자유롭게 난민 구역에 들어갔는데, 거기에도 젊은 여자는 없었다. 난민구역의 출입은 엄중했다. 난민구역의 민중이 특별히 우리에게 적의敵意를 품은 것으로는 생각되지 않았다. 저 멀리서 쳐다보는 자도 있고, 가까이 다가와 물건을 조르는 사람도 있었던 것 같다. 성 안에 사체가 나뒹굴고 있다던가, 집단으로 죽어있는 것 같은 광경은 본 기억이 없다.

학살 현장은 두 번 봤다. 한번은 울타리가 있었던 것 같다. 저 멀리 떨어져 있는 곳에서 총살하고 있었다. 숫자는 기억나지 않는다. 양쯔강이 아닌 하천에서 기관총으로 쏘고 있는 것도 봤다. 나라면 저항할 텐데라고 생각했는데, 그들은 순순히 죽음을 기다리고 있었던 것 같다. 하천에 뛰어들어 저편으로 헤엄쳐간 자도 있었다. 200명 정도 있었다고 생각한다. 장소는 기억나지 않는다. 당시 '대학살'이라는 소문은 없었다.

스즈키가 1972년에 시라이를 취재하여 작성한 위의 문장과 시라이 자신이 작성한 다음 문장을 비교해 보자. 시라이는 1983년에 출판한 자전 『카메라와 인생』에서 난징에서의 체험을 다음과 같이 회고하고 있다.

(1937년) 12월 14일 오후, 난징이 가까워짐에 따라 전화戰禍의 흔적이 생생하게 일대에 펼쳐진다. 이상한 냄새가 코를 찌른다. 트럭은 그 가운데를 달린다. 이윽고 멀리 난징의 성벽이 보였다. 성벽 높이 일장기가 올라가고 있다. 난징은 어제 함락되었던 것이다.

양쯔강으로 향하는 중산로中山路의 대로변에, 왼쪽 높은 울타리를 따라 중국인이 일렬로 끝없이 늘어서 있다. 무슨 일인가 하고 옆을 지나는 나를 그들은 붙잡으려는 듯이 갖고 있던 우글쭈글한 담배 봉지나 동전을 합하여 나에게 내밀며 무언가 비참한 표정으로 애원한다. 옆의 남자도 바로 앞의 남자도 마찬가지로 동전을 내밀거나 담배를 내밀며 나에게 애원한다. 끝없이 이어지고 있다.

이게 무슨 일인가? 하고 생각했더니, 이들은 이제 총살당할 사람들의 행렬이 었던 것이다. 그러므로 목숨을 살려달라고 애원한 것이다. 그것이 그런 것이라고 알았더라도 나는 아무것도 해 줄 수도 없다. 한 사람도 구할 수 없다. 울타리 안의 넓은 들녘에서 다소 떨어진 곳에 참호와 같은 것이 패여 있어서 거기에서 총살이 이루어지고 있다. 한 병사는 얼굴이 새빨갛게 피로 물들어 두 팔을 올려 무언가 외치고 있다. 아무리 쏘아도 두 팔을 들고 외치며 쓰러지지 않는다. 무언가 집념의 끝판을 보는 것 같다.

 자주 질문을 받는 것이지만 총을 쏘고 있는 것을 목격한 것은 사실이다. 그러나 모두 서투른 사람이 쏘므로 탄환이 맞았는데도 죽지 않는다. 좀처럼. 그와 달리 해군 쪽은 스마트하다고 할까, 양쯔강에 워터 슈트같은 판자를 걸어놓고 거기에서 갑자기 발로 차버린다. 물에 빠진 사람은 허우적대지만, 반드시 어딘가에서 떠오른다. 그러면 그 떠오른 곳을 향해 탕! 쏘아 죽인다. 시체는 양쯔강으로 떠내려간다. 그런 방법이었다. 전쟁이란 이렇게도 무참한 것인가? 창으로 심장이라도 찔린 것 같은 심정이다. 나는 피투성이 얼굴이, 집념의 형상이 그로부터 며칠이나, 며칠이나 머리에 각인되어 잊을 수 없어서 힘들었다. 나는 양쯔강에서도 총살 광경을 봤다. 다른 장소에서도 총살 당하는 사람들을 많이 봤지만 너무나 잔혹한 이야기는 더 이상 쓰고 싶지 않다. 이것이 세상에 알려진 난징대학살사건에서 내가 목격한 한 장면이다. 전쟁이란 아무리 해도 일어날 숙명인 것인가? 전쟁을 하지 않고 세상은 공존할 수 없는 것인가? 라고 곰곰이 생각하게 된다.

시라이의 이 서술은 구체적이며 박진감이 있고 영상을 보는 것 같기조차 하다. 학살 광경을 목도하면서 아무것도 할 수 없었던 자신에 대한 깊은 회한이 느껴지는 글이다. 시라이는 학살의 강렬한 기억을 마음의 상처로 오랫동안 품고 있었다.

이와 달리 스즈키의 구술 방식은 한마디로 너무나 내용의 깊이가 없다. 성 안에 "여기저기 시체가 나뒹굴고 있었다……라는 광경을 본 기억은 없다"라던가, 또는 "당시 '대학살'이라는 소문은 없었다"라던가 하는 말을 시라이로부터 끄집어내고자 스즈키는 기를 쓰고 있었다는 인상을 지울 수 없다. 말로 표현하는 것과 문장으로 표현하는 것은 '밀도密度'의 차이가 있다고는 해도, 스즈키가 듣고 작성한 결과물에서는 학살을 목격했을 때의 시라이의 고뇌도, 번민도 엿볼 수 없다.

외교관의 술회述懷

스즈키는 또한 『환상』의 취재에 임하여 사건 당시 난징의 일본대사관 참사관이었던 히다카 신로쿠로日高信六郎로부터 '친절한 강의'를 들었다고 한다. 난징 함락 직후에 상하이에서 난징으로 돌아와 외국대사관 등과의 외교적 절충을 했던 인물이다. 히다카는 '35년 전의 추억담'을 '흐르는 물처럼 말했다'고 한다.

히다카는 난징에서 무엇을 보았는가? 스즈키가 그 담화를 기술하고 있다.

거리는 완전히 텅 비었고, 고양이 한 마리가 튀어나와도 화들짝 놀랄 분위기였어요. 샤칸下關에서도 시체는 아직 남아 있었습니다. (난징에) 도착하니 곧 점령에 즈음하여 일본군과 현지인과의 사이에 여러 가지 트러블이 있다고 들었고, 군 관계자 한 사람 한 사람에게 돌아다니며 선처를 구하며 걸어다녔습니다. 군도 그 점에는 매우 신경을 써서 헌병대장 등을, 밤중에 방문했는데, 헌병 전원에게 비상소집을 걸어서 경계를 엄중히 했을 정도입니다.

스즈키는 '여러가지 트러블'이라고밖에 적지 않았다. 일본군과 현지인 사이에 어떤 트러블이 있었던 것일까? 그것을 구체적으로 끄집어내지 않고는 난징 점령의 실태를 묘사할 수 없다. 오히려 무언가를 숨기고 있는 것 같은 작성 방식이다. 히다카는 이 정도밖에 말하지 않았던 것일까?

스즈키가 히다카와 면담하기 6년 전에 즉, 1966년에 간행된 『히로타 고키廣田弘毅』 히로타 고키(廣田弘毅) 전기 간행위원회 편 중에 히다카는 다음과 같이 서술하고 있다. 참고로 히로타는 일본군의 난징 침공 당시의 외무대신이다.

포로의 처우에 대해서는 고급 참모는 (난징 침공 사령관인) 마쓰이 이와네松井石根 씨와 마찬가지로 여러 가지로 고심하고 있었는데, 실제로는 입성 직후이기도 해서 공포심도 작용하여 함부로 죽여버린 것 같다. 양쯔강변에 포로들의 사체가 줄줄이 연결되어 켜켜이 버려져 있는 모습은 어떻게 말로 표현할 수 없을 정도로 불유쾌했다.

한번 잔학한 행위가 시작되자 자연히 잔학한 일이 익숙해지고 또한 일종의 기학적嗜虐的[19] 심리가 되는 것 같다. 전쟁이 끝나고 숨을 돌리게 될 때 식량은 없고 연료도 없자 모두 마음대로 징발하기 시작한다. 마루를 뜯어내고 태우기도 전에 마루 그 자체에 불을 질러 버린다. 짐을 시민에게 운반시키고 일을 마치면 '수고했다'고 하는 대신에 죽여 버린다. 불감증이 되어 있어서 그다지 놀라지도 않는 모습들이었다.

근본적인 문제는 군인에 국한되지 않고 일본인 전체가 언제부터인가 모럴 첵크라는 것을 상실했다는 점에 있다고 생각된다. 언제, 어떠한 때에도 인간으로서 절대로 어느 수준 이하의 행동을 해서는 안 된다는 마음가짐을 결여했던

---

19 [역주] 잔혹한 일을 즐기는.

것이 난징사건을 야기한 최대의 원인이라고 나는 생각한다.

스즈키의 기술 내용과의 밀도 차이는 역력하게 드러나고 있다.

삭제된 부분

스즈키는 『환상』에서 '난징사건은 없었다'라고는 단정하지 않는다. 다른 한편으로 '확실히 있었다'라고도 적지 않는다. 아니, 실은 『제군!』 1972년 10월호에 게재된 「무코이 소위는 왜 살해되었는가? 보유補遺」에서 스즈키는 다음과 같이 서술하고 있다.

> 나는 애당초 1945년 이전의 일본이 중국에게 한 행동 (중국뿐 아니라 전 세계에 한 행동)이 올바른 것이라고 꿈에도 생각하지 않는다. 일본 군국주의의 죄악을 증오하는 점에서는 현재의 혼다 가쓰이치本多勝一 씨도, 아사우미 가즈오淺海一男 씨도 능가한다고 자신한다.

혼다 가쓰이치는 당시 『아사히신문』 편집위원으로 1971년 신문에 연재한 「중국 여행」에서 일본군에 의한 중국 침략의 실태를 되돌아본 기사로 큰 반향을 불러일으켰다. 아사우미 가즈오는 『도쿄 니치니치신문東京日日新聞』 특파원으로 난징으로 진격한 일본군을 취재하였는데 도중에 두 명의 장교가 「백인 참수 경쟁」을 했다고 보도한 기자 중 한 명이다.

스즈키는 다시 이렇게 강조한다.

> 나는 '난징사건' 그 자체가 '있었는가, 없었는가'라는 설정 그 자체가 완전히 넌센스라고 생각하고 있다. 그 정도의 격렬한 전투가 있고, 거기에 몇만 명이

라는 제국帝國 군인이 몰려갔는데 사건이 일어나지 않았다고 생각하는 것은 완전히 불가능하다.

거듭 설명하지만, 나는 '난징사건은 환상에 불과하다'고 생각한 적은 한 번도 없다. 거기에는 아무튼 꽤 대단한 일이 발생했다.

그렇다면 왜 『환상』이라는 어휘를 타이틀로 했는가 라고 되묻고 싶지만, 결국, 스즈키는 '일본 군국주의의 죄악을 증오한다'며, '있었는가, 없었는가라는 설정 그 자체가 완전히 넌센스, 사건이 일어나지 않았다고 생각하는 것은 완전히 불가능, 사건은 환상에 불과하다고 생각한 적은 한 번도 없다, 아무튼 꽤 대단한 일이 발생했다'고 단정적으로 서술한 이 부분을 끝내 단행본에서는 삭제해 버린다. 흑백을 확실히 가리지 않고 숨겨두는 쪽이 세상의 관심을 끌 수 있고, 게다가 지나친 반발을 회피할 수 있다고 계산이라도 한 것일까?

하나의 도큐멘트

스즈키는 도쿄재판이 인정하거나, 중국이 주장하는 것 같은 대규모의 집단 학살은 없었다, 그것이 진상인데 종군기자는 용기가 없어 1945년 후에도 그것을 쓰지 않았다고 비판한다. 그리고 『환상』의 말미에서 난징사건에 대해 "중국 측에서 군민 합하여 수만 명의 희생자가 나왔다고 추정된다"고 서술하면서 "그 전달 방식이 당초부터 너무나 정치적이어서 진실은 묻히고 금일에 이르기까지 사건의 진상은 누구에게도 알려지지 않았다"고 결론짓고 있다.

더욱 「후기」에서 "난징사건이라는 것의 전모를 알고자 하면, 당시 난징에 있었던 수만 명의 장병이 지금도 전부 생존하고 있어서 그 전부에 대해 엄밀한 사실조사를 하지 않는다면 알 수는 없는 것이다. 그리고 말할 것도 없이, 그것은 100퍼센트 불가능한 것이다"라고 적고 결국 진상은 알 수 없다, 환상이라는 결론에 도달하고 있다.

그리고서 스즈키는 "이것은 1972년에 작성된 하나의 도큐멘트로 읽혀야 한다" 문고판을 위한 후기 고 기술한다.

그것은 그의 주장대로라고 생각한다. 『환상』은 난징사건으로부터 34년, 패전으로부터 26년이 지난 시점에서 전 특파원들을 (아무런 사전 준비도 없이) 면회하여 담화를 모은 것, (혹은 그 때문에) 결국 '진상'에 도달하지 못한, 그 경과를 더듬은 '하나의 도큐멘트'로 읽혀야 하며 그 이상의 것이 아니다.

스즈키 자신이 "예를 들면 일본의 어느 잡지가 '나는 이렇게 난징의 양민을 죽였다'는 기사를, 34년 후인 금일에, '양심적 고백'을 익명으로 발표해도, 이것은 자료로서는 거의 의미가 없다"라고 적고 있는데, 만약 패전 후의 고백이 모두 무의미하다면, 패전 후 수십 년이나 지나 "난징 성 안에서는 사체를 보지 못했다"고 전 기자나, 전 군인이 말했다고 해도, 마찬가지로 '자료로서 거의 의미를 찾을 수 없을' 것이다.[20]

그럼에도 불구하고 스즈키는 패전 후 수십 년에 걸쳐 수집한 담화만으로 사건의 진상을 묘사하고자 했지만 결국 그 목표를 달성하지 못했다. ('환상'을 묘사하는 데에는 성공했을지 모르나)

애당초 "『극동 군사재판 속기록』 정식 명칭은 『극동국제군사재판속기록』을 구멍이 뚫

---

20 역사학자인 가사하라 도쿠시(笠原十九司)는 이렇게 서술하고 있다. "(후년의) 회상록이 사료로써 의미가 있는 것은 체험 시에 알지 못했던 체험 목격의 의미를 깨닫고 작성한 것이다. 중요한 것은 회상록이라는 사료로서의 특징을 이해하고, 다른 사료와 조합하면서, 사료 비판을 하며 활용하는 것이다."(笠原十九司, 『백인 참수 경쟁과 난징사건(百人斬り競争と南京事件)』, 2008년간) 전쟁 체험의 구술에서도 똑같이 적용할 수 있다.

어질 정도로 몇 번이나 되풀이하여 읽었다"고 서술하면서 '승리자로서 패자에 대한 결정적인 우월감'을 증인의 표정에서 읽었다는 감각적인 이유만으로 많은 피해 증언을 거의 무시하고, 일본의 전前 기자, 전前 군인들의 종전 후의 증언만으로 사건의 진상을 묘사하고자 한, 이 방법 자체가 잘못되었다고 말하지 않을 수 없다.

난징사건을 '환상'으로 만든 책임의 일부분은 스즈키가 말한 것처럼 일본의 군국주의시대가 끝난 후에도 사건에 대해 말하려 하지 않았던 많은 전 기자들에게 있을 것이다. 그러나 『환상』 서술의 애매함에 대해서는 스즈키 자신에게 책임이 있다.

실은 스즈키 자신도 그 점을 자각하고 있던 흔적이 보인다. 『환상』이 단행본으로 나온지 2개월 반 정도 지난 시점에 스즈키는 이렇게 토로했다.

> 내 책은 지금까지의 사실을 부정한다는 의미가 있는 것인데, 어떤 의미에서는 그 정도까지의 일은 없었다고 하는 식으로 다소 강조한 흔적은 있어요. 『주간 독서인』, 1973년 5월 28일 자

이 발언은 중요하다. 스즈키가 『환상』을 저술한 목적은 사실을 밝히기 위해서가 아니라, 사실을 '부정하기' 위해, 혹은 애매하게 해두기 위해서였다. 미리 세워둔 목적에 따라 이 책을 작성했다는 것을 스즈키 자신은 인정하고 있다.

『환상』은 1973년 야마자키 도모코山崎朋子의 「산다칸 8번지 유곽サンダカン八番娼館」[21]과 함께 제4회 오야 소이치大宅壯一 논픽션상을 수상했다. 이 상

---

21 [역주] 태평양전쟁 시기 10세가 되지 않은 소녀들이 팔려나가 동남아시아 일대에서 매춘업에 종사했던 흔적을 추적하여 저술한 르포타주 문학작품. 산다칸은 말레이시아 자

의 명칭에 붙여진 저널리스트 오야 소이치는 『마이니치신문毎日新聞』 취재반의 일원으로 함락 전후 난징을 목격한 경험이 있었다. 오야는 그 경험에 대해 정리된 저작을 남기지 않았으나, 1966년 9월에 중국을 방문했을 때 동행한 후지와라 히로다쓰藤原弘達, 정치평론가, 오모리 미노루大森實, 저널리스트, 가지야마 도시유키梶山季之, 작가 등과 현지 좌담회에서 이렇게 말하고 있다.

> 입성 전후, 입성까지의 과정에서 상당히 대학살이 있었던 것은 사실이라고 생각합니다. 30만이라던가, 건물의 3분의 1이 불태워졌다던가 하는 숫자는 다소 신용할 수 없지만요. 상당한 대규모의 학살이 있었던 것은 나도 목격자로서 충분히 말할 수 있어요.
> 마침, 우리가 난징에 있었을 때에 말예요. (사람을) 많이 죽인 병사와 대체로 같은 연배의 무리가 우리 앞을 걷고 있고……말줄임표는 원문 그대로임, 「오야 고찰 팀의 중공보고(大宅考察組の中共報告)」, 『선데이 마이니치(サンデー毎日)』 1966.10.20 임시증간호

1970년에 작고한 오야는 『난징대학살의 환상』을 읽을 기회는 없었다.

그것은 '없었다'인가?

그 후 난징사건의 연구는 크게 진전되었다. 난징 공략에 종군한 병사 일기 등, 동시대 자료가 잇달아 발굴되고 중국인 피해자를 취재한 증언집이나 함락 당시 난징 성안에 있던 서양인의 일기 등도 공간되었다. 오히려 『환상』론에 촉발되어 그에 대항하기 위해 난징사건을 둘러싼 역사학

바 주의 도시.

연구가 진전되었다고 할 수 있을지 모르겠다.

중국인 피해자, 중국인 난민 구제 활동에 종사한 서양인, 보도한 서양 저널리스트, 난징에 체재했던 외국 외교관, 일본 외교관, 일본인 장병 등의 증언을 종합하면 난징에서 대규모의 학살이 있었던 것은 아무래도 부정할 수 없다. 대규모의 집단 학살이라고는 해도, 그것은 한 곳에서 수만 명의 중국 병사가 한꺼번에 학살당했다는 것이 아니라 크고 작은 여러 규모의 집단 학살이 여기저기에서 이루어졌다는 것이다.

이에 대하여 난징학살사건은 극히 소규모였다던가, 혹은 애당초 없었다고 주장하는 저작도 1980년대 중반 이후 잇달아 출판되고 있다. 그중에는 이런 지적도 있다.

> 『아사히』,『마이니치』,당시 『도쿄 니치니치신문(東京日日新聞)』, 『요미우리』 3대 신문에서 1937년 12월부터 다음해 2월까지 즉 난징학살이 있다고 하는 시기의 축쇄판아사히이나 마이크로필름도코니치니치, 요미우리을 복사하여 당시 신문보도에 대해 자세히 점검했다. 규제나 검열이 자주 있다고는 해도 이 3대 신문의 어느 페이지를 봐도 학살이나 폭행의 냄새도 느낄 수 없다.다나카 마사아키(田中正明), 『난징학살의 허구』, 1984

기사가 없는 것은 사건이 없었기 때문이다, 라는 것이다. 그러나 신문은 애당초 이 3대 신문만 있는 것이 아니다. 게다가 일본의 입장에서 곤란한 사실은 보도가 허락되지 않았던 당시에 학살을 보도한 기사가 없었다고 해도정말 없었는지는 이 책에서 검증하겠다, 그것을 근거로 사건 그 자체가 없었다고 볼 수는 없는 것이다.

그렇다고 해도 "규제나 검열이 자주 있었다고는 해도…… 학살이나 폭

서장 | 『환상』의 정체　　55

행의 냄새조차 느껴지지 않는다"라는 것은 너무나 기괴하고 교묘한 논법이다. 게다가 정말 '냄새도 없었다'고 할 수 있을까?

또한 일부 전 종군기자들이 패전 후 '보지 못했다'고 한 것을 하나의 근거로 들어, '사건은 없었다'고 주장하는 경향도 있다. 그러나 일부 전前 기자가 '보지 못했다'고 말했다고 해서 사실이 '없었다'고 단정할 수는 없다.

난징에서 일어난 것 전체를 신神의 시점에서 내려다볼 수 있는 자는 애당초 존재하지 않는다. 성곽 도시인 난징은 넓다. 성벽의 길이는 약 34km, 일본 도쿄 시내를 순환하는 야마데센山手線이 일주한 길이와 거의 같으며, 성곽 내의 면적은 야마데센의 안쪽 면적과 거의 같다. 난징 성안의 어떤 지점에서 '아무것도 보지 못했다'고 해도, 성안의 다른 장소에서 집단학살이 '없었다'는 증거는 될 수 없다.

어느 기자가 사실, '못봤다'고 해도 (때와 장소에 따라, 혹은 그런 일도 있었을지 모른다) 이것을 근거로 난징 어디에서도 '학살은 없었다'고 단정할 수 없다.

4. 왜 이 책을 집필했는가?

1937년 12월부터 다음 해 1월까지 일본군은 직전까지 중국의 수도였던 난징을 침공하여 성내에 머무르고 있던 중국군 장병의 섬멸을 꾀했다. 전의戰意를 상실한 투항 병사나 무기를 휴대하지 않은 일반 주민들을 체포하여 집단으로 학살했을 뿐 아니라 난징으로 향하는 도중에서도 약탈, 방화, 강간과 인도人道에 반하는 행위를 거듭했다.

그 현장에 신문기자가 있었다. 그들은 무엇을 보았는가? 그들은 무엇을 쓰고 무엇을 쓰지 않았는가? 신문은 독자에게 무엇을 전달하고 무엇을 전달하지 않았는가? 전시 보도^{戰時報道}란 무엇이었는가? 이러한 의문을 당시의 신문을 통해 추적해 보고 싶다. 나는 그렇게 생각했다.

저널리즘의 임무

그동안 역사학자는 육·해군 부대의 전투상보^{戰鬪詳報} 등 일본군의 공식 자료, 일본군 장병이 당시 작성한 일기류, 난징에 남아있던 서구 저널리스트의 보도 기사, 난민 지원에 임한 외국인의 일기, 편지, 기록류, 중국의 사회사업단체가 작성한 자료, 도쿄재판에서의 증언, 중국인 피해자의 증언, 일본인 장병이나 보도 관계자가 패전 후 작성한 회상기 등을 통해 난징사건의 실태를 밝혀왔다.

난징에서 일본군이 다수의 중국인 포로나 비전투원을 학살했다는 것은 부정할 수 없는 역사적 사실이다. 그러나 종래의 연구를 개관하면, 난징 공략 당시의 신문보도를 널리 참조하며 작성된 것이 내가 아는 범위에서는 거의 없다. 참조했다고 해도『아사히신문』$^{당시에는 『도쿄 아사히신문』, 『오사카 아사히신문』}$,『마이니치신문』$^{당시에는 『도쿄 니치니치신문』, 『오사카 마이니치신문』}$,『요미우리신문』의 전국판에 거의 한정되며, 이러한 거대신문의 지방판이나 전국 각지의 지방지까지 널리 섭렵한 연구성과는 확인되지 않는다. 또한 향토부대의 동향을 쫓아 일부 지방지의 기사가 인용되는 경우는 있으나, 그 수는 적다.

『아사히』,『마이니치』,『요미우리』의 지방판이나 지방지는 난징 침공에 대해 무엇을 보도했을까?

그동안 당시의 신문보도의 전체를 조망한 작업은 거의 시도되지 못했다. 그 이유는 두 가지가 있었다고 생각된다. 첫째 이유는 보도 통제하에서 당시의 신문은 전장의 실태를 있는 그대로 보도하는 것이 허락되지 않았다. 그러니, 지금 다시 읽어 봐도 난징사건의 사실을 특정하는 데에 이들 신문은 그다지 참고가 되지 않는다고, 연구자들이 판단했던 결과가 아닐까?

또 하나의 이유는 중일전쟁 당시 일본 내 주요 신문을 검토한다는 것 자체가 방대한 작업량을 감당해야 하는데, 그것이 과연 의미 있는 작업일지 어떨지에 대해 확신이 없다. 그 때문에 착수하는 연구자가 없었던 것은 아닌가 하고 추측된다.

역사학자가 그렇게 생각하는 것도 무리는 아니다. 통제하에 있던 당시의 신문기사를 살펴보아도 그것만으로 역사를 쓸 수 있는 것은 아니다.

그래서 저자는 생각했다. 신문이 역사 연구를 위해 하나의 중요한 소재인 점은 틀림이 없다고 해도, 신문이 난징 침공에 대해 무엇을 보도하고 무엇을 보도하지 않았는가? 그 보도의 내용을 개개의 기사에 입각하여 구체적으로 검증하여 보도기관의 책임을 생각해보는 것은 역사학의 임무라기보다 본래 저널리즘의 임무가 아닐까?

그렇게 생각하게 된 저자는 난징 공략을 보도한 신문을 될 수 있는 한 넓게 망라하여 수집하여 그 보도를 검증해 보기로 했다. 군사에 대한 지식이 얕은 저자에게는 너무나도 무거운 주제이며, 그 적임자라고는 도저히 내세울 수 없지만, 결국 생각한 자가 할 수밖에 없다고 각오하게 되었다. 그 작업을 통해 전쟁 보도란 무엇이었는가? 그 특징을 밝혀 보고 싶다고 생각했다. 그것이 2019년의 가을이었다. 볼 만한 기사가 있는지 어떤지는 실제로 해 보지 않으면 모른다. 그런 생각도 저자에게는 있었다.

전시하의 문학과 문학가에 대해 연구한 다카사키 류지高崎隆治는 이렇게 지적하고 있다.

나는 과거 20년이 넘는 세월을 오로지 전시하 작성된 전쟁 기록을 연구 주제로 하여 몰두해왔다. 이를 통해 알게 된 최대의 사실은 전시 검열의 엄격함을 고려하면서도, 역시 어느 경우에는 종전 후에 작성된 수기나 증언보다도 전쟁하의 기록이 훨씬 정확하며 신뢰할 수 있다는 것이었다. 高崎隆治,「사상누각의 무대 뒤」, 本多勝一 편, 『펜의 음모』 1977

이 지적에 고무되어 나는 활자도 바랜 80년 전의 신문 마이크로필름판 을 도서관에서 열람하기 시작했다. 이 방대한 양의 기사 가운데 전장의 실상을 전하는 몇 줄이 어딘가에 숨어 있을지 모른다. 그런 아련한 기대를 품으면서.

목숨을 두 개 가진 자는 없지

검증 대상으로 삼은 것은 도쿄의 국립국회도서관이나 지방의 현립도서관 등이 소장한 각 신문 중 1937년 11월부터 1938년 2월까지의 지면을 중심으로, 신문에 따라서는 그 범위를 더욱 넓혀서 난징 공략에 관한 주요 기사를 모아 노트북을 펼치고 옮겨 적으며 거듭 읽었다.

본서 집필 목적은 일본군의 난징 침공을 신문은 어떻게 보도했는가? (보도하지 않았는가?)를 검증한다는 그 한 가지이다. 달리 말하면, 당시 신문이 기사와 사진으로 묘사한 '전장'이라는 공간을, 시간을 넘어 다시 걸어 보는 일종의 '필드 워크', '현장 르포'로 임할 생각이다. 서술에 앞서 난징 공략 당시의 신문기사를 다수 인용했다. 그것은 신문이 무엇을 기록했는지 (혹은 기록하지 않았는지), 전시 보도란 무엇이었는지, 개개의 기사가 스스로 말하도록 하고 싶다는 의도가 있기 때문이다.

전시하의 신문, 특히 전국의 지방지를 섭렵한다는 것은 디지털시대인 금일 여전히 시간과 노력이 필요하다. 기록으로 남겨 둔다는 점에서도 다수의 기사 인용은 의미가 있지 않을까 생각했다.

난징사건에 대해서는 그동안 학살 규모가 논의 중심에 있었지만, 그 점은 전문 역사학자의 검토에 맡기고 싶다. 30만 명은 물론, 3만 명, 3천 명, 혹은 500명이건, 대단한 규모의 살육이었던 점은 틀림없다. 500명이라면 면죄된다는 것은 아니다.

생각하니, 사람 수나 사망자 수는 셀 수 있어도 '목숨'은 셀 수 없다. 하나의 '목숨'과 다른 하나의 '목숨'을 덧셈으로 셀 수 없다.

근대 단가^{短歌}에 큰 족적을 남긴 가인^{歌人} 도키 젠마로^{土岐善麿}는 『요미우리신문』 사회부장, 그리고 『도쿄 아사히신문』으로 옮겨 학예부장, 조사부장을 역임하고 일본군의 난징 침공 당시는 논설위원에 재직하고 있었다. 중일전쟁 하에서 도키는 아래와 같은 단가를 발표했다.

유기 사체 수백이라 하고, 수천이라 하네. 목숨을 두 개 가진 자는 없지.^{歌集} 『六月』, 1940

이 책을 집필하기 위해 수집, 열람한 신문과 소장처는 다음과 같다. 홋카이도^{北海道}를 제외한 지방지는 각 현 지역을 판매처로 한 것을 주요 대상으로 삼았다. 괄호 안은 발행지, 제호이며 판별이 가능한 것을 할애했다. 또한 난징 공략 후 신문 통합이 이루어져 여기에 든 몇 개의 신문은 사라졌다. 또한 신문 통합 후에 발족한 홋카이도^{北海道}신문, 교토^{京都}신문 등은 여기에 등장하지 않는다. 사이타마^{埼玉}, 시가^{滋賀} 두 현에 대해서는 당시 발행된 지방지 소재를 확인하지 못했다.

일본 국립 국회도서관 소장 신문

- 홋카이도北海道·동북지방

홋카이 타임즈北海タイムズ(삿포로札幌), 오타루신문小樽新聞, 하코다테신문函館新聞, 도오신문東奧新聞(아오모리青森), 이와테일보岩手日報, 아키타 사키가케신보秋田魁新報, 가호쿠신보河北新報(센다이臺), 야마가타신문山形新聞, 후쿠시마민보福島民報, 후쿠시마민유신문福島民友新聞, 아이즈신문會津新聞

- 도쿄·관동지방

도쿄 아사히신문東京朝日新聞(각 도부현판道府縣版 포함), 도쿄 니치니치신문東京日日新聞, 요미우리신문讀賣新聞, 고쿠민신문國民新聞, 호치신문報知新聞, 미야코신문都新聞, 주가이상업신문中外商業新聞, 주오신문中央新聞, 니로쿠신보二六新報, 야마토신문やまと新聞, 데이코쿠대학신문帝國大學新聞, 조몬신문上毛新聞(마에바시前橋), 시모쓰케신문下野新聞(우츠노미야宇都宮)

- 중부·호쿠리쿠北陸지방

야마나시 니치니치신문山梨日日新聞, 시즈오카 민유신문静岡民友新聞, 시나노신문信濃新聞, 호코쿠신문北國新聞(가나자와金澤), 신아이치新愛知(나고야名古屋), 나고야신문名古屋新聞, 기후 니치니치신문岐阜日日新聞, 이세신문伊勢新聞

- 긴키近畿지방

오사카 아사히신문大阪朝日新聞(각 도부현판各道府縣版 포함), 오사카 마이니치신문大阪毎日新聞, 오사카 지지신보大阪時事新報, 산교게이자이신문産業經濟新聞(오사카大阪), 교토 니치니치신문京都日日新聞, 교토 히노데신문京都日出新聞, 고베유신일보神戸又新日報, 고베신문神戸新聞

- 주고쿠中國・시고쿠四國 지방

고도신문合同新聞(오카야마岡山), 산인신문山陰新聞, 쇼요신보松陽新報(이상 마쓰에松江), 간몬 니치니치신문関門日日新聞(시모노세키下關), 보쵸신문防長新聞(야마구치山口), 고가와신보香川新報, 시코쿠민보四國民報(다카마츠高松),에히메신보愛媛新報, 이요신보伊予新聞(이상 마츠야마松山), 도쿠시마 마이니치신문德島每日新聞, 고치신문高知新聞

- 규슈九州・오키나와沖縄 지방

후쿠오카 니치니치신문福岡日日新聞, 규슈일보九州日報(후쿠오카福岡), 오이타신문大分新聞, 호슈신보豊州新報(오이타大分), 나가사키 니치니치신문長崎日日新聞, 사가 마이유신문佐賀毎夕新聞, 규슈 니치니치신문九州日日新聞(구마모토熊本), 규슈신문九州新聞(구마모토熊本), 미야자키신문宮崎新聞, 가고시마 아사히신문鹿兒島朝日新聞, 류큐신보琉球新報

일본 내 각 현립도서관 소장본

후쿠시마신문福島新聞, 이바라키신문いばらき新聞(미토水戸), 보소신문房総新聞, 요코하마무역신보橫浜貿易新報, 도야마일보富山日報, 호쿠리쿠 니치니치신문北陸日日新聞,도야마富山 호쿠리쿠 타임즈北陸タイムズ, 나라신문奈良新聞, 와카야마 니치니치신문和歌山日日新聞, 주코쿠신문中國新聞(히로시마廣島)

그 외

후쿠이신문福井新聞(후쿠이福井 현 문서관), 치바 마이니치신문千葉毎日新聞(치바현千葉県 소데가우라袖ヶ浦 시립도서관), 돗토리신보鳥取新報(요나고米子 시립도서관)

제1장

상하이 전선 上海戰線에서

1. 보도 통제와 '신화神話'

『오사카 마이니치신문大阪每日新聞』 구마모토熊本 지국원인 고토 고사쿠五島廣作가 구마모토 역의 역장실로 호출된 것은 구마모토 제6사단에 종군하여 구마모토를 출발하기 직전인 1937년 7월 말이었다. 사단의 정보주임 참모가 고토五島에게 말했다.

> 우리 6사단은 이제 출발 장도에 오르게 되네. 내가 정보주임참모로서 모든 보도 관계 책임자다. 종군기자 제군에게 전달하도록. 잘 듣게. 군軍에 불리한 보도는 원칙으로써 일절 써서는 안 되네. 전지戰地에서는 허가받은 이외의 내용을 써서는 안 돼. 이 명령을 위반한 자는 즉시 내지內地로 송환될 거야. 기사는 검열을 원칙으로 하고, 특히 군기軍機 비밀사항을 적어 보낸 자는 전시육군형법으로 총살형이네. 五島廣作편, 『난징 작전의 진상』, 1966

이보다 3주일 정도 앞선 7월 7일 밤, 베이핑北平(당시 베이징의 호칭) 교외 루거우차오盧溝橋에서 연습 중이던 일본군과 중국군 사이에 무력 충돌이 일어났다. 루거우차오사건 11일, 일본정부는 '무력 항일抗日'에 대한 '자위권 발동'이라며 중국 파병을 발표, '북지사변北支事變'이라고 명명했다. 9월 2일, 지나사변(支那事變)으로 개칭

신문사는 움직였다. 13일, 『도쿄 아사히신문』 1면에 「43명을 동원, 정예 항공반도 배치」라는 사고社告를 게재했다. 기자, 카메라맨 외에 전장戰場 특파원 조수로서 원고나 필름 운반 등을 담당하는 연락원이나 현지에서 채용된 기자 등 다수가 동원되었다. 같은 무렵, 『도쿄 니치니치신문』, 『오사카 마이니치신문』, 『요미우리신문』, '동맹통신사'도 기자를 중국에 파견했다.

검열 당국은 곧바로 언론 보도를 단속했다. 내무성 경보국 도서과는 7월 13일 각 청부현廳府縣 장관 앞으로 「시국에 관한 기사 취급에 관한 건」을 발송하여 다음 사항 등에 특단의 주의를 기울일 것을 지시했다.

'반전反戰 또는 반군적反軍的 언설을 하거나 군민軍民 이간離間을 초래하는 사항', '우리 국민이 호전적 국민이라고 생각할 수 있는 기사 혹은 우리나라의 대외 국책을 침략주의적인 것으로 의심하게 할 우려가 있는 사항'

'반전'을 주장하는 것도, '침략'이라는 어휘를 사용하는 것도 금지되었다. 고토는 출발 전에 신문사의 구마모토 출신 간부의 격려를 받았다.

자네는 정예 구마모토병단의 『마이니치』 종군특파원으로서의 영예를 위해 모든 어려움을 극복하고 8천 만 국민, 200만 현민의 대표로서 일사보국一死報國의 대임을 완수하리라고 기대하네. 『난징작전의 진상』

'전쟁'이라는 괴물이 달리기 시작했다.

종군기자 지침

종군기자에게는 「육군 종군 신문기자 지침」이 적용되었다. 30년도 더 지난 1904년 러일전쟁 당시 육군이 제정한 기자 규범이다. 그것은 이렇게 규정하고 있다.

제10조 종군자는 종군 중 모두 고등사령부의 명령에 복종하고 정한 바의 규정을 준수해야 한다.

제11조 종군자의 통신서^{통신문 개인 편지, 전신 등을 총칭}는 고등사령부에서 지시한 장교의 검열을 거친 후가 아니면 발송할 수 없다.

기자는 군의 명령에 복종할 것, 검열을 받는 것이 의무로 규정되었다. 보도의 자유도, 독립도 보장되지 않았다. 보도기관은 군에 대한 종속을 강제당했다. 다른 한편으로 기자는 군에서 식량을 제공받고 교통편에 편승할 수 있었다.

1937년 8월 13일, 상하이에서 일본 해군육전대와 중국군이 전투를 개시했다. 이날 『도쿄 아사히신문』의 논설위원은 저녁까지 다음날 14일 자에 실릴 사설 「정부의 중요 성명」을 작성하고 있었다.

> 3만 거류민의 보호를 위해서는 최후까지 병화^{兵火}의 참화를 피하는 것이 절대로 필요. (…중략…) 우리는 이 위험천만한 순간에 처하여 역시 최후의 희망을 버리지 않고 '엄중히 교섭을 추진함과 동시에 거류민 보호에 만전의 조치를 강구'하기 위해 조용히 중국 측의 대응을 지켜보고자 한다.

이 시점에서 사설은 아직 전쟁 회피의 희망을 버리지는 않았다. 그런데 윤전기를 돌리려는 순간 사태가 요동쳤다. 시간이 없어서, 원고 교체는 곤란했을 것이다. 추기^{追記}의 형태로 '마침내 결렬'이라는 표제를 붙이고, 다음 구절을 추가했다.

> 위의 사설 집필을 마치기가 무섭게, 오후 4시 중국 정규군이 포격을 개시, 아군^{我軍}이 응격하여 마침내 전투가 개시되었다는 급전^{急電}이 도착했다. (…중략…) 마침내 아군의 응전이 불가피하게 된 것은 아무리 생각해도 매우 유감

스럽다. (…중략…) 우리는 우리 해군이 최선을 다하여 거류민 보호를 위해 단호하게 일어나 황군皇軍의 위력을 발휘하여 매우 불법적인 중국군의 위협을 순식간에 제거해주길 기대한다.

'병화의 참화를 피하자'는 주장과 '황군의 위력을 발휘하라'는 주장. 정반대의 주장이 같은 지면에 나란히 게재되었다.

14일, 중국군은 상하이에 정박한 일본 함정 등을 하늘에서 공격, 다음 15일에 나가사키를 출발한 일본의 항공대가 동중국해를 횡단하여 난징을 공습했다. 이날 마쓰이 이와네松井石根를 사령관으로 한 상하이 파견군이 편성되었다. 일본은 중국과의 전면전쟁에 돌입했다.

사명은 신화 만들기

나고야名古屋 제6연대 연대장인 구라나가 도키하루倉永辰治가 우쑹吳淞에서 전사戰死했다. 『오사카 마이니치신문』 특파원 후지타 노부가쓰藤田信勝[1]가 어느 병사로부터 그렇게 전달받은 것은 1937년 8월 말이었다. 병사는 다음과 같이 설명했다.

구라나가는 점령한 농가의 일실에 있었다. 거기에 몇 명인가 병사가 들어왔다. 그날은 적과 아군을 판별하기 위해 '오와리尾張-나고야名古屋'를 암호로 정했다. 심야에 몇 명인가의 병사가 들어왔다. '오와리'라고 구라나가가 말했다. 그런데 병사들은 '나고야'라고 응답하지 않고 갑자기 총을 쏘았다. 연대장은 허무하게 죽었다.

---

[1] 1945년 이후 『마이니치신문』 런던 지국장, 논설위원 등을 역임하고 1면 칼럼 「여록(餘錄)」을 담당했다.

사실인지 아닌지 확인하고자 후지타는 연대본부로 갔다. 농가 앞 광장에서 연대장의 유해를 화장하던 중이었다.

"부대장이 전사하셨다고요?"
"그런 일 없어."
"이건 뭡니까?"
"전사한 병사를 화장하는 것이다. 무슨 일이 있더라도 상하이 보도부에서 발표한다. 그 외에 일절 써서는 안 돼!"

상하이로 돌아오니, 이미 연대장의 전사 소식은 발표되었다. 상하이전투에서의 최초로 전사한 장교였다. 후지타는 암호에 대해서는 언급하지 않았지만 가능한 한 사실에 입각하여 기사를 정리했는데, 상하이 육군보도부의 검열에서 '불허가' 판정을 받았다. 다시 간단한 기사를 작성하여 일본에 전보로 보냈다.

다음날, 오사카 본사의 편집 주간으로부터 '다른 신문에 비해 뒤떨어진 지면이 유감'이라는 취지의 훈전訓電[2]이 도착했다. 나중에 다른 신문의 기사를 보니, 연대장은 전투의 선두에서 지휘하다 군도를 빼 들고 "진격하라! 진격하라!"고 외치면서 장렬하게 전사를 거두었다[3]고 마치 본 것처럼 적고 있었다. 藤田信勝, 『체험적 신문론』, 1967

---

2   [역주] 전보로 보내는 훈령.
3   『신아이치신문사(新愛知新聞社)』의 특파원인 나가타니 요시오(永谷義雄)는 저서『피투성이 종군기(血みどろの從軍記)』(1939)에서 구라나가 연대장 전사(戰死) 공표문을 소개하고 있다. 그에 의하면, 연대장은 8월 29일 이른 아침, 도보로 십자로에서 왼쪽으로 꺾고자 하던 순간, 왼쪽 흉부에 충탄을 맞고 쓰러졌다. 탄환은 심장부를 관통하여 약 30초 만에 명예로운 전사를 거두었다는 내용이다.

후지타는 '반전反戰 기자'라는 의심을 받은듯하여 3개월 만에 귀환 명령을 받았다. 藤田信勝,「우리는 국민을 그렇게 계속 속였다」,『우시오(潮)』, 1971.10월호

종군기자의 사명은 무엇인가? 이 사건으로 후지타는 깨달았다.

가공의 무용담을 적는 것. 즉 신화 만들기가 종군기자의 임무였던 것이다. 그 후 전쟁의 전全 기간을 통하여 신문기자는 사실이나 진실을 전달하는 것이 아니라 군의 발표에 따라 국민을 고무하는 '펜의 병사'라는 것을 사명으로 여기지 않으면 안 되었다. 藤田信勝,「체험적 신문론」

『이요신보』,『미야코신문』의 전쟁 비판

1937년 9월 13일, 경시청은 육군성이 작성한「신문 게재사항 허가 여부 판정 요령」을 도쿄 시내의 신문사에 전달했다. 이에 따라 아래에 적은 기사는 게재가 금지되었다. 내무성 경보국「출판경찰보(出版警察報)」, 제101호

아군에 불리한 기사 사진
지나支那 병사 또는 지나인 체포 신문訊問 등의 기사 사진 중 학대당하는 느낌을 줄 우려가 있는 것
참혹한 사진, 단, 지나 병사 또는 지나인의 잔학성에 관한 기사는 상관없음

일본군에게 불리한 기사 사진 게재를 금지한다고 해도, 무엇이 그에 해당하는지는 당국의 마음 먹기에 달렸다. 신문사 측에서 괜찮을 것이라고 판단해도, 당국이 불리한 기사라고 간주하면, 게재는 허락되지 않았다. 단 저자가 조사한 범위에서는 중국군에 의한 잔학행위 사진을 게재한 신문은 발견되지 않는다.

이보다 앞서 헌병사령부는 8월 28일, 각 헌병대에 대해 「시국에 관한 언론, 문서 단속에 관한 건」을 통달通達[4]하고, 정부나 전쟁에 대한 비판적 언론 단속 강화를 명했다. 감시 대상이 된 것은 다음과 같은 사항을 포함한 언설이었다.

> 황군皇軍의 명예 위신을 훼손하고 또는 군기軍紀 엄정을 의심하는 듯한 사항
> 국경을 초월하는 인류애 또는 생명 존중, 가족애 등을 기조로 하여 현실을 경멸하는 듯이 강조 또는 풍자하여 이로 인해 희생. 봉공奉公 정신을 동요시키고 감퇴시킬 우려가 있는 사항. 吉田裕·吉見義明 편, 『자료 일본현대사 10』, 1984

국경을 초월한 인류애, 생명 존중 사상은 위험시되었다. 그것은 '국가에 생명을 바쳐라'라는 사상과 배치되었기 때문일 것이다.
그런 가운데, 8월 31일 『이요신보伊予新報』의 칼럼 「산장수관山莊隨觀」은 이렇게 보도했다.

> 전쟁이란 것이 얼마나 비참한 것인지, 얼마나 저주해야 하는 것인지를, 실은 우리 국민의 대다수는 모른다고 해도 과언이 아니다. 만약 이번의 일지사변日支事變이 장기에 걸친 국제전으로 되어버린다면, 우리 국민도 그 다음에야 비로소 현대의 전쟁이 얼마나 비참하고 저주해야 할 것인지를 알게 될 것이다.
> 부질없이 피폐하고 곤비困憊[5]함을 절규하는 농촌과 산촌, 중상重傷을 입은 애처로운 농촌의 모습은 곧 다가올 국난國難이 남길 중상重傷, 국제전쟁이 야기시킬 중상과 비교한다면 그것은 아마 하찮은 것이 될 것이다.

4　[역주] 상위 기관이 하위 기관에게 결정한 사항을 문서로 알리는 것.
5　[역주] 괴롭고 고달픔.

혜안이었다. 그러나, 오히려 그렇기 때문에 『이요신보』는 발매 금지 처분을 받았다. 이유는 '하필이면 전쟁으로 인한 국민생활의 궁핍 및 전쟁의 비참한 상태를 과장하고 나아가 반전反戰 사상을 양성하여 국민의 사기를 저해할 우려가 있으므로'라고 하였다. 『출판경찰보(出版警察報)』, 제108호

9월 5일 자 『미야코신문』은 임시 제국의회 개회에 맞추어 임시의회의 임무, 사변의 목표와 한계를 제시하라고 다음과 같이 주장했다.

지나사변의 목표를 알 수 없다는 의견이 있는 것 같다. 그러고 보니, 도쿠토미 소호徳富蘇峰 옹은 "우리는 왠지 모르게 어두운 밤중에 산길을 이리저리 끌려 다니고 있는 기분이 든다"고 개탄하고 있다. 도쿠토미 옹조차 그렇게 말할 정도면, 국민은 모두 그 목표를 모를지 모른다. 사변의 목표가 무엇인지도 모르는, 말도 안 되는 이러한 상황을 방치한다면, 국민은 목표의 한계를 넘어 그야말로 말도 안 되는 착각을 할 우려가 있다. 실제로 러시아를 물리쳐라, 영국을 처부셔라 라고 기세를 올리며 지나사변이 세계전쟁의 서막이라는 듯이 목표를 정하고, 그 한계를 확장시켜 생각하는 자조차 있는 것 같다. 이런 상황에서 만일 잘못하여 실제로 그렇게 되어버린다면 도쿠토미 옹도 엄중히 경계하고 있는 것처럼 '전쟁을 위한 전쟁'이 될 위험이 있을 것이다.

기사에 적힌 서명은 엔큐 다카시遠久高司. 1945년 이후 일본사회당 위원장을 역임한 스즈키 시게사부로鈴木茂三郎의 필명이다. 이것도 또한 적확하고 예언적인 비판이었다. 그러나 '국론통일을 교란시킬 논의'라고 하여 『미야코신문』도 발매 금지 처분을 받았다. 『출판경찰보』, 제109호

전쟁을 의문시하거나, 전쟁에 반대하는 주장은 검열로 삭제되었다. 반전反戰 주장을 단속하는 사회 동향이 기사로 다루어지는 경우도 거의 없었다.

그 드문 사례가 1937년 9월 13일 자 『도쿄 아사히신문』에 게재된 「반전 논조, 시로모리 히로시城森弘 변호사를 체포」라는 기사이다.

경시청 외사과는 변호사 시로모리 히로시를 군 형법 제99조전시 또는 사변에 처하여 군사에 관한 조언비어(造言飛語)를 한 자는 3년 이하의 금고에 처함 위반 혐의로 취조하고 있다. 시로모리는 미국 옥시덴탈대학에서 경제학과 종교학을 수료한 크리스천으로 작년 11월에 도미하여 하와이의 신문인 『하와이상업』 금년 8월 12일호에 「군국주의자들을 경계함」을 기고, 지나사변을 언급하여 반전적 내용을 서술한 것이 하와이에 사는 일본인의 투서로 판명했다.요지

그의 저서 『수형자受刑者 야소耶蘇』1932에 의하면 시로모리는 도쿄 부립 아오야마青山사범학교, 니혼대학 법문학부 예과를 졸업하고 1924년에 변호사 자격을 취득, 곧바로 미국 로스앤젤레스 교외의 대학에 유학하여 1926년에 귀국했다. 도쿄, 후카가와深川, 이어서 혼쇼本所에 노동자 홈을 세워 무산자 상담에 임했다. 독실한 크리스천이었다고 한다.
10월 22일 자 『석간 야마토 신문』의 칼럼 「여운餘韻」이 가고시마에서 반전 문서로 적발되었다.

최근 가고시마鹿兒島시 기독교부인연맹에서 북지北支 황군에게 보내는 위문 주머니 100개에 대해 혹시 몰라서 헌병대에서 조사해보니 그중에 '중국 병사도 똑같은 하느님의 자녀이므로 죽이지 말아 주세요'라는 반전적 문서가 거의 전체에 들어 있어서 큰 문제가 되었다.

소박한 반전反戰의 목소리도 순식간에 압살당한 것이다.

제1장 | 상하이 전선(上海戰線)에서

2. 중국군을 얕보지 마

상하이에서 전쟁이 시작된 무렵, 상하이에는 『아사히』, 『마이니치』, 『요미우리』, 『호치신문報知新聞』, '동맹통신' 등이 지국을 설치하고 기자를 상주시키고 있었다.

『상하이 아사히신문』 지국은 만세관萬歲館이라는 여관 건물의 2층을 점거하고 있다. 현관 앞에는 사기社旗를 꼽은 자동차가 늘어서 있고 어둑한 복도에는 신문지나 상자가 쌓여있고, 시골 신문사의 편집국처럼 대혼잡을 이루고 있었다. 스기야마 헤이스케(杉山平助), 「북지(北支)에서 상하이, 난징으로」, 『개조(改造)』, 1938.2월호

『아사히신문』 상하이 지국의 데스크차장를 역임한 야지마 야스오矢島八洲夫는 다음과 같이 회상한다.

지국 위층에는 육군 보도부가 자리하였는데, 나중에 육군성 보도부장을 한 마부치 이쓰오馬淵逸雄 씨 등이 있었다. 아사히에 대해 호의적으로 잘 대해 주었다. 당시 기사는 전부 사전 검열이었기 때문에, 시간적으로도 매우 유리했다. 시라카와白川威海 지국장은 매우 사교적인 인물이어서 육해군을 비롯하여 항공대 사람들과도 교제 범위가 넓고 겐다 미노루源田實[6] 등도 자주 지국에 와 있었다. 아사히신문사 사사(社史) 편수실, 『朝日新聞編年史』 하, 1937

상하이 파견군의 보도부장을 지낸 마부치에 의하면 상하이 침공 당시

---

6 해군 군인. 전투기 파일럿으로 중일전쟁 당시 난징공습과 태평양전쟁에서 진주만 공격에 참가. 1945년 이후 참의원을 역임함.

백수십 명의 종군기자, 통신원이 보도부 장교와 함께 전장戰場에 출입했다고 한다馬淵逸雄, 「중지(中支)의 보도전(報道戰)」, 矢部良策 편, 『아시아문제강좌 제2권』, 1940. 연락원 등을 더하면, 더욱 많은 인원이 직접, 난징 침공 보도에 관여했을 것으로 보인다.

당일 출장 취재

기자들은 카메라맨이나 연락원 등과 함께 오전 2시, 3시에 지국을 출발하여 자동차나 도보로 전선前線으로 향했다. 어두울 때 행동하는 편이 안전하기 때문이다. 원고는 전서구傳書鳩 등을 이용하여 지국으로 보내고, 취재를 마치면 상하이 시내로 돌아왔다.鈴木兼吉, 『비둘기와 함께 36년』, 1980

전투 현장이 상하이 시내나 그 근교였을 때에는 기자들은 상하이 시가와 전쟁터를 매일 왕복했다. 그 후 전선戰線이 확대되어 거리가 멀어지자 무전기사無電技師가 기자와 동행하여 현지에서 원고를 상하이 지국으로 송신했다. 그 원고는 다시 전화 또는 전신으로 오사카 본사로 송고되었다.

한편, 홀로 파견된 지방지 기자들의 노고는 이루 말할 수 없었다. 『니가타신문新潟新聞』의 이마이즈미今泉 기자에 의하면,

> 우리들이 작성한 모든 종군 원고는 ○부대에서 검열을 받고 재차 상하이에 있는 보도부에서 검열을 받은 다음 내지로 보내게 된다. 그 때문에 부대에 온 종일 붙어있을 수는 없었다. 그래도 부대가 상하이 근처에 있을 때는 연락하는 데에 크게 힘들지 않지만, 거리가 멀어지면, 상하이에서 부대를 뒤쫓아갈 때까지 보통 고생이 아니다. 전선戰線이 확대되면 도중에 어떤 곳에 패잔병이 있기도 하고 편의대便衣隊(군복이 아닌 평상복을 입은 게릴라부대)가 있을지 모르므로 매우 위험했다. (…중략…) 그러므로 부대에 도착하면 이제 살았다는 듯이 안심하게 되고

다시 상하이로 돌아가는 것이 싫어질 정도였다. 물론 도중에 식량이나 일용품은 직접 짊어지고 다니며 스스로 만들어 먹지 않으면 안 된다. 부대에서도 마찬가지이지만, 병사들 중에는 해주겠다고 하는 이도 있으나 (병사들의) 고생하는 모습을 보면 도저히 부탁할 마음이 생기지 않는다. 「강남전선(江南戰線)을 가다」, 『新潟新聞』, 1938.1.22

전쟁터에서 작성한 원고는 검열을 받기 위해 상하이 군 보도부로 직접 가져다주지 않으면 안 된다. 그것을 마치면 다시 종군한 부대를 쫓아 전쟁터로 되돌아가는 일을 반복하는 것이다. 이마이즈미는 또 이렇게 말하고 있다.

추격전만큼은 정말 질렸다. 낮과 밤 내내 행군한 적도 있다. 아무튼 수면 부족이나 영양불량이 뒤섞인 데다가 신경만 곤두서서 어찌할 도리가 없다. 발바닥의 물집은 아무것도 아니다. 무릎이 방망이처럼 굳어버려 접히지 않고 얼어버리게 되면, 이상하게도 적군이라도 나타나면 좋겠다는 생각이 들 정도이다. 부대가 교전을 하면 우리는 다소 쉴 수 있기 때문에. 「강남전선(江南戰線)을 가다」

한편 상하이 파견군 보도부도 전선前線에서 정보를 수집할 수단이 없고, 군사령부와의 연락도 생각처럼 되지 않기 때문에 상하이전투에서는 고생이 많았다. 보도부장인 마부치는 "아침 일찍 숙소를 나와 자동차로 전선戰線을 돌고, 제1선의 정황을 보거나 듣거나 한 다음 저녁에 보도부로 돌아와 촛불 아래 지도를 펼치고 전쟁터에서 알게 된 내용을 신문기자에게 전한다"는 것이 일반적이었다고 적고 있다. 馬淵逸雄, 『보도전선』, 1941

중국군은 강했다

상하이에서 일본군은 매우 고전을 면치 못했다. 병사들이 고향에 보낸 편지의 한 구절을 신문이 소개했다.

적도 예전의 지나군이 아니고, 근대 병기를 사용하고 있어 지나군을 결코 얕잡아 보면 안 됩니다.「지나 병사도 얕볼 수 없다」, 『大阪朝日(岐阜版)』, 1937.9.15

병사들은 각각 이렇게 호소하고 있었다.
'중국군을 얕보지 마.'
애당초 일본이 중국을 침공한 배경에는 "중국은 국가로서의 통일이 이루어지지 못하고 중국인에게는 국가의식도 애국심도 없다. 한번 공격하면 중국은 바로 항복한다"라는 인식이 있었다. 예를 들면 육군대신과 조선총독을 역임한 육군 군인 우가키 가즈시게宇垣一成는 1937년 11월 23일 일기에 이렇게 적고 있다.

지나인은 민족의식으로서는 상당히 깊은 뿌리를 갖고 있지만 국가의식은 강렬하지 않다. 내 생각에는 매우 희박하며, 미온적이다. 지나인은 각자 배운 학문이나 기술 계통에 강하게 규정되어 통일성을 결여하고 있다.

한편, 중국군은 왜 강한가 라는 기자의 질문에 기후岐阜 보병 제68연대 소위는 이렇게 대답했다.

철저한 배일排日 교육의 결과, 학생이 총을 들고 참전하고 있어요. 그들은 역시 애국심을 꽤 갖고 있습니다. 그것이 이번에도 지나군을 강화시키고 있는 것

제1장 │ 상하이 전선(上海戰線)에서   77

으로 생각됩니다.」「재기(再起)를 앞두고 전화(戰火)를 회고함」,『大阪朝日(岐阜版)』, 1937.9.18

자신들에게 애국심이 있는 것처럼, 중국의 젊은 병사들에게도 애국심이 있다. 비 오듯이 탄환이 쏟아지는 전선前線에서 소위는 그것을 '발견'했다. 어느 부대장은 도쿄 하치오지八王子의 중학생들에게 이렇게 적어 보냈다.

시산혈하屍山血河, 새로운 전장의 황량한 최전선에서 미소를 머금으며 쓰러져 있는 병사는 아직 뺨이 둥글게 솟아 있는 소년병이 아닌가? 그들은, 잘못된 구국관救國觀이라고는 해도 애국심에 불타 죽음을 새털처럼 가벼이 여기는 자들이어서 종래의 직업적 노병들과는 비교가 안 될 정도로 용감하다. 그리고 이들은 제군과 똑같은 16세부터 20세까지의 청소년 병사임을 명심하라.「전선에서 본 지나인관」,『東京朝日(府下版)』, 1937.12.14

고노에 후미마로近衛文麿 수상도 비서인 하라다 구마오原田熊雄에게 이렇게 말했다.

지나군은 예상 이상으로 매우 강하다. (…중략…) 조국에 대한 대단한 애국심이 있고, 항일정신교육을 철저히 받고 있다.原田 구술,『사이온지(西園寺) 공(公)과 정국(政局) 제6권』, 1937.9.28

일본군의 침공이 중국인의 애국심이나 국가의식을 고양시키고, 항일의식을 강화시켰다. 저항의 내셔널리즘이다. 그러면 일본군은 어떠했을까? 상하이에 있는 일본대사관 일등서기관이었던 다지리 아키요시田尻愛義는 종전 후 이렇게 적고 있다.

일본군의 사기는 저조 그 자체이고 중국군이 훨씬 높다. 포로를 봐도, 아무래도 야마토정신大和魂이 저편으로 옮겨간 느낌이다. (…중략…) (상하이를 흐르는) 소주하蘇州河에서 철수해오는 병사의 목에는 여성용 여우 목도리, 팔에는 금시계가 빛나고 있었다.『田尻愛義回想錄』, 1977

도망치는 중국병사를 쏘다

전장에서는 기자도 병사도 처참한 광경을 목격했다. 당시의 신문에서도 그 일부를 엿볼 수 있다. 나라奈良현 출신 자동차 대원은 고향에 편지를 보냈다.

제1선에 배치된 이래, 우리 자동차부대도 적병敵兵 추격대에 선발되어 보병을 태우고, 매일 전진을 계속하고 있는데, 지나 병사의 탄력 있는 시체를 자동차 바퀴로 밟고 가는 기분만은 평상시에는 맛볼 수 없다. 도주하는 지나 병사를 차 위에서 사격하는 재미, 부상 당한 적병이 미처 도망가지 못하고 손을 모아 목숨을 애걸하는 모습은 필설로 다할 수 없는 통쾌한 맛이 있다.「적의 시체를 넘어 전진 또 전진」,『大阪朝日(奈良版)』, 1937.11.10

기자 가운데에는 중국 병사를 총으로 쏜 자도 있었다. 상하이·강교진江橋鎭 전투에서 일본군의 전차에 동승한『도쿠시마 마이니치신문德島毎日新聞』특파원이 이렇게 적고 있다.

조종사인 가와조에川添 상등병이 외친다. "적이 도망간다!" 앗! 파괴되어 두 동강이 난 다리에서 한 명, 두 명, 세 명, 다섯 명까지 지나 병사가 물 속으로……. 사수射手인 간다神田 일등병이 얼굴이 벌개져서 기관총을 들었다. 빗

나간다. 흥분한 기자는 전날 소주하에서 노획한 지나 장교의 모젤을 꺼내어 한 발, 두 발, 세 발 쏘았다. 앗, 한 명이 가라앉는다. 물이 빨갛게 물들었다. 그때 아군이 사격한다. 전차의 거대한 몸체를 들어올려 30간^{약 54미터}도 떨어지지 않은 강교진^{江橋鎭} 동쪽 끝을 향하여 실로 위태롭지만 아름답고 맹렬한 포격이다.「전차에 탑승, 강교진(江橋鎭) 공략에 종군」,『德島每日新聞』, 1937.11.12

3. 마쓰이 이와네^{松井石根}의 기자 회견

이발소에서 수다를 떤 것이 원인이었다. 교토에서 우유 판매업을 하는 25세의 마쓰오 고지^{松尾幸二}가 경찰에게 심한 취조를 받게 된 것은.

루거우차오사건^{盧溝橋事件}이 일어난 지 1개월 후인 1937년 8월 6일, 마쓰오는 이발소 직원에게 이렇게 말했다.

일본군대는 지나에 영토와 권익을 침략하러 간 것이다. 따라서 지나인이라 해도 민족의식에 각성한 지식계급은 앞으로 무슨 일이 있어도 배일·항일운동에 전력을 기울일 것이다. 그것은 그렇게 하는 것이 애국적 행위이다. 지나의 행위는 정당방위이다. 일본의 침략에 대해 어쩔 수 없이 싸우고 있는 것이다.

내무성 경보국 보안과 「북지사변에 관한 정보(4)」[7]

마쓰오는 경찰에 체포되어 취조를 받았다. 그러나 '좌익사상을 품은 자가 아니고 또한 반성하는 모습이 현저'하므로 '엄중 훈시'를 듣고 '훈

---

[7] 内務省警保局保安課, 「北支事變に關する情報(其四)」, 일본 아시아역사자료센터, Ref. A06030016600.

방'되었다.

이 전쟁은 이상하다고 젊은 우유 판매점 주인은 생각한 것이다. 잘못하고 있는 것은 일본이라고. 1개월 후인 9월 6일, 고노에 후미마로 수상은 제국의회에서 연설했다.

> 제국이 (배일排日 지나에) 단호히 일격을 가할 결의를 한 것은 단지 제국의 자위를 위해서 일뿐 아니라, 정의 인도상으로 봐도, 극히 당연한 것임은 굳게 믿어 의심치 않습니다. (…중략…) 애당초 제국이 타격을 가하고자 하는 목표는 이러한 잘못된 배외정책을 실행하고 있는 지나 정부 및 군대이며, 제국은 단연코 지나 국민을 적으로 삼는 것이 아닙니다.

그러나 '자위를 위한 전쟁'이라는 일본의 주장을 국제사회는 받아들이지 않았다. 10월 5일 국제연맹 자문위원회는 중국에서의 일본의 군사행동에 대해 '자위가 아니'라는 보고서를 채택했다. "중국에 대한 일본의 군사행동은 분쟁의 원인이 된 사건과는 절대로 비교할 수 없는 대규모임을 인정하지 않을 수 없다"고 보고서는 서술하고, 부전不戰조약 등에 위반한다고 인정했다. 臼井勝美,『신판 日中戰爭』, 2000

일본의 침공은 자위의 범위를 훨씬 넘는다는 견해였다. 미국 루즈벨트 대통령은 5일, 일본의 군사행동에 대해 "선전포고도 경고도, 또한 정당한 이유도 없이 부녀자를 포함한 일반 시민이 공중 폭격으로 가차 없이 살육당하고 있는 전율할 사태가 현재 나타나고 있다. (…중략…) 그들은 평화를 애호하는 국민의 공동 행동에 의해 격리되어야 한다"고 비난했다. 방위청 방위연수소 전사실,『지나사변 육군작전』 1, 1975

나중에 일본군은 난징에서 다수의 병사와 시민을 학살하여 국제적인 비난을 받게 되는데, 애당초 중국에 대한 침공 자체가 잘못이었다. '포로의 살해는 전투 범위에 속한다'는 주장이 현재 일본의 일부에서 나타나고 있지만, 중국 영토에 대군을 파견하여 중국군과 전쟁을 벌였다는 것 자체가 정당성을 결여하고 있다.

후원과 감사

10월 9일 오후, 상하이 파견군 사령관 마쓰이 이와네松井石根는 일본 기자 십여 명과 회견했다. 상하이에서 마쓰이가 기자 회견에 응한 것은 처음이었다. 마쓰이는 대의大意를 다음과 같이 말했다.

> 조만간 상하이 부근 적군에 대해 결전적決戰的인 공격을 실행할 예정이다. 국민의 격려와 후원에 감격하고 있다는 것 외에 지금은 말할 게 없다.

기자들은 이에 어떻게 대응했을까? 마쓰이는 일기에 이렇게 적었다.

> 각 신문 통신원 일동은 나의 뜻을 잘 양해하여 긴장한 태도로 통신원의 임무에 노력하고, 군의 행동을 후원할 결의를 말하고 퇴산했다. 또한 상하이 각 신문사 및 동맹통신, 아사히, 마이니치의 대표자는 각 신문기자를 대표하여 나와 장병에게 감사의 뜻을 표하고 함께 사진 촬영을 한 다음, 귀환했다.『난징전사자료집』2[8]

---

[8] 이 책에서 빈번히 참조한『南京戰史』(1989),『南京戰史資料集』(1989),『南京戰史資料集』1(증보개정판, 1993),『南京戰史資料集』2(1993)는 모두 전 육군 장교의 친목단체인 해행사(偕行社) 남경전사편집위원회가 편찬했다.

기자들은 군의 행동을 '후원'할 결의와 장병에 대한 '감사'를 표했다. 기자와 군은 그런 관계에 있었으며, 군의 행동을 감시한다는 관점은 기자단에게는 존재하지 않았다.

외국인 기자와의 회견

다음 10월 10일 정오, 마쓰이는 『런던타임즈』 통신원 후레자, 『뉴욕타임즈』 통신원 아벤드[9]와 회견하고 "지나를 응징하겠다는 것보다 어떻게 하면 4억 만 민중을 구제할 수 있는지에 대한 생각으로 가득하다"고 말했다.

> 대개 두 사람 모두 나의 솔직한 담화에 만족의 뜻을 표하고 돌아갔다. 「난징전사자료집」 2

마쓰이는 일기에 이렇게 적었다.

실은 후레자와 아벤드는 일본에 호의적이어서 특별히 선택되어 다른 사람보다 먼저 회견한 기자였다. 「상하이파견군 참모부장 上村利道 일기」, 1937.10.10, 『난징전사자료집』 2 두 사람이 실제로 일본에 호의를 갖고 있었는지는 알 수 없지만 그렇게 보인 기자를 선택하여 먼저 회견한다는 것은 너무나도 공평하지 않은 방식이었다. 마쓰이는 외국인 기자에 대한 일본 외무성의 대응에 불만을 갖고 있었다.

> 가와고에 川越茂, 중국 주재 대사의 사자 使者가 술을 들고 위문하러 왔다. (…중

---

[9] [역주] Hallett Edward Abend(1882~1955). 미국 오레곤 주 포틀랜드 출생. 스탠포드대학교를 졸업하고 1926년부터 1940년까지 『뉴욕타임즈』 극동통신원을 지냈고, 일본군의 상하이 침공 당시 상하이 지국장을 지냈다. 저서에 *My Life in China*(1943) 등이 있다.

략…) 들리는 바에 의하면 재在상하이 대사관 측에서는 아직 전혀 외국 통신원 매수 등의 수단을 강구하고 있지 않다고 한다. 실로 놀랄 일이다. (…중략…) 앞으로 선전전宣傳戰이 매우 불리해질 것이 우려된다.「松井日記」, 1937.10.1,「난징전사자료집」2

외국기자에 대한 매수 공작을 하지 않았다고 듣고 마쓰이는 놀랐다. '일본의 정의'에 대한 '이해'를 마쓰이는 돈으로 사고자 했던 것 같다. 상하이에는 20명 이상의 서구 신문사가 기자를 배치하고 있었다. 그러나 일본군의 기자회견장을 찾아온 기자는 거의 없었던 것 같다. 보도부장인 마부치는 이렇게 적고 있다.

> (중국 측의) 정기 회견은 매우 성황이었다. 이와 달리 일본 측에서는 외국인 기자에게 와달라고 요청해도 오지 않고, 이쪽에서 일부러 메트로폴외국특파원이 이용하던 호텔로 가서 권유했지만, 전혀 호응이 없다.馬淵逸雄,「중지(中支)의 보도전」, 矢部良策 편,『아시아문제강좌』제2권, 1940

그런 상황을 만회해야 한다고 생각했을 것이다. 상하이 일본대사관은 11월 1일 국내 기자를 메트로폴호텔에 초청하여 파티를 개최했다.『후쿠오카 니치니치신문』에 의하면, 외국인 기자 약 90명, 일본인 기자 40명을 초대했다.「대단하네, 육탄 폭격, 우리 출장지 주최 내외기자 초대 연회」, 福岡日日新聞, 1937.11.5 파티 중에『워싱턴 포스트』기자와 A.P통신 기자가 이구동성으로 "UP미국 통신사와 동맹통신 내용이 완전히 달라서 곤란하다. 우리는 열심히 진실을 전하고자 노력하고 있는데, 진짜 정보를 포착할 수 없다"고 고충을 털어놓았다.

그런 일본의 보도기관에 대한 불만은 국내에서도 있었다. 대중국 외교의 실무책임자인 외무성 동아국장 이시이 이타로^{石射猪太郎}가 일기에 적고 있다.

> 미국의 어떤 신문에서 말하길, 일본은 무엇을 위해 전쟁을 하고 있는지 일본 자신도 잘 모르고 있을 것이라고. 그대로다. 외국 신문을 보면 (일본 신문만으로는) 일본의 자세를 알 수 없는 시대이다. 『石射猪太郎日記』, 1937.9.2

일본 해군은 8월 15일부터 2개월간 난징을 65회 공습했으며 일반 시민 392명이 사망했다. 중국 측 조사, 笠原十久司, 『南京事件』, 1997
'자위^{自衛}를 위한 무력행사이다.'
'정의·인도의 전쟁이다.'
그런 일본 정부의 대외 선전을 주일미국대사 조셉 그루 Joseph Clark Grew 는 일본의 '한 자유주의자'에게 보낸 편지에서 이를 단번에 부정했다.

> 미국에서 일본의 프로퍼갠디스트들이 끊임없이 사용한 '자위^{自衛}'라는 단어는 불행한 존재였다고 생각합니다. 일반적인 미국인은 정중히 귀를 기울이겠지만, "그러나 일본은 중국 땅에서 싸우고 있는 거지요?"라고 도리어 질문을 받을 뿐이에요. 조셉 그루, 『일본 체류 10년』, 1948, 1937년 12월 3일 항목[10]

---

10 [역주] Joseph Clark Grew의 일기. 그루는 미일개전 당시 주일 미국 특명전권대사. 미일개전(1941.12) 후 일본에 억류되었다가 일본 외교관과 맞교환되어 귀국했다(1942.6). 『滯日十年』의 원제는 *Ten Years in Japan*. 1944년에 미국에서 간행되었다.

4. 히노 아시헤이火野葦平의 편지

1937년 11월 5일 구마모토 제6사단 구루메久留米 제18사단, 우쓰노미야宇都宮 제114사단 등으로 구성된 제10군아나가와 헤이스케(柳川平助) 사령관, 야나가와 병단兵團이 상하이의 남서, 항저우만杭州灣에 상륙했다. 고전을 거듭한 상하이전선의 전황戰況을 타개하기 위해서였다.

수상인 고노에 후미마로도, 내각 서기관장현재의 내각관방장관에 해당인 가자미 아키라風見章도 신문기자로부터 전해듣기까지 이 사실을 몰랐다. 군의 작전에 대해서는 알릴 필요도 없고 내각의 관여를 허락하지 않는다는 것이 당시 육해군의 생각이었다.風見章,『고노에 내각(近衛內閣)』, 1951

정부와 군은 일체가 아니었다. 참고로 가자미는 『오사카 아사히신문』 기자, 『시나노 마이니치신문信濃毎日新聞』의 주필을 거쳐 정계로 나간 인물이다. 11월 7일 상하이 파견군과 제10군을 통일 지휘하기 위해 중지나방면군中支那方面軍, 사령관은 상하이파견군사령관인 마쓰이 이와네 겸임이 편성되었다.

자산嘉善전투

항저우만 상륙작전에 참가한 군인 중에 다마이 가쓰노리玉井勝則가 있다. 고쿠라小倉 보병 제114연대의 오장伍長이다. 후쿠오카현 와카마쓰若松시현재 규슈시 와카마쓰구에서 '다마이구미玉井組'의 리더로 항만 노동자조합을 결성하여 활동하는 한편으로 지역의 문학동인지에 시와 소설을 발표하는 문학청년이기도 했다. 필명이 히노 아시헤이火野葦平. 중국전선으로 가기 직전에 시집 『야마가미山上 군함』을 출판하고, 후에 아쿠타가와상芥川賞을 수상하는 「분뇨담糞尿譚」을 동인지에 발표한 상황이었다.

히노가 전지에서 가족에게 보낸 편지가 『오사카 아사히신문 북규슈판北

『九州版』 1937.12.16에 소개되었다. 표제는 「가쓰勝 군, 큰 공을 세움. 『야마가미山上 군함』의 시인 오장, 적병敵兵 36명 생포」.

기사가 게재된 것은 난징 함락 12월 13일 후인데, 편지 내용은 11월 항저우만 상륙 직후의 사건을 적은 것이다. 이러한 시간 차는 당시 신문에는 일상적으로 나타났다. 사건이 발생하고 나서 뒤늦게 관련 기사가 게재되는 것은 흔한 일이었다. 기사에는 다음의 설명문이 붙어 있다.

〈그림 1〉 히노 아시헤이, 『보리와 병대』, 개조사, 1938
[일본국회도서관 소장본]

전쟁 시집 『야마가미山上 군함』의 주인공, 우리 향토 시인 오장 다마이 가쓰노리 군이 결사대로서 적의 토치카에 뛰어들어 점령하고 적병 36명을 포로로 했다는 훌륭한 전공담戰功談 (…중략…) 북규슈 시우詩友는 물론 동 군을 알고 있는 사람들은 가쓰 군이 큰 공을 세웠다며, 난징 함락의 경축에 이 향토의 자랑을 곁들여 감격의 만세를 부르고 있다. 다음은 동 군이 와카마쓰시의 친가에 보낸 그 분투담의 일부이다.

이하는 히노의 편지 내용이다.

항저우만의 장렬한 전투 모습은 신문이나 라디오 등으로 이미 알고 있다고 생각한다. 오늘까지 수많은 탄환 아래 숨어서 생사의 기로에 서 있었다. (…중략…) 자싱嘉善 전투에서는 부대의 영예가 될 만한 무훈을 세웠다. 아버지들이 살아서 돌아가면 훌륭한 선물이 될 것이라고 생각한다. 토치카가 여러 곳에 설치되어 있어서 자싱에서는 전진하지 못하고, 공격을 위해 3일을 소비하고 (…중략…) 부대장의 명을 받고 병사 7인을 데리고 결사대가 되어 토치카를 점령하러 갔다. 그리고 그 토치카를 점령하고 적병 36명을 생포하고 무기, 탄약, 서류 등 전리품을 얻고, 한 명의 부상도 없이 철수했다. 토치카에 숨어들어 총안 銃眼[11]으로 수류탄 일곱 개를 던졌다. (…중략…) 난징까지 80리, 지금까지 이미 70~80리나 걸었을까. 황군 장병의 고생은 말이나 글로 이루 다 표현할 수 없다. (이하 생략)^{이하 생략은 기사의 원문 그대로임}

항저우만 인근의 자싱전투에서 중국군 토치카를 점령하고 36명을 포로로 잡았다는 것이다. 포로가 그 후 어떻게 되었는지는 기술되지 않았다. 그 후 히노가 속한 고쿠라 보병 제114연대는 자싱嘉興을 거쳐 일단 난징으로 향했다가 도중에 행선지를 바꾸어 쉬저우徐州로 갔다. 단, 히노는 부대를 떠나 12월 17일 난징에서 거행된 일본군 입성식에 참가하고 있다.

고바야시 히데오의 방문

1938년 2월, 히노의 소설 「분뇨담糞尿譚」이 아쿠다가와상 수상작으로 결정되었다. 3월 문예평론가 고바야시 히데오小林秀雄[12]가 항저우를 방문

---

11 [역주] 몸을 숨긴 채로 적에게 총을 쏠 수 있도록 성벽이나 보루에 뚫어놓은 구멍.
12 고바야시 히데오는 귀국 후 『아사히신문』에 「지나에서 돌아와(支那より還りて)」라는 제목의 에세이를 기고하여 다음과 같이 적고 있다. "신문사 특파원들의 고생은 저쪽에 가서 보니 매우 심했다. 그들은 보고하기 위해 펜을 잡기보다는 오히려 군대와 함께 싸우고 있다. 그들은 관찰의 시선을 작동시키기에 앞서 젊고 건장한 육체를 움직여야 하

하여 『문예춘추 文藝春秋』 특파원이라는 직함으로 히노에게 아쿠다가와 상을 수여했다.

고바야시는 히노에게 들은 자산전투 상황을 이렇게 기록하고 있다.

히노군은 7인 병사를 데리고 가장 큰 놈 토치카 을 목표로 기관총 사각 死角 을 이용하여 접근하여 기어올라가 통풍 구멍으로 수류탄 일곱 개를 던졌다. 그리고는 뒤편으로 돌아가 문을 부수고 안으로 돌진하여 4명을 참수하고 32명의 정규병을 ×××로 묶었다고 한다. 일단 묶은 놈은 어지간히 죽이고자 하는 것이다. 물론 상황이 상황이므로 나는 몰랐는데, 저녁에 나와보니 참호 안이 ××× ××××××였다. 그중에 자신의 가슴을 가리키며 죽여달라는 놈이 있어서 불쌍하다는 생각에 ×× 주었다. 小林秀雄, 「항저우(杭州)」, 『文藝春秋』, 1938년 5월호

마지막 복자 두 글자는 '죽여' 이외에는 적합한 단어가 생각나지 않는다. 앞서 본 것처럼, 히노는 『아사히신문』에 게재된 고향에 보낸 편지에서 중국 병사 36명을 포로로 잡았다고만 적었다. 그러나 고바야시에게는 다른 설명도 한 것 같다. 36명 중 4명은 현장에서 참살하고, 나머지 32명도 (복자 부분을 앞뒤의 문맥에서 보완하면) 히노가 모르는 사이에 다른 병사가 모두 살해했을 것으로 상상된다.

히노는 그후 중지나방면군 보도부장 마부치의 권유로 1938년 4월에 보도부로 전속되었다. 그리고 잡지 『개조』 1938년 8월호에 발표한 쉬저우 徐州 공략전의 종군기인 「보리와 병사」는 단행본으로 발간하여 100만 부라는 대 베스트셀러가 되었다. 병사의 무용담이 아니라 일상의 희노애

는 환경에서 고생하고 있다."(1938년 5월 18일 자)

〈그림 2〉『보리와 병대』(표지), 개조사, 1938
[일본국회도서관 소장본]

락을 묘사하여 독자의 공감을 얻었다.

이어 히노는「항저우만 적전敵前 상륙기」라는 부제가 붙은『흙과 병대』를 발표했다. 그러나 여기에는 중국 병사 36명을 포로로 잡은 장면은 묘사되지 않았다.

그 내용이 사람들에게 공개된 것은 1945년 이후의 일이다. 1953년에 나온『흙과 병대・보리와 병대』,『신조문고新潮文庫』에는 다음의 한 구절이 추가되어 있다.

옆으로 눕자마자 잠이 쏟아졌다. 깜빡 잠이 들었다. 추위에 눈이 떠져 밖으로 나왔다. 그러자 조금 전까지 전깃줄로 줄줄이 엮어 둔 포로의 모습이 보이지 않는다. 어찌 된 일일까. 거기에 있던 병사에게 물어보니 모두 죽였다고 한다.

쳐다보니 산병호散兵壕[13]에 지나 병사의 시체가 내던져져 있다. 참호는 좁아서 시신은 겹쳐진 채로 구정물에 절반은 잠겨 있다. 36명 모두 죽인 것일까? 나는 정신이 아득해지고, 또 가슴에는 분노의 감정이 소용돌이치는 것을 느꼈다. 구토기를 느끼고 기분이 우울해져 그곳에서 벗어나고자 하는데, 문득 이상한 느낌이 들었다. 시체가 움직이고 있는 것이었다. 그쪽으로 가서 보니, 겹쳐진 시신 더미 속에서 빈사 상태의 지나 병사가 피투성이가 되어 꿈틀거리고 있었다. 그는 발자국 소리를 들은 것일까? 부자유한 자세로 혼신의 힘을 다하여 얼굴을 들어 나를 보았다. 그 고통스러운 표정에 나는 오싹해졌다. 그는 애

---

13 [역주] 전투에 임하는 흩어진 병사들이 이용하도록 판 참호.

원하는 듯한 눈빛으로 나와 자신의 가슴을 교차로 가리켰다. 쏴 달라고 말하는 것임에 추호의 의심도 없다. 나는 주저하지 않았다. 서둘러 빈사 상태의 지나 병사의 가슴을 조준하여 방아쇠를 당겼다. 지나 병사는 움직이지 않았다. 야마자키山崎 소대장이 달려와서 왜 적중敵中에 무의미한 발포를 하냐고 했다. 어찌하여 이런 무고한 짓을 하냐고 말하고 싶었지만, 그것은 말하지 못했다. 무거운 기분으로 나는 그곳을 떠났다.[14]

36명의 중국 병사가 모두 살해되었다고 생각했는데, 빈사 상태의 중국 병사가 홀로 자신을 쏴달라고 말하므로 '나는' 그 가슴을 향해 방아쇠를 당겼다는 것이다.

재미있는 전쟁

자산전투와 히노의 『흙과 병대』에 대해 상세히 소개한 이유는 당시의 신문이 어디까지 썼는지, 어디부터는 쓰지 못했는지를 구체적으로 볼 수 있기 때문이다.

히노의 편지를 소개한 『아사히신문 북큐슈판』의 기사는 히노 부대가 중국 병사 36명을 포로로 생포했다는 부분까지만 기술했다. 그 후 모두 살해했다는 것은 전혀 언급하지 않았다. 단지 '황군 장병의 고생은 말이나 펜으로 다할 수 없다'는 기사 중의 한 구절로 여운을 남겼을 뿐이다.

자산전투를 보도한 신문은 그 외에도 있다. 『간몬 니치니치신문關門日

---

14 『本多勝一集 23, 南京大虐殺』은 이 부분에 대해 전시하(戰時下) 검열로 삭제되었다고 했는데, 1938년 11월에 출판된 개조사판 『흙과 병대』에는 이 부분이 애당초 작성되지 않았다. 이 부분을 히노는 1945년 이후에 가필했다(玉井史太郎, 「『흙과 병대』 전후판 보필(補筆)」, 玉井家私版, 『葦平曼陀羅』, 1999 수록).

日新聞』의 우치다內田 특파원은 "적병 200명을 섬멸하여 강고한 토치카를 완전히 점령한 것이 오후 5시가 지났을 때. 병사들도 전투 끝에 괴로움도 잊고 '이렇게 재미있는 전쟁이라면 매일 해도 좋아'라고 말하고 있었다."「가타오카 부대 종군기 – 자산 전방의 토치카 탈취」, 『關門日日新聞』, 1938.1.18

또한 『규슈일보』후쿠오카는 고쿠라小倉 연대의 가타오카 가쿠지片岡角次 연대장이 부하 장병에게 보낸 편지를 소개했다. 연대장은 자산전투에 대해 이렇게 말했다.

> 용감한 우리 척탄병擲彈兵은 견고한 장벽에 의지하여 완강히 저항하는 적병을 겨냥하여 수류탄을 던져 한꺼번에 30여 명을, 문자 그대로 전멸시켰습니다. 적이 유기한 사체만을 봐도 300여 명에 이르고, 우리 손해는 겨우 20명에 불과합니다. 지나군이 공격해온 것은 이 전투뿐이었습니다.「토치카에 기어올라 수류탄을 던짐」, 『九州日報』, 1938.2.1

이러한 기사를 보면 전투에서 중국 병사를 '섬멸', '전멸'시켰다고 적고 있으며, 포로로 잡은 다음에 죽였다는 내용은 엿볼 수 없다. 그러나 그것은 보도 통제하, 신문이 그러한 사실을 기사로 쓸 수 없었기 때문이지, 기사로 작성되지 않았다고 해서 포로 살해가 없었다는 것을 말하는 것은 아니다. 그것을 위의 기사가 단적으로 보여주고 있다.

나아가, 일본군은 항저우만 상륙 직후부터 중국의 일반 민중을 학살한 사실은 『아사히신문』기자인 혼다 가쓰이치本多勝一의 르포「난징으로 가는 길」『아사히저널』, 1984.4.13~10.5에서 밝히고 있는데, 난징 침공 당시의 신문에는 그러한 사실은 전혀 보도되지 않았다.

난징 침공을 다룬 많은 저작 가운데에는 '학살은 없었다. 이에 대한 신문 기사가 없는 것이 그 증거'라는 주장도 일부 보인다. 그러나 신문은 학살 광경 보도가 허가되지 않았고, 기자 스스로도 규제했다. 신문에 학살 광경이 보도되지 않았다고 해서 학살이 없었다는 것이 증명되는 것은 아니다.

가족에게 전한 진상

종전 후 히노가 『흙과 병사』를 신조문고新潮文庫에서 출판할 때 가필했다는 것은 이미 지적했다. 그 기술은 얼마나 사실에 입각했던 것일까?

일본문학 전문잡지 『국문학』 2000년 11월호에 하나다 도시노리花田俊典 규슈대학 교수는 히노 아시헤이가 난징에서 가족에게 보낸 1937년 12월 15일 자의 편지를 '신자료'로써 소개했다. 이 편지에서 히노는 자산전투에 대해 상세히 적고 있다.

(수류탄 7개를 토치카에 던진 후에, 중국 병사) 네 명이 처음에 나왔는데, 한 명은 뺨 절반이 찢어져 있었습니다. 분대의 병사가 '거기 앉아'라고 말하자 한 명이 도망가려 해서 곧 분대 병사가 총을 쏘았더니 쓰러졌습니다. '라이라이'라고 하자 잇달아 밖으로 나왔는데, 모두 젊은 병사뿐이었습니다. 이들은 이른바 정예 정규군입니다. 수류탄으로 부상을 입은 것으로 보여 턱이 없는 자, 눈이 찌그러진 자, 숨이 끊어질 듯한 자가 나와서 손을 모아 절을 했는데, 24~25인이나 나왔습니다.

토치카의 깊숙한 곳에서 큰소리로 아우성치는 소리가 들립니다. 수류탄에 맞아 신음하고 있는 것이라고 생각했는데, 잘 들어보니 울고 있는 것 같았어요. 어두워서 틈새로 보니 두 사람 정도 있는데, 소리 내서 울고 있는 것입니다. '라이라이'라고 외쳐도 오랫동안 나오지 않아서 내가 들어가니 일어서서 엉엉 울고 있습니다. 어두워서 입구 가까이까지 끌어내자, 16~17세의 귀여운 소년 병입니다. 머리까지 손을 올려 나에게 비는 동작을 했습니다. 목숨만 살려달라는 의미이겠지요. 계속 뭐라 말하는지 모르겠으나 시골에 부모님도 계시고 일본에 저항한 것은 잘못했다, 부모님 계신 곳으로 가고 싶다라는 의미인 것으로 느꼈습니다. 퉁퉁 부은 눈으로 내 두 어깨에 매달리듯이 밖으로 나왔습니다.

묶인 채로 나온 지나 병사를 보고 모두는 성에 차지 않아서 너희들 때문에 전우가 당했다. 이 새끼, 위세가 좋네, 어떠네 하며 발로 차거나 때리거나 합니다. 누군가가 갑자기 총검으로 찔렀어요. 8명 정도가 어느새 총검에 찔렸습니다.

마침 점심때여서 밥을 먹고 밖으로 나와보니 이미 32명 전부가 살해되어 물이 담긴 산병호 속에 떨어져 있었습니다. 산병호의 물은 새빨개져 저 멀리까지 이어지고 있었습니다. 내가 참호 옆으로 가니 나이 든 지나 병사가 아직 숨이 끊어지지 않았는데, 나를 보고 쏘아달라며 눈으로 가슴팍을 가리켜서 내가 한 발 쏘니, 곧 죽었습니다. 그러자 또 한 사람이 경련을 일으키며 붉은 물 위로 상반신을 내밀고 움직이고 있어서, 한 발을 등 뒤에서 쏘자 그 자도 물 속에 빠져 죽었습니다. 울며 아우성치던 소년병도 쓰러져 있습니다. 참호 옆에 지나 병사의 소지품이 버려져 있었는데, 일기장 등을 보니 고향이나 부모에 대해, 형제에 대해, 아내에 대해 적혀 있고, 사진도 있었습니다. 전쟁은 비참하다고 절실히 생각했습니다.

가족에게 보낸 이 편지에는 당시 상황이 좀 더 구체적이고 박진감 있게 묘사되어 있다. 아마도 이것이 사실에 가장 가까울 것이다.

토치카를 습격하여 30여 명의 중국 병사를 체포했다는 사실은 전시 하의 신문 기사에서도, 가족에 대한 편지에서도, 종전 후의 신조문고판에서의 가필에서도 일관된다.

신조문고판에서 히노는 한 사람의 중국 병사를 자신이 쏘았다고 적고 있는데, 위 편지에 의하면 쏜 것은 실은 두 명이었던 것 같다.

중국군은 1937년 11월 10일경을 기점으로 하여 상하이전선에서 퇴각을 개시했다. 일본군 제10군은 15일에 막료회의를 개최하고 중국군 추격을 독단으로 결정했다.

제2장

난징南京으로

1. 일등 입성을 노리며

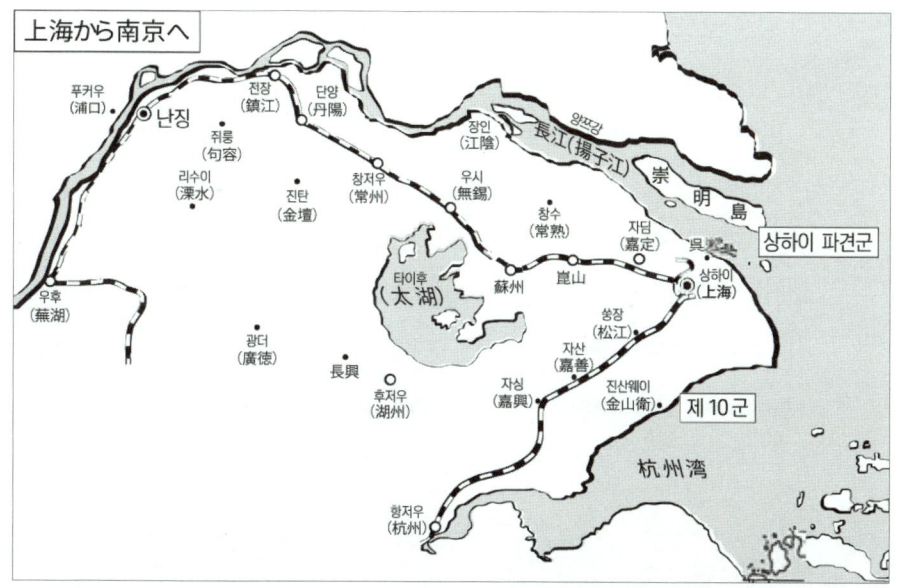

〈그림 1〉 상하이에서 난징으로
상하이파견군은 상하이에서 타이후(太湖)의 북측을, 제10군은 진산웨이(金山衛)에서 타이후 남측을 지나 난징으로 침공했다.

1937년 11월 16일 발행한 『조모신문上毛新聞』[1] 석간은 '난징 발, 뉴욕 경유 AP전電'으로 수도 난징의 소식을 전했다.

난징 동요 극도에 달하여, 피난민 샤칸下關에 쇄도

샤칸은 난징 성의 북서, 장강長江을 오가는 선박의 선착장에 있었다. 쫓아오는 일본군으로부터 도망치려고 시민 다수가 난징에서 탈출을 꾀하

---

1 [역주] 일본 군마(群馬)현의 지방신문. 1887년 11월 1일 창간.

고 있다는 것이다. 일본군의 입성에 전율하고 있는 난징성 안의 상황이 이 무렵부터 일본에도 단편적으로 전해지고 있었다. 난징에 주재하고 있던 일본 보도기관은 이미 난징을 떠났지만, 외국 특파원은 아직 남아있어서, 국제사회로 뉴스를 발신하고 있었다.

16일, 중국 국민당정부는 난징에서 충칭으로 천도를 결정했다. (실제로는 장강 상류의 도시 한커우漢口가 임시 수도가 되었다) 부유층이 먼저 난징을 떠났고 나중에는 주로 빈곤층이 남아 있었다. 12월 1일 '중지나 방면 군사령관은 해군과 협동하여 적국 수도 난징을 공략하라'는 대명大命, '천황'의 명령이 내렸다. 중지나방면군은 병력 16~20만 명. 난징에는 시부市部와 현부縣部를 합하여 100만 명이 넘는 주민과 난민이 있었다.笠原十九司, 『증보 난징사건 논쟁사』, 2018

트럭이나 버스로

일본군이 난징으로 향하자, 기자들도 활기를 띠었다. 난징 일등 입성을 달성하여 다른 신문사보다 먼저 첫 번째 소식을 일본에 전하고 싶다, 그런 경쟁심이 그들을 서두르게 했다.

중지나 방면군 보도부장 마부치馬淵는 기자들로부터 "어느 부대에 종군하면 난징에 일등 입성할 수 있는가?"라는 질문을 받았다. 마부치는 될 수 있는 한 각 부대에 골고루 종군기자를 배당할 필요가 있었기 때문에 여러 가지 이점을 말하여 각 부대에 종군기자를 붙였다.馬淵逸雄, 『보도전선』

마부치에 의하면, 상하이-난징 간의 중국에서 손꼽는 유명한 호수인 태호太湖의 남쪽을 서진西進한 제10군은 "문자 그대로 갖은 역경을 헤치고 전진했다. (…중략…) 종군기자는 단지 이동하는 군을 따라서 걸었을 뿐으로, 가령 전황戰況을 입수해도 이를 통신할 수단이 없었다. 따라서 역사적으로 활약한 야나가와^{柳川} 병단^{제10군}은 신문 지면에는 보도되지 않아 실로 불운했다"고 한다.^{馬淵逸雄,『보도전선』}

각 신문사에서 또한 각 부대에서 불평이 나오지 않도록 군 보도부는 기자를 부대마다 할당했다.『아사히신문』,『마이니치신문』,『요미우리신문』, '동맹통신'은 각 부대에 기자를 파견했으며 중심이 되는 취재팀은 무전기를 실은 자동차를 직접 준비하여 각각 이동했다.[2]

자동차팀은 비교적 혜택을 받은 쪽이었다. 호위가 붙지는 않아서 당연히 위험하긴 했지만, 앞으로 갈지, 후퇴할지는 스스로 결정할 수 있었다.

고생한 쪽은 부대와 행동을 함께 한 문자 그대로의 '종군기자'였다. 아사히신문, 마이니치신문의 경우, 특정 부대를 따라간 기자는 무전기사나 연락원이 동행하는 경우가 많았던 것 같다. 한편 대부분 홀로 파견된 지방지 기자는 취재나 원고 작성은 물론 원고 운반이나 식량 확보 등 모두 혼자서 대처하는 수밖에 없었다.

각 사의 종군기자가 오월동주^{吳越同舟}로, 함께 행동하는 경우도 때로는 있었다. 한 장의 담요로 세 명이 잤다.『도쿠시마^{德島} 마이니치신문』의 야사카^{八坂} 기자는 이렇게 회고하고 있다.

(상하이의) 난샹^{南翔} 함락이 임박하다는 활기 있는 분위기는 이미 (11월) 9일 밤부터 나타났다. 우리만은 일번 입성하자고 ○○부대 본부에서는 9일 밤『동맹』,『오사카아사히』,『오사카마이니치』,『요미우리』각 기자가 하룻밤, 한끼를

---

2   교토 제16사단 쓰(津) 보병 제33연대 상등병 다카시마 이치로(高島市良)의 종군일기를 정리한『日中戰爭從軍記』(私家版, 2001)의 1937년 12월 9일 자에는 "전차의 뒤에 동맹, 마이니치, 아사히의 자동차가 회사 깃발을 펄럭이며 뒤따른다. 직업의식이라고는 해도 용감하게 나아간다"라고 적었다.

구걸하며 '자!'라고 하면 즉시 튀어나갈 기세로 준비를 하고 있었다. 온후한 ○○부대장이 "오늘 밤 ○○는 ○○호텔이군"이라고 농담할 정도로 북적거렸다. (…중략…) 하룻밤 사이에 우리 편에게 어떻게 유리하게 전개될까, 이를 기대하며 기자 등 3인이 한 장 밖에 지급되지 않은 담요를 덮고 마른 콩깍지 더미 위에 쓰러져 잤다.「○○부대 본부는 각 사의 기자로 가득」,『德島每日新聞』1937.11.17

부대를 따라

난징 일번 입성을 노리며 기자들의 경쟁이 시작되었다. '난징을 목표로 한 경마처럼 각 부대가 매일 앞서거니 뒤서거니 했다. (…중략…) 밤낮없이 대진군, 행군하고 있는 도로 위에서 배낭을 짊어진 채로 그대로 누워서 잠을 자는 일도 있었다고 『도쿄 아사히신문』의 사이토齋藤 기자는 적고 있다.「종군기자의 수첩에서」,『東京朝日(群馬版)』, 1938.1.27 위험을 생각하지 않고 전투의 최전선에 나서는 기자도 있었다. 시즈오카靜岡 보병 제34연대 상등병은 말한다.

> 신문기자는 아무튼 최전선에 나가고 또 그 중에는 그보다 부대보다 앞서 나가 있어서 몇 번이나 적군이라고 생각하여 총구를 겨누었는지 모른다. 제복이 제각각인 데다가 비바람에 색이 바래서 마침 지나支那 병사의 옷과 비슷해지기 때문이다.「田上 부대 용사 좌담회」,『東京朝日(靜岡版)』1938.1.16

특히 사진기자인 니노미야 이사무二宮勇는 "12월 17일 난징 입성까지 부대의 최전선에서 카메라를 생명줄로 여기며 움직였는데, 탄환이 날아다니는 상황이 익숙하지 않은 동안에는 좀처럼 찍지 못했습니다. 병사는 자세를 낮게하여 사격하고 있어도 사진은 일어서서 위쪽에서 찍지 않으면 좋은 사진을 얻을 수 없기 때문에 목숨을 걸고 했어요"라고 말했다.「비

「전투원으로서 난징 공락전을 관찰함」, 『大分新聞』, 1938.2.5 그렇다고는 해도 사진기자가 항상 부대의 선두에 있었던 것은 아니다. 아사히신문의 사진기자인 사토 신주佐藤振壽에 의하면 "군의 동향은 사단사령부에 종군한 기자만이 겨우 알고 있어서 제1선에 가까운 우리 기자들은 알 방도가 없었다. 따라서 연대에 종군한 기자들은 연대본부와 동행하는 것이 (정보를 얻을 수 있는), 가장 좋은 방법이었다"라고 한다. 佐藤振壽, 「종군이란 걷는 것」, 『난징전사자료집』 2

전투는 전선前線에서 거듭되지만, 각종 정보는 다소 후방의 연대본부로 수합되었다. 이 때문에 전선에는 나가지 않고 사단사령부나 연대본부에 붙어있는 기자도 있었던 것 같다. 자동차팀의 기자들은 낮에는 사단사령부나 연대본부 등에서 취재하고 저녁때는 자동차로 돌아간다. 원고를 작성하여 무전 기사에게 전달하면 무전 기사는 촛불 아래 열심히 무전기의 키를 두드렸다. 송신원고가 많을 때는 밤 12시 가까이 되어도 "타닥 타닥, 삐ㅡ"라는 소리가 멈추지 않았다고 한다. 佐藤振壽, 「종군이란 걷는 것」, 『난징전사자료집』 2

기자도 배고팠다

부대의 진격은 갑작스러웠다. 그 때문에 후방에서의 식량 공급이 제때 뒤따르지 못했다. 기자도 또한 배고픔을 견뎠다. 고쿠라小倉 보병 제114연대에 종군한 『간몬 니치니치신문關門日日新聞』의 우치다內田 기자는 난징으로 가는 길에 민가로 뛰어들어 갔다.

오후 3시경이었다. 이름 모를 한 마을에서 빈집에 들어가 보았다. 그러자 고구마가 산처럼 쌓여있는 것이 아닌가? 이를 발견한 병사가 달려와 외쳤다. 고구마다! 고구마다! 병사들은 눈사태처럼 무너져 그 고구마 더미로 돌격했다. 주머니에 다 들어가지 않을 정도로 집어넣고 돌아와 생고구마를 우걱우걱 씹었다. 처음 세 개 정도는 무슨 맛인지도 몰랐다. 그때의 맛도 또한 영원히 잊지 못할 별미였다. 어느 병사가 부엌에서 발견했다며 유채잎절임을 가져왔다. 그 소금절임 유채 잎을 씻지도 않고 그대로 우적우적 씹었다. 소금이 부족했던 것일까, 절임채소를 먹지 못했던 기자에게는 산해진미도 부럽지 않을 맛이었다. 생고구마와 유채잎 짠지로 기운을 차리고 행군은 다시 계속되었다. 산속에 숨어있던 패잔병을 찾아내서 적당히 처리하면서 그날은 밤 12시까지 계속 걸었다.「가타오카(片岡) 부대 종군기」,『關門日日新聞』, 1937.12.18

약탈한 음식물로 배고픔을 채우고, 부대는 찾아낸 패잔병을 '적당히 처리'하면서 행군을 계속했다. 병대가 징발한 고기와 야채를 기자도 먹었다. 전쟁터에서 물자 징발은 대가를 지불하는 것이 전시戰時 국제법의 의무사항이었지만 실제로는 거의 모든 경우에 약탈과 다름없었다.

나가사키현『아사히신문』이사하야諫早 통신부의 기자이자 주계主計 소위였던 오구시 마사오大串政雄는 나가사키통신국에 다음의 편지를 보냈다.

난징전선에서 가장 곤란한 것은 물이 나쁜 것과 저 푸슬푸슬한 맛없는 남경미南京米입니다. 북지北支와 달리 이쪽은 거의 우물이 없어서 밥을 지을 때는 개울의 흙탕물을 떠서 명반 등으로 걸러서 사용하는데, 아무리 걸러도 묘한 냄새와 누런색이 가시지 않습니다. 부식품은 병참의 통조림 수송이 제때 도착하지 않아서 설탕, 간장, 된장 등의 조미료만을 지급받고 그 다음은 징발하라고 하므로 오늘밤의 식탁에 올릴 양이나 물소 등을 쫓는 부대의 진기한 행군은 웃지 못할 유머 전선 풍경입니다. 말도 마찬가지로 말의 양식인 보리가 없어서 현미를 먹이는 적도 있어서, 말이지만 불쌍합니다.「오구시(大串) 본사 사원의 진중(陣中) 편지」,『大阪朝日(長崎版)』1938.1.5

종군기자들은 지참한 식량이 바닥나면, 부대를 의지하는 수밖에 없었다. 그러나 인심이 좋은 병사를 항상 만날 리는 없었다. 『아사히신문』의 미후네 시로三船四郎 기자는 체면을 구긴 기억을 곱씹었다.

우리가 지나간 길은 아무튼 산속의 지독한 시골이 많아서 현지 징발이라는 것은 그다지 이루어지지 못했습니다. 그래서 병사가 먹고 있는 한 개의 건빵을 손에 넣기 위해서 몇 번이나 그 앞을 서성거리며 기분을 맞춰 보지만 전혀 효과가 없어서 비관하거나, 참으로 처량한 모습이었습니다.「본사 보도진 좌담회」,『朝日新聞』1937.12.17

마쓰모토 시게하루의 건의

일본군이 난징을 향해 진격을 거듭하고 있을 때, '동맹통신' 상하이 지사장인 마쓰모토 시게하루松本重治[3]는 고노에近衛 수상의 참모 중 한 사람인 고토 다카노스케後藤隆之助에게 건의했다.

난징을 점령해도 중국 측에서는 다소 체면이 구겨지는 일이 있을지 모르나 장제스가 책임을 지고 하야하는 일은 있을 수 없다. 그렇다고 한다면, 난징 점령은 전혀 무의미한 일이다. 오히려 중국 인사를 항일로 결집시킬 뿐이다. (…중략…) 야나가와柳川 병단제10군에 종군한 '동맹통신' 기자의 말에 의하면, 야나가와 병단의 진격이 빠른 것은 장병 사이에 '약탈, 강간 자유'라는 암묵적 양해

---

[3] 마쓰모토 시게하루(松本重治)는 1936년 12월, 국민정부의 지도자, 장제스가 중국 공산당군에 의해 감금된 사실(西安事件)을 특종한 저널리스트. 전시하에 '동맹통신' 편집국장. 1945년 12월에 동맹통신의 전(前) 간부들과 일간지 『민보(民報)』(후에 『東京民報』로 개제)를 창간하여 일본의 민주화를 주장했으나 경영부진으로 3년 만에 폐간했다. 미국학회 회장, 국제문화회관 이사장 등을 역임.

가 있기 때문이라고도 한다. 이렇게 해서는 황군의 황군으로서의 체면도 서지 않고, 모든 것은 오로지 명분 없는 출정으로 추락하게 될 것이다. 결론적으로는 난징까지 가기 전에 병사를 멈추게 하고, 화평교섭을 하는 외에 일본을 구할 방도는 없다. 松本重治,『上海時代』하

그러나 일본군은 멈출 줄 몰랐다. 난징을 공략하면 전쟁은 끝난다. 군의 상층부에서부터 일개 병졸까지 그렇게 기대하며 침공을 서둘렀다.

2. 향토부대와 신문기자

지방지는 대개의 경우, 한 명 또는 두 명의 기자가 향토부대에 종군했다. 단 지방의 부대가 파병되지 않은 경우에는 특파원을 파견하지 않아서 '동맹통신'이 보내 주는 기사만으로 전쟁 상황을 전하는 신문사도 있었다. 파견 경비나 기자의 안전 등을 고려한 결과일 것이다.

전지戰地에서는 신문기자, 특히 지방지 기자와 향토부대의 병사는 독특한 관계로 연결되어 있었다. 공식적으로는 군과 종군기자는 보도통제를 축으로 명령과 복종 관계였지만, 탄환이 쏟아지는 전쟁터에서는 보다 밀접하고 일체적인 관계가 형성되었다.

감격의 눈물

『가이난海南신문』에히메(愛媛)의 특파원인 와타나베 다네요시渡部種義는 병사가 자신에게 말을 걸어주었을 때의 기쁨을 이렇게 적고 있다.

최근 ○○부대에 가니, "여어, 기자 아저씨 또 왔어요?"

"신문기자도 고생이 많네요."

"우리도 내지에 있을 때 신문기자는 어차피 적당히 쓰는 사람이라고 생각했는데, 여기 와서 깜짝 놀랐어요. 우리보다 위험할 때가 한두 번이 아니네요."

"그래도 기자님은 성실하고 대단하시네요."

"실제로 후방에서 쓰고 싶어도 부대가 전선에 나와 있으니, 여기까지 나와서 기사를 쓰는 거지요?"

○○본부에 근무하는 병사가 다가와 위로해 준다.「병사도 말도 진흙탕 속, 보강하면서 진군」, 『海南新聞』 1937.11.15

병사에게 기자는 자신들이 분투하는 모습을 고향에 전해주는 소중한 존재였다. 미야기宮城현, 후쿠시마현 출신 치중輜重 특무병물자 수송을 담당하는 병사이 전쟁터에서 대화한 내용 중에 다음의 발언이 보인다.

"기자님, 이러한 것 좀 써 줄 수 있어요? 말하자면요, 고향 사람들은 우리 특무병이 일선에 나가 싸우지 않는 것처럼 생각하고 있는 것 같으니, 그것을 잘 써서말예요, 우리들이 제1선에서 얼마나 위험을 무릅쓰고 탄약이나 주먹밥을 운반하고 있는지 알려 줬으면 하는데……"

"맞아, 맞아. 제1선의 보병은 참호 속에 있는데, 우리는 여기저기 들판을 다니며 탄환이 쓩쓩 지나가는 곳을 빠른 걸음으로도 가지 못하고 운반하고 있으니 말야."「田代·兩角 두 부대 특무병의 좌담회」, 『東京朝日(宮城版)』, 1937.11.12

전쟁터에서 얼마나 고생을 하고 있는지, 얼마나 애쓰고 있는지, 그리고 무엇보다 지금 무사하다는 것을 고향 사람들에게 전해 주길 바란다는 병사들의 절실한 소망이었다. 화북華北전선의 부대에 종군한 『야마가타山形신문』의 오가사하라小笠原 기자는 야마가타 출신 부상병의 말에 감격의 눈물을 흘렸다.

지난날의 격전으로 다수의 부상자가 나온 □야전병원에서 그 용사들을 위문했는데, 그때 '야마가타신문 종군기자'라는 기자의 완장을 잡으며, "기자님, 고생하십니다. 부디 탄환을 맞지 않도록 조심해서 일해 주세요. 대신할 병사는 많이 있지만, 당신은 단 한 명뿐이니까요. (…중략…) 그런 당신에게 만일 무슨 일이라도 있다면 그야말로 귀중한 전사자나 우리의 분투 모습을 누가 고향에 전해 주겠어요?"라고 용사들이 울면서 매달릴 때는 정말 감개무량하여 기자도 저절로 울고 말았습니다.「에비나(海老名) 部隊의 유일한 기자에게」,『山形新聞』, 1937.11.30

향토 신문 기자들에 대해 후쿠시마현 출신으로 부상을 입었던 병사가 좌담회에서 이렇게 말했다.

"우리 부대에는 도쿄 신문 기자가 거의 없었어요. 향토 신문 쪽의 기자님의 분투 모습은 실로 훌륭했습니다. 우리들 기사가 한 줄이라도 보도된 신문을 보면 기뻐서, 기뻐서 말예요, 모두 모여들어 그것을 읽었어요."
"맞아요. 도쿄 신문의 기자님이 우연히 취재하러 와서 여러 가지로 쓴 부분만이 제일 격전인 것처럼 강조되는 경향이 있었지만, 우리 쪽에 향토 신문이 없었다면……이라고 생각해요."
"헛되이 부상을 입고 온 것처럼 생각할지 모르니까……" (웃음)
"보도전선 사람들은 완전히 우리 이상으로 고생합니다. 친구라고 하기보다 형제라고 해야 할 정도로 여러 가지 용무를 부탁했으니까요."

"그러나 신문사 쪽은 뭐든지 전문가예요. 우리보다도 먼저 지나 어린이 등을 따르게 해서 금방 장사꾼 같은 모습을 보이고 (웃음) 중국어도 배워서 그것으로 먹이감을 취하려는 계산을 하니 당해낼 수 없어요."「白衣의 용사에게 듣는다 4」, 『福島民友新聞』, 1938.1.21

기사를 써 주지 않는다

병사와 기자의 입장은 달라도 같은 사투리로 대화를 나누는 동지로서 고향을 멀리 떠난 전쟁터에서 친근감을 느끼는 것은 자연스러운 일일 것이다. 한편으로 기자가 동행하지 않는 부대의 병사는 불만이었다. 『아키타 사키가케신보秋田魁新報』의 촉탁 종군기자 고바야시 기요요시小林喜代吉는 아키타현 출신 병사들의 불만을 접했다.

"우리는 ○○에 상륙한 이래 병참부에 있었다고는 해도 몇 번이나 제1선에 나가 전투를 하고 난징까지 진격해왔다. 항상 나라를 생각하고 고향을 그리워하는데 아키타 사키가케는 아무것도 써 주지 않는다. 한 명의 기자도 파견해 주지 않는다. 북지北支에는 파견하고 있지 않는가? 각 방면에서 사람들이 위문하러 오는데 아키타 현에서는 한 명도 오지 않는다. 동북지방에서는 며칠 전 구도 데쓰오工藤鐵男 대의사 한 명이 왔을 뿐이다. 당신이 와서 두 번째다"라며 기뻐한 나머지 (병사들로부터) 불평이 쏟아진다. 마치 나는 그 용사들의 불평의 총알받이가 된 것 같았다. 상하이 격전에서부터 여기저기에서 전투를 벌이고 난징을 함락시킨 용사들도 마치 어리광을 부리는 아이 같다. 나는 "아키타 사키가케가 많이 써 줄 테니 용서해 주게"라고 사과했다.「난징 전적(戰跡)을 보다」, 『秋田魁新報』, 1938.1.22

이러한 목소리가 나오는 이유는 다른 게 아니라, 병사들이 전쟁터에서 고향 신문을 읽을 기회가 있기 때문이다. 1937년 11월 중순, 중지나방면군은 「상하이 방면의 보도, 선전 업무 현황」이라는 문서[4]를 작성했다. 이 문서는 '병사에게 지급할 물품' 중 하나로 '향토 신문'을 들고 이렇게 설명하고 있다.

> **향토 신문** 제1선 각 사단 위수지의 신문을 입수하여 그 지역의 사단에 교부한다. 이 수송은 군에서 휼병비恤兵費로 지출한다.『난징전사자료집』

향토 신문을 일본에서 가져와 관계 각 사단에 배포하며 그 수송비는 공비 처리한다는 것이다. 병사들의 전의戰意를 고무하는 데에 향토 신문은 빼놓을 수 없는 것이었음을 알 수 있다.

상하이전선에서 중상을 입은 기후岐阜현 출신 소위는 고향의 지인에게 보낸 편지에서 이렇게 말했다.

> 전지에서 가장 기다리는 것은 고향의 신문입니다. 그러나 나는 상하이에 있는 동안 한 번도 이 욕망을 채우지 못했어요. 『상하이합동신문』일본어 신문을 한번 봤지만 구멍이 뚫어질 정도로 구석구석 읽었습니다. (많은 사람들이 돌려 읽으므로) 마지막 병사가 볼 무렵에는 너덜너덜합니다. 일선의 병사가 알고 있는 것은 자신의 앞에 있는 적군뿐이어서 세상 일은 신문이 아니면 알 수 없습니다. 특히 고향 신문은 특별합니다.「다카하시(高橋) 소위의 진중 보고」, 『大阪朝日(岐阜版)』, 1937.11.24

---

[4] 이 문서는 검열에 대해 "군기(軍機) 단속에 중점을 두고 종군기자의 통신문 검열에 과오가 없도록 하고 있으나, 이를 담당하는 장교가 부족하여 완벽을 기하지 못하는 감이 있다"고 적고 있다. (『난징전사자료집』)

일본에서 도착한 신문은 일반 병사는 물론 파견군 간부도 읽고 있었다. 상하이파견군 참모장 이누마 마모루飯沼守의 1937년 10월 2일 자 일기에는 다음 기록이 있다.

> 오늘 군용 정기 항공이 와서 오늘 일 자의 니치니치신문을 봄. 사라시나更科 메밀국수와 도미 초밥을 맛봄.『난징전사자료집』

『니치니치신문』은 『도쿄 니치니치신문東京日日新聞』을 가리킬 것이다. 일본에서 발행한 신문을 상하이에서는 빠르면 당일 중에 읽을 수 있었다. 군 간부는 신문을 읽으며 전쟁을 하고 있었다.

종군기자의 사명

1937년 8월 중순에 『아사히신문』 지국 차장으로 상하이에 부임한 야지마 야스오矢島八洲夫는 나중에 출정 병사의 소식을 전하는 것이 신문의 중요한 역할이었다고 회고했다.

> 상하이에 가기 전에 본사에서 전사자 및 부상자의 이름이 지방판에 게재되도록 지체 없이 보내라는 지시를 받았다. 향토부대를 따라온 특파원이 특별히 수고해 주었다. 도쿄 부대를 따라온 아다치足立和雄 군 등은 열심히 해 주었다.아사히신문사 사사(社史) 편수실,『朝日新聞編年史』, 1937년 하권

지방지나 전국지의 지방판에는 전선에 있는 향토 출신 병사를 특별한 이유도 없이 단지 모아 놓고 찍은 듯한 사진도 자주 게재되었다. '웃는 얼굴로 식사하는 용사들'이라는 설명이 붙어 있는데, 이것은 뉴스로서는 거

의 의미가 없다. 이를 게재한 것은 단지 후방 사람들에게 그들의 건재함을 전하기 위해서였다.

『후쿠시마민유신문福島民友新聞』의 난조南條淸三 기자는 중국으로 출발할 때 독자에게 결의를 표명했다.

> 저에게 부과된 책무는 우리 친애하는 향토 장병을 포연 속에서 친히 위문하고, 또한 후방 현민의 적성赤誠을 전달하여 제1선 장병이 뒷일을 걱정하지 않도록 하고 후방의 지원을 더욱 굳건히 하는 것입니다. 생각하면 책무의 무게를 통감합니다만, 펜을 잡은 이로서 펜으로 진충보국을 다하는 것은 당연한 일입니다. 이에 미력이지만 한 몸을 바쳐 문장보국文章報國의 사명을 다하고자, 현민 여러분의 기대에 부응할 것을 기대하며 오로지 열렬한 감격으로 불타고 있습니다. 「난조(南條) 기자의 메시지」, 『福島民友夕刊』1938.1.10

기자의 사명은 향토 출신 병사와 후방을 격려하고 국가에 공헌하는 것이라고 생각하고 있었다. 그 사명은 국책인 전쟁 수행에 이바지하는 것이었다. 기자들은 그것을 '보도보국報道報國'이라 하고 스스로를 '보도전사報道戰士'라 불렀다.

3. 일장기와 방화放火

기자나 병사들은 행군하는 곳곳에서 중국 민중이 일장기를 내걸고 있는 것을 목격한다. 왜 중국인이 일장기를? 그 광경을 의외로 생각하며 고향에 편지를 보냈다.

민가에는 일장기로 '대일본 환영'이라고 적혀있고, 또 큰 솥에 물을 끓여서 내오고, 감자를 주는 환영 모습입니다. (…중략…) 농부는 밭에 가면서도 거리를 걸으면서도 일장기를 갖고 있습니다. 빈집 근처에서 돼지던 닭이 놀고 있는 것을 잡아 와서 냄비에 집어넣는 것이 둘도 없는 오락입니다. 「도망가는 돼지는 지나 병사보다 빠르다」, 『東京朝日長野版』, 1937.11.7

탄환 피하기

『시코쿠민보四國民報』 고가와香川의 나가타 데루오永田照雄 기자는, 격전이 있던 우시無錫에서 일장기를 봤다.

정오, 우시를 통과한다. 이 부근에는 지나 병사의 사체에 들개가 몰려들고 있다. 이미 전화戰火가 수습된 부근의 양민들은 왼팔에 일장기를 수놓아 붙이고 부흥의 제1보를 내딛고 있다. 그들은 기자가 탄 차를 보고 최경례를 올렸다. 「상하이(上海)에서 진장(鎭江)으로」, 『四國民報』 석간, 1937.12.18

이처럼 일장기가 등장하는 기사는 많다. 그 대부분은 중국 민중이 일본군을 환영하고 있다는 증거로 기술하고 있다. 일본군이 와서 마을에 평화가 찾아왔다고.

그런 가운데 일장기의 의미를 중국 민중의 입장에서 기술한 것이 다음의 기사이다. 일본 적십자사 치바千葉현 지부가 화북지방에 파견한 구호반은 『도쿄 아사히신문』 치바 통신국에 보낸 편지에서 이렇게 지적하고 있다.

마을마다 일장기가 세워져 있는데, 안내하는 중국인에게 "정말 일본군 환영

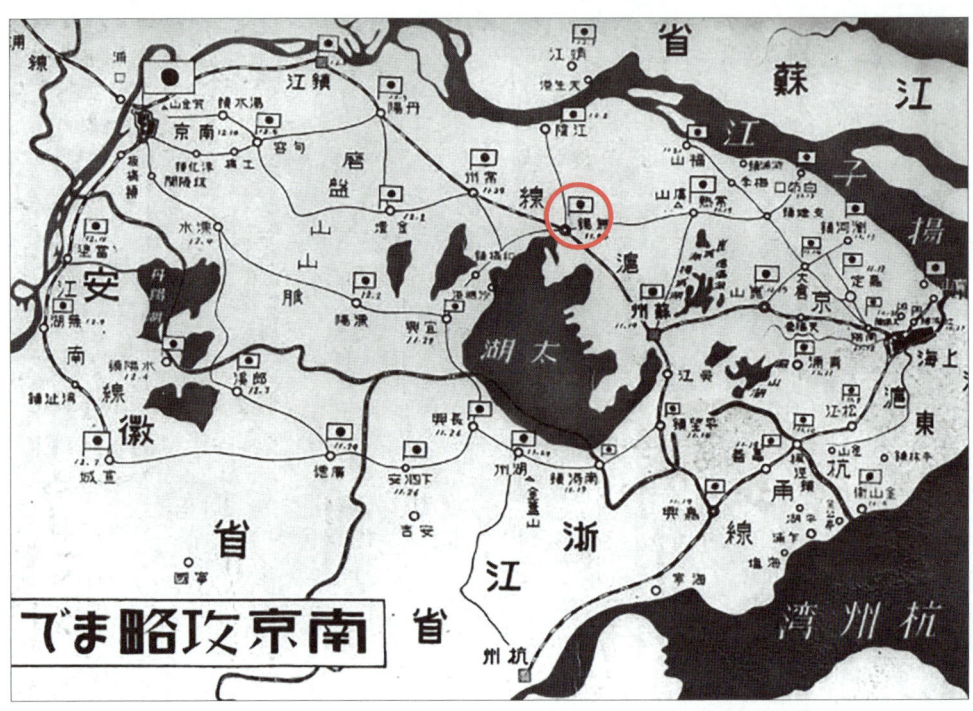

〈그림 2〉 일본군이 상하이에서 난징을 공략하는 과정에서 점령한 지역과 점령일자를 표시한 지도
『지나사변화보』 제10집(1937.12.22), 아사히신문사
붉은색 원이 우시(無錫)임. 일본군에 의해 1937.11.25에 점령되었다고 표시되어 있다.

을 위해서인가?"라고 물으니, "아니요, 일본군이 무서우니까죠. 단적으로 말하면 방탄용입니다. 이곳 민중은 여태 한 번도 외적의 침략을 받은 적이 없습니다. 3개월, 6개월 만에 마음에서 우러나와 일본을 신뢰할 리가 없습니다"라고 하는데 말문이 막혔다.「일장기는 아직은 방탄용」,『東京朝日(千葉版)』, 1938.1.29

무기가 없는 중국 민중이 일장기를 내건다는 것은 일본군에게 습격당하지 않기 위한 궁여지책이었다. 일장기를 만드는 것은 그리 어렵지 않다. 적의敵意가 없음을 나타냄으로써 적어도 목숨만은 구하고 싶다. 기자도, 병사도 중국 민중의 의도를 실은 눈치채고 있던 것은 아닐까? 그것을 신문은 중국 민중이 일본군을 환영하는 광경으로 둔갑시켜 보도했다. 일본군은 중국 민중의 경계를 풀도록 하기 위해 점령지대에서 선무宣撫 공작을 했다.

"우리의 적은 중국 정부와 중국군이다. 우리는 중국 민중을 구하기 위해 싸우고 있다."

그것이 일본군의 표면적 명분이었다. 그런 일본군의 '진의'를 중국인에게 이해시키기 위해 점령지에서는 선무반이 활동했다.

일본군 선무반의 선도로 중국인 어린이가 일장기를 갖고 노래를 부르며 행진한다. 그런 광경을 묘사한 기사가 있다.

> 일행은 친선 비라를 부락마다 배포하고 '일본군을 신뢰하라', '일중친선 제휴야말로 동양평화의 초석' 등이라고 현주민에게 호소하는 것이다. 실제로 부대가 머무는 곳에서는 일본군이야말로 신뢰할 만하다는 인식이 퍼지고 있으나, 한 걸음 떨어진 부락으로 정찰하러 나가면 농민이든 상인이든 모두 도망간다. 그것도 뒤도 돌아보지 않고 줄행랑을 치는 것이다. 리벤빙日本兵이 귀신보다, 뱀보다도 무서운 것이다. (…중략…) 그러한 현주민들의 일본군에 대한 인식을 시정하는 것이 선무반의 일인 것이다.
>
> 공포, 경원敬遠은 곤란하다. 일본군은 양민을 적대시하지 않는다. 아니, 적대하기는커녕 일중제휴의 온정의 악수를 내밀고 있는 것이다……. 수수의 붉은 뿌리를 깃대로 삼아 만든 종이 일장기 행렬이여, 이 마을, 저 마을에서 "일중친선"을 퍼뜨려다오.「전선 그림편지」,『東京朝日(長野版)』, 1937.12.7

일본 병사가 중국 민중에게 대단히 공포의 대상이었다는 것을 이렇게 솔직하게 기술한 기사는 드물다. 그렇다면, 일본군에게 공손한 태도를 보

<그림 3> 『지나사변화보』 제11집(1938.1.2), 아사히신문사
설명문 : 잔학무도한 중국병사에게 위협을 당하여 하늘과 땅에서 쏟아지는 포탄에 떨고 있던 피난민지구 중국 양민은 일본군 입성과 함께 안심하여 소생하는 기분. 게다가 식사는 물론 아이에게 과자를 선물 받고 함박웃음 짓고 단지 셰셰를 거듭하고 있다. (12월 20일 하야시(林) 특파원 촬영)

이면 중국인은 살아남았을까? 전쟁터의 현실은 어디까지나 가혹하다.

『아사히신문』 기자 혼다 가쓰이치本田勝一는 일본군의 난징 침공 당시 난징 교외의 농촌에서 살고 있던 여성 진광수陳光秀, 난징 침공 당시 20세에게 1983년에 취재하여 다음과 같은 증언을 청취했다.

(1937년 12월) 15일, 마을 사람들이 모여서 일본군이 마을에 처들어올 때의 대응 방법을 의논했다. '환영 대일본'이라고 적은 깃발을 세우고 맞이하면 집을 불태우지 않고, 학살도 당하지 않는다는 소문을 들었기 때문에, 그 준비를 했다.
16일 오후, 마을 모퉁이에서 망을 보고 있던 친척 아저씨가 '일본군이다!'라고 외쳐 마을에 알렸다. 일찍감치 협의한 대로 마을 남자들은 '환영 대일본'의 깃발을 몇 개나 내걸고, 마을 길 양편에 서서 맞이했다.

　도착한 일본군은 환영에 응하기는커녕, 그 깃발을 빼앗아 가까이 쌓아 둔 건초 더미에 박아 놓고, 남자들을 나란히 일렬로 세우고 검사했다. (…중략…) 일본군은 약 100명의 청년들을 조금 떨어진 도로 옆의 밭으로 끌고 갔다. (…중략…) 청년들은 서로 마주보며 2열로 무릎을 꿇고 앉았다. (…중략…) 그 주변을 에워싼 일본군은 총검으로 일제히 사살했다. 목숨이 끊어지지 않아 몇 번이나 찔리며 "살려줘!"라고 외치는 청년도 있었다.『本田勝一集(23) 南京大虐殺』

100명 정도의 청년 중 겨우 살아난 이는 3명뿐이었다고 한다. 여기에서는 '환영 대일본'의 깃발은 아무런 소용이 없었다.

소년병사, 여성병사의 죽음

　중국군에는 젊은 병사가 많았다. 일본 병사나 기자는 그 점에 놀랐다. 난징을 향하던 도중 야마나시현 출신 특무병이 고향에 보낸 편지에도 소년병의 죽음에 대해 적었다.

　그 지나 병사는 두세 마디 신음 소리를 내고 그 자리에서 털썩 쓰러졌습니다. 어둠을 더듬으며 옆으로 다가가 보니 정말로 얼굴이 수려한 소년이지 않습니까? 나는 증오스러운 적군이지만 재빨리 정성껏 간호를 하고 나이는 몇 살이냐고 종이에 적어 물었더니, 열네 살이라고 말하는 것이 아닙니까? 소년은 아무 말도 하지 않고 점점 괴로움을 호소했습니다. 나는 차라리 이대로 내버려 두자고 생각했지만, 이 소년에게도 그리운 부모형제도 있을 것이므로, 적어도 이름만이라도, 라고 생각하며 물었는데, 단지 무심하게 고개를 저을 뿐이었습니다. 나는 불쌍한 소년에게 닥친 이 상황을 생각하니 눈물이 났습니다. 그러

〈그림 4〉 울면서 귀순한 여자 병사(안루(安陸)에서)
『지나사변화보(支那事變畫報)』제60집)(1939.6.5), 아사히신문사

다가 머리를 떨구고, 숨을 거두었습니다. 전우 몇 명과 함께 구덩이를 파고 친절히 묻어 주고, 적어도 잘못된 지나인이 하루라도 빨리 정신을 차리기를 기도하며 합장했습니다.「총탄에 쓰러진 중국병, 봤더니 14세의 미소년」, 『東京朝日(山梨版)』, 1937.12.3

10대 중반에 죽어간 중국 병사에게 동정을 표하며, 특무병은 울었다. 아무런 원한도 없는 인간들끼리 서로 죽고 죽이는 전쟁터의 부조리함을 특무병은 알아챘을 것이다. 그러나 중국인의 항일정신이 잘못되어서 이렇게 된 것이다, 라고 밖에 적을 수 없었다. 전쟁터에는 여성 병사의 모습

도 보였다. 침략에 저항하여 여성들도 무기를 들었다. 후쿠시마현 출신 부상병이 말했다.

> 내가 마자자이馬家宅 전투에서 토치카를 점령하고 안에 들어가보니, 18~19세의 여성이 손에 기관총을 잡은 채로 죽어있었는데, 그 여성 혼자뿐이고 남자는 한 명도 없었습니다. 모두 도망가 버린 것으로 보이는데, 여자의 몸으로 이렇게까지 하다니 하고 감탄했습니다. 그러나 불쌍하지요. 저런 처녀가…라고 생각되어서요. 「백의의 용사에게 듣다」, 『福島民友新聞』, 1938.1.21

한편 마을에서는 여성의 모습이 사라졌다. 『시나노信濃 마이니치신문』 호리에 산고로堀江三五郎 기자는 이렇게 보도했다.

> 놀란 것이, 우리가 부락에 들어가면 젊은 여성은 모두 도망가버려 한 명도 없는 것이었어요. 이것은 부락 모두 서로 연락을 취하여 합의가 이루어진 것 같고, 꽤 떨어진 부락에도 즉시 통보하므로 젊은 여성은 한 명도 남아있지 않습니다. 「야마모토 부대 진영의 화톳불 이야기거리」, 『信濃毎日新聞』, 1938.1.29

집에 방화

일본군은 마을의 가옥에 불을 지르며 침공했다. 당시의 신문도 그 사실을 적고 있다. 부대에 소속된 군의軍醫 스즈에 유타카鈴江豊는 「패잔병 토벌기」라는 제목의 종군기를 『도쿠시마德島 마이니치신문』에 기고하여 이렇게 말했다.

> 패잔병은 원주민 옷차림으로 총기 혹은 피스톨 혹은 죽창, 손에 잡히는 대

〈그림 5〉 오가와 세키지로(小川關治郞)

로 무기를 휴대하고 저항하며 퇴각한다. 이쪽은 "이놈!" 함성을 지르며 추격, 추격, 또 추격. 잠깐 사이에 적은 120~130의 시체를 유기하고 앞쪽 부락으로 도망친 인원은 약 70~80이나 되었을 것이다. 밀집된 부락으로 돌격하는 것은 바람직하지 않아서, 부락을 포위하고 수십 채의 민가와 풀숲에 불을 질러 한 명도 남김없이 섬멸한 것은 오후 3시 30분이다. 만세를 외치는 소리는 천지를 뒤흔드는 것 같고, 남은 연기가 여전히 자욱하게 하늘을 찔러, 낮인데도 어둡다. 장절壯絶 쾌절快節의 극치였다.

'수십 채의 민가'에 민간인이 얼마나 남아있었을까? 이 문장으로는 알 수 없다. 그렇다고는 해도 처참한 광경이다. 실로 침략의 광경이다.

한편, 구마모토현 출신 위생대 오장伍長은 고향에 보낸 편지에서 자랑스럽게 적었다.

밤 10시경 마침내 적을 궤멸시켜 노항진魯港鎭으로 철수했습니다. 돌아올 때는 부락의 가옥 20~30채에 불을 질렀습니다. 적이 머물 곳을 없애기 위해서입니다. 1,000미터 정도 왔을 무렵에는 후방 전체는 시뻘건 불바다입니다. 그 대단한 광경, 하늘까지 삼켜버릴 듯한 홍련紅蓮의 불꽃입니다. 그 시뻘건 빛을 등 뒤로 일동은 의기양양하게 찬바람 몰아치는 밤길을 누비며 철수했습니다.「가와베(川邊) 오장 진중기(陣中記)」, 『九州新聞』(熊本), 1938.1.25

이와 같이 일본군이 방화했다는 것을 보도한 기사는 진귀하다. 당시 신문은 대부분의 경우, 중국 측의 소행이라고 보도했다. 그렇다고는 해도, 일본군 병사가 빈번히 방화한 것은 일본 측의 자료에도 명백하다. 예를 들면, 항저우만杭州灣에 상륙 후, 난징으로 향한 제10군 법무부장, 오가와 세키지로小川關治郞[5]는 1937년 11월 23일의 일기에 다음과 같이 적고 있다.

강간, 약탈, 방화 등이 잇달아 빈발하는 것을 우려하여 이를 예방하고자 한다. 이는 전장戰場에서의 특별 심리인지, 이르는 곳마다 강간을 자행하고, 약탈하고 방화를 하는데 악행이라고 생각하지 않는다. 실로 황군으로서 수치스럽기가 이루 다 말할 수 없다.小川關治郞,『어느 군법무관의 일기』

강간, 약탈과 함께 방화가 빈발했다. 다소 시기는 벗어나지만 기자의 증언도 있다. 1940년 중국 호북성湖北省의 작전에 종군한 『아사히신문』 기자인 스즈키 지로鈴木二郞는 부대 참모가 각 신문·통신사 특파원을 모아 이제부터 부락을 불태우는 작전을 하는데, '적에 대한 초토전술로 보도해 주도록' 지시받았다고 한다.

노인과 여성, 어린이가 불타는 집 앞에서 울부짖기도 했다. '불쌍하게도'라고 중얼거리는 병사도 있지만, 입을 다물고 외면하는 병사도 많았다. 그러나 불타지 않은 집을 발견하면, 드문드문 뛰어가는 이도 있었다. 그것은 먹잇감을 발견한 개처럼 좋아하는 것처럼 보이기도 했다. 그리고는 곧 불길이 타올랐다.

---

5   법무부는 군법회의를 담당하는 부서. 헌병이 적발한 장병의 군율 위반을 재판하고, 군대 내의 질서유지를 도모했다. 제10군에 종군한 오가와 세키지로(小川關治郞, 1875~1966)는 문관의 입장에서 난징 공략전을 목격하고 귀중한 증언을 남겼다.

'이건 무문곡필舞文曲筆⁶ 같은 것'이라고 생각하면서 (중국군이 방화했다고) 적었다. 이러한 생각은 그 후에도 오래도록 나의 마음에 걸렸다. 그러나 군도軍刀가, 대포가 무서워서 이렇게 쓴 것은 아니다. 1945년 이전에 교육받은 국민의식이 이 기사를 저항 없이 작성하도록 한 것이라고 생각한다. 鈴木二郎,「연기는 하늘을 덮고 거듭되는 소리가 울려퍼진다」,『潮』10월호, 1971

일본군은 말하자면 오른손으로 '동양 평화'의 대의를 내걸고, 왼손으로는 마을을 불태웠다.

4. 동정과 학살

일본 병사나 기자들은 난징으로 가는 도중, 중국 민중의 비참한 모습을 언급했다. 우쓰노미야宇都宮 보병 제66연대 와타나베 린이치로渡邊林一郎 소위는 고향의 은사에게 보내는 편지에서 굶주림으로 고통받는 사람들의 모습을 전했다.

중국 민중은 어찌 될까요? 사는 집은 전부 불타고, 먹을 것도 없고, 옷만 입은 채로 들과 산을 다니며 얼어 죽고, 굶어 죽는 일이 매일 심해질 뿐입니다. 양민들은 실로 불쌍합니다. 매일 우리도 군사훈련을 하러 산에 갑니다만, 뼈와 가죽만 남아 비틀거리는 원주민을 보곤합니다.「강철 같은 武人의 이 눈물」,『下野新聞』, 1938.1.30

---

6   [역주] 사실을 왜곡하고 과장하여 씀.

특히 병사들의 가슴을 울린 것은 어린아이의 이런 모습이었다.

만세 만세

전장에서 고향으로 보내는 편지에는 자주 중국의 어린이가 등장한다.

시즈오카현 출신 소위의 편지

전쟁터에는 어린아이들이 남아 도망간 부모의 행방도 모르는 채 헤매고 있다가 우리 상냥한 일본군 병사들에게 구조받아 젓가락과 밥그릇을 갖고 밥을 먹으며 무심하게 놀고 있는 것을 여러 곳에서 목격하곤 합니다. 어느 집에도 가재도구는 없고, 그 비참한 모습을 볼 때, 행복한 일본제국에 태어났다는 감사함이 한층 깊이 느껴집니다. 「패배한 국가의 비참함」, 『東京朝日(静岡版)』, 1937.11.10

〈그림 6〉
『지나사변화보』 제20집
(1938.3.1), 아사히신문사

니가타현 출신 일등병의 편지

우리들 숙소에 2, 3일 전부터 작은 중국 아이가 "병대님……"이라는 어색한 표현으로 구걸하는 것을 보고 절로 가슴이 메어 와, 이것저것 모은 밥과 국을 주었습니다. 그 기뻐하는 얼굴과 먹는 모습, 적敵이지만 적이 아니고 친절하게 대해 주며 지금도 같이 있습니다. 「군사우편」, 『東京朝日(新潟版)』, 1938.2.6

---

7 [역자주] 설명문에는 "웃음을 되찾아 주고 싶은 중국의 어린이"라고 되어 있어서, 마치 일본군들이 중국 민중을 위해 전쟁을 하고 있는 것처럼 호도하고 있다.

일본군 병사는 대체적으로, 굶주린 아이를 구제하는 역할로 지면에 등장했다. 그리고 기사는, 일본의 아이들에게 일본에 태어난 행복을 전달했다. 어린아이들이 왜 일본군 진격로에 남겨져 있었는지, 그 이유는 모른다. 그러나 그러한 아이들에게도 일본군이 침공하기 이전에는 비록 가난하다고는 해도, 가족과 함께 어느 정도 평온하게 생활하고 있었을 것이다.

중국의 아이들에 대한 일본군 장병의 연민과 동정은 편지의 내용을 읽는 한에서는 이 전쟁의 의미에 대해 생각하거나, 의문을 품는 데까지는 나아가지 않았다. (애당초, 문제의식을 갖는 데까지 나아갔다고 해도 그것을 신문이 소개하는 것은 곤란했을 테지만) 병사나 기자들의 눈에, 어린아이들은 어떤 의미에서 적과 동지라는 구별을 초월한 존재로 비추어졌을 것이다.『도쿄 아사히신문』의 에노하시江橋 특파원은 다음과 같이 국경과 국적을 넘은 '보편적 존재'로서 전쟁터의 아이들을 조망했다.

아이의 세계, 동심의 세계에는 전쟁도 항일도 없다. 두려운 총성, 빛나는 검도 까맣게 잊고 있다. 일본 병사도 좋은 놀이 상대로 삼아 버렸다. (…중략…) 병사들을 '만세, 만세'하며 맞이하고, 결코 떨어지지 않는다. 어디라도 쫓아온다. 숙영지 인근의 아이들은 엄마의 슬하에서 하루 종일 벗어나 병사들과 산책하거나 캐러멜을 받거나, 사탕을 받거나 하며 완전히 친밀하다. (…중략…) 이국에서 가련한 중국 어린이의 모습을 보고 용사들은 멀리 조국에 있는 자신의 자녀를 떠올리고 있을 것이다.「국경을 넘어, 아이들이 불쌍해」,『東京朝日(茨城版)』, 1938.2.8

한편『니가타신문新潟新聞』특파원은 먹을 것을 구하는 아이들의 모습을 이렇게 보도했다.

쑤저우에서 또 기차를 탔는데, 열차가 정거하자, 원주민 아이들이 우글우글 모여들어 (그 중에는 4살 정도의 유아도 있다) 손에는 하나씩 지저분한 깡통을 들고 먹을 것을 달라고 굽신굽신 머리를 숙이고 있다. 그 비참함. 그중 아이의 모친인 듯한 50이 넘은 것 같은 노파가 와서 다른 아이들에게만 주지 말고 자신의 아이에게도 달라고 외치고 있는데, 패전국의 인민은 실로 이토록 가련한 것이다. 「패전 국민은 비참」, 『新潟新聞』, 1938.2.11

기자의 시선에는 중국 민중에 대한 동정과 멸시가 뒤섞여 있었다.

황군에 봉사하는 농민

일본군은 중국 농민들을 모아 짐 운반 등의 노동력으로 부렸다. 『도쿄 니치니치신문』은 「황군皇軍에 봉사하는 난징의 쿨리 풍경」이라는 제목으로 중국 인부가 일본군의 짐을 운반하는 사진 세트 5매를 게재했다. 사진에는 「배낭을 짊어지고, 손에는 짐을 들고 황군에게 봉사, 한가로운 난징 풍경!」이라는 설명이 달렸다. 1937.12.21

『오사카 마이니치신문 가고시마·오키나와판鹿兒島·沖繩版』은 「사변화보事變畫報 —쿨리는 걷는다」라는 제목으로 사진 특집을 게재, 마쓰오松尾 특파원이 이렇게 보도했다.

쿨리는 거리 여기저기에 우글우글하다. 쌀과 담배를 구하는 것보다 쉽다. 먹지 못한 인간은 흔쾌히 이에 응하는 것이다. 생명의 위험이 다시 없고, 먹게 해주고, 돈을 준다고 하니 중국인은 싱글벙글이다.

민중은 벌써부터 이르는 곳마다 일본에 신뢰를 표시하고 있다. (…중략…) 쿨리가 더 이상 필요하지 않아 돈을 주고 자신의 마을로 돌아가라고 해도, 울면서 돈을 받지 않고, 어디까지나 데리고 가 달라고 애원한다. 물론 전부는 아니나, 일본군을 도와주자는 마음가짐으로 완전히 변한 사람도 볼 수 있게 되었다.1937.12.28

이러한 기사는 일본 병사와 중국 농민의 우호적인 분위기를 강조하고 있다.[8] 그 실태는 어떠했을까? 앞서 인용한 제10군 법무부장, 오가와 세키지로가 일본군의 짐을 운반하는 중국인의 모습을 일기에 남겼다.

1937년 11월 29일

어디에서 데리고 오는지 지나인은 군이 행군할 때 많은 짐을 짊어지고 혹은 봉에 걸고, 어디까지일까. 아마도 아군이 가는 마지막 지점까지 데리고 가는 것이 아니겠는가. 결국 몇 십리 길이나 가야 하고, 그것도 겨우 먹을 것을 받는 정도로 말이다. 게다가 조금이라도 복종하지 않고 불복하는 듯한 모습을 보이면, 즉시 '당한다.' 실로 엿장수 마음대로이다. 도중에 지나인 한 명이 바닥에 드러누워 있는데, 병사 두 명이 검을 빼 들고 찌르고 있는 것을 봤다. 또 한 명의 지나인이 피투성이가 되어 괴로워하고 있는 것을 봤다.

1937년 12월 11일

지나인은 명령받는 대로 많은 짐을 짊어지는데, 그중에는 연로한 노인도 포

---

[8] 전쟁터에서의 중국인 노무 동원에 대해 스즈키 아키라(鈴木明)의 『난징대학살의 환상(南京大虐殺のまぼろし)』은 다음과 같이 적고 있다. "일본 병사들은 중국의 일반 민중을 동원하여 짐과 무기를 운반시켰는데, 점점 증가했다. 시끄러운 대장은 완고하게 이를 금지했지만, 보고도 못본 척하는 지휘관도 많았다. 동원된 중국인은 대체적으로 하루 만에 돌려보냈다. 너무나 멀리 가면 되돌아오는 것이 큰일이기 때문이다. 그러나 그 중에는 계속 난징까지 따라간 자도 있다. 눈치 빠르게 일본어를 배워, 나중에 통역으로 활약한 자도 있다."

함된 것을 본다. 이미 적은 것처럼 패전국의 양민만큼 불행한 존재는 없을 것이다. 그 경우 우리 병사가 명하는 대로 따르지 않고, 조금이라도 거부하면 그 자리에서 '당하고', 만일 도망가서 그 주변을 서성대면 즉시 '당한다'. 지나인으로서는 이러지도 저러지도 못하는 형국이어서 결국 명령하는 대로 말을 들을 수밖에 없게 된다. 小川關治郎, 『어느 군법무관의 일기』

일기 중에 '당한다'는 것은 '살해된다'는 의미일 것이다. 적어도 불만스런 티를 내면, 중국인은 즉시 살해당했다. 우호적인 분위기만으로는 설명할 수 없는 실상이 있었다.

이와 같이 당시의 신문 기사와 당시 작성된 기록물을 비교해서 보면, 그 격차에 경악하게 된다. 기자들은 전장의 사실을 전하기 위해서라기보다, 전장의 사실을 감추기 위해 기사를 작성한 것이 아닐까? 그런 의심조차 생긴다.

『마이니치신문』의 특파원으로서 난징 공략에 종군한 아사우미 가즈오 淺海一男는 일본군이 진격 중에 생포한 포로 취급에 대해 1945년 이후 이렇게 증언하고 있다.

> 미처 도망치지 못한 것인지, 투항해 온 '적'의 병사들 대부분은 일본군 장병의 '개인적 부하'가 되었습니다. 그 때문에 일본군 대열의 양측에 또 하나의 침울한 대열이 나란히 걷고 있는 풍경이 자주 목격되었습니다. '부하'들은 일본군 장병의 무거운 짐을 산처럼 짊어지고, 식량도 배급받지 못하고, 채찍과 질타하는 고성에 쫓기며 행군을 함께했던 것입니다. (…중략…) 이 불안하고 고통스런 나날은 그나마 국민당군 병사들에게 잠시 동안의 '평안'이었는지 모릅니다. 왜냐하면 속도감 있는 추격전으로 밤낮 여념이 없는 일본군은 자주 이들

'부하'를 내팽개쳐서라도 눈앞의 전투 현장으로 달려나가지 않으면 안 되었는데, 그럴 때는 대부분의 '부하'들은 옷을 입은 채로 산 채로 화형당하거나, 차가운 강철로 목을 절단당하거나, 또는 기관총 일제사격을 당할 운명이 기다리고 있었기 때문입니다. 淺海一男, 「신형(新型) 진군 나팔은 좀처럼 울리지 않는다」, 本多勝一편, 『펜의 음모』

처형과 증오

난징으로 침공하는 일본군은 중국군뿐 아니라 일반 농민들도 '적'으로 간주하여 가차 없이 학살했다.[9]

『산케이신문』은 1962년 1월부터 다음 해 8월까지 야마나시山梨판에서 「향토부대 분전기奮戰記」를 연재했다. 고후甲府 보병 제149연대 등 향토부대의 '분투한 모습'을 전한다는 목적으로 고후 지국의 히가이 요시하루樋貝義治 기자가 담당했다. 1964년에 단행본『전기戰記 고후연대-야마나시·가나가와 출신 장병의 기록』으로 출판되었다. 1937년 9월 하순 상하이 전선戰線에서 고후연대의 행동에 대해서 이 책은 이렇게 적고 있다.

(중국 측의) 밀정이 우리 군 점령지 내에 있는 것은 확실했다. 어느 부대에서도 수상한 원주민은 모두 잡아서 처형했다. 그중 무고한 자도 있었을지 모른

---

[9] 1940년부터 5년간 일 병사로서 주로 중국 산서성(山西省)을 전전했던 작가 다무라 다이지로(田村泰次郎)는 1945년 이후의 작품인 『나녀(裸女)가 있는 대열(隊列)』(1954)에서 민간인 학살에 대해 이렇게 묘사했다. "오랜 전쟁 기간을 통틀어, 일본군에게 학살당한 주민 숫자는 아마 일본군과 전투에서 사망한 중국군 병사보다 많은 것이 아닌가 한다. 적어도 중국의 오지에서는 전쟁터에서 본 적군의 사체보다도 농민의 수가 눈에 많이 띈 것이 일반적이었다. 어떤 시기에는, 때로는, 공연히 주민을 모조리 학살하라는 군의 명령이 내린 적도 있다. 진멸(盡滅) 작전이라는 것이 그것이었다. "여어— 이번 작전은 진멸작전이야" 작전 개시에 임하면, 병사들은 서로 그런 소문을 전달했다. 작전지역 내의 마을이라는 마을에는 모두 불을 지르고 살아 있는 것은 개 한 마리도 남겨 두지 않는다는 것이 원칙이었다. 일본군 전체가 피에 굶주린 괴물 군대가 되었다."

다. 그러나 애당초 말은 통하지 않고 복장은 같고, 전쟁터의 상례로서 어쩔 수 없던 점도 있다. 잡았더니 노파인 적도 있다. 항일사상은 이런 원주민 사이에도 뿌리를 내리고 있던 것이다. 그 후 원주민에 대한 추궁이 엄격해져 잡은 자는 모두 처형하게 되었다.

농민과 병사는 외견상 구별이 되지 않는다. 그러므로 수상하다고 생각되면, 충분히 확인도 하지 않고 모두 죽였다. 그런 행동은 상하이에서 전투를 개시한 지 겨우 1개월 안에 이미 시작되었다.

후쿠치야마福知山[10] 보병 제20연대의 위생병은 1937년 11월 29일 일기에 다음과 같이 적었다. 상하이-난징 사이의 도시 창저우常州에서 부대는 민간인을 학살했다.

> 오전 10시 출발, 창저우의 적을 소탕하러 감. 정오 입성. 주민을 죽이라는 명에 따라 전부 80명 정도의 남녀노소를 모두 모아, 저녁에 총살함. 처음이자 마지막 광경이 아니겠는가? 전부 한군데에 모은다. 염불을 중얼거리는 자, 우는 자, 살려달라고 애원하는 자, 참상은 정말 눈 뜨고 볼 수 없다. 이윽고 중기관총의 포성이 울리자 비명을 지르며 픽픽 쓰러지는 광경은 마음을 아무리 괴물로 만들어 봐도 차마 보고 있을 수 없다. 실제로 전쟁은 비참하다. 笠原十九司, 『'백인 참수' 경쟁과 난징사건』, 2008

말할 것도 없이 '80인 정도의 남녀노소' 한 명 한 명에게 '생명'이 있었다. 이러한 장면을 목격한 기자도 있었을 것이다. 그러나 이러한 광경을

---

10 [역주] 교토부(京都府)의 북부에 위치한 도시.

기록한 기사는 보이지 않는다.

난징으로 향하는 전장에는 중국어 통역원이 있었다. 일본과 중국을 잇는 실무담당자를 양성한 전문학교 동아동문서원東亞同文書院, 상하이의 학생이 종군하여 통역을 담당했다.

그런 학생 통역원을 참석시켜 이루어진 신문 좌담회에서 한 사람이 이렇게 지적했다.

> 학원동아동문서원의 이상理想인 '정아靖亞, 아시아를 편안하게 한다'는 학원에 있는 동안은 간단히 이루어질 것으로 생각했는데, 종군해 보니 진정한 일중제휴를 실현하는 데에는 대단한 고통이 수반된다고 생각한다. 중국 민중은 대패하여 심한 증오심을 품고 있을 것이다. 이 마음을 풀어 주는 데에는 대단한 결심이 필요하다. 일본 민족은 그들을 진정한 친선으로 인도하지 않으면 안 되는 큰 임무를 짊어지고 있다고 생각한다.「동아동문서원 종군학생좌담회」, 『大阪每日新聞(서부종합판)』, 1938.3.21

중국 민중이 일본에 '대단한 증오'를 품고 있다는 점을 언급한 보기 드문 기사이다. 중국 민중을 구제하기 위해 일본군은 중국군과 싸우고, 중국 민중은 이를 환영한다는 '신화'에 대한 조용한 비판이 내재되어 있었는지 모른다. 젊은 통역원은 중국인의 '대단한 증오'를 피부로 실감하고 있었다.

5. 오보誤報와 만세

일본군은 맹렬히 난징으로 진군했다. 1937년 11월 하순 일찌감치 일본 국내에서는 난징 함락을 위한 축하 준비가 시작되었다. 신문은 그러한 움직임을 전하는 기사를 왕성하게 게재했다.

「난징 함락을 기다리며 우와시마宇和島 시에서 전승 대축하」『海南新聞(愛媛)』, 1937.11.19
「난징 함락 임박, 벳푸別府에서 벌써 축하 계획」『大阪朝日(大分版)』, 1937.11.27

일본군이 나날이 난징으로 육박하는 가운데, 상해파견군 보도부장인 마부치 이쓰로는 생각했다.

난징 점령의 제1보가 신문사 경쟁 때문에 일시가 잘못되거나 심지어 사실과 다르거나, 각 부대의 공적을 손상시키는 일이 있어서는 안 된다. 난징 점령에 관해서 가령 성문의 한 귀퉁이를 점령했다고 해도 군 보도부 발표 전에 통신을 해서는 안 된다. 난징이 실제로 점령되어도 보도부가 발표하기 전에 먼저 보도하지 않기로 하겠다. 馬淵逸郎,『報道戰線』, 요지

보도부 발표를 받아서 각 신문사가 일제히 보도한다. 그런 상황을 마부치는 머릿속에서 그리고 있었다. 그러나 현실은 그렇게 작동하지 않았다.

플라잉 오보

12월 7일 새벽, 국민정부의 지도자 장제스가 아내인 쑹 메이링宋美齡과 함께 비행기로 난징을 탈출했다. 이날『도쿄 아사히신문』은「난징 이제

풍전등화, 황군 입성 시시각각 임박」이라고 보도했다.『요미우리신문』도 「오늘이야말로 수도 난징을 점령」이라는 표제를 붙여, 오늘이라도 함락될 전망이라고 관측한 기사를 게재했다. 더욱 깊숙이 들어간 것이『도쿄니치니치신문』이었다. 이 신문은 7일 발행한 석간에서「난징, 사실상 함락. 적군 도주−공격을 중지하고 성 밖에서 드디어 입성 대기」라고 보도했다.

오이타^{大分}의『호슈신보^{豊州新報}』¹¹도 마찬가지로 7일 발행한 석간에서 「난징 마침내 낙성^{落城}」이라는 제목으로 보도했다. 단, 기사 본문^{상해발, 동맹통신}은 "(각 부대는) 적을 추격하여 최후의 진격을 계속하고 있고……"라고만 기술하여 표제가 앞서 나간 형국이었다.

다른 신문사에 뒤져서는 안 된다, 같은 날 다른 신문과 함께 보도하는 것은 기운 빠진다, 조만간 함락할 것이니 다소 섣불러도 먼저 보도하는 편이 좋다.

플라잉¹²의 배경에는 아마 이런 의식이 작동했을 것이다. 7일 밤 가부키 배우인 오가미 기쿠고로^{尾上菊五郎}는 도쿄 가부키자^{歌舞伎座}의 무대에서 '만세'를 외쳤다.

> 일장기 손 깃발을 준비한 것은 며칠 전부터이며, 얼른 이 깃발을 흔들며 만세를 외치고 싶어서 7일 난징은 사실상 함락한 것과 마찬가지라고 듣고, 뭐 함락 정도는 아니어도 성 입구까지 육박하고 있으면 됐지.『東京日日新聞』, 1937.12.8

---

11 [역주] 1886년부터 1942년까지 오이타(大分)현에서 발행한 신문. 1942년에『오이타(大分)합동신문』으로 통합됨.
12 [역주] flying. 경주(競走)에서 출발 신호보다 먼저 나아가는 것.

나아가 『도쿄 니치니치신문』은 다음날 8일 자로 「난징 우리 손에 떨어짐」이라는 제목의 사설을 게재한 외에 「세계전쟁사에 빛나는 난징 공략」이라는 큰 제목을 내걸고 특집을 구성하고, 작가 무라마쓰 쇼후村松梢風의 에세이 「난징의 추억」 등을 게재했다.

그러나 실제로는 가나자와 제9사단의 한 부대가 난징 시가를 에워싼 성벽의 한 귀퉁이에 매달려 있었을 뿐으로 '함락'까지는 아직 멀었다. 이 무렵 상하이 기자클럽에서 한바탕 소동도 일어난 모양이다. 마부치 보도부장은 이렇게 적고 있다.

> 어떤 신문사가 7일 요시즈미吉住부대 (가나자와 제9사단, 요시즈미 료스케(吉住良輔) 사단장)의 일부가 난징성의 한 귀퉁이를 점령한 기사를 발신하여, 국내에서 일대 센세이션이 일어났기 때문에 현지 기자 통제선이 무너지려 했다. (…중략…) 상하이 기자클럽에서 모 신문사 기자에게 일주일 보도부 출입금지와 입성식 전날까지 군용기를 이용한 전선 시찰 편의 제공을 하지 않을 것을 결정했다. 馬淵逸郎, 『報道戰線』

국제위원회의 기자 회견

「난징 함락, 단말마斷末魔의 가련한 모습」. 12월 7일 자 『하코다테신문函館新聞』 석간에 이런 제목의 기사가 실렸다. '동맹통신'이 뉴욕에서 발신한 기사이다. 구독점이 거의 없는, 읽기 어려운 문장이므로 요약해서 소개하고자 한다.

'UP' 난징 특파원은 6일, 난징성 안의 혼란 상태를 다음과 같이 보도했다. 일본군이 5일 장강長江 상류의 도시 우후蕪湖를 폭격한 이래, 피난민은 정크선과

〈그림 7〉 난징과 부근 약도
참고자료 : 『지나사변화보』 제13집(1937.12.21), 오사카 마이니치신문사

론치[13]를 버리고 수상_{水上}으로의 피난을 단념했다. (…중략…) 아이를 안고 가재도구를 짊어진 시민 수천 명은 '국제피난지대'로 앞다투어 피난하고 있다.

기사 중의 '국제피난지대'는 '난징 안전구', '난징 피난구'를 가리킬 것이다.[14] 난징 안전구는 일본군의 공격을 피하여 난민이 된 사람들을 수용, 구원하기 위해 난징에 머무르고 있던 미국인, 독일인이 설치한 중립지대이다. 독일 전기회사 지멘

〈그림 8〉 미니 보트린

스사의 난징 지사 지배인인 독일인 존 라베를 위원장으로 하여 1937년 11월 22일 발족한 '난징 안전구 국제위원회'가 운영을 담당하고 있었다.

안전지구는 난징성 안의 북서쪽 일각에 면적은 8.6km³ 笠原十九司, 『난징 난민구(難民區)의 백일』로 현재의 도쿄도 東京都 주오구 中央區, 10.2㎢, 다이도구 臺東區, 10.1 ㎢보다 다소 적다. 난징성 안의 면적은 안전구의 약 8배로, 도쿄의 야마데센 山手線 내측의 면적 약 63km³보다 다소 넓다. 일본군이 다가오는 가운데, 난징 안전구 국제위원회는 매일 기자회견을 열고 있었다.

안전구에 있는 금릉여자문리학원 金陵女子文理學院의 미국인 교사 미니 보트린[15]의 일기에 다음과 같은 기술이 있다.

---

13 [역주] launch. 기정(汽艇), 소형 증기선.
14 笠原十九司, 『南京難民區の百日』(2005)에 의하면 당시 영어로 'Safety Zone'으로 불리고, 중국어역으로는 안전구와 피난구의 양쪽을 사용하고 있었다. 이에 의거하여 이 책에서도 두 개의 호칭을 사용한다.
15 [역주] Minnie Vautrin(1886~1941). 미국인 선교사. 일리노이주 출생. 1919년 중국 난

12월 9일

오늘 밤, 기자 회견 중에 큰 포탄이 신가구新街口에 낙하하여 모두 깜짝 놀라 의자에서 벌떡 일어났다. 파랗게 질린 사람도 있었던 것 같다. 이것은 우리들이 처음 체험한 폭격이었다. 오늘은 비행기 폭음이 한 시간도 멈춘 적이 없었다.[16] 기자 회견 출석자는 이 무렵 신문기자가 2명, 중국인이 2명뿐으로, 그 외에는 선교사였다.

12월 10일

일본군이 광화문光華門의 바로 옆에까지 육박한 모양이다. 시가 주변의 여기저기에서 거의 온종일 화재가 목격되고 있다. 오늘 밤은 서쪽 하늘이 붉게 물들어있다. (…중략…) 오늘 밤 기자회견에서는 난징이 (일본군에게) 점령당한 후의 난민 문제가 제기되었다. 앞으로 몇 개월 동안, 누가 그들을 보살필 수 있을까?

12월 11일

오늘 밤 기자 회견에는 20명—모두 외국인—이 출석했다. 4명의 신문기자 외에 독일인 2명과 러시아인 청년 1명을 제외하면 모두 선교사였다. (…중략…) 일기를 쓰는 중에도 시의 남동쪽과 남서쪽에서 격렬한 폭격 소리와 기관총 소리가 들린다. 사람들의 예상으로는 적은 3일 안에 성 안으로 들어올 것

징 금릉여자대학의 교사, 학장을 역임. 1937년 일본군의 난징 침공 때 난징안전구 설치에 관여하고 일본군의 중국여성 강간에 대항하여 금릉여자문리학원 내에서 10,000여 명의 여성과 어린이 난민을 보호했다. 일기에는 1937년 8월 12일부터 1940년 4월 14일까지 난징의 상황이 서술되어 있다. 그 충격으로 1940년 정신질환에 걸려 미국으로 귀국한 후 1941년에 자살했다. 사후 중국정부로부터 훈장을 받았다.

16 일본해군항공대는 1937년 8월부터 12월에 걸쳐 난징을 50여회에 걸쳐 공습하고, 160여 톤의 폭격을 투하했다. (일본해군성 해군군사보급부, 「支那事變における帝國海軍の行動」)

인데, 그동안에 무시무시한 파괴행위를 할 것이라고 한다.岡田良之助,伊原陽子 역,『난징 사건의 나날―미니 보트린 일기』, 1999, 이하 『보트린일기』로 줄임

사람들의 예상은 적중했다.

광화문을 점령

일본군은 속속 난징을 향해 다가오고 있었다. 12월 8일 밤, 전차부대독립 경장갑차 제2중대의 중대장 후지타 사네히코藤田實彦 쪽으로 신문 각 사의 특파원이 모여들고 있었다. 그들의 관심은 '난징 일등 입성'이며 그리고 무엇보다 '먹을 것'이었다.

> 9시경이 되어서 더욱 『도쿄 니치니치신문』의 안요지 도모가즈安養寺友一 씨, 구리하라 치요타로栗原千代太郎 씨, '나베 씨'라는 애칭으로 불린 『요미우리신문』의 다나베田邊 씨, 『호치신문』의 나카야마中山 씨, 그 외 신문기자들이 달려와서 내 방이 가득 찼다. 그리고 어느 부대가 난징에 일등으로 입성하겠느냐고 갑론을박하며 제각각 상당한 이유를 들고 있었다. 그리고 후방 연락기관이 없는 신문기자들은 아침부터 밥도 먹지 못하고 있다 해서, 노획한 중국 쌀을 나누어 주었다. (…중략…) 밥을 먹고 나니, 신문기자들은 한 사람, 두 사람 줄어들기 시작하여 12시경에는 모두 어딘가로 가 버렸다.藤田,『전차전기(戰車戰記)』, 1940

9일, 일본군은 난징성 상공에서 비행기로 중국군에게 다음과 같은 투항 권고문을 투하, 10일 정오까지 응하지 않으면 총공격을 개시한다고 선언했다.

일군日軍은 저항자에 대해서는 극히 준열하게 용서하지 않지만, 무고한 민중 및 적대감을 품지 않는 중국 군대에 대해서는 관대하게 처분할 것이다. 동아 문화의 경우는 이를 보호·보존할 열의가 있다. 그러므로 귀군貴軍이 교전을 계속하고자 한다면 난징은 추세상 반드시 전화戰禍를 피할 수 없다. 『東京朝日新聞』, 1937.12.10

마부치 이쓰로 보도부장의 저서, 『보도전선報道戰線』에 의하면, 12월 10일 오후, 가나자와 제9사단이 난징의 광화문을 점령했다는 첫 소식을 어느 신문사 기자가 마부치에게 가져왔다. 일본에 이를 발신해도 되는지, 라는 문의였다. 마부치가 비행대에 문의하자, 오후 6시경이 되어 난징에서 돌아온 비행장교가 "광화문 부근 성벽에 일장기가 펄럭이는 것을 봤다"고 말한 것을 알 수 있었다.

오후 7시, 마부치는 기자를 모아 '난징성 일각一角 점령'을 발표했다. 발표 후 마부치는 일말의 불안을 느꼈다. 만약 틀린 정보라면 돌이킬 수 없다. 현지에서의 공식 보고는 아직 도착하지 않았다. 실제로, 가나자와 제9사단 사바에鯖江 보병 제36연대 1대대가 광화문 일각을 겨우 확보했을 뿐이었다. 날이 바뀌어 12월 11일 오전 1시, 도쿄 대본영이 '난징성 광화문을 점령'이라고 발표했다. 새벽 무렵, 마부치는 대본영 보도부장에게 전보를 보냈다.

어제 10일 오후 7시 발표는 성벽의 일각을 점령한 것으로 아직 완전한 점령은 아니라는 의미에 대해서 적절히 지도하길 바람. 완전 점령은 별도의 공보公報로 발표하겠음. 현재 제1선과의 통신이 여의치 않으므로, 군사령부 또한 이동 중이므로 연락이 되지 않는다. 각 신문사의 무전만이 쇄도하는 상황이다.

성벽의 일각을 점령한 데에 불과하다, 완전하게 점령한 것은 아니라는 점을 대본영에 강조한 것이다. 그러나 11일 조간 각 신문은 일제히 '난징 함락'을 보도했다.

현재 난징성 안을 소탕 중

마부치는 『보도전선』에서 이상과 같이 설명하고 있다. 그러나 실제의 지면은 그 설명대로 이루어지지 않았다. 마부치는 10일 오후 7시에 '난징성 일각 점령'이라고 발표했다고 서술했으나, 실제로 신문에 게재된 발표문은 다음과 같다.

> 상해군 오후 7시 발표 (…중략…) 우리 군은 (…중략…) 모든 전선에서 일제히 진격하여 비행대의 맹격과 함께 저녁 일찍 각 성문을 점령하고 현재 성 안을 소탕 중임.

이 발표문을 '동맹통신'이 발신하여, 일본의 11일 자 조간 각지에 게재되었다. '난징성 일각 점령'뿐 아니라, '현재 성 안을 소탕 중'이라고 상하이에서는 발표한 것이다. 군의 공식발표가 이러니, 신문사가 '난징은 함락되었다'고 보는 것도 무리는 아니다. '함락'을 고대하여 일등 보도를 노리고 있던 각 신문사는 기세 좋게 달려 나갔다.

11일 자 『도쿄 아사히신문』은 제1면에 「경축·적의 수도 난징 함락」이라고 새겼다. 지면을 장식한 일장기 중앙의 붉은 원은 당시로서는 진귀하게도, 붉은 잉크로 칼라 인쇄했다. 『요미우리신문』도 '난징 중산문외中山門外 발發'로 "우리 스케가와助川, 가타기리片桐, 노다野田, 오노大野 각 부대는 10일 오후 총공격 명령과 함께 중산문에 쇄도하여 마침내 성문을

〈그림 9〉 남경함락(『오사카 아사히신문』 석간 1937.12.11)

돌파하여 성 안으로 입성했다. (…중략…) 성문을 돌파한 각 부대는 속속 성 안의 대소탕을 하고 있다"고 보도했다.

그 중에는 다음과 같은 기사조차 있었다.

기자는 ○○부대에 종군, 난징 공략전에 참가하여 이 역사적인 전투와 황군

皇軍의 분투를 목도하면서 감격의 며칠을 보냈는데, 10일 오후 6시 마침내 난징에 돌입, 기자는 ○○부대와 함께 입성, 성벽 높이 휘날리는 일장기 아래 천지를 뒤흔드는 만세 소리에 화답할 수 있었다. 장제스 정권은 이제 일개 패잔 군벌에 불과하다.『지나사변』은 이리하여 성업聖業의 제1단계를 완료했다.

이 기사가 실린 것은 11일 자『도오일보東奧日報』¹⁷, 작성자는 특파원 다케노우치 슌기치竹內俊吉였다. 부대와 함께 입성해서 만세를 불렀으며, 이것으로 전쟁은 일단락되었다고까지 다케우치는 붓을 놀렸다.
그 외 지방신문도 일제히 '난징 함락'을 보도했다. 그러나 실제로는 성 안에 들어간 부대는 아직 하나도 없었다.

『북해北海타임스』「어제 저녁 난징 함락함」
『아키타 사키가케신보秋田魁新報』「수도 난징 함락, 실로 10일 오후 5시」
『후쿠시마민보福島民報』「수도 난징 어제 밤 드디어 함락!」
『신아이치新愛知』「난징함락! 황군 만세!!」
『규슈일보九州日報』후쿠오카「난징 마침내 함락함」
『규슈신문九州新聞』구마모토「수도 난징 함락」모두 11일 자

단, 같은 군의 발표에 입각하고 있으면서 예를 들면『나고야신문名古屋新聞』,『후쿠이신문福井新聞』처럼 이 시점에서는 '함락'이라는 표현을 사용하지 않은 신문도 있었다.
마부치는 11일 오후, 난징 점령의 보도로 도쿄에서 대소동이 일어나

---

17 [역주] 아오모리(青森)현에 있는 지방신문. 1888년에 창간하여 현재에 이르고 있다.

라디오뉴스를 들은 '천황'도 '기분이 좋으셨다'고 도쿄 '동맹통신'이 보도한 것을 알고 한층 마음이 불편했다. 2~3일 중에 완전히 점령하지 못하면 자결하는 수밖에 없다고 각오했다.馬淵逸郎,『보도전선』

'동맹통신'은 11일이 되어 '난징은 아직 함락되지 않았다'라는 취지의 기사를 상하이에서 타전했다.

난징은 남북 2리, 동서 1리의 광대한 지역으로 성 안의 방비도 상당히 갖춰져 있어서, 모퉁이 점령을 즉시 난징성 함락으로 간주하는 것은 시기상조이나, 황군의 위력으로 맹공하면 난징성을 완전히 점령하고 성 꼭대기에 일장기를 게양하여 국민이 감격할 날도 머지 않았다고 생각된다.

사실상의 정정 기사였다. 그러나 각 신문사는 축하 무드에 물을 끼얹는 것이라고 봤는지, 새삼 되돌릴 수 없다고 생각한 것인지, 이 '동맹통신'의 전신電信은 무시했다. 게재가 확인되는 것은 12월 13일 자『가고시마鹿兒島 아사히신문』뿐이다.

한편, 교토 제16사단 보병 제30여단 여단장 사사키 도이치佐佐木到一는 11일 일기에 부하 한 명이 분개하고 있었다고 다음과 같이 적었다.

60여 명의 신문기자가 전부 교통이 편리한 정면의 대로로 모여들어 자신이 제일 먼저 일등 입성 기사를 전송하겠다고 기를 쓰고 있어서 군대는 매우 곤혹스러워 하고 있다. 지금 전쟁에서 일등 입성이 문제가 아니다. 오히려 보이지 않는 곳에서 힘을 쓰며 다른 부대를 위해 희생하는 이의 활동이 귀중한 것이다.『난징전사자료집』

1937년 12월 11일에 발행한 『시즈오카 민유신문靜岡民友新聞』 석간은 일본군이 중국군을 장강 연안으로 몰아붙였다고 보도했다. 동맹통신이 전송한 기사로 보인다.

와키사카脇坂 부대(사바에鯖江 보병 제36연대, 와키사카 지로脇坂次郎 연대장) 전면의 적은 결사적인 역습을 기도하여, 격전은 오늘 아침 5시까지 계속되었으나 우리 군의 맹반격으로 (중국군은) 마침내 전멸하고 적은 간신히 샤칸下關 방면으로 눈사태처럼 우르르 도주하고 있다. 적은 양쯔강을 건너려 하나 배가 없고, 여기에 중국군 10만은 섬멸당할 운명에 빠졌다.

기사는 대규모의 '섬멸전'의 시작을 예고하고 있었다.

제등提燈 행렬의 바다

'난징 함락'의 보도를 받아, 11일 도쿄제국대학, 도쿄문리과대학도쿄교육대학(츠쿠바대학의 전신), 센슈대학, 메이지대학, 주오대학, 호세이대학, 와세다대학, 도요대학, 릿쿄대학, 게이오대학, 니혼대학에서 축하행사가 있었다.『國民新聞』, 1937.12.12

일본 전체가 환희로 들끓었다. 11일 밤에 『오사카 아사히신문』 본사를 방문한 깃발 행렬, 제등 행렬 단체는 합계 88단체, 참가자는 6만 9천 400여 명에 달했다.

본사 앞 일대는 오후 7시경부터 11시 전까지 문자 그대로 제등의 바다로 변하여 시민의 고무된 모습은 매우 힘찼다.『大阪朝日新聞(府內版)』, 1937.12.12

가두의 흥분과 열광을 각 신문은 대대적으로 보도했다. 『아사히신문』의 육군성 담당기자인 다무라 신사쿠田村眞作는 1945년 이후에 이렇게 술회했다.

> 일본 내지에서도, 전승 축하 행렬이 계속되어 일본 민중은 저마다 난징 함락 만세를 외쳤다. 그러나 이 소리는—이제 이것으로 겨우 전쟁도 끝냈다—라는 국민의 기쁨의 소리였다. 그리고—이제 곧, 아버지가, 남편이, 애인이 돌아온다는 국민의 만세였던 것이다.田村眞作, 『어리석은 전쟁』, 1950

도쿄 고라쿠엔後樂園 스타디움에서는 12일 오후, 요미우리신문사 주최 '난징 함락 전승 축하대회'가 열렸다. 이 스타디움은 개관한 지 이제 막 3개월이 되었을 뿐이었다. 대회에서는 나가이 류타로永井柳太郎 체신대신의 축사 뒤에, 육군성 신문반 오쿠보大久保 중좌가 '난징 함락과 국민의 결의'를 연설하여 후방 국민의 각오를 촉구했다.

제2부에서는 육군 도야마戶山학교 군악대가 행진곡 '난징 함락'을 초연, 제3부에서는 폴리돌, 킹, 빅터, 데이치쿠帝蓄18 등 각 레코드 회사의 대표 가수가 닷산 자동차19에 분승하여 그라운드를 일주한 다음, 군국조 가요로 만장을 즐겁게 했다.「환희에 들끓는 고라쿠엔 스타디움」, 12.12

---

18 [역주] 제국 축음기 상회의 줄임말. 1934년에 창립함.
19 [역주] 일본 승용차 닛산의 전신.

6. 함락 전야

일본 전체가 '난징 함락'에 환호하던[단, 실제로는 아직 함락하기 전이었다] 1937년 12월 12일, 『와카야마[和歌山] 니치니치신문』은 1면 칼럼에서 '난징 함락을 기회로 결의를 표명하라'고 주장했다.

솔직히 말해서, 우리는 정부의 방식에 대해 많은 의문과 불만을 품고 있다. 우선 군사와 양축[兩軸]을 이루는 외교정책에 대해서 이것이 현재 최대 관심사임에도 불구하고 정부는 국민에게 만족스런 설명도 하지 않고, 안전하다는 느낌도 주지 않고 있다.

군[軍]이 혼자서 달리고 있다. 정부는 앞으로 대중국 외교를 어떻게 할 것인가? 언어 너머로 전쟁의 조기 종결을 요구하고 있다고도 읽히는 주장이었다.

포로 1,500명

12월 12일, 우쓰노미야[宇都宮] 보병 제66연대 야마다 쇼타[山田常太] 연대장은 난징성의 남쪽 언덕 우화대[雨花臺]에서 중국군과 조우하여 '저항을 단념하고 투항하면 목숨은 살려 준다'고 전하고, 약 1,500명을 포로로 삼았다. 밤 10시경, 밥을 지어 제공하자 '굶주린 그들은 다투며 탐식'했다. 포로는 최종적으로 1,657명에 이르렀다.[보병 제66연대 제1대대 전투상보, 『난징전사자료집』]

다음 13일 오후 2시, 연대장은 아래와 같은 명령을 내렸다.

여단 명령으로 포로는 전부 죽인다. 그 방법은 10여 명을 포박하여 순차적으로 총살하는 것이 어떤가?

이 명령에 따라 포로 처분에 대해서 제1, 제3, 제4의 각 중대장이 모여 의견을 교환했다. 그 결과, 각 중대에 균등히 분배하여 감금실에서 50명씩 끌어내어 각 중대에서 도검으로 죽이기로 했다. 각 부대는 오후 5시에 개시하여 오후 7시 반경까지 마치고 부대에 보고했다.

제1중대는 당초의 예정을 변경하여 한꺼번에 감금하여 불태워 죽이려다가 실패했다.

포로는 아예 단념하여 두려워하지 않고, 군도軍刀 앞에 목을 내미는 등, 총검 앞에 나서서 재촉하는 자도 있었지만, 그중에는 울면서 살려 줄 것을 탄원하는 자도 있다. 특히 대장이 순시할 때는 곳곳에서 그 목소리가 들렸다.『난징전사자료집』

각 신문이 보도

1,500명을 포로로 삼았다는 내용을 당시의 신문도 언급했다.『도쿄 니치니치신문』의 이토 세이로쿠伊藤清六[20] 특파원은 난징에서 다음과 같이 적어 보냈다.

야마다山田 常 부대 (우쓰노미야 보병 제66연대) 다카야나기高柳 준위가 이끄는 부대는 지난 12일 난징성 밖에서 격전 중, 우연히 창고를 습격했을 때, 부근

---

[20] 이토 세이로쿠 기자의 족적을 더듬은 『기자 세이로쿠의 전쟁(記者清六の戰爭)』이 2020년 7월부터 8월까지 마이니치신문에 연재되었다. 저자는 세이로쿠의 형의 증손인 이토 에리코(伊藤繪理子) 기자이다. 『세이로쿠의 전쟁-어느 종군기자의 궤적』으로 2021년에 단행본으로 간행되었다.

에 진지를 구축하여 저항 중인 적과 조우했다. 전차부대와 협력하여 이들을 포위하여 섬멸하고자 했으나, 적군 중에서 백기를 흔들며 항복해왔으므로 총계 1,520명을 포로로 삼는 위훈偉勳을 세웠다. 또한 13일 난징성 안의 소탕에서도 다수의 패잔병을 포로로 획득했다.「백기를 흔들며 항복, 포로 모두 1500명」,『東京日日新聞(栃木版)』

우쓰노미야연대가 포로로 삼은 것은 전의戰意를 잃고 백기를 들고 항복 의사를 표시한 중국 병사들이었다. 보병 제66연대 제1대대의 「전투상보」도 '항복하면 목숨은 살려 준다'고 권고했다는 내용을 기술하고 있어서 기사와 일치한다. 『요미우리신문 도치기판』에는 도치기栃木현 출신 상등병이 아버지에게 보낸 편지의 한 구절이 소개되어 있다.

> 모든 고투를 거듭하며 난징에 입성했습니다. (…중략…) ○○일 우리 부대가 적의 정규군 1,300여 명을 포로로 삼았습니다. 이번 사변 최대 규모의 포로라고 합니다.「군국(軍國)의 가정에 쾌보(快報)」,『讀賣新聞(栃木版)』, 1938.1.20

우쓰노미야연대가 1천 수백 명 규모의 포로를 획득했다는 것을 보도한 신문은 그 외에도 있었다.

1937년 12월 21일 자『도쿄 아사히신문』도치기판栃木版「포로 520명 (…중략…) 이라는 큰 수확을 거두었다」

12월 26일 자『도쿄 니치니치신문』도치기판栃木版「백기를 들고 투항한 적병 1,500명을 포로로 삼다」

12월 29일 자『시모쓰케신문下野新聞』「적병 정규군 1천 300여 명을 포로로 하고」

제2장 | 난징(南京)으로   147

이다. 그러나 그 후 포로를 어떻게 했는지라는 점에 대해서는 어떤 기사도 언급하지 않았다. 저항하지 않는 포로를 학살한다는 것은 군이 공개적으로 발표하기에는 '바람직하지 않은 사실'이었기 때문일 것이다. 그리고 무의식적으로 흘려 버리기 쉽지만, 무장해제당한 1,500명의 포로 (거기에는 소년병도 포함되어 있었을 것이다)를, 그것도 겨우 3시간 만에 모두 칼로 찔러 죽였다고 하니, 이것은 터무니없는 '대학살'이라고 할 수밖에 없다.

베트남 중부 선미마을에서 1968년 미군 부대에 의해 살해당한 주민이 504명이었는데, 이 사건은 베트남전쟁 최대의 전쟁범죄의 하나로 지금도 전해지고 있는 점과 비교해볼 수 있겠다._{2018년 4월 25일 자 아사히신문 「선미 마을 학살 50년, 사라지지 않는 기억」}

우쓰노미야연대에 의한 포로 집단학살 하나만 보더라도 난징에서 일본군이 대규모 학살사건을 일으킨 사실은 달라지지 않는다. 우쓰노미야연대의 병사 1인은 포로를 찔러 죽이던 모습을 이렇게 일기에 남겼다고 한다.

> 오후 5시, 난징 외곽에서 적 하사관 6명을 총검으로 찔러 죽임. 죽은 전우의 복수를 했다. 전신에 튀어 오르는 피를 마다하지 않고 놈의 숨통을 찌르자, 놈은 솟구치는 피를 토하며 죽는다. 등이건 허리건 찌르고, 찌르고 멈추지 않는다. 죽인 다음에는 불을 질러 태운다. 그중에 신음을 하며 두세 걸음 기어나오는 자가 있다. 뜨듯한 피가 내 얼굴에 튀었다. 손을 씻지도 않고 저녁밥을 정말 오랜만에 먹는다._{秦郁彦, 『난징사건』, 1986}

지하실의 중국 병사

우쓰노미야연대가 중국 병사 다수를 포로로 삼은 1937년 12월 12일, 상하이파견군 사령부 고노에_{近衛} 공병연대는 난징성의 동남쪽에 있는 공병학교를 점령했다. 이때의 상황을 『도쿄 니치니치 신문시즈오카静岡판』과 『도쿄 아사히신문 시즈오카판』이 보도했다. 게재일은 모두 1938년 2월 19일이다.

『도쿄 니치니치신문 시즈오카판』은 「지하실의 적 78명, 연기를 피워 포박」이라는 제목으로 이렇게 적고 있다.

(12월) 12일 오후 2시경, 우리는 중산문中山門 부근 공병학교에 ○○을 설치하여 적에게 맹사격을 가했는데, 적의 포탄이 꽤 명중률이 높아서 아사다淺田 부대장 이하 ○○명이 고약한 놈들이라고 분개하고 있던 중에 얼핏 아래를 보니, 학교 지하실에 적이 보이길래 그 근처에서 전화로 포병과 연락을 취했습니다. 두려움을 모르는 놈들이니 한번 혼내 주자고 지하실 입구에서 불을 지펴 연기가 나게 했더니 참지 못하고 한 명씩 뻔뻔하게 기어나오므로 포박했는데 총계가 78명이었습니다. (…중략…) 이렇게 기쁜 일은 없고, 부대의 손으로 처분하려 하다가, 보병부대에게 인계했습니다.

한편 『도쿄아사히 시즈오카판』은 "연기를 피워 보기 좋게 78명 생포"라는 제목으로 다음과 같이 적었다.

12월 12일 오후 2시경이었습니다. 우리 부대는 공병학교를 최후의 관측소[21]로 하여 중산문을 향해 맹렬한 포격을 가하고 있었습니다. 그러자 관측소 지하실에서 무언가 인기척이 있어서 조사했더니 글쎄 중국 병사였던 것입니다. (…중략…) 좁은 입구에서 계속 불을 피워 그 연기가 안쪽으로 들어가게 했습니다. 그

---

21 [역주] 군사용어. 적군의 정세를 살피거나, 탄환이 명중했는지를 관측하기 위한 설비, 장소.

랬더니 그 안에 있던 놈들이 괴로워 참지 못하고 드디어 한 명씩 밖으로 튀어나오는 것입니다. (…중략…) 밖으로 나온 중국 병사를 한 명씩 잡아서 포박했습니다. 세어봤더니 78명이었습니다. 전부 부근에 있는 보병부대에 인계했습니다.

양쪽 기사 모두 아사다淺田 부대의 데라다 겐이치寺田源一 오장이 말했다고 하므로 같은 인물을 취재한 것임을 알 수 있다. 공병학교의 지하실에 숨어 있던 중국 병사에게 연기 공세를 퍼부어 끌어낸 다음 보병부대에 넘겼다는 기본적 사실은 일치하고 있다.

이 두 기사는 어디까지 진상을 전하고 있을까? 같은 현장에 대해 쓴 것으로 보이는 병사의 편지가 있다. 공병학교를 점령한 고노에 공병연대 소속 이와사키 쇼지岩崎昌治는 도쿄의 부모에게 이렇게 적었다.

(12월) 12일 심야 우리 공병이 공병학교를 완전히 장악했습니다. 그때 우리편 부상 1명, 그들중국병사은 총기 10정을 남기고 도망갔습니다. 패잔병 77명을 잡아 그 자리에서 총살했습니다. 과연 중국 정규병. 훌륭한 최후를 보인 자도 있었습니다. 멋지게 우리들 총구 앞에 서서 웃으며 죽은 자도 있었습니다.岩崎稔,
『어느 전쟁의 궤적 – 이와사키 쇼지 진중서간(陣中書簡)을 통하여』, 1995

이와사키는 자신이 목격한 대로 고향에 전했을 것이다. 이 편지를 보면, 당시 신문이 무엇을 적고, 무엇을 적지 않았는지 확실히 확인할 수 있다.

신문은 중국 병사를 포박하기까지의 과정은 적었다. 『도쿄 니치니치신문』 기자도, 『도쿄 아사히신문』 기자도 중국 병사를 연기 공세로 잡은 것을 '재미 있다'고 인식하고, 기사로 작성한 것 같다. 그러나 '포박'한 중국 병사를 그 자리에서 총살한 것은 언급하지 않았다.

저항하지 않았던 중국 병사 70여 명은 즉시 총살당했다. 신문이 적지 않았다고 해서 그것으로 학살이 없었다고는 말할 수 없다. 그것은 여기에서도 확인된다.

12월 13일 아침

『마이니치신문』 취재반에 참가하여 교토 제16사단에 종군한 저널리스트 오야 소이치大宅壯一는 카메라맨 사토 신주佐藤振壽 등과 함께 12월 12일 난징성 밖 쑨원孫文의 중산릉中山陵에서 골짜기 하나 건넌 지점에 위치한 중산문화교육관으로 갔다.

먼저 도착한 각 신문사의 기자 10명 정도가 입구 가까운 방을 점거하고 있고, 안쪽에 부대 본부가 있었다. 『마이니치신문』 기자가 배낭에 잔뜩 싸 들고 온 일본 쌀과 통조림 등을 꺼내자, 다른 신문사의 기자들이 '와 ―' 함성을 지르며 기뻐했다. 부대장이 "난징 입성을 앞둔 축하다"라고 하여 군용 식기에 절반 정도 니혼슈日本酒를 부어주어서 모두 마셨다. 大宅壯一, 「홍콩에서 난징 입성」, 『改造』 2월호, 1938

니혼슈도 마셨고, 배도 부르니 노래가 절로 나왔다. 당시 유행한 '야영의 노래'인데 니혼슈의 취기가 어우러져 모두 따라 불러서 힘찬 합창이 되어 버렸다. 그러자 여단 사령부의 부관이 와서 통신이 들리지 않으니 노래를 멈추어 달라고 해서 미안했는데, 노래를 그치자마자 밖의 총포 소리가 들려와 중산문 함락이 가까웠다는 느낌이 들었다. 佐藤振壽, 「종군이란 걷는 것」, 『난징전사자료집』 2

나니와부시浪花節를 잘 하는 교토 『히노데신문日出新聞』 특파원이 유명한 히로사와 도라조廣澤虎造의 흉내를 몇 가지 피로했다. 그것이 끝나자 모두 잠자리에 들었다. 그러나 오야는 잠이 오지 않아 건물 옥상에 올라가 난징성 동쪽 현관인 중산문 쪽에서 들리는 포성에 귀를 기울이며 1시간 이상 서 있었다.

 (13일 오전) 3시가 지났을까, 사령부에서 전화로 중산문을 점령했다는 사실을 알려왔다. 그래서 나는 동료에게 그것을 알리고, 바로 출발할까 생각했지만, 날이 밝지 않으면 위험하다고 제지당했다. 이리하여 기념할 만한 12월 13일 아침은 마침내 도래했다. 나는 미명에 일동을 두들겨 깨워 출발 준비를 했다.大

宅壯一, 「홍콩에서 난징 입성」, 『改造』 2월호, 1938

12월 13일 아침 기자들은 흙투성이의 구두에 발을 욱여넣었다.

---

22 [역주] 에도시대 말기에 오사카(나니와는 오사카의 옛 지명)에서 발생한 민요. 이야기가 있는 내용을 샤미센 반주에 맞추어 읊고, 동일한 후렴구가 있어서 모두 따라 부르며 흥을 돋군다.

제3장

여러 가지 100인 참수^{斬首}

1. 사라진 일곱 번째 문장

1937년 12월 13일 미명, 일본군은 난징성으로 침공했다. 그날 『도쿄 니치니치신문』과 『오사카 마이니치신문』은 난징으로 가는 도중에 '백인 참수 경쟁'을 하고 온 2명의 소위, 모두 교토 제16사단 보병 제9연대에 소속된 무카이 도시아키向井敏明와 노다 쓰요시野田毅가 10일, 106인과 105인이라는 기록을 경신하여 재회했다는 것을 보도하고 있었다.[1] 그런데 이들은 따로따로 행동하고 있었기 때문에 어느 쪽이 먼저 100명에 도달했는지는 모른다. 그래서 다시 150명을 목표로 하기로 했다고.

이른바 '백인 참수 경쟁'[2]이다. 무카이와 노다는 일본의 패망 후 난징에서 열린 군사법정에서 재판을 받고 1948년 1월 사형당했다. 난징 침공(에 국한되지 않고 중일전쟁 전체)에서 일본군은 중국인 포로나 무기를 갖지 않은 일반 민중을 참수, 참살했다. 그것을 목격한 기자도 있었다. 신문은 「○○人 참수」의 '전공戰功'을 세운 병사들을 '용사勇士' 등으로 칭송했다.

불가능하다고 비판

무카이, 노다 두 소위에 의한 '백인 참수 경쟁'을 1971년 『아사히신문』이 연재한 르포 「중국 여행」이 다루었다. 일본군이 중국에서 무엇을 했는가? 중국인들은 전쟁을 어떻게 기억하고 있는가? 신문이 현지 취재에 입

---

1 『도쿄 니치니치신문』과 『오사카 마이니치신문』이 무카이, 노다 두 소위의 '백인참수경쟁'에 대해 보도한 것은 1937년 11월 30일 자(『오사카 마이니치신문』은 동일 발행 석간), 12월 4일 자(『오사카 마이니치신문』도 동일 자), 12월 6일 자(『오사카 마이니치신문』은 7일 자)에 이어서 4번째였다.

2 무카이, 노다의 백인참수경쟁에 대해서는 笠原十九司, 『100인 참수 경쟁과 난징사건('百人斬り競争'と南京事件)』, 2008이 자세하다.

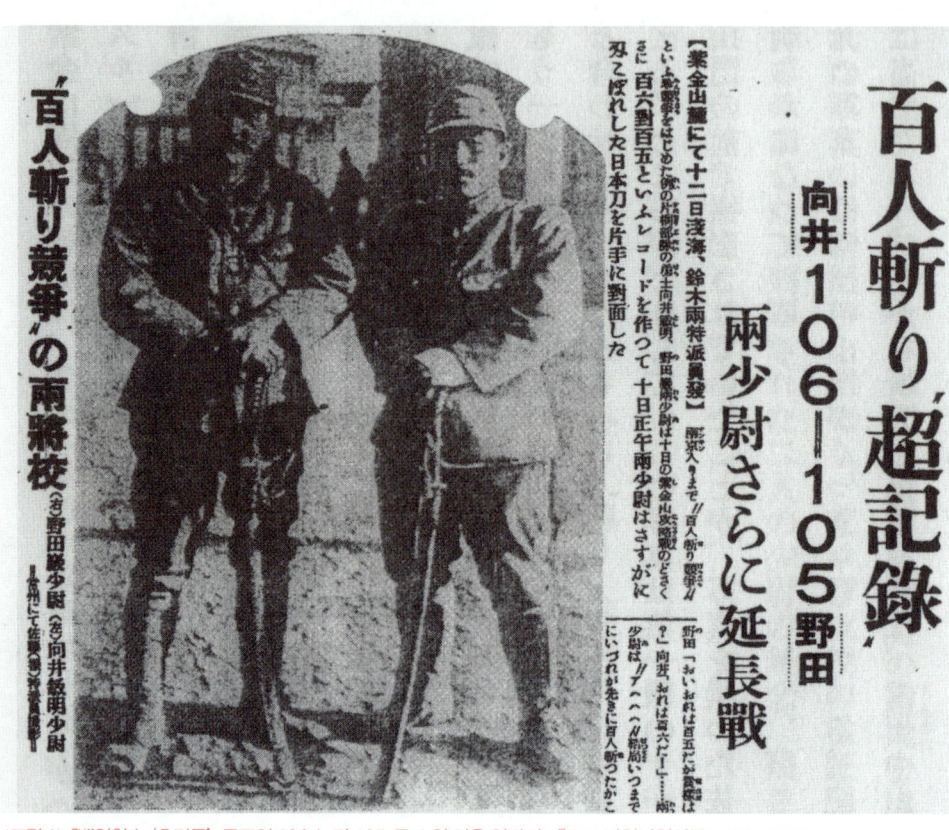

〈그림 1〉「백인참수 '초기록', 무코이 106, 노다 105, 두 소위 더욱 연장전」, 『도쿄 니치니치신문』, 1937.12.13

각하여 보도한 것은 이것이 1945년 이후 현대사에서 최초였다.

이 연재 중에 특히 '백인 참수 경쟁'에 의문을 품은 것이 스즈키 아키라 鈴木明였다. 스즈키는 잡지 『제군諸君!』 1972년 4월호에 게재한 논고 「'난징대학살'의 환상」에서 혼다本多의 르포를 비판했다. 스즈키 아키라의 논고에 대해서는 이미 이 책의 서장에서 다루었지만, 다시 한번 검토하고자 한다. 스즈키는 이렇게 적고 있다.

평시平時와 전시戰時는 기본적으로 '잔학'에 대한 이해 방식이 다르다. '전쟁터에서 백 명을 죽이면 영웅이지만, 평시에는 한 명을 죽여도 사형'이라는 채플린의 영화 테마는 아니더라도, 이 살인이 만약 전투 중의 일이라면 적어도 1937년 당시의 일본인의 심정으로는 '허용되는' 잔학성일 것이다. 그러나 제 아무리 전시 중의 일본이라고 해도 전투 이외의 '살인 게임'을 허용하는 사람은 없을 것이다.

백인 참수는 전투 중에 전투원을 상대로 한 행위이며, 평시에 살인 게임을 한 것이 아니다. 그러므로 1937년 당시 일본인이 본다면 비난할 일은 아니라는 것이다. 나아가 스즈키는 이렇게 지적했다.

확실히 전쟁 중에는 그런 호기를 부린 남자가 있다고도 추정할 수 있으나, 토치카 안에 총을 들고 있는 적에게 어떻게 일본도日本刀로 임했다는 것인가?

즉, 스즈키는 전투 중에 백 명을 죽이는 것은 '당시 일본인의 심정'으로는 '허용되는' 행위였다고 주장하는 한편으로 상대방이 토치카 안에 있으므로 '백인 참수는 불가능하다'고 적고 있는 것이다.

노다 소위의 강연
스즈키의 이 논고에는 다음의 구절이 있다.

나스즈키는 '나는 내 귀로 N 소위노다 소위의 백인 참수 이야기를 들었다'는 내용이 수록된 잡지 『중국中國』1971년 12월호의 기사를 읽고, 그중에 'N 소위는 전범戰犯으로 난징에서 총살당했다'는 내용이 있는데 이 건에 대해서는 확인할 여유가 없었다.

이 부분을 되풀이 읽으며 저자는 '어라?'라고 생각했다. 스즈키는 월간지 『중국』 1971년 12월호를 정말 읽었는가? 『중국』은 중국문학자 다케우치 요시미竹內好를 중심으로 하는 '중국의 모임中國の會'이 편집·발행하는 잡지로 1971년 12월호에는 「중일전쟁의 추억－"백인참수경쟁"」이라는 글이 게재되어 있다. 시지메 아키라志志目彰라는 이가 투고한 것으로 400자 원고지 약 9매, 3쪽의 기사이다.

시지메는 가고시마 현립 사범학교 부속소학교를 졸업하기 1년 전인 1939년 봄, 학교에 온 동교 출신의 'N 소위' 즉 '백인 참수'의 노다 소위가 아동 앞에서 말하는 것을 직접 자신의 귀로 들었다. 시지메의 기억으로는 노다는 이렇게 말했다고 한다.

고향 출신의 용사라던가, 백인 참수 경쟁 용사라던가 신문이 보도한 것은 나에 대한 것이다……. 실제로 돌격해서 백병전 중에 죽인 것은 4, 5명밖에 되지 않는다……. 점령한 적의 참호를 향하여 '니, 라이라이'라고 외치면 중국 병사는 바보니까 어슬렁어슬렁 이쪽으로 나온다. 그것을 일렬로 세워 놓고 한쪽에서부터 찔러 죽인다……. 백인 참수라고 호평을 받고 있지만 사실은 이렇게 죽인 것이 대부분이다……. 두 사람이 경쟁한 것인데, 나중에 아무렇지도 않은가라고 자주 질문을 받는데, 나는 아무렇지도 않다…….……는 원문대로임

그리고 시지메는 다음과 같은 감상을 실었다.

백병전에서는 찔러 죽이지 않고 전의戰意를 상실하여 투항한 적을 찔러 죽였다는 '용사'의 체험담은 나에게 쇼크였다. 너무하네, 비겁하네. 그 이상의 것은 어린 자신에게는 알 수 없었다. 이런 것으로 괜찮은 걸까? 그런 군과 군인으로

과연 '성전聖戰'이 가능한 것일까? 육군유년학교에 들어가 국군 생도로 교육을 받게 되면서 나는 이에 대해 새삼 곰곰이 생각하게 되었다.

노다가 죽인 중국 병사의 대부분은 전의를 상실하여 투항한 병사들이었다. 노다가 그렇게 말했다고 하는 시지메의 증언을 스즈키 아키라는 읽었다. 이것은 무엇을 의미할까?

노다가 중국 병사를 찔러 죽인 것은 '전투 중 이외의 살인 게임'이었다고 당시의 노다는 말했던 것이다. 스즈키는 그런 취지를 담은 시지메의 회상을 읽었으면서도 노다의 행위에 대하여 전투 중이므로 허용된다고 기술한 것이다.

"나스즈키는 '나시지메는 내 귀로 N 소위의 백인 참수의 이야기를 들었다'라는 내용이 실린 잡지 『중국』 1971년 12월호의 기사를 읽고……"라는 위에 인용 구절『제군』의 지면에서 일곱 번째 문장과 그 앞뒤 문장을 스즈키는 단행본으로 간행할 때 삭제했다.

그런데 시지메는 그 '삭제' 사실을 일찌감치 알아챘다. 『제군!』의 기사를 "책방에서 서서 읽은 적도 있었다"고 하는 시지메는 "단행본으로 나왔을 때 이 주기注記가 삭제되어 모순이 드러나지 않도록 되어 있었다"고, 나중에 출판한 자신의 저서 『사기私記 중일전쟁사』2012에서 적고 있는 것이다. 단, 시지메는 '주기'라고 적었으나, 실제로는 본문의 일부분이다.

『마이니치신문』이 보도한 '백인 참수 경쟁'을 포로나 일반 민중의 참살을 가리키는 것으로 인지했다는 것은 중국 전선에 종군했던 병사 출신인 이들도 지적하고 있다.

피아彼我가 뒤섞인 백병전에서는 당사자도 자신이 몇 명을 죽였는지 기억할 수 있는 것이 아니고, 누가 그 숫자를 확인시켜 주는 것도 아니다. 숫자가 확인되었다는 것은 목격자 앞에서 참수한 것이 아니면 말이 안 된다. 그 상황은 백병전이 아니라 포로로 잡힌 자를 죽였거나, 이미 전의戰意를 상실하여 난민 또는 포로와 같은 무리 중의 사람을 죽였거나, 진군 도중 소수의 패잔병을 모아 놓고 죽였거나 했던 것이 틀림없다. 이것은 더 이상 무용武勇의 차원이라고 할 수 없으며, 필요한 것은 잔인성뿐이다.

고미카와五味川는 관동군 병사로 1943년 패전까지 구 만주滿洲, 중국 동북부 소련과의 국경지대에서 지내며 전선 경비를 담당했다. 그는 '백인 참수'가 전투 중의 행위가 아닌 것을 알고 있었다. 그것은 고미카와 혼자만 알고 있었던 것이 아니라, '○○인 참수'가 그런 것이라는 것은 전쟁터에서 말하자면, '암묵의 양해'였을지 모른다.

게다가, 고미카와가 위와 같이 기술한 것은 혼다 가쓰이치가 『아사히신문』에 「중국여행」을 연재하기 3년 전의 일이다.

2. 창작인가? 사실인가?

무카이, 노다 두 소위의 유족은 2003년, 마이니치신문사와 아사히신문사, 혼다 가쓰이치 등을 상대로 사실무근 창작 기사로써 명예를 훼손당했다고 재판을 청구했다. 『도쿄 니치니치신문』의 당시 보도는 모두 허위이며 두 소위는 '백인 참수 경쟁'을 하지 않았다는 것이 원고 측의 주장이었다.

이에 대하여 피고 측은 두 소위의 부하였던 모치즈키 이쓰사부로望月

五三郎가 일본 패망 후 작성한 수기 『나의 지나사변』개인 출판, 1985년간을 증거의 하나로 제출했다. 거기에는 다음과 같은 기술이 있었다.

"어이, 모치즈키. 저쪽에 있는 지나인을 데리고 와."

명령대로 지나인을 끌고 왔다. 살려달라고 애원하다가, 이윽고 포기하고 앞에 앉는다. 등 뒤쪽에서 소위가 군도를 치켜올리자, 상체를 뒤돌려 증오가 가득찬 미소를 지으며 군도를 노려보았다. 단칼에 목이 떨어지고 몸통이 풀썩 앞으로 쓰러진다. 목에서 분출한 힘센 핏줄기를 맞고 땅바닥의 조약돌이 흔들흔들 움직이고 있다. 눈을 다른 데로 돌리고 싶은 기분이지만, 소위의 앞이라 꾸욱 참았다. 전우戰友의 죽음을 눈앞에서 보고 수많은 시체를 넘어온 나였지만, 저항도 하지 않는 농민을 아무런 이유도 없이 피의 제물로 바치는 행위는 아무래도 납득할 수 없었다.

그 행위는 지나인을 발견하면 무카이 소위와 쟁탈전을 벌일 정도로 점점 심해졌다. 두 소위는 눈물을 흘리며 살려달라고 애원하는 농민을 무참하게 베어버렸다. 지나군을 전투 중에 죽이는 거라면 몰라도 이런 행위를 연대장도 대대장도 알고 있을 터였다. 그럼에도 불구하고 이를 묵인했다. 그리고 이 백인 참수는 계속되었던 것이다.笠原十九司,『'백인참수경쟁'과 난징사건』에서 인용

그 외에 재판에서는 『오사카 마이니치신문』 가고시마·오키나와판鹿兒島·沖繩版, 1937.12.1, 『가고시마 마이니치신문』1937.12.16, 『가고시마신문』1937.12.18, 『가고시마 아사히신문』1938.3.20 등에 게재된 관련 기사[3]가 증거로서 제출되었다.

---

[3] 혼다 가쓰이치(本多勝一) 외, 『난징대학살과 100인 참수 경쟁의 전모(南京大虐殺と'百人斬り競争'の全貌)』(2009)가 이들 기사를 소개하고 있다.

이 중 재판에서는 『오사카 마이니치신문_가고시마·오키나와판_』은 「253인을 참수, 이제 천명 참수를 발원_發願_」이라는 제목으로 노다가 고향, 가고시마의 친구에게 보낸 편지를 소개하고 있다.

난징 입성까지 105명을 참수했는데, 그 후 닥치는 대로 참수해서 253명을 채웠습니다. 덕분에 제아무리 나미노히라_波平4_라 해도 당해내지 못합니다. 백 명, 이백 명은 번거로우니, 아예 천 명 참수를 하자고 상대방인 무카이 부대장과 약속했습니다. (…중략…) 극락이나 야스쿠니신사에도 갈 수 없고, 253명이나 참수했으니 이제 지옥에 떨어지겠지요.

원고 패소 판결

이 재판은 2005년 8월 도쿄지방재판소에서 원고 측이 패소했다. 원고 측은 다시 항소했으나, 도쿄고등재판소에서도 2006년 5월 원고 측이 패소했다. 도쿄고등재판소는 판결에서 이렇게 기록했다.

난징 공략전 당시 전투 실태나 두 소위의 군대에서의 임무, 일본도의 견고한 성능 정도 또는 근대 전쟁에서의 전투무기로서의 유용성에 비추어 봐도, 본건 『(도쿄) 니치니치신문』 기사에 있는 '백인 참수 경쟁'의 실체 및 그 살상한 숫자에 관해서 동 기사의 내용을 믿는 것은 불가능하며, 동 기사의 '백인 참수' 전투 전과_戰果_는 매우 의심스러운 것으로 생각하는 것이 합리적이다.

그러나 그 경쟁의 내실이 본건 『니치니치신문』 기사의 내용과는 다르다고 해도, 다음의 여러 사항에 비추어 보면, 두 소위가 난징 공략전의 군대에 복무

---

4   [역주] 가고시마의 지명인데 도검(刀劍) 제작으로 유명하다. 나미노히라에서 제작한 도검이라는 뜻이다.

하는 과정에서 당시로서는 '백인 참수 경쟁'으로 신문에 보도된 것에 위화감을 갖지 않고 경쟁을 한 사실 자체를 부정할 수는 없다. 본건 『니치니치신문』 기사의 '백인 참수 경쟁'을 신문기자의 창작 기사이며, 완전히 허위라고 인정할 수는 없다고 해야 할 것이다.

100명이 넘는 중국인을 실제로 참수했는지는 의심스럽지만, '백인 참수 경쟁'으로 보도된 경쟁을 한 것 자체는 부정할 수 없고, 기자의 창작으로 인정할 수 없다는 것이다.

원고 측은 이 판결에 불복하여 상고했지만 최고재판소는 2006년 12월 22일 상고를 기각했다. 2007년 5월 6일 자 『요미우리신문』 사설 「난징사건 70년, 사실에 입각하여 논의가 필요하다」는 다음과 같은 내용이다.

> 두 사람의 일본군 장교가 백인 참수 경쟁을 했다는 것은 상식으로는 생각할 수 없는 이야기도 현지에 있는 난징대학살기념관 등이 소개, 전시하고 있다. (…중략…) 도쿄고등재판 판결은 작년, 백인 참수 전과^{戰果}는 매우 의심스럽다고 하였다.

『요미우리신문』 사설은 고등재판소 판결의 앞 단락만 인용했다. 그리고 '백인 참수 경쟁'은 완전히 허위, 창작 기사라고는 인정할 수 없다고 한 판결 부분은 언급하지 않았다. 『요미우리신문』 사설이 판결의 일부만 인용했다는 점은 가사하라 도쿠시의 『'백인 참수 경쟁'과 난징사건』에서 이미 지적되었는데, '사실에 입각한 논의가 필요'하다고 주장한 이 사설은 정작 사실^{판결문}의 일부분만 제시한 데에 불과했다.

돌이켜보면, 일본 패망 후 도쿄재판이 한창 진행 중일 때 『요미우리신문』은 사설[1946.7.31]에서 "(일본군의) 수많은 만행을 목격하면서 (…중략…) 그러한 만행은 전쟁 중에는 불가피한 것이라고 치부하여 높은 휴머니티로부터 자신의 눈을 가리고 감히 직언하지 못했던 우리들 보도인의 죄는 결코 가벼운 것이 아니다"라고 반성을 표명한 적이 있었다. 이것은 이미 이 책의 서장에서 언급했다.

이번에는 천인 참수다

'백인 참수 경쟁'에 대해서는 『도쿄 니치니치신문』, 『오사카 마이니치신문』 외에 『가고시마신문』 등 앞서 소개한 몇몇 지방신문도 보도했는데, 그뿐이 아니었다. 그 외에도 관련 기사를 실은 신문이 있다.

『규슈일보』[후쿠오카]는 노다의 '전공'이 100인에 도달했다는 소식을 듣고 가고시마현에 사는 노다의 아버지가 크게 기뻐하며 다음과 같이 말했다는 내용을 보도했다.

드디어 달성했습니까? 지난밤 꿈에 아들이 돌아와 40인 참수를 했다고 해서 '40인이 뭐냐? 100인을 참수하라!'고 야단을 쳤습니다. 전사戰死는 어차피 각오한 것이니 100인을 참수하지 않고 죽는다면 안타까운 일이라고 생각하고 있었는데, 이것으로 안심했습니다. 「적병의 목, 105인을 참수!!」, 『九州日報』, 1937.12.5

같은 기사가 12월 16일 자 『규슈 니치니치신문』[구마모토], 『나가사키 니치니치신문』에도 게재되었으니, 이것은 '동맹통신'이 발신한 기사로 보인다. 또한 『오사카 아사히신문 히로시마판』은 노다에게 위문주머니를 보낸 '후쿠야마시 가도다門田 고등여학교 애국자녀단'에 노다가 감사장을 보냈다고 보도했다.

다케다 신겐^{武田信玄}이 1561년 가와나카시마^{川中島} 전투에서 읊은 유명한

강남의 10만 군대를 모두 죽이니^{鏖殺 江南十萬兵}
허리에 찬 검은 아직 피 비린내가 나네^{腰間一劍 血猶腥}
풋내기 중은 산천의 주인을 몰라보고^{髫僧 不識 山川主}
나를 보고 정중하게 이름을 묻는다.^{向我 殷懃 問姓名}

는 한시^{漢詩}와 함께

'위문주머니, 감사하게 잘 받았습니다. 소생은 북지^{北支}와 중지^{中支}를 달리며 염원하던 백인 참수를 달성하니, 지나 400여 주^州도 아직 좁다는 느낌입니다. 앞으로는 천인을 참수할 각오입니다'라는 감사의 편지를 (노다가) 보냈기 때문에 이 학교에서는 즉시 이 늠름한 편지를 전 단원에게 전달함과 함께 본지^{本紙}에 전해온 오니^{鬼 5} 소위의 기원인 백인 참수의 유래를 이야기하며 한층 무운장구^{武運長久}를 빌었다.「이번에는 천인 참수다. 노다 소위의 늠름한 답장」,『大阪朝日新聞』, 1938.12.17

3.「○○인 참수」의 실상

'백인 참수 경쟁'은 그 외에도 있었다. 구마모토^{熊本} 보병 제13연대에 종군한『오사카 아사히신문』의 요네다^{米田} 특파원은 난징의 남서쪽 약

---

5 [역주] 오니(鬼)란 일본의 음양도(陰陽道)에 입각한 상상의 괴물이다. 인간의 형상을 하고 머리에는 뿔이 달려있고 전신이 빨갛다. 지옥에 산다고 한다. 그 뜻은 ① 사악하여 격퇴해야 할 존재(1894년 청일전쟁 당시 중국을 오니에 비유함) ② 강하고 용맹스러운 남자의 비유로 사용된다. 이 글에서는 두 번째 뜻으로 사용되었다.

100km, 장강 연안의 우후$^{無湖 6}$에서 기사를 보냈다. 구마모토현 출신 두 명의 하사관이 난징으로 가던 도중에 '백인 참수 경쟁'을 펼쳤다며 다음과 같이 보도했다.

> 두 용사는 모두 검도 2단의 실력자. 한번 백인 참수 경쟁을 하지 않겠는가며 각지의 격전지에서 일본도를 휘두르며 적진^{敵陣}으로 달려가 닥치는 대로 적의 머리를 뎅강 베고 '오늘은 내가 3명 이겼다'라며 서로 지지 않으려고 시소 게임의 '참수 콩쿠르'를 벌이고 있다. (…중략…) 육지의 맹호와 같은 이 두 용사는 그 후에도 사자가 맹렬히 돌진하는듯한 활약을 거듭하고 있는데, 혼다^{本田} 조장은 현재 60인, 와타나베^{渡邊} 군조는 46인의 지나 병사들을 각각 가보^{家寶}인 애도^{愛刀}로 줄줄이 베었다고 한다.「비장한 염원, 백인 참수의 전공 겨루기」,『大阪朝日(熊本版)』, 1938.2.26

취재 경위는 알 수 없지만, 기사 내용에서 볼 때, 경쟁을 한 당사자에게 이야기를 들었을 것이다.『도쿄 니치니치신문』의 '백인 참수 경쟁'기사와 마찬가지로 위 기사도 지면상, 작은 '화젯거리'로 취급되었다. 단지, 『도쿄 니치니치신문』의 '백인 참수 경쟁' 보도의 경우, 진격하는 부대를 쫓아가며 계속적으로 후속 보도를 했는데, 위 기사에 대해서는 이후의 속보는 없었다. 기사가 어디까지 사실일지는 모르지만, 살해를 경쟁한다는 것 자체는 일어날 수 있었을 것이다.

위 기사에서 주목되는 점은『도쿄 니치니치신문』이 보도한 '백인 참수 경쟁'보다 더욱 직접적으로, 또는 한발 더 나아가 노골적으로 '참수 콩쿠르'라는 어휘를 사용한 점이다. '참수'라는 행위는 평시나 전시를 불문하

---

6 [역주] 난징에서 장강 상류로 약 60km지점에 있는 도시.

고 인간의 존엄에 대한 최대의 모독, 모욕이며 인류에 반하는 행위였다. 그 점을 알고 있으니 신문은 참수 장면을 리얼하게 묘사하지 못했을 것이다. 그러한 행위를 일본군은 일상적으로 거듭하고 있었다.[7]

82인 참살

『도쿄 니치니치신문』 특파원 다나카 미쓰다케田中光武는 '백인 참수'를 목표로 한 니가타현 출신 소위에 대한 기사를 작성했다.

> (소위는) 장교 척후斥候로서 10여 명의 병사와 함께 전진하면서 백수십 명의 적과 조우하여 전투를 벌이고, 마침내 모두 죽여서 이때 28명의 정규병을 참수한 것을 비롯하여 (1937년) 연말까지 참수한 지나 병사는 적어도 60명은 밑돌지 않았다. 이 점을 깨달은 동 장교는 새해 첫날 일출을 향해 손을 모은 장엄한 순간에 동양 영원의 평화를 위해서는 항일분자 한 명의 병사라도 섬멸하지 않으면 안 된다고 자각하고 "좋다! 다행히 생환한다면 개선할 때까지 지나 병사 100인을 참수하자"고 결의를 굳히고 그동안 약 60명이라는 것은 부정확해서 찜찜하니 이것을 50명이라고 잡고, 새해부터 50명을 더 참수할 결심을 한 것이다.「새해의 염원, 백인 참수」, 『東京日日新聞(新潟版)』, 1938.1.9

소위는 말했다.

---

7   관련 논문으로 小野賢二 편·해설, 「보도된 무수한 '백인 참수'(報道された無数の'百人斬り')」, 『戦争責任研究』 2004년 겨울호, 동, 「백인 참수 경쟁을 검증하다(百人斬り競争を検証する)」, 『人権と教育』, 2009.5. 전자는 후쿠시마현 내의 도서관에 소장되어 있는 중일전쟁기 전국지와 지방지에서 '○○인 참수'에 대해 보도한 기사를 모았다. 후자에서 오노는 "난징에 관한 '○○인 참수'의 대부분은 포로집단 학살 현장에서 '앉혀 놓고 참수'한 것이라고 단정해도 되지 않을까"라고 적고 있다.

일본도는 이름이 없는 무딘 칼이라도 지나 병사의 목이 잘 베어진다. 처음에는 눈을 질끈 감고 정신없이 참수했지만, 이제는 아무렇지 않다. (…중략…) 작년에는 50명을 참수했고 앞으로도 50명 참수를 개시하겠다. 나의 운이 계속될지는 모르겠으나 참수할 수 있다면 어떻게 해서든 백인 참수는 달성하고 싶은 생각이다. 「새해의 염원, 백인 참수」, 『東京日日(新潟版)』, 1938.1.9

한편, 야마나시山梨현 출신의 소위는 고향에 이렇게 편지를 보냈다.

난징에는 인민도 많이 거주하고 있는데, 노인이나 환자, 아이뿐입니다. (…중략…) 전쟁도 이제 몸에 배어서 능숙해졌는데. 꽤 많은 사람을 죽였습니다. 군도로 자신이 직접 참살한 것만도 82명이고, 부하에게 명하여 기관총으로 사살한 자는 ○○○명은 됩니다. 「소위의 적병 백인 참수」, 『東京日日(山梨版)』, 1938.1.7

이 기사는 난징의 집단학살을 시사하는 듯하다. 그 외에 혼자서 '20인 참수했다', '30인 참수했다'는 기사는 전국지, 지방지를 불문하고 일일이 소개할 수 없을 정도이다.[8] 그러나 이들 기사는 모두 '○○인'이라는 숫자만이 부각된 경향이 있고, 많은 중국 병사를 어떻게 참수했는지 구체적인 기술은 거의 없다.

『미야자키신문宮崎新聞』의 다카기高木 특파원은 미야코노조都城 보병 제23연대의 장교를 모아 좌담회를 개최했다. 거기에서 '78인 적병'을 참수한 소위가 화제로 올랐다.

---

8 위와 같음.

기자 무언가 기적적인 일은 없었습니까?

(…중략…)

장교 기적적이라고까지 할 수 없을지 몰라도 그곳에 있던 소위는 혼자서 78인의 적병을 죽였으니 대단해요.

기자 왜 죽였어요?

장교 이유는 없어요. 원주민을 시켜서 적병을 불러들인 다음, 밖으로 나온 자들을 해치운 거지요.

기자 (소위에게) 그때의 일을 자세히 들려 주세요.

안 돼요, 안 돼요, 하며 소위는 일어서서 나갔다.「진충좌담회(陣中座談會)」, 『宮崎新聞』, 1937.12.23

왜 소위는 일어서서 나갔을까? 무언가 말하기 어려운 일이라도 있었던 것일까?

앉혀 놓고 참수[9]

다음과 같은 기사도 있다.

부대장의 경우는 자신의 가문에서 전해 내려온 보도寶刀를 휘두르며 닥치

---

9 [역주] 원문은 스에모노 기리(据え物斬り). 직역하면 '고정시켜 놓은 물체를 베는 것'이다. 근세일본에서는 도검을 제작한 후 그 성능을 시험하기 위해 대나무, 다다미, 볏짚단 등을 베어 보았는데 한 발 더 나아가, 애당초 일본의 도검은 사람을 벨 목적으로 제작된 것이므로 실제 성능을 확인하기 위해 죄인의 사체를 가져다놓고 이리저리 베어보면서 실제 감각을 익혔다. 시체는 움직이지 않으니 고정시켜 놓은 물체(据え物)에 준하는 것이었다. 이러한 관습이 있었기에 일본은 중일전쟁 당시 살아있는 중국병사를 움직이지 못하도록 포박하여 앉혀 놓고 목을 베는 것을 '스에모노 기리'라고 하였다. 한국어에 적절한 번역어가 없어서 '앉혀놓고 참수'로 의역했다.

는 대로 참수하여 30여 명의 적을 쓰러뜨리고, ○○ 준위准尉는 40명까지는 헤아리며 참수했지만 나중에는 기억하지 못하는 식으로 맹렬한 모습이었다. (…중략…) 다음 28일 아침 한가촌韓家村 부근에 유기되어 있던 적의 사체는 500~600명이었는데, 모두 칼에 베인 상처, 찔린 상처인 것을 보면 끔찍했던 백병전의 모습을 상상할 수 있다. 「40인까지 헤아렸지만 이후는 기억하지 못하는 천인 참수」, 『東京日日新聞』, 1937.9.2

한꺼번에 40명 이상, 참수했다는 것이다. 그러나 한 번의 전투에서 한 명의 병사가 이렇게 많은 사람을 참살했다는 것은 상식적으로 생각할 수 없다. 이 기사에 대해 역사학자 가사하라 도쿠시는 이렇게 보고 있다.

일본군이 가장 자신 있던 야간 적진敵陣 공격 때의 백병전 장면이다. 40인이라는 숫자는 과장된 부분도 있다고 생각되지만, 이에 가까운 인원을 참수했다고 한다면, 처음에 적진 깊숙이 쳐들어가서 중국 병사를 투항시키고 포박한 중국 병사를 '앉혀 놓고 참수'했을 가능성이 높다. 「'백인 참수 경쟁'과 난징사건」

후저우전투

'앉혀 놓고 참수'란 저항하지 않고 투항한 병사나 포로, 일반 농민들을 포박하여 땅바닥에 앉혀 놓고 목을 베는 것을 말한다.

'20인 참수', '30인 참수' 등이라는 것도 가까운 거리에서 문자 그대로 서로 격렬한 결투를 벌인 끝에 베어 버린 것이 아니라, 저항할 의사가 없는 포로나 농민들을 앉혀 놓고 참수한 것이 아닐까 추측된다. 그 점은 '백인 참수 경쟁'의 노다 소위가 백병전 중에 벤 것은 4, 5명밖에 안 된다, '백인 참수'라 해도 실제로는 나란히 세워 놓고 벤 경우가 대부분이었다는 취지의 발언에서도 엿볼 수 있다.

그렇다고 한다면, '○○인 참수'와 신문이 화려하게 보도한 내용에는 무저항 포로나 민간인 집단 학살이 상당히 포함되어 있던 것으로 보인다.

예를 들어보자. 1937년 12월 25일 자 『오사카 아사히신문』^{규슈판(九州版)}에 전장에서 부상을 입고 병원에 수용된 야하타^{八幡}시^{현재 북규슈시} 출신 준위의 수기가 게재되어 있다. 표제는「집안에 전해진 보도^{寶刀}를 휘둘러 수십 명 줄줄이 참수, 우후^{蕪湖} 시가전에서 맹돌격」이다.

> (11월 24일) 오전 6시경에는 일찍부터 전선^{前線}부대는 후저우^{湖州}에 들어가 시가전이 절정이어서 적^敵은 시가의 벽돌 담장에 총안^{銃眼}을 뚫고 완강히 저항했는데, 부대의 사기는 점점 왕성했다. 모두 일사보국^{一死報國}을 맹세하며 크리크^{샛강} 도하^{渡河} 결사대에 참가, 앞다투어 뛰어들어 적의 총탄에 픽픽 쓰러지면서도 여전히 제1선 참가를 탄원하는 용사뿐이다. 나도 집안에서 전해온 보도^{寶刀} 노리무네^{則宗}10를 빼 들고 이 결사대에 참가하여 남문^{南門}으로 맹돌격을 개시하여 도망가며 허둥대는 적병 수십 명을 닥치는 대로 베고 이에 일등 입성의 영광을 획득한 것도 순간, 안타깝게도 오른손에 적탄을 맞고 최근 ○○육군병원으로 송환되었다.

11월 24일 후저우시가전에서 일본군 결사대가 크리크를 건너 남문으로 돌격, 중국병사 수십 명을 닥치는 대로 베었다는 것이다.

이날의 전투에 대해, 중국 측의 증언이 있다. 1937년 11월 24일, 일본

---

10 [역주] 12세기 말 가마쿠라(鎌倉)시대 히젠(備前, 현재 오카야마, 고가와현 일대)의 도공 노리무네(則宗)가 제작한 도검을 가리킨다. 노리무네가 제작한 태도(太刀)는 1910년 일본의 중요문화재로 지정될 정도의 명검으로 알려져있다.

군이 후저우를 공격했다. 당시 아홉 살 백등고柏登高는 양친과 누나와 함께 후저우 남부에 살고 있었다. 일본군은 중국 병사를 수색했다. 백씨의 집 앞에는 폭 5미터 정도의 운하가 있고, 그 건너에 빈집이 있고 그 옆에 공터가 있었다. 포로가 여기에 모여 있었다.

　백등고柏登高 소년은 자기 집의 문틈으로 보고 있었다. 일본군들은 포로를 운하 강가에 세우고, 우선 옷을 다 벗도록 명하고, 이어서 총검으로 협박하여 운하로 뛰어들도록 했다. 그다지 깊지 않아서 익사하지는 않지만, 추위가 심하니, 가혹한 것은 틀림없다. (…중략…) 일본군은 다시 포로들을 강물 속에서 공터로 올라오게 했다. 학살이 시작된 것은 그 뒤였다. 3, 4인의 일본병사가 칼을 들고 기다리고 있는 곳으로 주변 일본군들이 벌거벗은 포로를 데리고 간다. 앉힌 포로의 등 뒤에서 군도를 든 일본군이 목을 베었다. 이렇게 50~60명의 포로가 모두 살해당했다. 『本多勝一集23, 南京大虐殺』

　앞의 『오사카 아사히신문』 북규슈판의 기사에서는 '크리크', 위의 증언에서는 '운하'로 되어 있으나 같은 의미로 봐도 될 것이다. 또한 앞의 기사에서는 일본군 결사대가 크리크를 건너 중국군에 돌격, 일본도로 수십 명을 닥치는대로 베었다고 하지만, 위의 백등고의 증언에서는 일본군은 중국 병사를 알몸으로 만들어 운하에 빠뜨린 다음, 다시 공터로 올라오게 하여 50~60명을 참살했다고 한다. 어느 쪽이 크리크로 들어갔는지는 모르지만, 어느 쪽이든 '크리크에 들어갔다'는 점과 그 후 중국 병사들이 참살당했다는 점은 일치하고 있다.
　『오사카 아사히신문』 북규슈판의 보도가 백등고의 증언 장면과 같은 것을 가리키는지 아닌지, 바로 판단할 수는 없다. 단지 묘사된 상황은 매우 닮았다. 백등고의 증언을 따르면, 일본군은 포로로 잡은 중국 병사를 '앉혀 놓고 참수'하여 집단 학살한 것이 된다. 그것을 신문은 '도망가며 허둥대는 적병 수십 명'을 닥치는 대로 베었다고 보도한 것이다.

당시 신문 보도 중에는 무저항의 포로 학살을 마치 전투 중에 살해한 것처럼 보도한 것이 상당히 포함되어 있던 것은 아닐까?

천하무적 일본도의 성능

일본군 장병이 포로를 참수한 것은 당시 신문도 보도하고 있다.
후쿠시마福島 현 출신의 한 병사는 고향에 다음과 같이 편지를 보냈다.

지난 ○○월 ○일, 처음으로 우리 군도를 사용하여 45인을 참수하거나 생포했지. 병사 다섯 명을 데리고 가서 모가지를 쳐 버렸어. 일본도의 성능은 정말 놀랄만해. 모가지를 칠 때 처음에는 생각처럼 잘리지 않았는데, 두 번째부터는 훌륭하게 두 동강이 나서, 스스로도 놀랐어. 「자신도 놀란 일본도의 성능」, 『會津新聞』 석간, 1937.11.27

한편 우쓰노미야宇都宮 보병 제66연대의 상등병은 고향의 아내에게 보낸 편지에서 이렇게 말했다.

상륙하고 나서 지금까지 전투중인데, □진陣□ 돌격하여 지나병사를 6인 참수했습니다. 첫번째 놈은 어깨를 싹둑 베어 버리고 말았지만, 두 명째는 깨끗하게 목을 베어 떨어뜨렸습니다. 세 명째는 각도가 목에서 좀 위쪽으로 뻗어 올라가 두개골에 걸려버려서 잘 잘리지 않는 바람에 군도의 날이 좀 손상되었습니다. 네 명째부터는 솜씨가 안정되어 세 명 모두 뎅강, 멋지게 목을 베어 3

척이나 저편으로 날려 버렸습니다. 뭐니 뭐니 해도 일본도의 성능은 대단합니다. 「적병 6인 참수」, 『下野新聞』11, 1937.12.9

이들 기사에는 중국 병사의 대응이 어떠했는지 적혀있지 않았다. 정지되어 있는 것이다. 즉, 포로를 포박하여 앉혀놓고 참수한 광경으로 추측된다. 이러한 기사는 실로 많다.

무심코 이 기사를 흘려 읽기 쉽지만 현실의 장면을 상상하면 너무나도 잔혹함에 숨이 멎는 느낌이다. 중일전쟁하에서 '황군 위문'을 위해 중국전선을 방문한 샤미센 만담가인 다마가와 스미玉川スミ는 일본군이 포로의 목을 베는 현장을 봤다고 다음과 같이 증언하고 있다.

그다지 말하고 싶지 않지만, 이것은……. (포로를) 일본도로 그냥 순식간에 목을 베어서……목을 베면요, 목이, 연근의 구멍처럼요, 금방은 피가 솟지 않아요. 맞아요. 30초 정도 지나면, 이렇게 잘린 목에서 갑자기 피가 솟아요. 너무나도 역겹고, 잔혹하기가 이루 다 말할 수 없어요. 그 잔혹한 전쟁의 참상을 하나하나, 하나하나, 다 마음에 담아두었다면 정말 지금쯤은 몸도, 그 무엇도 남아있지 않았을 거예요. 2010년 8월 방영 NHK다큐멘터리 「전장(戰場)의 만담꾼들」에서

그 중에는 고향에 사진을 보낸 병사도 있었다.

동봉한 젊은 청년 사진은 내가 애도愛刀로 참수한 6명째의 지나 정규군입니다. 「적 6명을 참수」, 『東京朝日(千葉版)』, 1937.12.26

---

11 [역주] 『시모쓰케신문』. 도치기(栃木)현의 지방신문, 1878년 창간.

174 난징(南京)학살과 일본의 신문보도

살해하기 직전에 중국 병사의 사진을 찍고 그것을 기념으로 편지에 동봉한 것일까?

4. 참수와 검열

중국인 포로의 목을 벤 일본군 장병이 그것을 고향에 편지로 전하고, 다시 그 한 구절을 신문이 소개했다. 그러한 예는 다수 발견된다. 편지를 취사선택하는 것은 기자였다. 편지 기술은 모두 단편적이며, 일시와 장소를 특정할 수 없고, 상황을 자세히 설명하고 있는 것도 아니다. '전공^{戰功}'을 강조하기 위하여 숫자 등에는 아마도 과장된 부분도 있었으리라 보인다. 그래도 거기에는 그 현장에 있던 자가 아니면 말할 수 없는 전장^{戰場}의 장면이 사실적으로 묘사되어 있다. 후쿠오카현 출신의 어느 소위가 고향에 보낸 편지에는 이렇게 적혀 있다.

> 그들_{중국 병사}이 일본도를 두려워하는 것은 이것 또한 대단한 것이어서, □하여 가까이 다가오지 않고 이 점은 불쌍할 정도이다. 일본도의 성능은 지금 새삼 감탄할 수밖에 없고. 대구루루 목이 땅에 떨어질 때의 모습은 실로 이보다 손쉬운 일이 없을 지경이다.「저 모가지도 대구루루, 일본도의 우수한 성능」,『大阪朝日新聞(福岡版)』, 1938.1.8

이러한 기술을 읽으면, 보도 통제하에 어떻게 이런 기사가 게재되었는지 의문에 휩싸인다. 중국 병사와 중국인의 체포, 심문^{尋問} 등의 기사나 사진 중에 학대하는 느낌을 줄 우려가 있는 것에 대해서는 신문 게재가 금지되어 있었기 때문이다.육군성 신문반 작성,「신문 게재사항 허부 판정 요령(新聞揭載事項 許否判

定要領)」, 내무성 경보국, 『出版警察報』 제101호

 그럼에도 불구하고 위와 같은 '학대의 느낌을 부여할 우려가 있는' 기사가 어떻게 게재되었을까? 아니, 그 전에 전장의 병사가 일본에 보낸 편지도 검열되었을 텐데 어떻게 그것이 그대로 국내에 전달되었을까?

병사의 편지를 검열

 전장의 병사가 국내로 보내는 편지는 부대의 상관이 검열했다. 그 실태를 상하이파견군 야전우편장이었던 사사키 모토가쓰佐佐木元勝가 증언하고 있다.

> (군의) 법무부가 검열한 편지 1,500통 중에 180통의 위반이 있다. 그중에는 편의대나 포로 총살을 엽서 등에 적은 것이 있다. 이러한 것은 금지되어 있는데 포로나 편의대는 매일같이 잡혀서 모두의 호기심을 자극하는 것이다. 목을 쳤다던가, 권총으로 쏘아 죽였다던가, 그런 내용이 많다.佐々木元勝, 『野戰郵便旗』, 1973

 포로 살해를 편지에 작성하는 것은 금지되어 있었다. 그러나 검열에서 모든 편지를 읽을 수는 없었다. 시기는 다소 거슬러 내려가지만, 1942년의 자료 「북지헌고北支憲高 제309호 우편검열월보」8월에 의하면, 군사우편의 총건수 300만 내외 중, 검열한 것은 30만 정도로, 비율은 10퍼센트 정도였다. 검열을 통해 압수, 먹을 칠해 삭제 처분을 한 것은 200~400건 정도, 즉 0.1~0.2퍼센트 밖에 없었다고 한다.[12] 그렇다면 포로 살해를 작

---

[12] 寺戶尙隆, 「軍事郵便の檢閱と民衆の戰爭意識への影響」, 『國史學硏究』, 龍谷大學國史學硏究会, 2008.3.

성한 편지가 가족에게 도착하는 것도 이상하지는 않다.[13] 그러나 개인 편지에 작성하는 것조차 원칙적으로 금지되어 있던 포로의 학살이 어떻게 신문에 실린 것일까?

중국인의 '목을 베는' 행위는 잔혹한 '비인도적 행동'임과 동시에 전장에서는 일상적으로 보이는 광경이기도 했다.

한편 후방에서 '○○인 참수' 혹은 '목을 얻다'라는 표현은 병사의 전공戰功이나 분투 모습을 설명하기 위해 일상적으로 사용되고 있으며 초등학생도 입에 담았다. 이러한 '일상'이 검열의 실상에도 반영되어 '써도 된다'와 '써서는 안 된다'의 경계가 애매하게 되었던 것은 아니었을까? 그러한 풍조의 토대에서 중국 민중에 대한 차별의식, 모욕하는 감정이 있었던 것은 틀림없다. 나가노현 출신 상등병은 고향에 보낸 편지에 다음과 같이 적었다.

> 아버지, 어머니. 걱정하지 마셔요. 후지오不二雄는 매우 잘 있습니다. 지나 병사의 목도 셀 수 없을 정도로 베었어요. 또 쏘아 죽였습니다. 인간이라고 생각하면 베는 것도 죽이는 것도 불가능하지만. 해충이라고 생각하면 아무렇지도 않아요. 「적병 2인, 꼬챙이로 몸통을 꿰어버림」, 『東京朝日(長野版)』, 1937.11.5

차별의식이 사람을 죽였다.

---

[13] 1938년 2월 16일 자 『도쿄 니치니치신문』 후쿠시마판에 「앞으로 군사우편은 자발적으로 검열을 받아라. 특고과에서 출정 가족에게 주의」라는 제목으로 다음과 같은 기사가 실려있다. "전장에서 분투하는 용사의 편지를 받은 가족이 감격, 흥분한 나머지, 통신 내용을 널리 말해서, 이것이 군사기밀사항에 저촉되어 중대한 결과를 초래할 수 있다는 것을 우려하여, 앞으로 제1선에서의 군사우편은 주재소, 경찰서에서 수취인이 직접 지참하여 검열을 받기로 했다."

신문이 '난징 함락'이라고 오보를 흘린 무렵, 전 해군장교였던 가고시마 시장, 이지치 시로伊地知四郎는 기자에게 말했다.

> 중국은 하등동물이니 상하이上海라는 심장, 난징이라는 머리를 절단 당해도 생존할지 모르니, 우리 군으로서는 여전히 철저하게 무찔러서 하등동물을 지지하는 다른 세력이 입을 닥치도록 하지 않으면 안 될 것이다.「장제스에게 조전(弔電)을 보내면 재미있을 것」,『大阪朝日(鹿兒島版)』, 1937.12.12

이 적나라한 차별의식.

이러한 기사는 당시 드물지 않았다. 이러한 것은 '중국인을 죽이는 데에 주저할 필요 없다. 그것은 도덕적으로 올바른 행위'라는 메시지를 읽는 자에게 부여했을 것이다. 기자가 그것까지 의식해서 작성했는지 여부는 논외로 하고, '중국인을 죽이는 것은 선善이다', '다수의 중국인을 죽이는 것은 선이다'라는 전장의 논리에 도장을 찍어 주어 병사들을 북돋았다.

단, 신문이 '참수 광경'을 보도하는 데에 아무런 제약도 없었는가 하면 그것도 아닌 것 같다. 당시의 신문을 보면, 무카이, 노다 두 소위의 '백인 참수 경쟁'이던, 그 이외의 병사의 편지이던, 모두 말하자면 병사 개인의 '전공戰功'에 대해 서술한 것으로, 병사 집단이 상관의 지휘하에 포로 혹은 일반 민중을 참살한 장면을 묘사한 것은 아니다.

물론, 그렇다고 해서 조직적인 집단 학살이 없었다는 논리는 성립하지 않는다. '30인 참수', '40인 참수'라는 무용담을 전하는 기사는 그러한 집단 학살을, 말하자면 '내재'하고 있었다. 그 모두가 조직적 집단 학살이었다고는 할 수 없어도 적어도 그 일부는 그러한 것이었다고 볼 수 있을 것이다.

난징으로 가는 도중 일본군은 포로나 무기를 갖지 않은 민중을 참수하고 참살했다. 그것은 그동안 살펴본 것처럼 당시 신문 보도 등에서 명백하다. 살해한 숫자에는 과장된 부분도 없지 않아서 그대로 수용할 수는 없지만, 무저항의 포로나 비전투원을 학살한 사실이 있던 것 자체를 부정할 수는 없다.

이렇게 기술하면, 예를 들어 스즈키 아키라의 『난징대학살의 환상』과 같이 당시 전장에서 참수 등은 당연했다는 주장을 펴는 이들이 있겠으나, 그것이 널리 행해졌다고 해서 그 참수의 비인도성이 면죄부를 얻는 것은 아니다.

1938년 2월, 후쿠오카현에서 발행되었던 『서부 과자·사탕 신보西部菓子飴新報』라는 업계 신문이 발매금지되었다. 중국 전선에 있는 한 병사의 편지를 소개한 것이 발단이 되었다.

> 모가지가 멋지게 떨어졌어요. 패잔병이 눈에 띄는 대로 한 명도 남김없이 죽이고 있습니다. 재미있어요. (…중략…) 패전국의 비참함, 남자이든, ○○이든 보이는 대로 죽이고 있습니다. 한 놈도 남겨두지 않을 결심입니다.내무성경보국, 『출판경찰보』 제111호

발매금지 이유는 '우리 군에 비인도적 행위가 있는 것처럼 묘사한 것으로서 황군의 위신을 실추시킬 우려가 있다'는 것이었다.

주의해야 할 점은 참수는 당시에서도 '비인도적 행동' 즉 있어서는 안 되는 행동으로 간주되어 있었고, 현재의 인권 감각의 입장에서 정해진 것이 아니라는 점이다. 당시는 포로 학살이 널리 행해졌기 때문에 문제되지 않는다는 것이 아니라, 널리 행해지고 있었던 점이 문제인 것이다.

일도양단一刀兩斷[14]의 방법

놀란 것은, 당시 신문에 참수, 참살 방법을 알려주는 기사까지 실려있는 점이다. 중국 병사 28인을 베었다는 육전대陸戰隊 조장이 '체험에 입각하여' 기록한 수기를 1937년 11월 '동맹통신'이 상하이에서 발신했다.

1. 지나 병사의 목은 앞뒤, 좌우, 어느 쪽에서도 충분히 3/10 정도의 힘으로 절단할 수 있다. 뒤에서 베는 경우는 살가죽 한 겹이 남을 수 있는 것도 사실이다. 그 순간, 두 호흡 정도의 간격을 두고 출혈이 주변으로 튀어 흩어지므로 솟아오르는 피를 뒤집어쓰지 않도록 몸을 비키는 게 좋다.

(…중략…)

4. 지나 병사를 어깨에서부터 비스듬히 벨 때는 팔의 상부에서 허리 위까지 내리 베는 것이 유효하다. 어깨에서부터 내리 베고자 하면 좀처럼 일도양단一刀兩斷할 수 없다. 『大阪每日新聞』, 『大阪鹿兒島沖縄版』, 1937.11.16; 『松陽新報』, 마쓰에(松江), 1937.12.18

이러한 항목이 전부 8개가 나열되어 있다. 기자는 무엇 때문에 이 기사를 작성한 것일까? 독자는 이를 어떻게 받아들였던 것일까?

난징 공략 당시 17세였던 작가, 야스오카 쇼타로安岡章太郎는 저서 『나의 소화사僕の昭和史』1 1984에서 이렇게 적고 있다.

우리는 난징학살사건이라는 것에 대해서는 들은 바 없었고, 자세한 숫자나 그 외의 것도 전혀 몰랐다. (…중략…) 무엇보다 나 자신, 그 무렵 일본인 장교 두 명이 중국인 '백인 참수 경쟁'을 했다는 신문 기사가 있었다는 것을 전혀 기

---

14 [역주] 한번 칼로 쳐서 두 도막을 냄.

〈그림 2〉 사진특집 전선풍경, 『호치신문』(1937.11.23)

억하지 못한다. (…중략…) 우리 집에서는 신문은 『아사히』와 『(도쿄)니치니치』를 보고 있었는데, 일본 장교가 지나인의 목을 몇 개 베던지, 그런 것은 조금도 흥미를 느끼지 않았기 때문일 것이다. 이런 나의 무관심은 당시 신문에 군부의 검열이 가해지고 있었다는 것과는 직접적 관계가 없는 것이다.

5. 기자가 본 포로 참살

「길거리 전신주에 묶인 편의대便衣隊, 쑤저우蘇州 공략 전선에서」

그런 설명이 붙은 사진을 1937년 11월 23일 자 『호치신문報知新聞』 석간이 게재했다.〈그림 2〉 참조 『호치신문』은 일본 패전 후 스포츠 신문으로 전

제3장 | 여러 가지 100인 참수(斬首)　　181

환했으나 당시는 일반 신문이었다.

〈그림 2〉의 사진 ⑤에는 전신주에 손을 뒷짐 포박당한 두 명의 젊은 남자가 찍혀 있다. 두 명은 맨발에 샌들 같은 신발을 신고 있다. 모자를 쓴 왼편 남자는 이미 죽음을 각오한 것처럼 담담한 표정을 띠고, 오른쪽 남자는 미간에 주름을 잡고 입술을 꽉 다물고 있다.

신문 지면의 절반을 차지하는 사진 특집「전선 모습」의 한 장으로, 그 외에 4장의 사진이 게재되었다. 이 중 무장 해제된 '포로 천여 명'의 사진〈그림 2〉의 사진 ②은 군복을 입은 많은 정규군이 불안한 눈빛으로 카메라를 응시하고 있다. 또한 '이것은 12살 지나군 일등병 주소주朱小柱'라고 설명이 붙은 사진〈그림 2〉의 사진 ③은 천진난만한 소년이 굳은 표정을 하고 있다.

이들 포로가 어떻게 되었는지에 대해서는 아무것도 적혀 있지 않다.

사진의 촬영자로서 이름을 올린 세 명 중 한 명인 후타무라 지로二村次郎, 당시 후타무라는 마이니치신문 사진부 차장는 1959년 카메라 잡지 좌담회에서 이렇게 말했다.

> (일본군에게) 불리한 것을 찍은 것은 (검열에서) 절대로 허가받지 못한다는 것도 곤란한 일이었지요. 어차피 허가받지 못할 것을 찍어도 소용이 없다고 포기하고 있던 이가 많았지만, 지금 생각하면 허가받지 못할 사진이라고 생각되어도 열심히 찍었어야 했다고 생각해요. 내가 앞날을 내다보지 못했어요.「좌담회
> ─사진 장사 이런 저런 이야기, 전 종군 카메라맨」,『아사히 카메라』, 1959.9

이때는 '허가받지 못할 사진이라도 열심히 찍었어야 했다'고 후회하고 있었다. 그로부터 사반세기가 지난 1986년, 후타무라는 다음과 같이 말했다.

포로라고 해도 전투 중 포로 한 명, 두 명을 참수하는 것을 본 적이 있습니다. 모두 그런 장면을 보고 있었으니, 특별히 화제가 된 적도 없었습니다. 포로라고 하지만, 포로가 무슨 짓을 할지 모르니까요. 또한 전쟁에서는 포로를 데리고 다닐 수도 없고, 앞으로 나아갈 수도 없고, 죽일 수밖에 없었다고 생각합니다. 난징에서 잡은 수백 명의 포로에게 줄 음식도 없었으므로. 그래서 죽였을지 몰라요. 그때 포로를 데리고 있던 병사를 찾아서 포로를 어떻게 했는지 물어보면, 난징학살이라는 것을 알 수 있을 것이라고 생각합니다. 阿羅健一, 『'난징사건' 일본인 48인의 증언』

후타무라는 '수백 명의 포로' 살해를 '죽일 수 밖에 없었다', 어쩔 수 없었다고 절반 정도 긍정하며 자신과는 관계없는 일로 '난징학살'을 이야기했다. '허가받지 못할 사진이라도 열심히 찍었어야 했다'고 했던 후타무라는 여기에서 미묘하게 입장을 바꾼 것이다.

자결을 꾀하는 포로

1937년 11월 24일 자 『후쿠오카 니치니치신문』에는 「무장 해제당한 지나 병사」라는 사진이 실렸다. 수백 명 규모의 중국 병사가 긴 행렬을 이루고 굳은 표정으로 걷고 있는 사진이다. 맨발로 샌들도 신고 있지 않다. 복장은 가지각색으로 일반 농민으로밖에 보이지 않는다. 싸울 의지가 없다는 점은 한눈에 알 수 있다. 그들은 이미 '전투 바깥'에 있었다. 이들 포로가 그 후 어떻게 되었는지, 『후쿠오카 니치니치신문』은 아무것도 전하지 않았다.

전장에서 기자나 카메라맨은 많은 중국인 포로를 만났다. 일본군 포로가 된 중국병사는 어떤 모습이었을까? 그 표정을 당시의 신문이 전하고 있다. 포로 중에는 포로가 된 것을 떳떳하지 못하다고 생각하여 자결을 꾀하는 자도 있었다. 아이치愛知현 출신 오장伍長이 자신의 이전 직장인 경찰서에 보낸 편지에는 이렇게 적혀 있다.

> 12월 13일 우리 부대는 남경도南京道에서 탕수진湯水鎭 북방 3km 지점에서 적 1,300명과 조우하여 육탄전이 벌어졌는데, 동생의 복수는 이때라고 생각하여 나는 베고, 베고, 또 닥치는대로 베었습니다. 다음날, 포로 중에 홍안紅顔의 15세 소년 정규병이 있었는데, 이 소년을 밭쪽으로 끌고 가서 참수하려고 했는데, 도중에 석문石門에 자신의 머리를 박더니 피투성이가 되었습니다. 이다지도 기운차고 게다가 불쌍한 놈인가라고 생각했습니다. 또 그들의 패기에도 실로 놀랐습니다.「소년 포로 자살을 시도」,『大阪朝日新聞(名古屋市內版)』, 1938.1.11

소년은 일본군에게 참수당할 정도라면 스스로 목숨을 끊자고 생각했을 것이다.『시모쓰케신문下野新聞』의 이나바 가쓰마사稲葉勝政 기자는 이제 막 참수당하려는 젊은 중국 병사의 모습을 이렇게 적었다.

> 포로다, 포로다 라고 외치는 소리가 들리는 쪽으로 달려가 보니, 마침 20세 정도의 정규병 3명이 수건으로 뒷짐 포박을 당한 채 햇볕에 탄, 다소 신경질적인 얼굴로 싱긋 미소를 띠며 우리 장병의 얼굴을 눈을 부라리며 돌아보는데, 공포심으로 얼굴 근육이 찌릿찌릿 떨리고 다리는 부들거리고 있었다. 포켓을 뒤지니 만萬□□40 사師의 일등병, 손소진孫小鎭, 진간우陳干宇, 증달민曾達敏이다. (…중략…) 총검과 군도를 눈앞에 내밀자 '메이파즈沒法子방법이 없다'라고 한마디 하고 침착하게 목을 앞으로 내민다.「포기가 빠른 지나 병사」,『下野新聞』, 1937.12.21

이나바는 '손소진, 진간우, 증달민'이라고 포로 각각의 이름을 기사에 적었다. 이것은 당시 지면에는 극히 드문 일이었다. 중국 병사는 대부분의 경우, 지나병, 패잔병, 편의병便衣兵, 잔적殘敵, 포로 등의 집합 명사로만 호명될 뿐 개인의 이름을 별도로 적는 경우는 없었다.

고쿠라小倉 보병 제114연대에 종군한 『간몬關門 니치니치신문』의 특파원 우치다 시게오內田茂生는 중국병 포로의 참수를 목격하고 그 광경을 생생하게 적었다.

지나 정규병 한 명이 잡혀 왔다. 부대 중에 중국어를 자유롭게 구사하는 엔도遠藤가 대장의 옆에 서서 유창하게 □답하고 있다. 그러나 그는 147사師의 낙오병으로 이름은 왕王이라고 하고 아직 다수의 패잔병이 어제 이 산길로 도망쳤다고 말하고 나서는 다른 질문에는 대답하지 않았다. 적병은 참수하는 수밖에 방도가 없다. 베어버려! 부대장의 명□ (…중략…) 군조가 허리춤에서 애도愛刀를 빼어 들고 '에잇' 기합을 넣으며 참수했다. 검도 3단의 솜씨가 빛났다. 멋지게 해치워 겨우 살가죽을 남기고 모가지는 앞쪽으로 고꾸라졌다. 군도로 벤 자리에서 콸콸 쉭쉭 기분 나쁜 소리를 내며 선혈이 솟구쳐 주변의 마른 풀을 붉게 물들였다.(…중략…) 살아 있는 사람의 목을 베어버리는 참수 장면을 본 것은 처음이었는데, 눈앞에서 보고 있는 기자의 기분은 조금도 동요되지 않았다. 오히려 '멋지다'라고 외치고 싶을 정도였다. 지나 병사에 대해서 극도의 증오를 갖고 있는 기자의 기분을 전쟁을 알고 있는 사람은 이해할 것이라고 생각한다.「적병의 모가지 멋지게 뎅강」, 『關門日日新聞』, 1937.12.29

이러한 기사가 신문에 실린 것은 드문 일이었다. 이 기사가 검열을 통과했지만 다른 한편으로 신문에는 결코 실리지 못하는 기사가 있었다. 그것은 이러한 포로 학살을 비판하는 기사이다.

전쟁이란 무엇인가?

『도쿄 아사히신문』기자인 단노 노부오團野信夫[15]는 1938년 3월, 현재 하남성河南省 신향新鄉에서 '편의대와 그 통모자' 처형을 목격했다. 그때의 모습을 1945년 이후 다음과 같이 회상했다.

한가로운 들길을 다섯 명의 남자가 손목이 묶인 채 비행장 가장자리 쪽으로 걸어가고 있다. 편의대와 그 통모자라는 혐의로 지상부대에 붙잡혀 온 것이다. 이미 포기했다는 모습으로 조용히 열을 지어 걷고 있었다. 돌연 네 번째 줄의 젊은 남자가 큰 목소리로 외치며 몸부림을 쳤다. 선두에 있던 노인이 뒤돌아보며 강한 어조로 무언가 말했다. 그 효과는 눈부셨다. 젊은 남자는 조용해져 행렬은 다시 앞으로 나아갔다. 무슨 말을 했는지 통역에게 물어보자, "소동을 부려서는 안 돼. 우리가 올바르다는 것은 하늘이 알고 있어"라고 타일렀다고 한다.

노인은 작은 몸집으로 흰 수염이 멋졌다. 촌장인지, 아니면 마을의 장로인지, 대단히 신뢰받고 있는 인물임에 틀림이 없다.

남자들은 눈이 가려진 채 잇달아 참수당했다. 마지막에 남은 노인은 눈을 가리는 것을 거부했다. 뒤에 우뚝 선 자는 키가 크고 건장한 하사관이다. 검도 3단이라던가, 새 군도를 처음 써본다며 단단히 벼르고 있었다. 처음 휘두른 군도는 목표가 빗나가 노인의 어깨에 박혔다. 두 번째도 또다시 어깨였다. 깊은 상처에도 단정한 자세를 흐트리지 않던 노인이 그때 뒤돌아보며 아무 말 없이

---

[15] 단노는 1945년 이후 농업전문기자로 활약했다. 몇 번이나 중국을 방문하여 농촌을 취재. 1960년 안보투쟁 당시는 논설주간인 류 신타로(笠 信太郎) 아래 부주간을 지냈다. 저서에 『일본인과 중국』(『日本人と中国』, たいまつ新書, 1979)이 있다.

물끄러미 하사관을 올려다봤다. "어찌 된 거냐? 제대로 하라"고 추궁하는 것처럼 보였다. 그다음은 눈 뜨고 볼 수 없었다. 정신적 혼란에 빠졌을 것이다. 몸집이 큰 하사관은 마구 군도를 휘둘렀다. 마침내 노인의 몸은 쓰러져 앞쪽 웅덩이로 떨어졌다. 사형 집행자는 피투성이가 된 군도를 축 늘어뜨린 채로 부하가 부르기 전까지 잠시 멍하니 서 있었다. 그 얼굴은 새파랗게 질려 있었다. 아무도 말을 하는 자가 없었다.

단노는 생각했다.

오늘은 정말 훌륭한 최후를 자신의 눈으로 봤다. 힘으로 범할 수 없는 인간의 정신을 봤다. 노인은 살해되었지만, 정신은 살인자를 이겼다. 그것은 확실하다. 범접할 수 없는 정신력의 소유자, 훌륭한 지도자가 이 중국 농촌에 있다. 이러한 인물의 목숨을 빼앗는 전쟁이란 도대체 무엇이란 말인가?

단노는 1974년 이 글을 아사히신문 도쿄 본사 『편집국보編輯局報』에 기고하고, 만년인 1992년에 『일 신문기자의 소화昭和 체험』이라는 제목으로 다른 원고와 함께 묶어 자비 출판했다. 난징 침공에 한정하지 않고 일본군에 의한 중국인 학살을 목격한 기자는 적지 않았을 것이다. 그러나 단노처럼 1945년 이후에 당시의 심경을 분명히 밝힌 기자는 거의 없다.

소년을 구한 기자

『후쿠시마민보福島民報』의 특파원으로 난징 함락 2개월 후에 중국에 간 사카모토 로쿠로坂本六良는 일본 병사에게 살해당하기 직전의 중국 소년을 구했다. 다음은 사카모토의 저작 『무관의 제왕無冠の帝王』1984에서 인용한 것이다.

　쉬저우(徐州)로 향하는 도중이었다. '잠시 휴식'이라는 명령으로 쉬고 있는데, 알고 지내던 병사가 소년을 포박해서 왔다. 12, 13세 중학생이라면 1년생 정도의…….
　"죽여 보지 않으시겠어요? 전쟁에 온 추억이 될 거예요."
라고, 병사가 군도를 빼서 나에게 주었다.
　"무슨 일인가? 이 소년이 무엇을 했지?"
　"아니요, 별거 아니고요…… 미처 도망치지 못한 놈을 잡아 온 거예요. 기자님에게 죽일 기회를 줄까 하고요."
　(…중략…)
　나는 종군기자다. 살상하는 것이 내 역할은 아니다. 그렇게 생각하여 나는 그동안 몇 번이나 중국인을 죽일 기회를 피해 왔다. 지금 눈앞에 "베어 봐"라며 떠밀린 무저항의 인간, 게다가 소년이다. 그래서 나는
　"베어 보라는 건 내 처분에 맡긴다는 것인가?"
　병사는 그렇다고 한다. "그렇다면,"이라며 나는 군도를 다시 고쳐잡고, 소년을 묶은 밧줄을 군도로 끊었다. "앗!" 절규라고도 탄식이라고도 할 수 없는 탄성이 동시에 일어났다. 순간, 소년의 얼굴에 붉은 기운이 감돌았다……. 믿을 수 없다는 얼굴이다.
　"자! 가! 두 번 다시 잡히지 않도록 해야 해!"
　달리며, 한번은 나를 뒤돌아보며 소년은 고양이처럼 달음질쳤다.

6. 황군皇軍의 윤리

난징으로 침공하던 도중, 일본군은 다수의 포로를 살해했다. 그동안 살펴본 것처럼 그 단면은 당시의 신문 보도에서도 엿보인다.

이러한 포로 살해에 대해서는 전투행위의 연장으로 문제가 되지 않는다는 견해가 있다. 예를 들면 '동맹통신' 특파원으로 난징 공략에 종군한 마에다 유지前田雄二는 종전 후에 '포로의 처형, 학살은 있었지만, 그것은 전투행위의 범주에서 논해야 할 것'이라고 주장했다.「역사는 정확하게」, 『세계와 일본』, 1984.4.5

그러나 전쟁 중의 전투행위라면 무엇이라도 허락되는 것은 아니다. 거기에는 인도상, 하나의 제한이 있어야 한다는 방향으로 오랫동안 시간을 들여 발전해 온 국제법이 있고, 한발 더 나아가 말하자면 인류가 걸어온 길이 있다.

국제법의 포로 규정

포로 처우에 관해서는 1899년 네덜란드 헤이그에서 열린 평화회의에서 「육전법규陸戰法規에 관한 조약」이하 헤이그조약이 채택되어 일본도 비준했다.

1907년에는 헤이그에서 제2회 평화회의가 개최되어 「육전법규 관례에 관한 조약」을 채택하여 일본은 이를 1911년에 비준하고, 다음 해 공포했다. 동 조약은 부속서인 「육전법규 관례에 관한 규칙」에서 다음과 같이 규정하고 있다.

제4조 포로는 인도적으로 취급해야 한다.
제7조 정부는 그 권역 내에 있는 포로를 급양給養할 의무가 있다.

나아가 '전투'에서 '특별히 금지할 것'의 하나로 '병기를 버리고 또는 자위 수단이 고갈되어 항복을 구하는 적을 살상하는 것'제23조을 들고 있다.

헤이그조약은 그 후 더욱 발전한다. 중일전쟁이 시작되기 8년 전인 1929년, 스위스 제네바에서 「포로의 대우에 관한 1929년 7월 20일 조약」이하 제네바조약이 체결되었다. 이것은 헤이그조약의 부속서 제2장의 '포로' 조항을 전반적으로 확충 정리한 것으로 '될 수 있는 한 전쟁의 피하지 못한 참상을 경감하고 또한 포로의 상태를 완화하는 것은 모든 국가의 의무'전문(前文)라고 하여 다음과 같이 정하고 있다.

> 제2조 포로는 적국의 권역 내에 속하며 그를 잡은 개인 또는 부대의 권역 내에 속하지 않는다. 포로는 항상 박애의 마음으로 취급해야 하며, 폭행, 모욕 및 공중의 호기심으로부터 특별히 보호해야 한다. 포로에 대한 보복 수단은 금지한다.
> 제3조 포로는 그 인격 및 명예를 존중받을 권리가 있다. 부인은 여성에게 짐작斟酌되는 모든 사항에 대해 대우받아야 한다. 포로는 그 개인 권리를 완전히 향유할 능력을 갖는다.
> 제4조 포로 포획 국가는 포로에게 베풀어야 하는 의무를 진다.

일본은 제네바조약에 조인했다. 그러나 육해군의 반대로 비준하지는 않았다. '제국군인'이 포로가 된다는 것은 '예기되지 않는다'는 것, 예상되지 않는 것이지만, 외국 군대는 그렇지 않으므로 일본만 의무를 지는 편무적인 것이 된다는 등의 이유로 반대한 것이다.

중일전쟁이 시작되자, 일본은 중국에 공식적으로 선전포고를 하지 않고, 당초는 '북지사변北支事變', 그 후에는 '지나사변'으로 명명하여 국제법상의 '전쟁'으로 부르지 않았다. 그리고 '사변'으로 잡힌 병사는 포로가 아니며, 국제조약에 구속되지 않는다는 입장을 취했다. 한편, 중국은 조약에 조인하여 비준도 했다. 內海愛子,『일본군의 포로정책』, 2005

루거우차오사건이 발생한 지 1개월 후인 1937년 8월 5일, 육군차관이 통첩을 발했다. 일본은 대중국 전면전쟁을 하고 있는 것이 아니므로, 제네바조약을 모조리 적용하여 행동하는 것은 적절하지 않다. '포로' 등의 명칭 사용도 극히 피하라고 지시하는 내용이었다. 『난징전사자료집』즉, '중일전쟁의 일본군에게는 포로를 인도적으로 대우한다는 관념이 애당초 없었던' 것이다.[16]

인애仁愛의 마음

전장에서 병사의 행동을 규율하는 규범은 국제법만은 아니었다. 일본에는 일본의 독자적인 규범이 있었다. 다소 시간을 거슬러 올라가 보자. 청일전쟁 개전부터 2개월 후인 1894년 9월, 육군대신 오야마 이와오大山巌는 출정 중인 군인, 군부軍夫에게 다음과 같이 훈유訓諭했다.

적은 아무리 잔인하고 무도한 행위를 해도, 이편에서는 문명의 공법에 따라 부상자를 구호하고, 항복한 포로를 애무愛撫하고, 인애의 마음으로 대하여야 한다. 단지 부상자뿐 아니라 우리에게 적대하지 않는 자는 모두 인애의 마음으로

---

16 藤原彰,「난징 공략전의 전개」, 洞富雄 외 편,『난징대학살의 연구』, 1992. 난징사건과 관련된 국제법에 대해서는 吉田裕,「十五年戰爭史研究と戰爭責任問題」,『一橋論叢』, 97권 제2호, 동,『南京事件と國際法』(洞富雄 외 편,『南京大虐殺の研究』수록, 吉田,『現代歷史學と軍事史研究』, 渡邊久志,「南京事件の虐殺者數を再考する(第3回)國際法をめぐる議論と論点1」,「동 2」(잡지『中歸連』51, 52호), 佐藤和男,「南京事件と戰時國際法」등을 참조함.

대하여야 한다. (…중략…) 군인은 천황폐하의 인혜仁惠하심을 마음에 새기고, 용감하고 인애함을 널리 해외에 드러낼 때가 바로 지금이다. 한층 이에 주의하라.『東京朝日新聞』, 1894.9.28

헤이그조약을 채택하기 5년 전에 오야마는 일본 군인이 지켜야 할 윤리규범을 제시하고 있었다. 그러나 현실이 이대로였던 것은 아니다. 1894년 11월 하순, 중국 뤼순旅順에서 민간인을 포함한 다수의 중국인을 학살한 것은 오야마가 사령관으로 있던 제2군이었다. 한 병사가 이때의 모습을 일기에 남겼다.

우리가 뤼순마을에 진입하자, 일본 병사의 목 하나가 길옆 장대에 걸려 있었다. 우리는 이를 보고 분노를 참을 수 없고 힘은 넘쳐나 지나 병사를 보면 가루로 만들어 버리겠다고 벼르고 뤼순 내에서 사람을 보면 모두 죽여 버렸다. 따라서 도로에는 시체가 넘쳐나 행진하는 것도 두 배나 불편했다. 인가가 있어도 모두 죽이고 대체로 한 인가에 2~3인에서 5~6인 시체가 없는 집이 없었다.岡部牧夫,「병사가 본 청일전쟁-窪田仲藏의 종군일기」,『創文』, 1973.11·1974.1·3·4월호

청일전쟁은 조선의 지배권을 둘러싼 일본과 청국의 전쟁이고, 조선도 또한 전쟁터가 되었다. 조선의 농민은 동학농민군을 조직하여 일본군의 침공에 저항했다. '될 수 있는 한 적을 죽이지 않는다'는 것을 행동규범으로 하고, 근대적인 병기를 갖지 않았던 농민군은 일본군의 무력에 압도당했다. 농민군 전사자는 3만 명에서 5만 명을 추정하고 있으며趙景達,『이단의 민중반란-동학과 갑오농민전쟁』, 1998, 포로 학살이 이루어진 것도 종군 병사의 일지 등에서 명백히 나타나고 있다.井上勝生,『메이지일본의 식민지 지배』, 2013, 上丸洋一,「동학농

민전쟁의 흔적을 찾아서」, 『朝日新聞』, 2019.1.15.~21

청일전쟁으로 1895년 4월에 강화조약이 체결되었다. 이로 인해 중국은 일본에게 랴오둥반도, 타이완 등을 할양하게 되었다. 그 후 일본은 할양에 반대하는 타이완 주민을 탄압하기 위해 타이완에 군대를 파병했다. 거기에서 '토비土匪 ′토착 무장집단를 학살했다고 한다. '퇴역 상등병'의 증언이 난징 침공 당시 신문에 게재되어 있다.

(1896년 1월) 13일에는 (타이완의) 가오슝高雄에 도착했습니다. (…중략…) 상륙과 동시에 전투 명령이 내려 토비 토벌입니다. 오마치 도요고로大町豊五郎 중위라는 이가 저의 소대장인데 검도의 대가입니다. 일본도를 다섯 여섯 자루나 갖고 있어서 부하인 저도 한 자루 받아 허리에 차고 정말 많이 베었어요. 많은 날은 원주민의 목을 28이나 벤 기억이 있습니다. 개선한 아침, 일등병으로 진급해서 그날 오후에는 상등병으로 진급했습니다.「진중월년회고(陣中越年懷古), 지상 좌담회」, 『大阪朝日(奈良版)』, 1938.1.5

1904년 2월 10일 일본이 러시아에 선전포고하여, 러일전쟁이 시작되었다. 4일 후인 14일, 육군은 「포로취급규칙」을 정했다. 그 제2조에 이렇게 정하고 있다.

포로는 박애의 마음으로 취급하고 결코 모욕 학대해서는 안 된다.

러일전쟁에서 일본은 국제법 준수를 의식하여 '러시아군 포로 약 7만 9,400명 중 약 7만 2,400명을 일본 국내 29개소에 설치된 포로수용소에 수용, 일본에서 해방되고 사망한 자 등을 제외하고 약 7만 1,900명을 후

제3장 | 여러 가지 100인 참수(斬首)   193

에 러시아로 인도했다'고 육군대신관방 보고서 「1904·5년 전역戰役 포로 취급 전말顚末」1907은 기록하고 있다.

이 보고서에서 육군대신 데라우치 마사다케寺内正毅는 포로에 대해 '인정人情의 원리와 공공의 양심'에 입각하여 국제조약 규정 이상의 '우대'를 제공했음을 자화자찬하고 있다. 그 후 1912년에 헤이그조약이 공포된 것은 이미 언급한 대로이다. 이해의 12월에 만들어진 군인용 수양서『명예심의 수양』波多野春房은 다음과 같이 역설하고 있다.

> 육전陸戰의 법규 관례 제23조 '특히 금지하는 것'의 1항에서 '무기를 버리고 또는 자위 수단이 더 이상 없어서 항복을 구하는 적병을 살상하는 것.
> 그러나 명예심이 있는 자는 가령 이러한 금지가 없다고 해도 애당초 무기를 버린 자, 그 외 자위 수단이 고갈된 약자를 살상하는 것은 있을 수 없을 것이다. 궁지에 몰린 새가 주머니에 들어오면, 사냥꾼도 이를 불쌍히 여긴다고 한다. 이것은 인류의 자연스러운 정情이다.

이러한 조약이 없더라도, 명예심이 있는 자라면 무기를 버리고 투항한 자를 살상하는 일은 있을 수 없다고, 그것이 인류 보편의 정서라고 한 것이다. 일본 독자의 '황군의 윤리'는 보편적 인도·인류과 연결되어 있다. '포로의 처형, 학살은 전투행위의 범주 내에서 허락된다'는 자의적 해석이 가능한 여지는 어디에도 없다.

이 책을 인쇄, 발행한 곳은 육군성 구내에 인쇄소를 갖고 있던 천류당川流堂 고바야시 모토시치小林又七이다. 육군성이나 육군 군인이 저술한 도서나 지도를 전문으로 취급하는, 말하자면 육군성 지정 출판사였다. 이 점에서 볼 때『명예심의 수양』은 사실상 육군성이 공인한 내용을 담고 있다고 해도 될 것이다.

군신軍神의 충고

루거우차오사건에서 2개월이 지난 1937년 9월 14일, 화북 산서성에서 37세의 육군 중좌, 스기모토 고로杉本五郎가 전사했다. "너희, 나를 본받고 싶으면 존황尊皇을 지켜라. 존황정신이 있는 곳에 늘 내가 있다네"라는 글을 종군수첩에 남긴 진정한 존황주의자였다.

전사한 당일, 도쿄의 출판사에 스기모토가 전쟁터에서 작성한 원고가 도착했다. 스기모토의 유작이 된『대의大義』의 마지막 4장 분량제17장부터 제20장이었다.

다음해 1938년 5월에『대의』가 평범사平凡社에서 출판되었다. 제17장「전쟁」에는 많은 복자伏字가 있었다. 복자가 된 부분은 일본군을 비판한 다음과 같은 내용이었다.

한번 적지를 점령하면, 적국 민족이라는 이유로 살상하기를 그치지 않았으며, 약탈하기를 멈추지 않았다. 안타까운 일이다. (…중략…) 이리하여 이번 전쟁은 제국주의 전투로 망국의 서전緒戰이라고 사람들이 말하는데 누가 무어라고 항변할 수 있을까?[17]

---

[17] 복자(伏字) 부분의 복원은 호라 도미오(洞富雄),『결정판 난징대학살(南京大虐殺)』(1982)에 의함. 호라는 역사학자 이에나가 사부로(家永三郎)로부터 이에나가가 소장한 등사판본(1943년 인쇄)을 제공 받아 이 책에서 인용했다. 일본국립국회도서관에 소장된 것으로 1945년 이후에 간행된『大義』는 다음과 같다.
①『大義』(현대일본사상대계 4), 筑摩書房.
②『杉本中佐遺著「大義」』, 大義會, 1966.
③『杉本五郎中佐遺著「大義」』, 전 163연대제1대대본부 전우회 발행, 1989.
④『軍神杉本中佐遺著大義』, 大義研究會 개정 제2판, 2001.

스기모토에게 '황군'이란 '신神의 장수' '신神의 병사'이며, '황국의 전쟁'이란 '성전聖戰, 신전神戰, 대자비심행大慈悲心行'이어야 했다. 스기모토는 '적국 민족'이라는 이유로 살상을 좋아하는 군의 상황은 '존황尊皇'의 성스러운 정신에 반하고 있다고 준엄하게 충고했다. 저항의 뜻이 없는 투항병이나 포로를 살해하는 것이 '황군의 윤리'에 반하는 것은 명백했다. 『대의』는 그 후에도 베스트셀러가 되어 스기모토는 '군신軍神'으로 불리게 되었다.

그런데, '난징학살 소수론'의 입장에 선 이타쿠라 요시아키板倉由明는 이렇게 말하고 있다.

> 포로 살해라는 것은 종전 후 문제가 된 것으로, 당시 군인 중에도 혹은 일본인 저널리스트 중에도 그것을 중대한 '문제'로 인식한 일본인은 거의 없습니다.
> 「松井石根日記 개찬(改竄)에 관하여」, 『문예춘추』 64, 1986

이 기술은 사실이라고 할 수 있을까? 그동안 살펴본 대로 포로 살해 장면을 묘사한 기사는 거의 없다. 그것은 당시부터 인도적, 혹은 '황군의 윤리'에 비추어 중대한 '문제'라고 인식되었기 때문에 신문지상에 등장하지 않았을 것이다.

1940년 9월 19일, 군의 기강을 다잡으려는 육군성은 「지나사변의 경

---

⑤ 『大義 杉本五郎中佐遺著』, 황국사관연구회 복간 제2판, 2007.
⑥ 『大義 杉本五郎中佐遺著』, 大義研究會 개정제3판, 2019.
이들 중 ①은 복자가 있는 제17장 이하를 수록하지 않았다. ②는 복자 뒤를 (…중략…) 31장 이라 하고, ③과 ⑤는 복자를 보완하고 있다. 그런데 ④와 ⑥은 앞에 인용한 "한번 적지를 점령하면 적국 민족이라는 이유로……"를 포함한 구절을 지운 다음, 지운 사실 자체를 표시하지 않았다. 즉 복자 부분을 ○○○ 등으로 표기한 1938년에 발간된 원본에서 더욱 후퇴한 것이다. 역사의 은폐라고 하지 않을 수 없다. ④의 후기에 의하면 이 책 간행에 임하여 난징학살 부정론자인 다나카 마사아키(田中正明)가 추천사를 제공했다.

험에서 본 군기軍紀 진작 대책」[18]을 관계 육군부대에 통첩했다.

사변 발발 이래 실정을 살펴보니, 혁혁한 무훈武勳이 있는 반면, 약탈, 강간, 방화, 포로 참살 등 황군로서의 본질에 반하는 수많은 범행을 저질러서 성전聖戰에 대한 내외의 혐오, 반감을 초래하고 성전 목적 달성을 곤란하게 하는 것은 유감으로 여기는 바이다.

육군성은 '약탈, 강간, 방화, 포로 참살'이 다발하는 것을 중대한 문제로 파악하고 우려하고 있었다. 이렇게 해서는 '성전'이라 할 수 없으며 중국 민중의 반감을 초래하지 않을 수 없다고 하였다.

저자가 이렇게 말하면, '이상론이다', '전쟁은 그렇게 녹녹한 것이 아니다'라는 반론을 제기할지 모른다. 그러나 그것은 오해다. '약탈, 강간, 방화, 포로 참살' 등은 황군이 해서는 안되는 행위라고 한 것은 저자가 아니라, 당시의 육군 중추이다.

---

[18] 일본 아시아역사자료센터 소장. Ref.C1512012900.

제4장

잔적殘敵 소탕

1. 기자 입성

1937년 12월 13일 미명부터 이른 아침에 걸쳐 교토 제16사단, 가나자와 제9사단, 구마모토 제6사단 등의 부대가 난징성 안으로 진입했다.

각 부대는 '패잔병'[1] 소탕을 개시했다.

기자들도 포탄으로 파괴된 성벽을 기어오르며 부대의 뒤를 따라갔다. 그중에도 전차戰車에 동승하여 성문 돌파를 꾀한 기자도 있었다. 『요미우리신문』 우키시마浮島 특파원은 동료 카메라맨과 함께 후지타藤田 전차부대독립 경장갑차 제2중대, 후지타 사네히코(藤田實彦)대장 전차에 동승하여 중화문中華門 일등 입성을 감행했다.

기자는 저절로 '저 적을 모두 죽여 줘!'라고 전차에서 크게 외쳤다. '좋아, 해줄게!'라고 쓰치야土屋 오장이 대답한다. 「본사 기자, 피의 동승기」, 『讀賣新聞(宮城版)』, 1937.12.18

신문 각사는 그 후의 보도에서 성문 여기저기에서 일등 입성이라는 둥, 부대 중에 일등 입성이라는 둥 여러 가지 방식으로 '일등 입성'을 선전하며, 그 '분투' 모습을 칭송했다.

일본이 선물한 쑨원 동상

『도오일보東奧日報』아오모리(靑森)현 특파원, 당시 37세의 다케우치 슌기치竹內俊吉는 13일 오전 7시 40분, 교토 후쿠치야마福知山 보병연대의 주력과 함께 난징성의 동쪽인 중산문中山門 위로 기어 올라갔다. '동맹통신'의 카메

---

1 중일전쟁 보도에서 일본 신문은 중국병사를 '패잔병', '잔병(殘兵)'으로 표현하는 경우가 대부분이었다.

라맨 등 여섯 명의 보도관계자와 함께 기자로서 '중산문 일등 입성'을 달성했다. 부대는 동쪽을 향해 정렬하여, '천황폐하 만세'를 삼창한 가운데, 다케우치는 "(보도진) 중 홀로 아오모리현 출신으로 백만 현민縣民의 총의를 대표하여 목청이 터지도록 '천황폐하 만세'를 외쳤다." 「백만 현민을 대표하여 화답」, 『東奧日報』, 1937.12.21 그 후 다케우치는 성으로 들어가 "중산문에서 약 5정약 500미터 정도, 난징 정치지구의 한가운데에 있는 중국 헌병훈련소의 일실을 점령하여 여기에 '『도오일보』 난징 숙사'라고 적은 종이를 꺼내 일장기와 『도오일보』 깃발을 내걸었다.

『오사카 아사히신문』의 특파원 모리야마 요시오守山義雄는 후쿠이福井, 사바에鯖江 보병 제36연대를 따라 광화문으로 입성했다. 군관학교 옆의 포병 진지에 네 대의 15cm 포가 있었다. 모리야마는 이 대포에 '1927년 오사카 공창大阪工廠'이라는 글자가 새겨져 있는 것을 보았다. 중국군의 대포는 일본제였던 것이다. 군관학교 교정에는 삼민주의를 주창한 중국혁명의 지도자, 쑨원의 동상이 서 있었다. 뒤편의 명문銘文을 읽으니, '민국18년1928 일본 우메야 쇼기치梅屋庄吉 제조'라고 되어 있다. 우메야 쇼기치는 쑨원을 특히 경제적으로 지원한 일본인으로 1934년에 사망했고, 영화회사 '일본활동사진닛카쓰(日活)'의 창업자 중 한 사람이기도 했다.

모리야마는 동료 기자와의 좌담회에서 다음과 같이 말했다.

> 일본에서 보낸 동상을 경모敬慕의 마음으로 올려다보며, 그 앞에서 (중국병사가) 항일 훈련을 하고 있었다고 생각하니 감개무량했어요. 「본사 보도진 좌담회」, 『朝日新聞』, 1937.12.17

모리야마는 우메야가 소망한 '일중제휴'가 이루어지지 못하고 일본군이 중국에 침공하게 된 것에 대한 한탄을 '감개무량'이라는 네 글자에 담았을지 모른다. 참고로,『오사카 아사히신문』의 지면에는 우메야 쇼키치의 이름을 '○○○○'로 복자 처리했다. 쑨원을 지원한 일본인 이름을 쓰는 것을 꺼린 것일까? 『아사히신문』 취재진은 중산문 옆의 근대적 병원인 중앙병원 옥상에 임시지국을 개설했다.「아아, 경사스런 난징 입성」,『東京朝日新聞』, 1937.12.15

〈그림 1〉 난징 중앙군관육군학교 강당 앞의 쑨원(孫文) 동상
角野 특파원 촬영,『지나사변화보』 11집(1938.1.27), 아사히신문사

국민정부 청사에 펄럭이는 일장기

12월 13일 오후 3시,『도쿄 니치니치신문』,『오사카 마이니치신문』의 기자들이 중산문에서 곧바로 중산로로 들어가, 국민정부 청사에 도착했다. 가나자와 제9사단 산포병 제9연대의 제1대대장 히도히라 다카오比土平 隆男 등이 기자들과 함께 국민정부 문 위에 걸린 청천백일기를 내리고, 새 일장기를 올렸다.

카메라맨 사토 신주佐藤振壽는 지참한『도쿄 니치니치신문』의 사기社旗를 동행한 난징 지국장에게 건네고, 병사들에게 작은 일장기를 나눠 주고 문 위로 올라가도록 부탁했다. 그리고 중앙 국기게양대에 일장기가 올라가고, 지국장이 신문사 깃발을 흔드는 광경을 '국민정부의 문자가 확실히 보이는 카메라 앵글로' 촬영했다.佐藤,「종군이란 걷는 것」,『난징전사자료집』 2 기자들은 성안으로 울려 퍼지도록 만세를 외쳤다.「국민정부 옥상 감격의 만세」,『東京日日新

제4장 | 잔적(殘敵) 소탕 203

聞』, 1937.12.14[2]

　오후 5시 반, 성 안 고루鼓樓 지구에 있는 일본대사관이 구마모토연대에 의해 확보되었다. 여기에서도 일장기가 옥상 높이 게양되었다. 동 연대에 종군한 『마이니치신문』의 안요지安養寺, 무라카미村上 두 특파원은 구마모토연대 병사의 호위를 받으며 성 안 동인가同仁街에 있는 난징지국으로 향했다. 지국에 도착하자 입구는 벽돌을 쌓아 막아놓았다. 뒤쪽으로 돌아가니 그쪽도 막혀 있었다.

　그때 옆쪽에서 정규병인 패잔병이 서성거리는 것을 발견한 병사는 '해치우자!'며 달려들어 총 한발에 사살했다. 건물 안은 모르지만 부근 상태로 봐서 엉망으로 어지럽혀진 것 같다. 곧바로 문패도 없는 문에서 '오사카 마이니치, 도쿄 니치니치 난징지국 도착, 안요지, 무라카미'라고 적었다.「대사관의 국기」, 『大阪毎日新聞』, 1937.12.14

　13일의 전투에 대해 나라奈良 보병 제38연대의 군조軍曹가 후에 『오사카 아사히신문』에 기고했다.

　(12월) 13일에는 일찌감치 화평문和平門 성 머리 높이 대일장기를 내걸 수 있었습니다. 때는 마침 오후 2시. 이 감격은 그저 눈물이 앞설 뿐이었습니다. 우

2　1938년 1월 23일 자 『후쿠이(新聞)신문』에 게재된 향토 출신 소위가 보낸 편지에 다음 내용이 있는데 사토 신주의 회상과 일치한다. "12월 13일 난징이 함락하여 포병으로 일등입성을 하고, 이어 보병대에 앞서 국민정부 참모본부에 제일 먼저 들어갔습니다. 소수의 잔적(殘敵)을 내쫓으며 도중 야포 고사포를 포획하여 국민정부 앞에 도착. (…중략…)제일 먼저 옥상 높이 걸린 청천백일기를 내리고 히도히라 부대장이 직접 일장기를 게양대에 올렸는데, 저절로 터지는 만세 함성은 눈물과 함께 펼쳐지고 있었습니다."

〈그림 2〉 난징 국민정부 청사 (2024년 12월 저자 촬영)

〈그림 3〉 국민정부 청사에 게양된 일장기
1937.12.17. 14시에 가와무라 특파원이 촬영,
『지나사변화보』 11집, 1938.1.27

리들의 □□소탕지역만으로도 수만 명의 겹쳐진 시체가 발 디딜 틈도 없이 시체의 산, 피의 강이 펼쳐져 있고, 싸울 의지를 상실하여 도망가거나 당황하고 있는 적에게는 오히려 연민을 느꼈습니다.「극도로 무자비한 백병전, 스케가와(助川)부대 야마모토(山本) 군조의 진중록(陣中錄)」, 『大阪朝日新聞(奈良版)』, 1938.1.14

나라연대가 소탕을 담당한 지구에는 중국 병사의 시체가 다수 뒹굴고 있고, 전의를 상실하여 도망가는 중국 병사들이 있었다고 보도하고 있다. 나라연대가 소속한 교토 제16사단의 사단장, 나카시마 게사고 中島今朝吾 는 이 날을 일기에 남겼다.

대체로 포로는 만들지 않는다는 방침이므로, 무조건 이를 처리하도록 하고 있다. 그렇지만 천, 오천, 일만 명의 군중 규모가 되면 이들을 무장 해제시키는 것조차 어렵다. 단지 그들이 완전히 전의^{戰意}를 잃고 순순히 따라오니까 안전하지만, 이들이 일단 소동을 일으키면 처치가 곤란하므로 부대를 트럭으로 증파하여 감시와 유도^{誘導}를 맡겨 13일 저녁은 트럭의 대활약이 필요했다.『난징전사자료집』

미국 신문기자가 보도

한편, 난징에 남아 취재하던 『뉴욕타임즈』 특파원 틸먼 더딘^{Frank Tillman Durdin}은 12월 13일 성 안의 모습을 다음과 같이 보도했다.

> 월요일(12월 13일) 시내 동부 및 북부지구에서 전투를 계속하는 중국군 부대가 가득 있었다. 그러나 독 안에 든 쥐가 되어버린 중국 병사 대부분은 싸울 기력을 잃고 있다. 수천 명의 군대가 외국 안전구 위원회에 출두하여 무기를 제출했다. (…중략…) 무력한 중국군 부대는 거의 무장을 해제하고 투항만 할 뿐인 상황임에도 불구하고, (일본군에 의해) 계획적으로 체포되어 처형당했다. 안전구 위원회에 그 처분을 맡기고 난민센터에 몸을 의탁한 수천 명의 병사는 조직적으로 운송되어 뒤로 손이 묶인 채 성문 밖 처형장으로 연행되었다. 참호에서 난을 피한 소규모 집단은 발각되어 길가에서 사살당하던지 칼에 찔려 죽었다. 그리고 사체를 참호에 처넣어 묻어 버렸다.『뉴욕타임즈』, 1938.1.9[3]; 남경사건조사연구회 편역, 『南京事件資料集1 – 미국관계자료집』, 1992

앞에 인용한 나라연대 군조의 글과 나카시마 게사고의 일기 기술, 그리고 더딘의 기사는 중국 병사가 완전히 전의를 상실하고 있었다는 점에서 일치하고 있다. 그런 중국 병사를 일본군은 무조건 모조리 살해했다. 그

---

[3] [역주] 기사 원문은 Japanese Atrocities Marked Fall of Nanking After Chinese Command Fled, Tillman Durdin By Air Mail, New York Times, 1938.1.9.

뿐 아니었다.

연령, 성별에 구별 없이 일본군은 민간인도 사살했다. 소방관이나 경찰관은 흔히 일본군의 희생자가 되었다. 일본 병사가 다가오는 것을 보고 흥분하거나 공포를 느끼고 도망가는 자는 누구라도 사살당할 위험이 있었다.^{위의 자료}

기사를 작성한 더딘은 이때 30세. 상하이에서 기자 활동 중 중일전쟁이 개시되어 『뉴욕타임즈』에 채용되었다. 난징 침공 취재가 『뉴욕타임즈』에서의 첫번째 일이었다^{笠原十九司, 「解說」, 『南京事件資料集』 1}. 난징에 남은 이유에 대해 더딘은 '특종이 될 것이라고 생각해서'라고 훗날 대답했다.^{笠原十九司에 의한 인터뷰, 『南京事件資料集』 1}

이기고 돌아올게

'동맹통신' 기자단은 13일 저녁, 승용차 두 대와 트럭 한 대에 분승하여 중산문을 통해 난징으로 입성했다. 난징 지국장 나카무라 노부오^{中村農夫}만 혼자서 난징으로 가는 도중에 잡은 조랑말을 타고 성문을 통과했다. 일행은 군관학교 앞에 있던 헌병대 건물 일부를 우선 야전지국으로 삼았다.^{前田雄二, 『전쟁의 흐름 속에서』, 1982}

『도쿄 니치니치신문』의 카메라맨, 사토 신주 일행은 중산문에서 약 2km 지점에 있던 「여지사^{勵志社}」_{중국군 장교 친목단체} 집회소를 임시 지국[4]으로

---

[4] 『요미우리신문』은 1937년 12월 17일 시점에 중산반점이라는 큰 요리점 옆에 종군진소(從軍陣所)를 두었다고 당시 동 신문의 임시특파원으로 난징에 체재한 작사가 사이조 야소(西條八十)가 적고 있다. (西條八十, 「찬란했다! 난징 입성식(燦たり!南京入城式)」, 『話』, 文藝春秋社, 1938.7월호 임시증간호)

제4장 | 잔적(殘敵) 소탕 207

하였고, 난징성 안에서 첫 번째 밤을 맞이했다. 연락원, 자동차 운전수 등도 합하여 모두 54인이 모였다.「명랑, 난징 제1신」,『東京日日新聞』, 1937.12.15

『마이니치신문』후쿠시마 특파원은 그날 밤의 모습을 이렇게 적었다.

> 달이 떠올라 바깥은 낮처럼 밝다. 여기저기서 입성 첫날밤을 맞이한 병사들이 모여서 지핀 모닥불이 아름답다. 그리고 여기저기서 들려오는 노래는 놀랍게도 '야영의 노래露營の歌'[5]이다. 아아, 저 8월 이래 간난을 겪으며 오늘을 마지막 희망으로 열심히 싸워온 용사의 승리의 잔치다. 기쁨의 노래다. 잔디에서는 밤이슬을 맞으며 군마軍馬 무리가 꾸벅꾸벅 졸고 있다.「달빛 아래, 야영의 노래, 난징 입성 첫날밤의 용사」,『東京日日新聞』, 1937.12.14

> '이기고 돌아올게' 라며 씩씩하게
> 맹세하고 고향을 떠났으니
> 공을 세우지 않으면 죽어도 좋아

난징의 겨울 밤하늘로 병사들의 노랫소리가 빨려 들어갔다.

---

5 『도쿄 니치니치신문』,『오사카 마이니치신문』이 현상 공모한 가사에 고세키 유지(古關裕而)가 작곡하여 1937년 9월에 레코드로 발매, 크게 인기를 끌었다. 교토의 아라시야마(嵐山)에 '야영의 노래비'가 있으며 난징 공략 사령관 마쓰이 이와네(松井石根)가 휘호를 썼다. 이상『고세키 유지 자전-종이여 계속 울려라(古關裕而自傳 鐘よ、鳴り続け)』(1980)에 의함. 또한『미야코신문(都新聞)』은 당시 이렇게 보도했다. "'야영의 노래'는 단연 다른 군소(群小) 레코드를 제압하고 일본 내지 뿐 아니라 북지(北支) 남지(南支)에 동양 평화의 기초 건설의 노동가처럼 널리 불리어, 현재 레코드 판매고는 70~80만을 넘으려 한다고 들린다. '야영의 노래' 작사가 고세키 유지는 이 한 곡으로 갑자기 화제의 중심에 올라 사변(事變)의 파도에 올라탄 시대의 인물 중 한 명이 되었다."(「연말의 정진(精進)이 결실을 맺은 콜롬비아의 고세키 유지(古關裕而)」,『都新聞』, 1937.12.27)

2. 학살을 기록한 종군화가

함락한 지 하루가 지난 12월 14일, 가나자와 보병 제7연대 상등병, 이노이에 마타이치井家又一는 아침 7시에 일어나 난민구難民區로 갔다. 거기에서 이노이에는 신문 각사의 기자들이 왕래하는 것을 목격한다.

난징의 난민구에는 외국인이 지은 대건축이 많았다. 『아사히신문』 기자의 보도로 현장으로 달려갔다. 약 600명의 패잔병이 외국인 건물에 넘쳐나고 있었다. 난징 함락으로 인해 미처 도망가지 못한 것이다. 그 처치를 일본대사관에 맡겼다. 오후 4시까지 잔적 소탕을 마치고 돌아왔다. 거리에 있는 자동차를 징발해서는 일본 병사들이 시내를 돌아다니고 있다. 난징의 마을은 일본군에게 완전히 점령되었다. 신문기자가 여기저기 서성대는 것이 보인다. 아사히, 마이니치, 요미우리라는 신문사 깃발을 펄럭이며 달리고 있다. 중산로에 아사히 난징지국 간판도 내걸려있다. 「井家又一日記」, 『난징전사자료집』

'동맹통신' 특파원은 14일 오전 상공에서 난징 시가를 내려다보았다. 거기에도 '소탕' 광경이 목격되었다.

우화대雨花臺에서부터 성문城門에 걸쳐 점점이, 움직이지 않는 흑점이 우르르 쓰러져 있다. 적군의 배일排日, 항일抗日로 인해 희생의 제물이 된 중앙군의 사체이다. (…중략…) 시가의 북쪽 방면으로 사자대獅子臺 포대를 지나자 성 안 북방에서 자주 총성이 들려온다. 스케가와助川부대가 잔적殘敵을 소탕하고 있는 것이다. 「점령 제1일 난징을 하늘에서 보다」, 『北國新聞』, 1937.12.16

제4장 | 잔적(殘敵) 소탕

기개가 없는 광경

기자들은 난징에서 무엇을 보았는가? 『마이니치신문』 카메라맨인 사토 신주는 14일 아침, 연락원 1명으로부터 '여기 앞에서 뭔가 하고 있다.'는 전갈을 받고 숙사 밖으로 나갔다.

중산동로中山東路 앞, 커다란 대문이 있는 병영과 같은 건물 앞마당에서 100명 정도의 중국 병사가 뒷짐 결박 당하여 바닥에 앉혀지고 있는 모습을 보았다. 그들 앞에서는 5미터 사방, 깊이 3미터 정도의 구덩이가 두 개 패여 있었다.

오른쪽 구덩이의 일본 병사는 중국군 소총을 사용하고 있었다. 중국 병사가 구덩이 가장자리에 무릎이 꿇리어 있는데, 후두부에 총구를 겨누고 방아쇠를 당긴다. 발사와 동시에 마치 곡예라도 하는 것처럼 (중국 병사는) 한번 몸을 구르더니 구덩이 속으로 떨어졌다. 왼쪽 구덩이는 상반신을 벗고 착검한 총을 겨누고 있는 일본 병사가 "다음!"이라고 소리를 쳐서 앉아 있는 패잔병을 일으켜 걷게 하더니 구덩이에 도착하자 "에잇!" 기합을 넣어 외치며 단숨에 등을 찔러 죽였다. 중국 병사는 그 기세로 구덩이 속으로 낙하한다.佐藤振壽,「종군이란 걷는 것」,『난징전사자료집』 2

사토에 의하면, 건물 입구 초소 양편에 '이사伊佐 부대・다나하시棚橋 부대', '다나棚○○ 포로수용소, 노획품 집적소'의 팻말이 있었다고 한다. 이것은 가나자와 보병 제7연대 이사 가즈오伊佐一男 연대장 제3대대를 가리키고 있다.

위의 사토의 수기는 종군 당시의 메모에 근거하여 해행사偕行社에서 펴낸 『남경전사南京戰史』,『남경전사자료집南京戰史資料集』을 참조하여 작성되었다. 전쟁 중에 이와 같은 글이 신문에 보도될 리가 없었다.

그러나 당시 신문에도 학살 광경의 일부를 전한 기사가 실려있다. 『마이니치신문』 취재반에 동행하여 난징에 간 당시 45세의 종군화가 나카가와 기겐中川紀元은 1937년 12월 13일 오후부터 14일 저녁까지 난징성안을 구경하며 다녔다. 거기에서 무엇을 보았는가? 귀국 후 나카가와는 이렇게 기록했다.

지나 민족은 전쟁은 체질에 맞지 않는다고 말한다. '무기를 갖고 전쟁에서는 지더라도 조상이 물려준 넓은 땅이 있으니 쓰촨四川에서도 산시陝西에서도 어디로든 도망가 장기 항전을 하자'고 요순堯舜 시대 이래의 '만만디[漫漫的]'를 작정하고 있다. 그런데 그 자리에서 개인으로서 좀 더 죽을 힘을 다해 왜 저항하지 못하는가? 난징 공략 후에 여기저기에서 수백 명이 한 무더기가 되어 끌려가는 포로를 보고, 이 정도의 숫자가 있는데 힘이 다할 때까지 투지를 보이지 않는 것은 왜일까 의심스러웠다. 국가 관념이나 전쟁에 대한 자세가 다른 점도 있겠으나, 아무래도 기개가 없는 광경이다.[6] 눈앞에서 허무하게 최후를 맞이하는

---

[6] 중국 병사의 '기개가 없음'(관점을 바꾸면 미련이 없음)에 놀란 것은 나카가와 뿐은 아니었다. 『시모쓰케신문(下野新聞)』의 이나바 가쓰마사(稲葉勝政) 기자는 다음과 같이 적었다. "우리 제국 군인이라면 포로가 된 경우, 이렇게 간단히 호락호락 잡힐까? 대적할 수 없다고 생각해도, 마지막까지 싸우는 것이 일본인이다. 이렇게 생각한 순간, 순순히 잡혀 온 지나 병사를 질타하기 전에 불쌍한 생각을 금할 길이 없다. 총검을, 칼을, 눈앞에 내밀며 "메이화츠(할 수 없다)"라고 한마디 내뱉고 아무렇지 않게 모가지를 앞으로 내미는 모습이다". (「포기가 빠른 지나 병사」, 『下野新聞夕刊』, 1937.12.21)
단 중국 병사는 "완강히 저항했다"고 한 기사도 많으며, 쉽게 체념하는 것이 중국 병사의 일반적 경향이라고는 할 수 없다. 또한 서장에서 인용한 것처럼 영화 카메라맨 시라이 시게루(白井茂)는 종전 후에 이렇게 말했다. "학살 현장은 두 번 봤다. 한 번은 울타리가 있었던 것으로 기억한다. 훨씬 떨어진 곳에서 총살이 이루어졌다. 숫자는 기억하지 못한다. 양쯔강이 아닌 하천에서 기관총으로 쏘는 것을 봤다. 나라면 저항할 것이라고 생각했는데 그들은 순순히 죽음을 기다리고 있는 것 같았다." (鈴木明, 『南京大虐殺のまぼろし』)

제4장 | 잔적(殘敵) 소탕 211

적병, 이들도 부모가 있고 형제 또는 처자가 있을 텐데, 그동안 어떤 생활을 해왔는지, 운이 없는 자들이다. 라고 생각한다.「전장(戰場) 잡담」, 『都新聞』, 1938.4.2

난징성 안의 여기저기에서, 수백 명 규모의 포로가 저항다운 저항도 하지 않고, '기개 없이' '허무한 최후를 맞이하는' 광경을 나카가와는 보고 있었다. 단편적인 기술로 장소 등 구체적인 상황은 알 수 없다. 어렴풋이 그림자 같은 묘사이긴 하나, 집단 학살 광경으로 봐도 틀림없을 것이다.
포로 집단 학살은 기록되고 있었다. 나카가와는 이어서 말한다.

그러나 4억 명이나 되는 사람들 중 한 사람의 생명, 그 4억 대부분이 문명인이 아니므로, 그 계산을 하면, 예를 들어 그 인간이 우연히 다소 교육을 받았거나, 물정에 밝다고 해도, 일본인의 생명처럼 귀한 것은 아닐지 모른다, 라고도 애써 생각하지 않으면, 눈앞에서 맥없이 죽어가는 사람들의 모습은 지켜보고 있을 수 없다.

중국인의 목숨은 일본인의 목숨과 달리 가치가 낮다, 그들의 목숨은 귀하지 않다, 애써 그렇게 고쳐 생각함으로써 나카가와는 자신의 양심과 눈앞의 광경과의 사이에 균형을 맞추고자 했다. 종군하여 강한 충격을 받은 나카가와는 귀국 후 이렇게 회고했다.

전쟁의 현실은 너무나도 그림으로 그릴 수 있는 것이 아니라고 생각했다. 전쟁의 강대한 박력에 두들겨 맞아 무기력하게도 붓이든 뭐든 내던져 버리고 위축되었다는 것이 솔직한 심정이다.「종군에서 돌아와서」, 『美術時代』, 1938.3월호

나카가와는 1892년 나가노長野현 다쓰노마치辰野町에서 태어난 서양화가이다. 도쿄미술학교를 중퇴하고 1919년부터 1921년까지 프랑스에 유학하여 마티스를 배웠다. 1945년 이후 이기회二紀會 창립에 참가, 1964년에 예술원 은사상恩賜賞을 수상했다. 1972년에 79세로 사망했다. 저서에 전쟁 중의 수필을 모은 『행로의 얼룩世路のシミ』1941 등이 있다.

그렇다고 해도 나카가와가 본 것과 같은 광경을 본 신문기자는 없었던 것일까? 있었다고 보는 것이 자연스럽다.

시켜서 살해?

난징성 안에서 무슨 일이 있었는가? 그것은 병사들의 편지에서도 엿볼 수 있다. 병사들은 작전행동의 빈틈을 쪼개 전투 체험 등을 편지로 써서 고향에 보냈다. 그 한 구절을 신문사 지면이 소개했다. 그 대부분은 짧은 글이며 서술도 단편적이다. 또한 병사가 자신의 분투 모습을 강조한 나머지 표현은 다분히 과장되기 쉽다. 그래도 병사 자신에 의한 전쟁 묘사나 심정 토로는 기자의 기사 이상으로 전쟁의 실상을 전하는 부분이 있었다.

당시 신문에서 함락 직후 성 안의 모습을 전한 편지를 몇 가지 모아 보자.

> **후쿠시마현 출신 공병 상등병** 난징에 입성했습니다. 입성해서 특히 눈에 띄는 것은 수만 명의 적병의 사체가 그대로 방치된 것으로 실로 가엾습니다. (…중략…) 적의 수도 난징도 지금은 폐허로 변해서 곳곳의 외국 건축물에 각국의 국기가 꽂혀 있는 것이 눈에 띕니다.「적의 사체를 불쌍히 여김」, 『東京朝日(福島版)』, 1938.1.14

> **야마나시山梨현 출신 일등병** 14일 패잔병 소탕을 하러 갔더니 양민에 섞여

숨어 있던 정규병 등을 색출하고 그 외에 산의 중턱에서도 발견, 포박하여 병사 수는 4~5천 명이 넘어 한때는 감시와 보호를 하느라 애를 먹었습니다.「장렬한 난징 공격의 상보(詳報)」, 『東京日日新聞(山梨版)』, 1938.1.22

쓰津 보병 제33연대 특무병 우리는 12월 13일, 수도 난징에 입성했습니다. 거리는 매우 황폐해져, 지나 병사의 사체가 많은 점에 놀랐습니다. 입성 후에도 패잔병 다수가 출몰하여 우리 대행리大行李[7]도 매일 15~16명의 패잔병을 죽였고, 나도 5명 사살했습니다.[8]

이러한 패잔병 사냥 현장에 신문기자가 있었다는 증언이 있다. 제2야전 고사포병 사령부第2高射砲兵司令部 부관副官인 이시마쓰 마사도시石松政敏는 1945년 이후에 이렇게 말하고 있다.

주의해야 할 점은, 고향의 신문사에서 온 종군기자나 사진반이 원하는 대로, 깊은 생각 없이 던지는 말에 호응하여 많은 (병사들) 중에 (중국 병사를) 찔러 죽이거나, 참수 등의 행동을 했던 바보 같은 놈들도 있었어요. 이러한 보도報道가 오해를 불러일으켰다고 생각합니다.『南京戰史』

기자나 카메라맨이 병사를 부추겨서 중국 병사를 찔러죽이게 하거나

---

7   후방에서 전선으로 식량이나 의류품 등을 운반하는 부대.
8   쓰(津) 보병 제33연대의 「전투상보」는 1937년 12월 10일부터 14일 사이에 3,096명의 포로를 잡아 처단했다고 한다. 또한 12월 13일 '적의 유기 사체'는 5,500명이고, '조치한 패잔병을 포함'이라고 기록하고 있다. (『난징전사자료집』)

참수하도록 부추겼다는 것이다. 그런 기자까지 있었다니 놀랄 일이다. 단, 이시마쓰의 말을 그대로 믿어도 될까? 이러한 내용을 기사로 작성할 수 없다는 것은 당시 전선前線의 기자나 카메라맨은 알고 있었을 것이다. 그런데 이것을 일부러 시켰다니, 믿기 어렵다. 사실, 찔러 죽이거나 참수 현장을 묘사한 기사나 사진은 거의 확인되지 않는다. 따라서 그러한 '보도가 오해를 불러일으켰다'고 하는 이시마쓰의 주장은 사실에 반한다. 만약 병사를 부추긴 기자가 있었다고 한다면, 보도와는 관계없이 단지 재미로 하게 했을 것이다. 그 타락한 도덕성에 대해서는, 유구무언有口無言이다.

3. 『아사히신문』 난징 통신국

『아사히신문』 난징 통신국[9]은 난민구 안에 있었다. 1937년 8월에 상하이로 옮긴 난징 통신국장 하시모토 도미사부로橋本登美三郎와 통신국원 야마모토 오사무山本治는 난징 함락 후 얼마 되지 않아 4개월 만에 통신국으로 돌아왔다. 그때의 모습을 하시모토와 야마모토는 1937년 12월 15일에 발행한 석간의 2명 공동 서명 기사 「4개월 만에 올린 사기社旗」에서 다음과 같이 적었다.

그리웠던 본사 통신국이 있는 대방항大方巷에 발을 내디뎠다. 이 방면 일대는 상하이 남시南市의 피난구와 마찬가지로 안전지대가 되어 10만 명의 시민이 남아있다고 한다. 우선 통신국에 가니, 거기에는 수십 명의 피난민이 우글우글한

---

[9] 정식 명칭은 통신국인데 당시 기자도 '지국(支局)'이라고 기록한 경우가 있다. 인용문에는 원문 그대로 '지국'이라고 적었다.

데, 갑자기 튀어나온 자는 뜻밖에 몇 년동안 고용했던 아마^{阿媽(여성 가정부)}와 '보이'다. 그들은 반가운 나머지 우리들의 가슴으로 뛰어드는 모양새였다. 회사 깃발은 우리가 철수한 지난 8월 15일 이래 만 4개월 만에 다시 적의 수도 난징에 내걸리게 되었다. 혹서^{酷暑} 중에 난징을 철수했던 당시가 생생하게 떠올라, 감개가 없을 수 없었다.

기사에는 '15일 발'이라고 적혀있지만, 하시모토와 야마모토 두 특파원이 통신국에 도착한 일 자가 분명히 적히지 않았다. 15일 발행 석간에 기사가 실려있으니 14일, 혹은 15일 오전에 도착했을 것으로 보이나 특정할 수는 없다. 기사는 『도쿄 아사히신문』과 『오사카 아사히신문』 양쪽 석간에 게재되었다.

마음에 걸리는 점은 『도쿄 아사히신문』 지면에는 앞에 인용한 '수십 명의 피난민'이라고 적혀있는 데 대하여 『오사카 아사히신문』에는 '수천 명의 피난민'으로 되어 있는 점이다. '수십 명'과 '수천 명'은 전혀 상황이 다르다. 왜 이런 차이가 생겼을까? 단순한 오자인지, 무언가 다른 사정이 있었는지, 어느 쪽이 맞는지 알 수 없다.

기사에는 통신국에서 고용하고 있던 가정부와 조수 소년이 '반가운 나머지' 기자의 품에 뛰어들었다고 한다. 그것은 단지 '반가운 나머지'였을까? 일본군에 대한 공포심 때문은 아니었을까? 이렇게 의심하는 이유는 당시 특파원들이 종전 후에 통신국 가까이에서 집단 학살이 있었다고 증언하고 있기 때문이다.

이마이 세이고의 증언
난징 공략을 취재한 『아사히신문』 기자의 한명인 이마이 세이고^{今井正剛}

는 회상기 「난징성 안의 대량 살인」을 『특집 문예춘추』 1956년 12월호에 기고했다. 전 종군기자가 난징 공략을 회고한 수기로써 종전 후 가장 이른 시기에 발표된 글 중 하나이다. 이마이는 이렇게 적고 있다.

중산문으로 들어가자마자 바로 옆에 위치한 곳에 임시지국을 개설한 우리는 15일이 되어 시내도 이제 위험하지 않다고 하므로 아침부터 삼삼오오 구경하러 나갔다. (…중략…) 이 무렵 아사히통신국이 있던 대방항 근처에 도착하자마자 우리는 눈이 동그래져 깜짝 놀랐다. 메인 스트리트에는 사람이 한 명도 보이지 않았는데, 놀랍게도 이 부근은 중국인으로 가득했다. 노인이나 여자, 아이뿐이긴 하나, 어느 집의 창문에서도 불안하게 떨고 있는 눈빛이 주렁주렁했다. 이 지구 일대가 난민 집중구가 되어 있었던 것이다. 며칠 만에 보는 민중의 얼굴이다. 이전 지국에 들어가 보니, 여기에도 20~30명의 난민이 가득했다. 안에서 환성을 지르며 튀어나오는 자가 있었다. 지국에서 고용하고 있던 가정부와 보이였다.

"어이, 무사했어?"

2층으로 올라가 소파에 벌렁 누웠다. 꾸벅꾸벅 기분 좋은 졸음이 쏟아져 우리는 오랜만에 자신의 집에 돌아온 듯한 기분으로 낮잠을 잤다.

"선생님! 큰일입니다. 와 주세요."

가정부가 이마이를 깨웠다. 가까운 공터에서 일본 병사가 중국인을 모아 놓고 죽이고 있다. 근처의 양복점의 양楊 씨와 그 아들도 그 가운데 있었다. 살려달라고 하는 것이다. 이마이는 동료기자 나카무라 쇼고中村正吾와 허둥지둥 밖으로 나갔다. 양씨의 처도 함께였다.

장소는 지국 가까이 석양의 언덕이었다. 공터를 가득 채워 거뭇거뭇한 4~5백 명의 중국인 남자들이 쭈그리고 앉아 있다. 공터 한 켠은 무너진 붉은 벽돌

담이다. 그 담을 향해 6명씩 중국인이 선다. 20~30보 떨어진 뒤에서 일본병사가 소총 일제사격, 픽 쓰러지는 사람에게 달려들어 등에서 총검으로 푹, 최후의 일격을 가한다. '으윽' 단말마의 신음소리가 석양의 언덕 가득히 울려퍼진다.

다음, 다시 6명이다. (…중략…) 도대체 이게 뭔가? 그 주변을 가득 에워싸고 여자와 아이들이 망연히 쳐다보고 있다.

이마이는 옆에 선 군조에게 부탁하여 양복점의 양씨와 그 아들을 구한다.

순식간에 광장은 일제히 일어섰다. '이 선생님에게 부탁하면 목숨을 구할 수 있다'는 생각이 망연자실하던 군중을 깨어나게 했을 것이다. 우리들 외투 자락에 매달리며 군중이 몰려들었다.
"아직도 합니까? 저쪽을 보세요. 여자들이 모두 울고 있지 않습니까? 죽이는 것은 어쩔 수 없다고 해도 여자와 아이들이 보지 않는 곳에서 하는 게 어때요?"
우리는 위세 좋게 소리쳤다. (…중략…) 나와 나카무라는 공터를 떠났다. 몇 번인가 등 뒤에서 울리는 총성을 들으면서.

이마이는 대량 살인의 현장에서 두 남자의 목숨을 구했음에도 불구하고 머릿속에는 아무런 감회도 일어나지 않았다고 술회하고 있다.

모리 교조의 증언

이마이의 회상기에 등장하는 나카무라 쇼고中村正吾는 1939년 12월, 제2차 세계대전 취재 지원을 위해 도쿄에서 런던지국으로 갔다. 그때 마찬가지로 런던으로 출장간 『아사히신문』 뉴욕지국원 모리 교조森恭三를 만났다. 모리는 나카무라에게 난징에서의 체험을 들었다.

그때의 모습을 모리는 나중에 나카무라 쇼고 추도 문집인 『회상 나카무라 쇼고 中村正吾』1970에서 소개했다.

> 그날 밤, 호텔의 난로 앞에서 나카무라 씨는 '난징사건' 이야기를 해 주었다. 그 공포스러운 대학살사건은 일본 신문에는 보도되지 않았으나, 세계 각지에 퍼져 있었다. 나카무라 씨에 의하면 『아사히신문』 난징지국의 보이가 혼자 잡혀 가서 구출하러 달려갔다고 한다. 구출은 성공했다. 일본군 군인들은 자아를 잃어버리고 있었다. 처형당하는 쪽이 오히려 침착했다. '일본인을 그만두고 싶다'고 나카무라 씨는 말했다. '전쟁은 졌어'라고도 했다.

난징통신국의 '보이'를 구했다고 나카무라는 말했다. 모리는 그렇게 기억하고 있다. 근처의 양복점과 그 아들을 구했다고 하는 이마이의 증언과 어긋나지만 살해당하려는 순간에 중국인을 구했다는 것은 일치하고 있다.

아다치 가즈오의 증언

난징 공략을 취재한 『아사히신문』 기자 중 한 사람인 아다치 가즈오 足立和雄는 종전 후에 「난징의 대학살」이라는 글을 저술했다. 역시 난징 공략에 종군한 모리야마 요시오 守山義雄가 1974년에 사망한 후 간행된 『모리야마 요시오 문집』1965, 비매품에 기고한 것이다. 아다치는 다음과 같이 적었다.

> 소화12년1937 12월, 일본군 대부대가 난징을 향해 사방팔방에서 몰려들었다. 그와 함께 다수의 종군기자가 난징에 모였다. 그 중 모리야마 씨와 나도 있었다. 『아사히신문』 지국 옆에 화재로 인해 생긴 광장이 있었다. 거기에 일본 병사의 감시를 받으며 중국인이 긴 행렬을 지었다. 난징에 남아있던 거의 대

부분의 중국인 남자가 편의대라는 혐의로 체포된 것이다. 우리들 동료가 그 중 한 명을 사변 전에 아사히지국에서 고용했던 남자라고 증언하여 구해 주었다.

그런 일이 있고 나서 아사히지국에는 목숨을 구해 달라는 여자와 아이가 찾아왔으나 우리 힘으로는 그 이상 어떻게 해 줄 수 없었다. '편의대'는 그 아내와 아이가 울부짖는 앞에서 잇달아 총살당했다. "슬픈 일이군" 나는 모리야마 씨에게 말했다. 모리야마 씨도 울먹이는 표정을 하고 있었다. 그리고 중얼거렸다. "일본은 이것으로 전쟁에서 이길 자격을 잃었어요"라고.

내지에서는 아마도 난징 공략의 축하 행사로 들끓고 있을 때 우리 마음은 분노와 슬픔으로 전율하고 있었다.

이 글을 쓰고 19년 후인 1984년 가을, 아다치는 난징학살 부정론자의 한사람인 아라 겐이치阿羅健一의 취재에 응하여 다음과 같이 말했다.

난징에 들어간 다음날이니, (12월) 14일이었다고 생각하는데, 일본 군대가 수십 명의 중국인을 총으로 쏘고 있는 것을 보았지요. 참호를 파고 그 앞에 세워 놓고 기관총으로 쏘았습니다. 장소는 확실하지 않지만 난민구는 아니었습니다. 阿羅健一, 『난징사건, 일본인 48인의 증언』

이 학살이 『모리야마 요시오 문집』에 수록된 집단 학살과 같은 것을 가리킬까? 아다치는 학살을 본 것은 '그 한군데'라고 말하고 있어서 그렇다고 한다면, 같은 현장이 된다.

이 취재 중에 아다치는 "(일본군이 난징성 내외에서) 포로를 학살했다는 이미지가 있을지 모르나, 그것은 전투 행위와 혼동하고 있습니다. 분명히 포로라고 인지한 자를 학살하지는 않았다고 생각합니다"라고 적어 학살을 정당화하고 있다.

그러나 무기를 갖지 않은 무저항의 '중국인 남자 거기에는 민간인도 포함되어 있었다'가 '편의대'로 간주되어 잇달아 총살당하는 것을 눈앞에서 보고 분노와 슬픔으로 전율했다고, 누구에게 강요당하지 않은 채 기술한 것은 아다치 자신이지 않았는가?

와타나베 마사오의 증언

또 한 사람, 전 『아사히신문』 기자의 증언이 있다. 『오사카 아사히신문』 기자인 와타나베 마사오 渡邊正男 는 1938년 3월에 신설된 우후 蕪湖 지국에 근무하게 되어 처음의 10일 정도를 난징에서 지냈다. 그 무렵 특파원 모리야마 요시오는 아직 난징에 머무르고 있었다. 와타나베는 매일 밤, 통신국의 모리야마의 방을 찾아가 이야기를 나누었다. 별채에는 통신국에서 오랫동안 고용되어 있던 중국인, 조명덕 趙明德 가족이 살고 있었다. 와타나베는 「상하이, 난징, 한커우, 55년째의 진실」이라는 수기 『별책 문예춘추』 1993.1월호 에서 당시를 회상하고 있다. 와타나베의 기억으로는 모리야마가 다음과 같이 말했다고 한다. 이하, 요지

1937년 12월 21일 정오가 지나서 통신국에 조명덕의 처가 달려와서 말했다. "아들이 난징 시가에서 일본군에게 잡혀 트럭으로 샤칸 下關 쪽으로 끌려갔어요. 죽일 거예요. 살려 주세요."라고. 차를 타고 급히 쫓아가니, 약 300명의 중국인 남성이 장강 長江 을 향해 서 있고, 다섯 대의 기관총이 "쏴!"라는 명령을 기다리고 있었다. 모리야마는 우연히 거기에 있던 안면이 있는 장교에게 부탁하여 아들을 구해 주었다. 모리야마가 차를 타고 떠나자, 기관총의 연발음이 울려 퍼졌다.[10]

이상의 증언을 보면, 『아사히신문』 난징통신국과 관계가 있던 중국인을 『아사히신문』 기자가 집단 학살 현장에서 구했다는 근간 부분은 일치한다. 단, 그 장소는 이마이와 아다치가 통신국 근처의 언덕이나 광장이었다고 한 것과 달리 와타나베는 샤칸이었다고 한다.

모리야마는 어느 쪽의 증언에도 등장하고 있으며, 통신국 근처와 샤칸 양쪽에서 학살을 목격했을지 모른다. 단, 모리야마는 난징 공략 당시 체험을 글로 남기지 않았다. 2007년 『아사히신문』에 연재된 「신문과 전쟁」에서 저자는 난징 시리즈 전체 15회분을 담당했다. 그때 모리야마의 여동생을 취재했는데, 모리야마는 난징에서 무슨 일이 있었는지, 가족에게 말한 적이 없었다고 했다.

중국 측의 증언

『아사히신문』 난징통신국 부근에서의 집단 학살을 둘러싸고 중국 측의 증언도 있다. 난징 공략에 종군한 전 일본군 장병이나 중국인 피해자 취재를 오랫동안 계속한 마쓰오카 다마키^{松岡環}의 편저인 『난징전^{南京戰}, 찢어진 수난자의 영혼』²⁰⁰³에 다음 증언이 수록되어 있다. 증언자는 1914년 11월생. 난징 함락 당시 23세였던 유영흥^{柳永興}이다.^{이하, 요지}

일본군의 난징 입성 전날인 12월 12일. 그동안 살았던 곳에서 난민구 내의 대방항^{大方巷}으로 이사했다. 일본 아사히신문사의 옆이었다. 2, 3일 지나 일본군

10　당시 난징에서 모리야마(守山)와 함께 취재 활동을 한 전 『아사히신문』 기자 히라마쓰 요시가쓰(平松儀勝)도 "학살사건에 관해서는 모리야마 씨가 선착장에서 중국병사를 사살하는 것을 봤다고 분개하고 있었기 때문에 잘 기억하고 있다"고 1945년 이후에 증언하고 있다. (鈴木明, 『南京大虐殺のまぼろし』) 선착장이란 샤칸(下關)을 가리키는 것으로 보인다.

이 난징 시내에 들어왔다. 15일 오후, 집에 일본 병사가 와서 나와 동생을 밖으로 끌어냈다. 우리는 아사히신문사의 건너에 있는 공터로 연행되었다. 일본인 통역이 '일본군 군함이 샤칸 부근에서 짐을 내리니, 도와달라'고 말했다. 모인 4,000명에서 5,000명의 사람들이 이동하게 되었다. 8명씩 열을 지어 제일 앞은 국민당 경찰관, 뒤는 일반 남자이고, 나와 근처의 안면이 있는 30명 정도는 행렬의 뒤쪽에 붙어서 갔다.

나와 동생은 샤칸 인근으로 끌려갔다. 여기에서 살해되느니 장강에 몸을 던져 자살하자고 결심했다. 곧 일본군이 열의 맨 끝에서부터 20인씩 끌어내어 조금 떨어진 장소에서 기관총으로 죽이기 시작했다. 동생은 총탄을 맞았다. 주변 사람들도 픽픽 쓰러졌다. 날은 완전히 저물어 있었다. 일본군이 사체 더미 위에 올라가 신음소리 내는 사람을 발견하면 총검으로 찔러 절명시켰다. 나는 나룻배의 응달에 숨어 사체와 함께 물에 잠겨 숨죽이며 죽은 척했다. 한밤중, 일본군이 철수했다. 살아남은 자는 나와 7, 8명 정도였다. 나는 사체가 떠 있는 강에서 기어나와 동생을 찾았으나 어두워서 찾을 수 없었다. 일본병이 가솔린 같은 것을 사체에 뿌려 불을 지르고 있었다. 아마 동생도 불에 탄 것이 아닐까? 숨죽이며 울었다.

난징사건에 관한 중국 측의 자료를 모은 『침화 일군 남경 대도살 당안侵華日軍南京大屠殺檔案』1987에 대방항大方巷 광장의 집단 학살에 관한 자료가 수록되어 있다. 그 하나는 아들을 일본군에게 학살당한 서가록徐嘉祿이라는 인물이 1945년 10월, 난징 시정부市政府에 제출한 상신서이다. 서가록은 이렇게 서술했다.

나는 대대로 난징에 살며 장사를 하고 있었는데, 민국 26년1937 수도가 위험해졌을 때, 가족을 데리고 난민구로 가서 고루鼓樓 오조항五條巷 4호에 살았습니다. 얼마 후 수도가 함락하고 우리는 집 안에 숨었는데, 뜻밖에도 그 해 12월 16일 오전, 팔에 '중도中島'라는 완장을 끼고 매우 흉포한 모습의 적병 4인이 돌연 나타났습니다. 집 안에 들어와서는 오로지 젊은 사람을 수색하여, 순식간에 동거하는 십여 명의 젊은이가 한 명씩 집 밖으로 끌려 나갔습니다. 그때 제 아들 서정삼徐靜森은 실내에 있어서 운 좋게 피하지는 못했습니다. 적병이 일일이 검사를 마치고 곧 끌고 갔습니다. 나는 제 아이가 이유 없이 잡혀가는 것을 보고 문으로 달려가서 자초지종을 모두 지켜보았습니다만, 단지 적병이 요로를 수비하고 있는 것이 보일 뿐, 통행하는 사람은 끊어지고, 무리를 이룬 젊은이가 모두 적에게 이리 밀쳐지고 저리 밀쳐져서 대방항 광장에 집합되었습니다.

저녁 무렵이 되어 그 광장 한군데에만 젊은이는 수만 명이나 되었습니다. (사건 후 금릉여자대 보트린 여사가 조사한 정확한 통계가 있습니다) 적敵은 여기에서 젊은이 중에서 차림새가 후줄근한 4, 5백 명을 골라 연못 부근에서 기관총으로 참살하고는 나머지는 모두 데리고 가 버렸습니다. 오랫동안 어머니나 부인들은 아이나 남편을 생각하며 울부짖고 자신의 위험을 돌보지 않고 뒤를 쫓아가 적병에게 사살당한 자도 있어서 그 참상은 이전에도 이후에도 보지 못한 모습이었습니다.[11]

증언에 다소 차이는 있으나, 『아사히신문』 통신국 근처에서 민간인을 포함한 다수의 중국인 남성이 집합 당하여 그 자리에서 혹은 샤칸으로 연행되어 살해당한 것 같다. 그러나 당시의 신문에 관련 기사는 전혀 게재되지 않았다.

---

11 중국어 자료의 번역은 야마다 고조(山田晃三) 씨에 의함. 또한 후지와라 히데토(藤原秀人) 씨의 협력을 얻었다. 감사의 말씀을 올린다.

4. 외국 특파원과의 조우

『규슈신문구마모토』 특파원 기타다 쇼조北田正三는 난징이 함락한 1937년 12월 13일, 난징 성 안에서 A.P통신 기자를 만났다.

> 다시 남문가南門街를 지나서 중정로中正路에 이른다. 양측 민가에서 불을 뿜고 있다. 주민의 그림자는 없다. 돌연 질주해 온 자동차 한 대. 뛰어내린 두 명의 미국인. 듣자니 A.P통신의 기자라는 것. 민첩한 외국인 기자의 행동에 순간 한 방 먹은 느낌이었다. 패잔병의 시체가 여기저기 널브러져 있다.「난징 입성까지」,『九州新聞』, 1938.1.23

기타다가 '한 방 먹은 느낌'이라고 한 것은 외국인 특파원이 난징 함락 후 즉시 왔다고 오해했기 때문일 것이다. 실제로는 'A.P통신' 기자 C. Y. 맥다니엘은 함락 이전부터 난징에 주재해 있었다. 하루가 지나 14일, 『도오東奧일보』 특파원 다케우치 슌기치竹內俊吉는 난징 성 안을 돌아다녔다. 오전 10시, 중화문中華門 바깥으로 나오자 "『도오일보』입니까?"라고 달려온 병사가 있었다. 아오모리현青森縣 미토군三戶郡 다베무라田部村 출신으로, 마침 거기에 막 도착한 것이었다.

> (부대에) 단지 세 사람밖에 고향 사람이 없어서 허전했는데, 여기까지 도오일보가 와주다니, 기운이 백 배입니다. 정말 기뻐요.

다케우치는 아이처럼 좋아하는 병사와 굳은 악수를 나누고 헤어졌다. 중화문으로 들어와 뒤돌아 보니, 병사는 아직 다케우치의 뒷모습을 보고 있었다. 다케우치는 기사에 이렇게 적었다.

그 주변은 적의 사체가 한가득 흩어져 있는 곳으로 A.P나 U.P[12]의 외국인 기자도 몇 명 와있고, 일본 각 신문사의 기자가 활약하고 있다. 「동향 출신 병사와 해후」, 『東奥日報』, 1937.12.21

난징에는 이 시점에서 'A.P통신'의 맥다니엘 외에 『뉴욕타임즈』의 F. T. 더딘, 『시카고 데일리 뉴스』의 A.T.스틸, '로이터 통신'의 L. C. 스미스, '파라마운트영화뉴스'의 카메라맨 A. 멘켄 등, 전부 5인의 외국인 저널리스트[13]가 취재를 계속하고 있었다. 「남경사건자료집」 1

성 안에서 외국인 기자를 만난 일본인 특파원은 그 외에도 있었다.

일본군의 정의

『마이니치신문』 특파원 아사우미 가즈오^{淺海一男}가 A.P의 맥다니엘, 로이터의 스미스, 『시카고 데일리 뉴스』의 스틸 기자를 만난 것은 12월 14일 정오가 지나서였다.

아사우미는 "일찌감치 미국인 신문기자 세 명이 외국인 기자로서 난징에 일등 입성했다"고 기사를 작성했다. 아사우미도 또한 외국인 특파원이 당일 난징에 '일등 입성'했다고 단정한 모양이었다. 아사우미가 물었다.

---

12 단, 난징에 당시 UP통신 기자가 있던 사실은 확인할 수 없다.
13 [역주] 당시 난징에 있던 외국인 기자의 풀네임은 다음과 같다. A.P통신의 맥다니엘(Charles Yates McDaniel), 『뉴욕타임즈』의 F.T.더딘(Frank Tillman Durdin), 『시카고 데일리 뉴스』의 A.T.스틸(Archibald Trojan Steele), 로이터 통신의 L.C. 스미스(Leslie C. Smith), 파라마운트영화뉴스의 A. 멘켄(Arthur von Briesen Menken)

"일본군의 난징 입성을 어떻게 생각하는가?"

"물론 우리는 대환영이다. 이것으로 질서가 유지될 테니까."

"앞으로는 어떻게 할 생각인가?"

"신속히 뉴스를 보낼 뿐이다. 잔뜩 일본군의 정의를 선전할 생각이다. 기대하도록." 「외국인 기자들, 저마다 일본 군대를 예찬」, 『東京日日新聞』, 1937.12.16

그런 대화가 있었다고 아사우미는 작성했으나, 과연 미국인 기자가 '잔뜩 일본군의 정의를 선전할 생각이다'라고 말했을까?

같은 14일, 『도쿄 아사히신문』 특파원 이마이 세이고今井正剛는 '무너져 내린 중화문 앞'에서 스틸을 만났다.

"난징은 이제 텅텅 비었나?"

"대체로 텅텅 비었어. 남아 있는 것은 전쟁은 아무래도 상관없는 이들뿐이다."

"어느 정도?"

"30만"

(안전구 안의) 고루鼓樓 안 길을 걸으면서 스틸은 "빛나는 일본군을 위하여!"라고 말하며 싱글벙글 '거수 경례를 했다'. 「전선에서 돌아와」, 『東京朝日新聞』, 1938.1.27

즉, 스틸은 14일 『도쿄 니치니치신문』의 아사우미에게 '잔뜩 일본군의 정의를 선전할 생각'이라고 말하고, 『도쿄 아사히신문』의 이마이에게는 '빛나는 일본군을 위하여!'라고 말을 건넨 것이 된다.

보도통제하, 이렇게 쓸 수밖에 없다고 생각한 일본의 기자가 사실을 왜곡하여 작성했을 가능성이 있다. 전쟁터에서 외국인과의 접촉, 그것도 기자들끼리의 접촉에 군이 예민하게 신경을 세웠을 것임은 상상하기 어렵지 않다. 아사우미, 이마이 두 기자는 외국 특파원이 일본군의 난징 침공에 이해심을 보였다고 작성할 수밖에 없었던 것은 아닐까?

그러나 만약 아사우미, 이마이가 작성한 것이 사실이라고 한다면, 스틸은 조우한 일본인 기자 두 사람에게 매우 반어적인 야유를 거듭한 것이라고밖에 볼 수 없다.

다음 15일, 스틸은 난징성 안의 모습을 다음과 같이 송고했다.

> 중국인과의 우호를 주장하고 있음에도 불구하고, 일본군은 중국 민중의 동정을 획득할 수 있는 두 번 다시 없는 기회를 스스로의 만행으로 잃어버리려 하고 있다. (…중략…) 마치 양을 도살하는 것 같다. 얼마만큼의 부대가 붙잡혀서 살해되었을까? 숫자를 추계하는 것은 어려우나, 아마도 오천에서 2만 명 사이일 것이다. (…중략…) 중국군은 샤칸을 지나 장강에 쇄도했다. 문은 순식간에 막혀 버렸다. 오늘 이 문을 지나갔을 때 5피트^{약 1.5미터} 두께의 사체 더미를 어쩔 수 없이 차를 탄 채로 지나갔다. 이 사체 위를 일본군 트럭이나 대포가 이미 수백 번이나 지나갔다. 시내의 거리는 이르는 곳마다 시민의 사체나 중국군의 장비와 군복이 어지럽게 흩어져 있었다. 『시카고 데일리 뉴스』, 1937.12.15; 『남경사건자료집』 1

이 원고를 송고한 스틸이 일본인 기자에게 '일본군의 정의를 선전할 생각'이라고, 액면 그대로의 의미로 말했다고는 생각하기 어렵다.

날카로운 질문

『도쿄 아사히신문』 특파원 나카무라 쇼고는 14일 오전, 난징성 안의 동서 방향으로 뚫린 중산로와 남북으로 뚫린 중정로^{中正路}의 교차점인 신가구^{新街口}에서 『뉴욕타임즈』의 더딘과 '파라마운트영화뉴스'의 멘켄을 만난다.[14] 두 사람은 말했다.

"가장 무서운 것은 뭐니 뭐니해도 대포야. 중국군은 일본 대포가 매우 힘겨운 모양이야. (12월) 12일은 시내 경비를 담당한 소수의 중국 부대를 남겨 놓았을 뿐, 거리는 그야말로 정말 죽음의 거리가 되어 으스스한 적막감이 감돌았어. 우리도 그때에는 난징도 이제 끝났구나라고 생각했어. 세계의 비극을 본 것 같은 기분으로 뭐라 표현할 수 없는 비참한 느낌이었지."

거기에 자동차가 멈춰서, A.P통신의 맥다니엘 기자와 『시카고 트리뷴』[15]의 특파원이 나타났다.

맥다니엘 씨가 교차로를 휘둘러보며 '하아, 여기는 역사적인 신문기자실이네'라고 밝게 말했다. 「내 눈으로 본 난징 최후의 날」, 『東京朝日新聞』, 1937.12.16

『간몬關門 니치니치신문』의 우치다內田 특파원도 역시 14일, '저편에서 차를 타고 달려오는 외국신문기자단'과 신가구新街口에서 조우했다. 만난 상대는 『시카고 타임즈』, '로이터', 'UP', 『데일리 뉴스』 등 기자들로서 '꽤 날카로운 질문을 했다'고 우치다는 지적하고 있다. 단, 그 이상의 설명은 없어서 어떤 질문이었는지는 알 수 없다.

우치다가 물었다.

---

14 더딘은 1986년 가사하라(笠原十九司)와의 인터뷰에서 "아사히 특파원과 이야기를 나눈 사실은 기억나지 않습니다. 특파원은 자유롭게 시내를 다닐 수 있으니 우연히 만날 수 있지만. 단, 그러한 장소에서 일본 특파원이 있었던 기억은 없습니다"라고 말했다. (『南京事件資料集』1)
15 시카코 데일리 뉴스의 오기로 보임.

제4장 | 잔적(殘敵) 소탕   229

"현재 난징에는 시민이 얼마나 남아 있습니까?"

"10만 명 있을 겁니다."

"오호, 그렇게 많이 남아 있습니까? 도대체 어디에 있나요?"

"피난구입니다. 어렵지 않아요. 안내하지요."

바라보니, 서쪽 도로에 펼침막이 쳐있어서 '난징 피난민구, 국제위원회'라고 적혀있고, 적십자가 새겨져 있었다. 우치다는 외국기자단의 호의에 고마움을 표하고 재회를 약속하며 헤어졌다.

그 후 우치다는 일본영사관으로 향했다. 도중에 일본군 위병衛兵에게 제지당했다. "전방에 약 500명의 잔적殘敵이 있어서 이를 소탕하고 있으므로 오후에 오라"고 지시받은 우치다는 지금까지 온 길로 되돌아갔다. 「가타오카 부대 종군기」, 「關門日日新聞」, 1938.1.3

일본인 기자와 외국인 기자 사이에 실제로 어떤 대화가 있었는지, 당시의 기사는 적지 않았다. 확실히 말할 수 있는 것은 어느 나라의 기자 앞에도 똑같은 광경이 펼쳐져 있었다는 점이다. 거기에서 무엇을 주목하고 무엇을 송고할까? 그것이 양자의 보도를 갈리게 했다.

5. 세계로 발신된 난징사건

『뉴욕타임즈』의 더딘, 『시카고 데일리 뉴스』의 스틸 등은 난징에 남아있었다. 외국인 기자 5인은 1937년 12월 15일, 미국 군함 오하우Ohau 호로 상하이로 향할 예정이었다. 난징에서는 원고를 보낼 수단이 없었기 때문이다. 이날도 더딘은 난징 시가를 걸었다. 이하, 외국인 기자의 기사 인용은 모두 『남경사건자료집』 1에서 민간인 살해가 확대되었다. 수요일(15일) 시내를 광범위하게 보면서 돌아다 닌 외국인은 어느 거리에서도 민간인 사체를 보았다. 희생자에는 노인, 부인, 아이들도 있었다. 특히 경찰관과 소방관이 공격 대상이었다. 희생자 대부분은 총검으로 찔려 있었는데, 그중에는 너무나도 야만적인 부상을 입은 자도 있었 다.『뉴욕타임즈』, 12.18

부두에서 총살

오아후호에 승선하기 직전에도 기자들은 샤칸 부두에서 일본병이 중국인을 학살하는 장면을 봤다. 스틸은 오아후호에 승선하자 곧 원고를 작성하기 시작했다.

난징을 떠날 때 우리들 일행이 마지막으로 목격한 것은 하천가 부근의 성벽을 등지고 300명의 중국인이 정연하게 처형되는 광경이었다. 거기에는 이미 무릎이 잠길 정도로 사체가 쌓여 있었다.
중국인과의 우호를 주장하고 있음에도 불구하고, 일본군은 중국 민중의 동정을 획득할 수 있는 둘도 없는 기회를 자신들의 만행으로 잃어버리려 하고 있다.

스틸은 이 원고를 오아후호에서 타전했다. 기사는 시차 관계상 15일자 『시카고 데일리 뉴스』에 게재되었다. 난징에서의 집단 학살을 전한 세계 최초의 보도였다.
한편 더딘은 이렇게 묘사했다.

기자는 밴드^{부두}에서 200명의 남성이 처형된 것을 목격했다. 살해 시간은 10분이었다. 처형자는 벽을 등지고 세워져 사살당했다. 그리고서 피스톨을 쥔 많은 일본병들이 축 늘어진 사체 위를 아무렇지도 않은 듯이 짓밟아 움찔거리는 모양이 감지되면 방아쇠를 당겼다. 『뉴욕타임즈』, 1937.12.18

더딘에 의하면, 오아후호의 무선 기사에게 기사를 보내달라고 부탁하자 '해군 규칙에 위반된다'며 거절당했다. 더딘은 포기하고 상하이에서 송고하기로 했다. 그런데 스틸은 그 뒤에 몰래 무선 기사를 회유하며 타전하게 했다고 한다. 古森義久, 「난징사건을 세계에 알린 남자」, 『문예춘추』, 1989.10월호

그 후 더딘은 1938년 1월 9일 자 『뉴욕타임즈』 특집 지면에서 함락 전후 중국군의 동향과 학살, 약탈 등 일본군의 행동, 안전구 국제위원회 활동 등을 상세히 보도했다. 『아사히신문』 뉴욕 특파원인 모리 교조는 "난징학살사건은 미국의 신문에 대대적으로 보도되어 뉴욕특파원으로서 나는 당연히 이를 상세히 본사에 타전했으나, 도쿄에서 보내 온 신문을 보면 한 줄도 보도되지 않았다"고 저서 『나의 아사히신문사사』 1981 에서 회고했다.

모리는 또한 이 책에서 "신문의 책임은 '비상시'가 된 후에 행동할 수 없었던 책임이라기보다, 그 전에 보도 자유를 위한 투쟁을 충분히하지 않았다는 점에 대해 책임이 크다"고 적었다.

모자에 히노마루

마지막까지 난징에 남았던 'A.P통신'의 미국 기자인 맥다니엘이 12월 15일 오아후호에서 발신한 리포트는 뉴욕의 '동맹통신'이 일본어로 번역하여 송신하여 의외로 일본 신문에도 게재되었다. 게재지의 하나인 도쿄의 『주오신문中央新聞』 석간은 17일 「군복을 버리고 지나병 왕성히 도망－미국 신문 난징특파원은 보도」라는 제목으로 다음과 같이 보도했다.

'A.P' 난징 특파원 맥다니엘 씨가 15일 미국 함선 오아후호의 무전으로 발신한 전보는 16일, 뉴욕에 도착했는데, 일본군의 맹공격으로 마침내 궤멸한 난징의 함락 상황을 다음과 같이 전하고 있다. 난징 가로에는 이르는 곳마다 중국 병사의 사체가 산란하고 있다. 한편, 도주한 지나병사는 도망자는 총살한다는 엄명에도 불구하고 군복을 벗어 버리고 속속 도망가고 있다.

마찬가지로 파라마운트의 카메라맨인 멘켄의 보도에는

중국 병사는 죽음을 면하기 위해 군복을 벗어버리고 도망갔다. 한편 지나인 경관도 같은 이유로 상의를 벗어 버리고 셔츠 한 장으로 편한 옷을 찾아다니는 진귀한 풍경을 보였다. 또한 일본군의 포격은 매우 맹렬하지만 약 10만여 명의 지나 시민이 피난하고 있는 국제안전지대에 포탄을 낙하하는 일은 교묘하게 피했다. 난징대학 및 미국대사관도 아무런 피해를 입지 않았다.

그 외에 18일 자 『조모上毛신문』, 『시모쓰케下野신문』, 『시코쿠四國민보』, 『고가와(香川)』, 『호슈신보豊州新報』오이타(大分), 『가고시마신문』이 이 기사를 게재했다. 이 '동맹통신'의 전보는 길거리에 시체가 즐비하다는 상황은 묘사하고 있으나, 일본군이 중국군을 살해했다고는 서술하지 않았다.

한편 '동맹통신'이 17일 자 뉴욕 발로 내각정보부에 보낸 맥다니엘 작성 기사를 당국이 발표 금지한 사실이 확인된다. 기사는 난징 함락 직후의 상황을 다음과 같이 일지 형식으로 기술하고 있다.

12월 14일 입성한 일본군이 전 시가지에 걸쳐 약탈을 하는 것을 봤다. 일본 병사가 안전지대로 피난하고 있는 주민을 총검으로 위협하며 3천달러를 빼앗

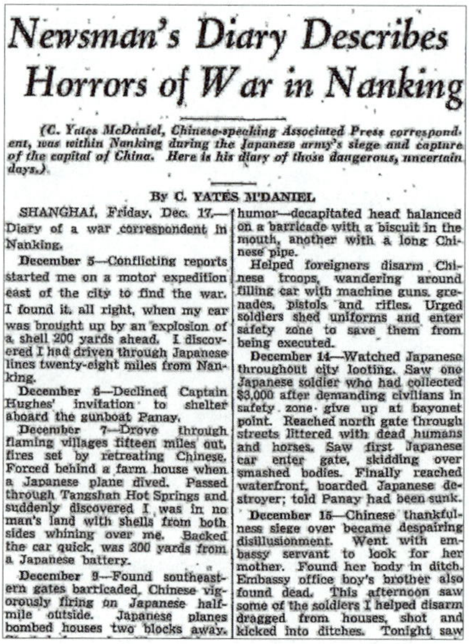

> **Newsman's Diary Describes Horrors of War in Nanking**
>
> (C. Yates McDaniel, Chinese-speaking Associated Press correspondent, was within Nanking during the Japanese army's siege and capture of the capital of China. Here is his diary of those dangerous, uncertain days.)
>
> By C. YATES M'DANIEL
>
> SHANGHAI, Friday, Dec. 17.— Diary of a war correspondent in Nanking.
>
> December 5—Conflicting reports started me on a motor expedition east of the city to find the war. I found it, all right, when my car was brought up by an explosion of a shell 200 yards ahead. I discovered I had driven through Japanese lines twenty-eight miles from Nanking.
>
> December 6—Declined Captain Hughes' invitation to shelter aboard the gunboat Panay.
>
> December 7—Drove through flaming villages fifteen miles out, fires set by retreating Chinese. Forced behind a farm house when a Japanese plane dived. Passed through Tangshan Hot Springs and suddenly discovered I was in no man's land with shells from both sides whining over me. Backed the car quick, was 300 yards from a Japanese battery.
>
> December 9—Found southeastern gates barricaded, Chinese vigorously firing on Japanese half-mile outside. Japanese planes bombed houses two blocks away. humor—decapitated head balanced on a barricade with a biscuit in the mouth, another with a long Chinese pipe.
>
> Helped foreigners disarm Chinese troops, wandering around filling car with machine guns, grenades, pistols and rifles. Urged soldiers shed uniforms and enter safety zone to save them from being executed.
>
> December 14—Watched Japanese throughout city looting. Saw one Japanese soldier who had collected $3,000 after demanding civilians in safety zone give up at bayonet point. Reached north gate through streets littered with dead humans and horses. Saw first Japanese car enter gate, skidding over smashed bodies. Finally reached waterfront, boarded Japanese destroyer; told Panay had been sunk.
>
> December 15—Chinese thankfulness siege over became despairing disillusionment. Went with embassy servant to look for her mother. Found her in ditch. Embassy office boy's brother also found dead. Some of the soldiers I helped disarm dragged from houses, shot and kicked into ditches. Tonight saw

〈그림 4〉
일본 내각정보부가 발표 금지를 시킨 맥다니엘 기자의 기사 일부, *New York Times*, 1937.12.17

는 것을 목격했다.

12월 15일 미국대사관의 고용 여성과 함께 그녀의 모친을 찾으러 다니던 중, 모친은 웅덩이 속에 무참한 사체로 발견되었다. 오후에 무장 해제를 도왔던 중국병사 몇 명은 건물 바깥으로 끌려 나와 총살당한 다음 웅덩이 속으로 던져졌다. 밤에 일반인 및 무장 해제당한 중국병 500명 이상은 안전지대에서 일본병사에게 어디론가 끌려갔다. 물론 한 명도 돌아오지 않았다. 중국 주민은 처마에 일장기를 걸고, 모자에 히노마루를 붙이고 있어도 속속 체포되어 끌려간다.「A.P 난징 일본병의 행동을 모함하다」[16]

대량 학살

외국인 기자의 보도는 '동맹통신'을 경유하여 일본에만 전해진 것은 아니었다. 12월 27일에 『뉴욕타임즈』 상하이 지국장 해럿 아벤드가 발신한 전보문의 초역이 미국 시애틀에 있는 '뉴스사社'가 발행한 『극동전쟁뉴스 제4호파쇼 위협의 일본[17]』에 게재되어 시카고에서 일본으로 우송되었다. 그 중 다음 구절이 있다.

---

16 「A.P 南京日本兵の行動を誣ゆ」,『各種情報資料・支那事変関係情報綴』, 일본아시아역사자료센터, Ref A03023964300.

17 [역자] 미국 거주 일본인 및 일본 내 좌익 세력을 대상으로 한 잡지. 內務省警保局 편, 『社会運動の状況』, 1937 참조.

이번 사변에서 난징 점령 때, 과거의 일본군에는 보이지 않았던 약탈, 강간, 학살이 대량으로 이루어졌기 때문에 외국인 목격자는 매우 놀라서 '난징 공략전은 일본전쟁사에 빛나는 기록으로 남기보다, 그 대량 학살로 인해 오히려 국민의 체면을 잃게 한 사건으로 기억에 남을 것'이라는 견해를 보였는데, 이러한 참학 행위가 대대적으로 행해진 원인에 대해서는 하시모토橋本欣五郎 대좌[18] 이하의 파쇼 장교가 하극상으로 내키는 대로 행동해도 처벌받지 않는 상태이므로 이것이 일반병졸에게까지 나쁜 영향을 끼쳐, 군기가 완전히 문란해져 이렇게 된 것이라는 결론에 도달하고 있다. 일설에는 이번 전쟁에 대의명분이 없어서 긴장감이 부족하다고도 전해진다. 어느 쪽이든 우려할만한 뉴스이다.

이 『극동전쟁뉴스』 제4호를 특고경찰은 오사카부, 효고현, 히로시마현에서 각각 1부씩 발견하여 압수했다.「해외에서 들어온 좌익선전인쇄물의 상황」,『특고외사월보』, 내무성 경보국 2월분, 1938

외국 기자들이 오아후호로 난징을 떠난 12월 15일, 일본군은 전날에 이어 성안의 '잔적殘敵' 소탕에 임했다. 그 날 『도쿄 아사히신문』의 히라마쓰平松儀勝, 하시모토 히사시藤本龜 두 특파원은 다음과 같은 원고를 송고했다.

패잔병이 편의便衣로 갈아입고 시내에 잠복한 자가 2만 5천 명으로 추정되므로 우리 군은 청소에 노력하고 한편 패잔병 혐의가 있는 자는 조사하고 노인, 아이, 부녀자는 보호하고 있다.「패잔병 사냥 계속」,『東京朝日新聞』, 1937.12.16

---

18 육군 군인. 하시모토 긴고로(橋本欣五郎)는 1930년대 초 동지와 도모하여 몇번인가 쿠데타를 계획했다가 실패. 1945년 이후 도쿄재판에서 A급 전범으로 기소되어 종신형 판결을 받았다. 1955년에 가석방.

당시의 신문은 『도쿄 아사히신문』에 국한되지 않고, '잔적 소탕'이라는 말을 자주 '청소'라고 표현했다.

질서 있는 일본군 입성

12월 15일, 『도쿄 니치니치신문』의 와카우메^{若梅}, 무라카미^{村上} 두 특파원은 난민구에 있는 금릉대학을 방문하여 미국인 마이너 S.베이츠^{역사학} 교수를 만났다. 베이츠는 난징 안전구 국제위원회의 중심인물 중 한 명으로 재정 실무나 난징 일본대사관에 대한 항의 교섭을 담당한 지일파^{知日派}로서 이해^{1937년} 여름에 일본에 체재했었다. 처자를 일본에 남겨 놓은 채로 난징에 돌아와 있었다.^{石田勇治 편역, 『자료 독일 외교관이 본 난징사건』, 2001}

기사에 의하면 베이츠는 기자에게 이렇게 말했다.

『도쿄니치니치』입니까? 제 아이도 도쿄에 있어요. 가와이 미치코^{河井道子} 씨[19], 그 외 대의사 쪽으로도 친구가 많아요. 질서 있는 일본군이 입성하여 난징에 평화가 일찍 찾아온 것은 무엇보다 다행입니다.「공습하의 난징 생활 – 금릉대학 미국인 교수에게 듣다」, 『東京日日新聞』, 1937.12.16

일본군이 와서 난징에 평화가 찾아왔다고 독일인이 말했다는 것인데, 『도쿄 니치니치신문』의 기자는 아마도 좀 다른 이야기도 베이츠로부터

---

19 정확하게는 가와이 미치(河井道). 니토베 이나조(新渡戶稻造), 쓰다 우메코(津田梅子)에게 배우고 미국에 유학. 여자영학숙(현재 쓰다주쿠대학) 교수 등을 거쳐 게이센여학원(惠泉女學園)을 창립했다. 중일전쟁이 시작되기 직전에 1937년 5월 일본기독교연맹 대표자의 일원으로 상하이, 난징을 방문하여 기독교도의 입장에서 중일 친선에 대해 협의했다.

들지 않았을까 하고 추측한다.[20]

같은 날, 즉 12월 15일 자로 베이츠로 보이는 인물이 난징에서 상하이의 친구에게 다음과 같은 편지를 보냈기 때문이다.

거듭되는 살인, 대규모의 계획적인 약탈, 부녀 폭행을 포함한 가정생활에 대한 난폭한 방해 등으로 사태의 전망은 완전히 캄캄합니다. 온화한 (일본) 장교들이 입버릇처럼 '전쟁을 하는 유일한 목적은 중국인민을 구하기 위해 압제자인 중국정부와 싸우는 것이다.'는 말을 들으면 완전히 구역질이 날 정도입니다. 洞富雄 편, 『중일전쟁 난징 대잔학사건 자료집 2-영문자료편』

15일 밤, '동맹통신' 특파원 마에다 유지前田雄二는 교토 제16사단 사단장 나카시마 게사고中島今朝吾의 호출을 받았다.

행정원에서 가까운 중앙반점이었다. 각 사의 기자 20명이 모였다. 우리가 식탁을 마주한 곳은 가구도 호화로운 방이었다. 요리는 과연 재료를 구할 수 없어서 일급이라고는 할 수 없지만 술은 풍부했다. '오늘밤은 입성 축하다. 크게 즐기자'라고 나카시마 사단장은 노주老酒 잔을 높이 들었다. 前田雄二, 『전쟁의 흐름 속에서』

---

20   1947년 7월, 극동국제군사재판(도쿄재판)에 증인으로 참석한 베이츠는 다음과 같이 증언하고 있다. "일본군 입성 후, 며칠 동안 우리 집 근처 거리에서 사살당한 민간인 시체가 나뒹굴고 있었습니다. 이 학살 행위가 미치는 전 범위라는 것은 매우 넓어서 전체 상황을 이야기할 수 있는 사람은 한 명도 없습니다." (洞富雄 편, 『日中戦争南京大残虐事件資料集 1-극동국제군사재판관계자료집』)

6. 난민구難民區와 도덕

1937년 12월 15일, 가나자와 제9사단 보병 제7연대의 상등병 이노이에 마타이치井家又一는 난민구에서 '패잔병' 소탕에 임했다.

> 오전 8시 정렬하여 숙영지를 변경하기 위해 중산로로 갔다. 일본영사관 옆을 지나 외국인 거주지인 국제 피난지구난민구 일대의 잔적 소탕이다. 전날 감기로 배탈이 나서 걷는 것이 힘들다. 거리에는 일찍부터 가게를 열었다. 식료품이 밖에 나와 있고, 길거리에서 머리를 빗는 사람, 서서 먹는 사람, 주택이나 거리에는 사람들이 모여 있다. 40여 명의 패잔병을 찔러 죽여버린다.『남경전사자료집』

시끌벅적한 거리 근처에서 '잔적 소탕'이 이루어지고 있었다. 다음 16일, 이노이에는 신문기자들의 모습을 보았다.

> 젊은 놈을 335명 잡아 온다. 피난민 중에서 패잔병 같은 놈을 모두 끌고 오는 것이다. 정말 이 가운데에는 가족도 있을 텐데. 이들을 끌고 나올 때 오로지 울기만 하므로 곤란하다. 손에 매달리고, 몸에 매달리므로 완전히 힘들다. 신문기자가 이것을 기사로 작성하려고 자동차에서 내려서 오는데, 일본의 대인지위가 높은 사람이라고 생각해서 열 겹, 스무겹이나 중국인들이 에워싸므로 제아무리 신문기자라도 결국 도망간다. 달리는 자동차에 매달려 질질 끌려 간다.『井家又一日記』,『남경전사자료집』

일본군에 잡혀 가는 남자들을 되찾으려고 그 가족이 지나가는 일본인 기자의 차를 에워쌌다. 그러나 기자들도 도망가 버리고 만다는 것이다.

238 난징(南京)학살과 일본의 신문보도

이노이에가 본 기자들 중에 『도쿄 니치니치신문』의 카메라맨, 사토 신주가 있었던 것 같다. 사토 자신이 16일의 사건을 이렇게 회상하고 있다.

> 난민구 근처를 지나가는데, 무슨 일인지 군집한 사람들로 소란스럽다. 그리고 많은 중국 여성이 우리가 탄 차로 달려들었다. 차를 세우자 조수대의 창문에서 몸을 자동차 안으로 디밀며 저마다 무언가 탄원하는 것 같은 말을 하는데 중국어를 모르니, 그 의미를 이해할 수 없다. 그러나 그들의 어조로 무언가 구조를 요청하는 것만은 알았다. 佐藤振壽, 「종군이란 걷는 것」, 『남경전사자료집』 2

기자들은 '패잔병 사냥' 광경을 가까이에서 보고 있었다. 그러나 그 모습을 구체적으로 묘사한 기사는 보이지 않는다. 도망갔으니 기사는 쓸 수 없다.

연행된 '335명'은 어떻게 되었을까? 앞의 이노이에 일기를 보자.

> 양쯔강 부근에 이 패잔병 335명을 연행하여 다른 병사가 사살하러 갔다. 이 추운 달 14일, 교교하게 달이 빛나는 가운데 마지막 여행을 떠나는 자여. 무슨 인연인가? 황도皇道 선포의 희생의 제물로 죽는 것이다. 일본군 사령부는 중국이 두 번 다시 허리를 세우지 못하도록 젊은 사람을 모두 죽이는 것이다.

눈 둘 데가 없는 거리

난민구의 초토작전은 12월 16일 절정을 맞이했다. 다음날에는 일본군 전승 기념식인 입성식이 기다리고 있었다. 이 무렵 난징 시가의 상황을 『시나노信濃 마이니치신문』의 호리에 산고로堀江三五郎 기자가 전하고 있다.

기자는 16일 오전, 거리를 헤매면서 난징 시가 일부를 구경하러 나갔다. 수도라 불리는 난징도 지나支那 거리가 그런 것처럼, 새로운 전쟁터가 된 탓도 있겠으나 지저분하다. 시체가 우르르 뒹굴고 있을 뿐 아니라 어디라고 할 것도 없이 악취가 풍기고 있다. 큰 건물은 은행이던지, 백화점 혹은 관청으로 시정부의 입구는 중국식 누문이 하늘 높이 솟아있다. 우군이 가득하여 매우 혼잡스럽다.

사법원의 큰 건물에는 지나 피난민이 가득하다. 이 중에 패잔병도 많은 것 같아서 착검한 병사와 함께 ○○가 취조를 하고 있다. 그 옆의 육군대학교는 우리 공습으로 상당히 파괴되었다. 피난구역의 귀여운 아이들이 기자를 발견하고는 일제히 거수경례를 하는 등 애처롭다.「난징을 가다. 애처로운 도시여」,『信濃每日新聞』, 1937.12.29

오이타현 출신 소위가 신문에 수기를 기고하여 난징의 참상을 전하고 있다.

난징 및 부근의 시가 주민은 일찍부터 도망쳤지만, 미처 도망가지 못한 자는 혹은 ○ 당하고, 혹은 쿨리로 강제노동을 당하고 있습니다. 특히 비참한 것은 생후 2, 3개월 정도의 아기를 안고 모자가 죽어있는 것입니다. 나는 저절로 시선을 피해 버렸습니다. 또 집 앞에서 가재도구를 짊어진 채로 죽은 사람도 있고, 편의대로 살해당한 자, 정규병 전사자도 차마 눈 뜨고 볼 수 없습니다. 수도 난징도 마치 마도魔都로 변해 버렸습니다.「기아와 추위에 우는 패전국민의 비참함」,『豊州新報』, 1938.1.28

문장 중에 복자○ 부분은 '살해殺' 외에는 떠오르는 글자가 없다. 난징에서 무슨 일이 일어난 것인가? 극히 단편적이지만 기사는 게재되어 있었다.

일본은 도덕에서 패배했다

난민구에서 '패잔병 사냥'에 나섰던 가나자와 보병 제7연대 1등병, 미즈타니 소水谷莊는 12월 16일 중국 병사가 살해되는 모습을 일기에 적었다.

오후, 중대는 난민구 소탕에 나섰다. 난민구 거리 교차로에 착검한 보초를 배치하여 교통을 차단하고, 각 중대가 분담한 지역을 소탕한다. 눈에 띄는 대부분의 젊은이가 대상이다. 아이의 전차놀이처럼 밧줄 친 안쪽으로 수용하고 사방에 착검한 병사가 에워싸서 연행해 온다. 각 중대 모두 몇백 명이나 연행해 오는데 제1중대는 눈에 띄게 적은 편이다. 그래도 백수십 명을 앞세우고 온다. 시민으로 인정받은 자는 곧 돌려보내고, 36명을 총살한다. 모두 필사적으로 울부짖으며 목숨을 구하지만 방법도 없다.「水谷莊日記, 戰塵」,『남경전사자료집』

난민구에 있는 금릉여자문리학원의 교수로 캠퍼스 내의 여성 전용 난민 캠프를 운영하던 미니 보트린은 16일 '일본은 도덕에서 패배했다.'고 일기에 적었다.

군사적인 관점에서 보면, 난징 공략은 일본군에게는 승리로 보일지 모르나, 도덕률에 비추어 평가하면, 그것은 일본의 패배이며, 국가의 불명예이다. 이 점은 장래 중국과의 협력 및 우호관계를 오랫동안 저해할 뿐 아니라 현재 난징에 살고 있는 사람들의 존경을 영구히 잃게 될 것이다.
하느님, 오늘 밤은 난징에서 일본 병사의 야수 같은 잔인한 행위를 저지해 주십시오. 오늘 아무 죄도 없는 아들을 총살당해 슬픔으로 무너져 버린 부모의 마음을 위로해 주십시오. 그리고 괴롭고 긴 밤이 밝을 때까지 젊은 여성들을 지켜 주십시오. 더 이상 전쟁이 없는 날이 하루빨리 도래하도록 해 주십시오.

<그림 5> 미니 보트린의 묘
Salt RiverCemetry, Shepherd, Isabella County, Michigan, USA

보트린은 정신적인 피폐로 인해 1940년 5월 미국으로 귀국했다. 잠시 요양 생활을 한 후 다음 해 5월 가스 자살을 했다. 55세였다.

중국에서의 우리의 전도傳道는 성공하지 못하고 끝났다.

일기의 뒷장에는 그렇게 흘려 쓴 글귀가 적혀 있었다.『보트린 일기』

제5장

샤칸下關에서

1. 강 위의 학살

화가인 고바야시 기요기치^{小林喜代吉}가 상해에 도착한 것은 1937년 12월 9일이었다. 『아키타 사키가케신보^{秋田魁新報}』의 촉탁기자로서 난징 공략에 종군하여 전장 스케치와 그에 관한 기사를 일본에 송고하는 것이 그의 임무였다.

그는 10일 일본해군 제3함대 함정에 동승하여 장강을 따라 난징으로 향했다. 그 외에 신문기자 6명이 동승하고 있었다. 육군부대가 난징에 입성한 13일, 장강을 거슬러 올라가던 해군부대도 또 난징을 눈앞에 두고 있었다. 난징성으로 쇄도해오는 일본군에 대하여 중국군 장병은 난징 북서쪽 장강으로 뛰어들어 건너편으로 탈출을 도모했다. 배 위에서 고바야시는 장강 위의 전투를 목격했다.

> 상류에서 적의 패잔병이 정크선과 혹은 뗏목, 혹은 나무토막 등 무엇이든 뜨는 성질이 있는 물건을 부여잡고, 혹은 올라타서 떠내려가는데, 저 넓은 양쯔강이 검어질 정도로 수천 혹은 1만 명은 넘을 것이다. 「난징까지」, 『秋田魁新報』, 1938.1.7

중국 병사는 운이 좋으면 물에 떠서 가까스로 건너편에 도달할 수 있었지만, 포탄이나 총탄을 맞으면 흔적도 없이 사라졌다. '동맹통신'의 무라카미 특파원도 그 모습을 목격했다.

> 갑판의 기관총, 소총이 일제히 발사되었다. 주위를 보면 두 칸^{3.6미터} 정도의 뗏목에 수십 명의 적병이 밀치면서 타고 있다. 철썩 튀어오른 물보라와 함께 한쪽에서부터 사라져 버린다. 뒤에서, 또 그 뒤에서 나무판자나 정크선을 탄 적병

제5장 | 샤칸(下關)에서   245

이 떠내려가는 것을 조준하여 각 함선에서 모두 맹렬한 사격을 계속한다. 이윽고 함포가 일제히 포문을 열고 북쪽 건너편으로 도망가는 적을 섬멸한다. 이리하여 오후 4시가 넘어, 멀리 난징의 후방에 자욱한 화염이 보였다. (…중략…) 저무는 강 위로 흘러가는 적병의 불쌍한 비명과 타오르는 화염이 점점 격렬하게 하늘을 태우고 있다. (…중략…) 구조를 요청하며 탁류에 휩쓸리면서 흘러가는 수만 명의 정규 병사들의 신음소리야말로 난징 함락의 슬픈 만가挽歌이다.1937년 12월 15일 자 『讀賣新聞』, 『中外商業新報』, 『新愛知』, 『名古屋新聞』, 『静岡民友新聞』, 『上毛新聞』, 『高知新聞』

겨울의 장강. 거슬러 올라가던 일본 함대는 강 위에 표류하는 무저항의 중국 병사에게 사정없이 총포탄을 퍼부었다. 마찬가지로 일본해군 함선에 편승하여 장강을 거슬러 올라가던 『도쿄 니치니치신문』의 특파원, 후쿠시마 다케시로福島武四郎는 13일 난징 부근의 강 위에서 영국 포함이 중국 병사를 구조하고 있는 장면을 목격했다.

더욱 전진하니, (영국의) 어느 군함이 이쪽의 사격으로 인해 강으로 떨어져 버린 중국 병사를 공공연하게 구조하고 있었다. 도대체 장제스조차 뒤돌아보지 않는 지나 패잔병을 구해서 뭐가 어찌 되는 것도 아닌데, 또 영국 본국에서도 특히 일본의 적개심을 도발하는 행동을 피하라고 훈령이 내렸음에도 불구하고 공공연히 일본군 앞에서 한편의 교전국인 지나 패잔병을 구하는 것은 일본에게 싸움을 거는 것 같은 행동이다.『강을 거슬러 난징 도착』, 『선데이 마이니치』, 1938.1.16

장강으로 당황하여 몸을 던져 도망가고 있는 중국 병사를 영국 군함이 구조했다는 것이다. 이 기술이 사실이라면 영국의 공문서관 등에 기록이 남아있을지 모른다. 그것을 조사하면 일본의 난징 침공의 실태가 보다 확실해질 것 같다.

샤칸의 건너편 푸커우에는 13일 오후, 후쿠야마(福山) 보병 제41연대 등의 부대가 공격하고 있었다. 장강 상류의 우후(蕪湖)에서는 하시모토 긴고로(橋本欣五郎)가 이끄는 야전 중포병 제13연대가 기다리고 있다가 난징에서 도망치는 중국 병사를 공격했다.「橋本,「진중일기」,『개조』6월호, 1939」 일본군에 포위당한 중국 병사는 강으로 도망치려고 우왕좌왕할 수밖에 없었다. 강 위의 소탕전에 참가한 해군 1등 병조는 고향에 보낸 편지에서 이렇게 적었다.

> 전원 일인당 적병 40~50명을 사살했습니다. 그중 거짓으로 죽은 척하여 위험한 지경을 벗어난 자도 있었어요. 운항하던 함선이어서 모두 죽이지 못한 것이 한으로 남습니다.「강상함정(江上艦艇) 난징 일등 입성의 기록」,『福島民報』, 1937.12.29

11세의 소년병

강 위에는 아이의 모습도 보였다. '동맹통신'의 무라카미, 우노사와(鵜澤) 두 특파원이 작성한 기사에 다음 내용이 있다.

> 13일 우리 바다의 정예부대원이 양쯔강을 거슬러 올라갈 때, 뗏목이나 나룻배에 의지한 패잔병이 무수히 표류했다. 그것을 군함 위에서 맹렬하게 사격하고 있을 때, 책상에 올라타서 흘러가는 소년이 있었다. 기함(旗艦) ○○가 사격을 멈추고 구조해서 함상으로 끌어올려서 보니 호남 출신의 이안생(李安生)이라는 열한 살 소년이었다. 그동안 이발소에서 일하며 모친과 동생을 부양하고 있었는데, 무리하게 군대에 징발되었다고 한다.「책상에 올라타 강위를 표류하는 열한 살 소년병」,『九州新聞』, 구마모토, 1937.12.17

열한 살이라고 하면 일본에서는 아직 초등학생 나이이다. 기사에는 이 소년의 이름을 '이안생'이라고 적었지만, 중국 병사의 이름을 보도한 기사는 당시 극히 드물다. 기자가 그 이름을 적은 것은 무언가 생각하는 바가 있었기 때문일 것이다.

당시의 신문은 다음과 같은 '비화'도 게재했다.

강 위를 표류하는 무수한 중국 병사 무리 중에 네 명의 일본병사가 섞여버렸다. 독립 산포병 제3연대에 소속된 도쿠마루德丸 준위, 아베阿邊 오장, 나카무라中村 상등병, 에토江藤 일등병이다. '동맹통신'의 특파원 마에다 유지가 구출 후에 도쿠마루를 취재했다.

기사에 의하면, 네 명은 12월 12일 오후 4시, 난징 상류 약 70km 지점에서 민간선을 징발하여 승선하고, 앞서 출발한 부대를 쫓았다. 그런데 밤이 되어 선행 부대가 강안江岸에서 숙영한다는 것을 모르고 지나쳐 버려 난징을 탈출한 중국병사 무리에 끼게 된 것이다.

13일 오전 3시경, 오른쪽 강안에 큰 불길이 오르는 것이 보였다. 난징이라고 생각했다. 그러던 중 어둠 속에서 많은 배가 오른쪽 강안 샤칸 쪽에서 건너편으로 이리저리 헤치며 건너고 있는 것을 알게 되었다. 자세히 보니 강 위의 전부가 중국병사였다. 전후좌우, 나룻배, 뗏목, 발동선, 판자 등에 올라탄 중국 병사가 가득해서 거의 수면이 보이지 않을 정도였다.

도쿠마루 준위는 기자에게 말했다.

난징과 푸커우의 중간에서 배의 덮개의 구멍으로 밖을 엿보니 패잔병은 모두 추위에 부들부들 떨면서 열심히 헤엄쳐 나가고 있었다. 대부분은 총포를 버린 것 같아서 무기가 없었다. 그 중에는 대야를 타고 손으로 노를 저으며 가고 있는 우스꽝스러운 모습, 배가 가라앉아 강 가운데 모래톱으로 기어오르는 사람, 옆으로 지나가는 배에 올라타려고 헤엄치는 자도 있다. 우리는 강물의 흐름에 몸을 맡기고 쑥쑥 흘러 내려가기만 하면 어떻게든 될 것이라고 생각하며 우리 쪽으로 다가오는 적을 두들겨 패서 밀어내면서 변함없이 하강下江했다. 밥도 먹지 못하고 물도 마시지 못하고, 잠도 못자고 일동이 기진맥진이다.

14일 오전 2시 반, 하류에서 군함이 거슬러 올라왔다. 일본 군함이었다. 군함은 기관총이나 소총으로 맹렬히 패잔병을 사격하므로 너무 위험했다.

다행히 우리는 한 발도 맞지 않고, 갖고 있던 천을 모두 모아 히노마루를 만들고, 입고 있던 중국옷을 벗어버리고 군함에 도달할 수 있었습니다.[1]

도망가는 '적'을 공격하는 것은 학살은 아니다. 전투의 연장이다, 라는 주장이 일부에 있다. 그러나 당시 보도를 읽으면, 중국병사는 목재나 책상 등에 매달려 겨우 강에 떠 있는 상태이며, 저항할 의사도, 능력도 없었던 것을 알 수 있다. 백기를 내건 자도 있었다. 그들에게 마구 총포탄을 사격한 것이니 학살이라고 할 수밖에 없다. 학살 광경은 역시 보도되고 있었다.

무사도는 어디에?

태평양전쟁하의 1942년 3월 1일, 현재의 인도네시아 자바섬 북방 해역에서 일본과 영국함대가 교전하다가 영국의 중순양함重巡洋艦과 구축함

---

[1] 1938년 1월 24일 자 『九州日日新聞』(熊本), 『福岡日日新聞』; 1월 25일 자 『大阪朝日(長崎版)』, 『九州新聞』(熊本); 26일 자 『大阪朝日(福岡版)』, 『大阪朝日(北九州版)』.

이 침몰했다. 그런데 합계 440명 이상의 장병이 일본군의 항복 권고를 거부하여 표류했다. 다음날 2일, 지나가던 일본 구축함 이카즈치雷가 영국군 장병을 구조, 영국군 장병은 슬라웨시 섬세레베스 섬에 있는 일본 포로수용소로 이송되어 거기에서 종전을 맞이했다. 이상은 전 해상자위관 메구미 류노스케惠 隆之介의 저서『바다의 무사도』2008와 논문「해양의 적병敵兵 구조」『人道 硏究 저널』제10권, 2021에 의거한다.

같은 일본 해군인데 왜 장강에서는 무사도정신을 발휘하지 못했을까? 강으로 도망가려는 이가 가령 일본군 장병이나 일본 민간인이었다고 하자. 타국의 군대가 이에 일방적으로 총격을 가했다고 하면 '이것은 학살이 아니다. 전투행위다'라고 인정할까? '일본인이 살해당하는 것은 학살이지만, 일본인이 살해하는 것은 학살이 아니다'라는 것은 성립하지 않는다.

총탄이 쏟아지는 가운데 강 위로 표류한 중국군의 전 장교, 진신정陳頤鼎은 1987년 역사학자 가사하라笠原十九司 등에게 다음과 같이 증언했다.

(1937년 12월 13일 저녁) 일본 군함이 장강에 나타나 순시하면서 장강 위의 패잔병에게 총을 쏘기 시작했다. 여러 가지 부유물에 올라타고 혹은 매달려 장강의 조류 위에 떠 있는 중국군 장병이 일본군 기관총의 먹잇감이 되었다. 또한 일본 군함에 부딪쳐 의지했던 부유물이 뒤집혀서 익사한 자도 많았다.

장강의 물은 피로 물들어 처참한 광경은 눈뜨고 볼 수 없었다. 군함 위의 일본 병사들이 장강을 표류하는 무력한 전우들을 살육하며 박수를 치고, 기뻐하는 모습이 보였다. 이때의 분노는 평생 잊을 수 없다.洞富雄 외 편,『난징대학살의 현장으로』, 1988

2. 7천 명 한 명도 남김없이

장강 위에서 도망치는 중국 병사에게 공격을 가한 것은 해군뿐이 아니다. 육군부대도 강안에서 격렬하게 공격했다.『도오일보東奧日報』특파원 다케우치 슌키치竹內俊吉가 1937년 12월 13일 경장갑차2인승 소형전차 부대의 전투 모습을 이렇게 보도했다.

> 난징을 뒤로하고 양쯔강 변을 따라서 도주하려는 수만 명의 적을 후쿠다福田 부대 (독립경장갑차 제8중대, 후쿠다 린지福田林治 대장)는 일찍이 그 퇴로를 차단하여 기관총 세례를 퍼부었으므로 그들은 갈 길을 잃고 양쯔강에 혹은 나룻배, 혹은 뗏목, 혹은 가솔린 드럼통까지 의지하며 그야말로 무수히 상류로 도망갔다. 이 적敵을 후쿠다 부대는 샤칸의 강 기슭에서 마침내 중산中山 마두馬頭까지 전진하며 괴멸적 공격을 퍼부었다. 후쿠다 부대의 탄환을 맞고 양쯔강 바닥에 가라앉은 적병의 숫자는 적어도 5천 명은 될 것이다.「후쿠다 쾌속부대 난징 총공격에 뛰어난 공훈」,『東奧日報』, 1937.12.21

이 기사 가운데 히로사키弘前 출신의 오장이 전투 모습을 전하고 있다.

> 마지막에는 그들중국병이 백기를 흔들었다. 그렇지만 섣불리 신용할 수 없는 지나인들이니 안심할 수 없어서, 백기를 내걸어도 한동안 사격했다. 그런데 아무래도 항복하는 것 같아서 탱크의 덮개를 열고 '이리 와, 이리 와'라고 하자 그들은 무장을 벗어버리고 줄줄이 다가온다. 약 1시간 동안에 1,500명이나 포로를 잡았다.

여자도 아이도

쓰津 보병 제33연대는 12월 13일 오후 2시 반에 샤칸에 도착하여 강 위의 중국병사에게 맹사격을 퍼부었다. 이 연대의「난징 부근 전투상보」는 이렇게 기록하고 있다.

> 양쯔강에 무수히 많은 패잔병이 나룻배, 뗏목, 그 외 부유물을 이용하여 강을 뒤덮으며 강 하류로 내려가는 것을 발견함. 곧 연대는 전위前衛 및 속사포를 강 기슭에서 전개하여, 강 위의 적에게 맹사격을 퍼붓길 2시간, 섬멸한 적은 2,000명을 밑돌지 않는다고 판단됨.『남경전사자료집』

이 때 동 연대 기관총 중대의 일원으로 중국 병사를 쐈던 병사는 1945년 이후 구술조사에서 이렇게 증언했다.

> 엔진이 없는 것처럼 노를 젓는 배가 양쯔강을 줄줄이 내려가는 거야. 한가득 사람들이 타고 말야. 그것을 쏜 거지. 그중 일반 복장을 한 양민민간인도 있어. 그 걸 전부 두두두 쏘았지. 샤칸에 있던 보병의 여러 부대도 여기저기서 쏘고 있었어. 동시에 양쯔강 기슭에서도 많은 사람들이 이리저리 밀치며 쏟아져 내려와서, 사람들이 순식간에 늘어났어. 건너편 강변 너머로 미처 도망가지 못한 사람들이 한 덩어리가 되어 강가 절벽에 모여 있더라고. 수천 명은 될 것 같은 사람들은 여자도 아이도 노인도 있었어. 松岡環, 『난징, 찢어진 기억』, 2016

난징 공략 당시 신문기사, 부대의「전투상보」, 전 일본 병사의 패전 후의 증언에서 나타난 샤칸에서의 학살 광경은 대체적으로 일치한다. 강에 떠 있는 중국인이나 샤칸의 강 절벽으로 내몰린 중국인에게 일본군은 닥치는 대로 맹렬하게 총포탄을 퍼부은 것이다.

샤칸에는 사체가 산처럼 쌓였다. 오이타^{大分} 보병 제47연대 소위는 고향에 보낸 편지에서 13일 샤칸의 광경을 이렇게 적었다.

> (13일) 난징 근처 샤칸에 갔을 때 지나군 전사자가 산처럼 쌓여 있어서 불태우는 것을 보았는데, 그것을 치우는 것도 지나 패잔병을 시켜서 하므로 비참한 일입니다.「길에서 엇갈린 적에게 성냥을 빌림」,『大分新聞』, 1938.1.17

학살당한 중국인의 사체를 중국인이 치우고 있었다. 이 광경은 당시 소년용 도서『난징성 총공격 지나사변 소년 군담^{軍談}』高木義賢 저, 1938 도 묘사하고 있다.

> 양쯔강 물줄기 가장자리에 있는 샤칸의 강변은 거짓말도 과장도 아닌, 수천 수만 명의 시체의 산, 피의 강이 되어 강물 색깔도 변해 버렸다. 그러자, 무장을 해제당한 적의 포로가 자기편의 사체의 뒷정리를 할 생각인지, 그렇지 않으면 우리 군의 환심을 사려고 하는 것인지, 명령도 기다리지 않고 시체의 머리와 발을 들어 질질 끌고 가서 양쯔강쪽으로 텀벙텀벙 던져 버린다. (…중략…) 무표정한 창백한 얼굴로 아직 우욱 신음하고 있는 부상자까지 던져 버리고 있다.

본 적도, 들은 적도

샤칸에서 나라^{奈良} 보병 제38연대[2]의 분투 모습을 12월 13일 자『오사

---

[2] 나라(奈良)보병 제38여대가 난징 공략에서 어떻게 행동했는가에 대해서는 나라현 지방자치연구센터 편집, 발행한 잡지,『自治研なら』53호(1994.12)가「나라38연대와 난징사건」이라는 특집을 구성했다.

카 아사히신문 나라판(奈良版)』이 「패주병 7천 명을 한 명도 남김없이 사살, 사체로 가득 찬 난징 샤칸 역, 빛나는 스케가와助川부대의 분투」라는 제목으로 크게 보도했다.

13일 미명부터 동일 저녁까지 이루어진 샤칸의 대섬멸작전에서 새벽에 홍산紅山을 출발한 스케가와 부대 나라연대, 스케가와 세이지(助川靜二) 연대장는 오전 10시 반, 오쿠토奧藤 부대에 의해 난징 성의 북문인 화평문和平門을 점령했다. 숨 돌릴 틈도 없이 난징의 항구마을인 샤칸을 향하여 추격전을 속행한 결과, 마침내 이곳에서 성 안으로 도망간 7,000명의 대부대를 완전히 독 안에 든 쥐로 만들어 전차 응원을 받아 쏘고, 쏘고 또 쐈다. 이 전투에서 7,000명은 한 명도 남김없이 물리쳤고, 유명한 샤칸역도 사체로 가득찼다고 한다.

저자는 야마모토 오사무山本治 기자이다. 애당초 난징통신국에 근무했지만, 일본군이 난징으로 공습을 개시한 8월, 통신국장인 하시모토橋本登美三郞와 함께 상하이로 이동했다. 그 후 일본군을 쫓아 다시 난징을 향해 이동하여 12월 14일 혹은 15일에 난징통신국에 도착했다.제4장 참조 위의 야마모토의 기사는 '쏘고 쏘고 또 쐈다'고만 되어 있고 구체적이지는 않다. '샤칸역도 사체로 가득찼다고 한다'고 타인에게 들은 듯한 표현으로 글을 맺고 있는 점에서 볼 때, 현장을 직접 보지 않고 부대 간부를 취재하여 작성한 것으로 생각된다.

이 야마모토가 종전 후, '학살이 있었다고 하지만'이라고 질문을 받고 이렇게 대답하고 있다.

전혀 본 적도 들은 적도 없습니다. 밤은 (기자가) 모두 (통신국에) 모이는데 그런 이야기는 한번도 들은 적이 없습니다. 누구도 그런 말을 한 적이 없습니다. 아사히신문에서는 화제가 된 적이 없습니다. 阿羅健一, 『난징사건 일본인 48인의 증언』

이 증언을 어떻게 볼 수 있을까?

'언제 난징으로 돌아왔는가?'라는 아라의 질문에 야마모토는 "입성식 날1937.12.17 은요, 상하이를 초기부터 종군 취재하고 있다고 했더니, 육군 비행기가 (상하이에서 난징으로) 데려다 주었습니다. 도착한 것은 오후이고 입성식이 끝난 후였습니다"라고 말하고 있다.

그러나 제4장에서 언급한 것처럼, 야마모토가 1937년 12월 15일 발행한 『아사히신문』 석간에 하시모토와 연명으로 그리웠던 본사 통신국이 있는 대방항에 발을 내딛었다고 쓴 사실은 바꿀 수 없다. 이 기사의 일자와 서명에서 야마모토가 늦어도 15일 오전까지 난징통신국에 도착한 것은 확실하다. 12월 17일 오후에 육군 비행기로 난징에 돌아왔다고 한 야마모토의 종전 후의 회상은 분명히 사실과 다르다.

게다가 실제로는 육로로 난징에 도착했는데 비행기로 왔다고 한 것은 (기억 착오가 누구에게나 있다고 해도) 너무나 부자연스럽다.

야마모토는 학살을 정말 '본 적도 들은 적도' 없었던 것일까? 참고로, 나라연대의 「전투상보」는,

> (12월 13일) 오전 1시 40분경 도강 중에 적 5~6천 명에게 절대적 대손해를 부여하고 그들을 강기슭 및 강 가운데에서 섬멸하고 이어서 주력으로 오후 3시 경부터 샤칸에 진입하여 동일 저녁까지 적어도 500명을 소탕했다. 『남경전사자료집』

고 기록하고 있다.[3] 섬멸, 소탕한 인수는 합하여 최대 6,500명이며 야마

모토 기사의 '7천 명'과 대체로 일치한다.

3. 야전野戰우편국장의 증언

『아키타 사키가케신보』의 촉탁기자인 화가 고바야시 기요기치^{小林喜代吉}는 1937년 12월 15일 해군함으로 샤칸 부두에 내렸다.

> 난징은 완전히 해군 육군이 점령하여 상륙은 자유이며 우리 ○○는 샤칸 부두에 정박했다. 부두에는 여전히 적 패잔병이 우글우글한데 육군에게 토벌당하여, 아무런 저항 능력도 없이 실로 참담한 것이다. 17일까지 국민정부에서 개최된 빛나는 입성식까지 섬멸된 적병은 실로 10만 가까이 될 것이다.「난징까지」, 『秋田魁新聞』, 1938.1.8

당시의 신문도 샤칸에서 일본군이 '아무런 저항 능력이 없는 무수한 중국병을 토벌'하여, 참담한 광경을 연출했다고 보도하고 있다. 정형적定型的인 표현이기 때문에, 구체적인 '모습'을 연결시키기 어려우나, 난징에서 무슨 일이 있었는지 알기 위해서는 이러한 몇 줄조차 흘려 읽을 수 없다.

같은 15일 밤, 아사히신문 특파원 이마이 세이고^{今井正剛}는 난민구 안의 대방항에 있는 아사히신문 난징통신국 앞의 거리를 수천 명의 중국인이

---

3   1980년에 간행된 『나라연대사진첩(奈良連隊寫眞帖)』(나라연대 사진첩 편찬위원회 편)은 입성식 사진에 대해 "1937년 12월 17일 입성식은 무혈 점령과 잔학 부정의 증거이다. 난징성의 격전은 신문기자가 조작한 것이며 난징대학살은 여러 외국의 선전이다"라고 적혀 있다. 난징 공략에 대해 설명한 저술은 많지만, '무혈 점령'이었다고 한 저술은 저자는 이 책 외에는 본 적이 없다.

열을 지어 끌려가는 것을 보았다. 이마이는 그날 저녁, 통신국 가까이에 있는 언덕에서 수백 명의 중국인이 집단 학살 당하는 현장에 함께 있었던 것이다.^{제4장 참조}

이마이는 동료기자인 나카무라 쇼고^{中村正吾}와 함께 행렬의 뒤를 쫓아갔다. 이하는 이마이의 종전 후의 회상이다.^{요지}

이마이와 나카무라는 샤칸으로 갔다. 강기슭으로 다가가려는데 보초에게 제지당했다. 기관총을 연발하는 소리가 들렸다. 시내 여기저기에서 색출한 소년부터 노인까지의 남자를 처치하는데 소총 사격만으로는 끝나지 않아 동서 양방향에서 기관총 난사를 했을 것이라고 이마이는 생각했다.

이마이 쓰고 싶은데.

나카무라 언젠가는. 자, 당분간은 쓸 수 없어. 그래도 우리들은 봤으니까.

이마이 아니야. 좀 더 보자. 이 눈으로.

기관총 소리는 어느새 그쳤다. 두 사람은 일어나서 강기슭으로 갔다. 수면에 새벽안개가 서려 있었다.

마두^{碼頭} 일면은 켜켜이 쌓인 시체로 새카맣다. 그 사이에서 어정어정 꿈틀거리는 사람의 그림자가 50명, 100명 정도. 그 시체를 질질 끌어다가 강 속에 던지고 있다. 신음 소리, 흐르는 피, 경련을 일으키는 팔다리, 게다가 판토마임 같은 정적. 건너편 강기슭이 흐릿하게 보였다. 달밤의 진흙탕처럼 포구 일대가 뿌옇게 빛나고 있다. 붉은 피다.

이윽고 작업을 마친 쿨리들이 강기슭에 일렬로 세워졌다. 두두두두 기관총 소리. 깜짝 놀라 몸을 뒤로 젖히고, 뒤집어지고, 춤추듯 튀어오르며 그들은 강 속으로 떨어졌다. 그 자리에 있던 장교는 살해한 인원을 2만 명 정도라고 말했다.^{今井,「난징 성 내의 대량살인」,『특집 문예춘추』12월호, 1956}

오늘 밤 하루 포로

샤칸의 모습을 기록한 사람 중에 상하이 파견군사령부 야전우편장 사사키 모토가쓰^{佐佐木元勝}가 있다. 사사키는 12월 16일 난징에 도착했다. 야전우편이란, 전장에서의 우편 업무를 말한다. 전장의 병사들에게 고향에서 온 편지를 전달하고, 병사들이 쓴 편지를 맡아 고향으로 보내 준다. 그 때문에 전선^{前線}에 우편국이 설치되었다. 사사키는 그 현지 책임자^{군속}였다.

사사키는 종군 중에 매일 세세하게 일기를 썼다. 종군을 기록하자는 의지는 처음부터 있었다.^{『속 야전우편기』(1973)의 후기} 그 일기에 입각하여 전시하에 『야전우편기』를 집필했다. 그 수기에서 사사키는 샤칸의 모습을 다음과 같이 기록했다.

> (샤칸에서 가까운 읍강^{挹江}) 문을 나와 양쯔강 변, 정거장 가까이 지나우편국으로 향했다. 강변에 전사한 지나 병사의 무수한 흔적이 있고, 강에는 구축함이 떠 있다. 성 밖의 샤칸 일대는 상하이 갑북^{閘北}처럼 불태워져 황량했다. 은행 같은 장대한 지나우편국 건물 앞에 (다리에서부터 복부가 불에 탄) 지나병사의 시체가 불탄 거리 가운데에 하늘을 향한 채로 쓰러져 있다. 그 자는 장교처럼 보였다. 골격이 다부진데 두 눈을 감지 못하고 있었다.

문장 중에 '다리에서부터 복부가 불에 탄'이라는 부분은 검열로 삭제되었거나 사사키가 자기규율로 작성하지 않은 부분인데 종전 후 이 책을 복간했을 때 본인이 복원시킨 부분이다.^{이하 같음}

이 『야전우편기』가 출판된 것은 난징 함락에서 3여 년이 지난 1941년 2월이었다. 도쿄시 아카사카구^{赤坂區}에 있던 일본강연통신사^{日本講演通信社}에서 출판되었다. 사사키에 의하면, 1939년 6월부터 7월까지의 일기를 기초로 하여 우편 직원에게 자신의 구술을 필기하도록 하여 원고를 작성했다고 한다. 거기에 퇴고를 거듭하여 등사판으로 14부만 인쇄한 것이 처음이었다. 1939년 9월에 귀국한 후 대본영의 통신참모가 검열하여 일부 삭제한 다음 1941년에 공간했다. 1945년 종전후 삭제 부분을 보완한 『야전우편기』 제1~5부가 1973년 4월에 발간되었고, 전시하에 미공간된 부분이 『속 야전우편기』 제6~10부로 1973년 7월에 간행되었다.

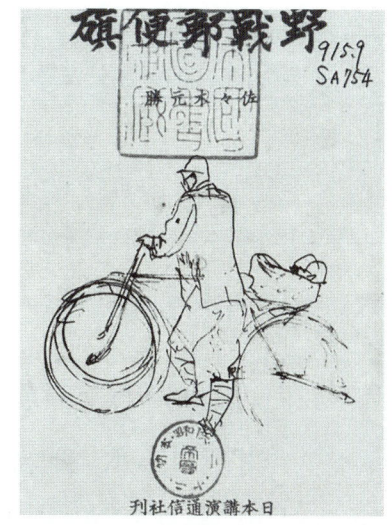

〈그림 1〉 『야전우편기』, 1941
[일본국회도서관 소장]

과장도 미화도 하지 않음

수기의 기술로 돌아가자. 사사키는 1937년 12월 16일 저녁, 난징성 북서 샤칸에서 난징성 동쪽에 있는 중산문 방향으로 트럭을 타고 이동하던 중, 포로 행렬을 만났다.

> 어두워지고 있던 거리에 속속 수천 명의 쿨리 무리가 총검을 찬 병대에게 끌려서 행렬을 지어 가고 있었다. 이들은 포로이다. 내가 트럭에서 끌고 가는 병사에게 묻자, 이들은 편의便衣 변장을 한 자를 일망타진한 것이라고 하였다. 일장기 완장을 찬 자가 많다. (…중략…) 달이 창백하게 떠오른다. 오늘밤 이 포로들의 역사적인 모습이여! 중산문에서 가까운 우편국으로 돌아가자 벌써 캄캄하다. (…중략…) (밤이 꽤 깊었는데, 이 트럭 운전병이 연달아 돌아왔다. 샤칸에서 큰일이 벌어졌다고 말한다.) 그 밤 샤칸의 우편국 가까이 마두碼頭에

서 패잔병 소탕 총성이 자주 났다. 강위의 구축함은 차갑게 비장한 등불을 밝히고 탁류를 헤치고 도망가려는 패잔병을 기관총으로 총살했다.

사사키는 1904년 군마群馬현에서 태어났다. 1927년에 도쿄제국대학 법학부를 졸업하고 체신성에 입사했다. 징병 검사는 병종 불합격으로 군대 생활을 할 수 없었다. 1944년 육군 사정관司政官으로 남방으로 파견되었다가 종전 후 체신성 교양과장, 체신박물관장 등을 역임하고 1950년에 퇴직했다. 그 후 우표 잡지인 『우편』 편집장, 발행인을 지냈다.

『야전우편기』에 대해 사사키는 1939년 등사판으로 인쇄한 개인용 책의 서문에 "이것은 있는 그대로 진실의 기록이다. 나는 우리 자신이 직접 체험하고 견문한 것만을 기술했다. 흔히 있는 경박한 과장이나 사태를 미화하거나 자기 기만 등의 표현을 여기에서 발견하는 것은 틀림없이 어려울 것이다. 나는 허락되는 한, 진실을 기술한 것이다"라고 적었다.

'미화', '자기 기만'의 글을 스스로에게 금지한 사사키는 장강 강변의 광경을 『야전우편기』1941에 이렇게 적었다.

강 기슭에는 소탕당한 패잔병의 시체가 켜켜이 있다. 그 어떠한 처참함도 이를 따를 수 없다. 장강의 탁류에 잠기며 휩쓸려간 자가 그 외에 얼마나 더 있을지 모르겠다. 나는 관동대지진 때 혼쇼本所[4]의 강 기슭에서 많은 사람들이 겹쳐져서 죽어있는 것을 봤는데, 그보다 심할지언정 못하지는 않다. 생명을 빼앗은 총탄과 총검이 한층 죽은 모습을 처참하게 한다. 반라半裸인 사람도 있다. 불탄 사람도 있다.

---

[4] [역주] 현재의 도쿄 스미다구(墨田區)의 옛 지명으로 혼쇼구(本所區). 1923년 관동대지진 당시 가장 피해가 컸던 지역이다.

샤칸下關의 참상을 기록한 글은 전시하에 이미 존재했다.

모두 사실이다.

사사키의 『야전우편기』의 존재를 널리 세상에 알린 것은 1972년 11월 6일 자 『아사히신문』 석간에 게재된 전쟁문학 연구자 다카사키 류지高崎隆治의 논고였다.[5] 제목은 「전시하 출판된 난징대학살」. 그것은 난징 공략에서의 '백인 참수 경쟁'에 의문을 던진 스즈키 아키라鈴木明의 논고가 잡지 『제군!』에 게재된 직후였다.

다카사키는 『야전우편기』에서 일부를 인용하고 이렇게 주장했다.

내가 여기서 말하고 싶은 것은 학살이라는 너무나도 명백한 사실 문제가 아니라, 이러한 수기가 전쟁하에 출판되었음에도 불구하고, 오늘에 이르기까지 누구 하나 그것을 지적하지 못하고 있다는 놀랄만한 무위무능에 대해서이다. (…중략…) 전시하의 공간물은 가치 없다는 이상한 편견의 치명상을 안고 있는 우리의 모습이야말로, 끝없는 반성을 담아 인정하지 않으면 안 된다.

전시하에 나온 책을 가치 없다고 단정하는 경향에 대해 다카사키는 경종을 울렸다. 난징에서의 집단학살은 '학살'이란 어휘는 사용되지 않았지만, 전시하에 분명히 기록되고 있었다. 다카사키는 또한 다른 저작에서

---

5   다카사키(高崎)는 전쟁 중에 서점에서 『야전우편기』를 읽고 그때까지 생각지도 못한 내용에 저절로 숨이 턱 막혔다는데, 2, 3일 후에 다시 한번 서점에 갔을 때는 더이상 팔지 않았다고 한다. 그래도 살육의 장면은 뇌리에 새겨져 있었다고 한다. (高崎隆治, 『전쟁문학통신』, 1975)

『야전우편기』에 대해 이렇게 지적했다.

> 이 종군 수기는 확실히 다른 책들과 본질적으로 다른 무언가가 있다. 그 중 하나는 앞에 적은 것처럼 세세한 점까지 꼼꼼하게 기록되었다는 점이다. 관찰도 또한 극히 예리하다. 그것은 장교도 아니고 병사도 아닌 일종의 제3자적 위치에서, 그것도 보도의 임무를 띤 종군기자와는 다른 각도에서 조망한 전장戰場의 기록이라는 점에서 발생하는 것이라고 생각된다. 물론 그렇다고 하여 이것이 전쟁 혐오나, 전쟁 반대의 입장에서 작성되었다는 것은 아니다. 저자는 우편 임무에 완전히 충실하다. 그러나 동시에 자신이 본 것에 대해서도 카메라처럼 민감하고 성실한 기능을 작동시켰다. 高崎隆治,『전쟁문학통신』, 1975

확실히 사사키는 이 책에서 반전反戰을 주장한 것은 아니다. 사사키는 자신의 임무를 충실히 완수했다. 그렇다면, 사사키가 쓸 수 있던 것을 왜 직업적 저널리스트인 신문기자는 쓰지 못했는가? '사실의 기록자'이어야 할 신문기자가 왜 사사키와 같은 리얼한 관찰을 지면에 담지 못했을까? 보도 통제로 그것이 곤란했다면, 적어도 사사키처럼 일기에라도 남겨 둘 수 있지 않았을까?

그동안 살펴본 것처럼 포로 참수나 장강 위의 학살을 언급한 기사는 많았다. 그러나 그 대부분이 일본 병사의 분투를 칭송하는 문맥에서 작성되었다. 사사키가 '일종의 제3자적인 위치'에서 전장의 광경을 관찰하고, 기록한 데 대하여 기자들은 말하자면 군의 응원단의 위치에서, 보도라기보다, 선전에 가까운 기사를 작성했다. 그것은 과장이나 미화가 넘쳐나는 것이었다. 다카사키는 위『아사히신문』석간에 기고한 글에서 '저자 사사키의 그후의 소식은 지금까지 아무것도 모른다'고 첨언했다.

그런데 사사키의 소재는 독자의 제보로 즉시 알려졌다. 위 기사가 실린 다음날 1972년 11월 7일 자 석간에 속보가 게재되었다. 『야전우편기』는 발행 부수 2,000에서 3,000부. 신문에 광고도 게재되어 '비교적 잘 팔린 것 같다'고 사사키는 회고했다.

등사판 인쇄라는 개인 출판으로 "나는 자기자신의 인식과 기억과 감정을, 적어도 속이지 않는다"고 자임한 사사키는 33년 후에도 같은 말을 기자에게 했다.

"아무튼, 여기에 쓴 것은 모두 사실이야"라고.

4. 사이조 야소西條八十와 입성 기념식

1937년 12월 12일 오전 11시, 시인·작사가 사이조 야소西條八十를 태운 연락선 나가사키마루長崎丸가 나가사키 항을 출발하여 상하이로 향했다.

사이조는 당시 45세. 봉오도리盆踊り[6] 곡으로 지금도 친숙한 「도쿄온도東京音頭」 등의 히트로 이미 명성을 얻고 있었다. 17일 일본군 난징 입성식을 보고 시를 짓기로 사전에 『요미우리신문』과 잡지 『주부지우主婦之友』에 약속해 두었다. 여비는 '주부지우사와 콜롬비아레코드사가 지급했다. 西條,「上海의 며칠」,『戰火에서 노래하다』, 1938

출발 전에 사이조는 말했다.

---

6   [역주] 음력 8월 15일 명절을 오봉(お盆)이라 하는데, 이날 함께 추는 군무(群舞)를 '봉오도리'라고 한다.

시인으로서 상하이 전지戰地에 가는 것은 내가 처음이므로 세계전쟁사에 빛나는 난징 입성을 주제로 위대한 사실에 부끄럽지 않을 일본 대표의 시를 지어 고국에 선물을 하고 싶다.「시 주머니(詩囊)와 색연필을 갖고 난징 일등 입성」,『福岡日日新聞』, 1937.12.13

시체 산
사이조는 17일 아침 샤칸에 상륙했다.

함선에서 나무다리를 연결하여 상륙했다. (…중략…) 내리면서 보니, 부두 저편에 높은 판자벽이 있었다. 그 안에는 지나 병사의 시체의 산. '슬슬 시작이군'이라고 생각한다.西條八十,「찬란했다 난징 입성식」,『話』임시증간호, 1938.7

무엇이 시작이라는 건지, 사이조는 적지 않았다. 전쟁문학 연구자인 다카사키 류지는 시체 산을 보고 '슬슬 시작이군'이라고 하니, 틀림없이 포로의 살육을 의미하며, 사이조는 자신의 판단으로 그것을 예기하고 있었던지, 혹은 그러한 사태가 곧 일어나리라는 것을 누구에겐가 들었다고밖에 생각할 수 없다고 지적한다.高崎,「1937년 12월 13일 난징대학살」,『未來』12월호, 1976 사이조는 부두에 마중 나온『요미우리신문』동아부장과 함께 해군이 마련한 소방차를 타고 성 안으로 향했다. 왼쪽 팔에는 '해군 종군기자 장章'을 차고 있었다.사이조,「아아, 감격의 난징 입성식」,『小女俱樂部』3월호, 1938

자동차는 곧바로 중산북로를 달린다. 마쓰이松井石根 최고지휘관을 맞이하기 위해서 대로변은 대체로 청소되어 있었는데 골목에는 지나 병사와 군마의 시체가 가득하다.「나는 봤다!! 난징 눈물의 입성」,『主婦之友』2월호, 1938

행진의 맨 뒤에

사이조는 입성식이 열린 국민정부 청사의 문 앞에서 행렬을 기다렸다. 손에는 연필과 편지지. 오후 3시 반에 시내 비행장에서 출발하는 후쿠오카행 비행기에 시를 적은 원고를 전달해야 했다. 오후 1시 반, 입성식이 시작되었다. 국내외에 전승을 과시하기 위한 세레모니이다. 난징 침공의 최고지휘관 중지나방면 사령관 마쓰이 이와네松井石根가 말을 타고 행진 선두에 서고, 그 뒤를 상하이파견군 사령관의 황족, 아사카노미야 야스히코朝香宮鳩彦가 따랐다. 행렬은 국민정부 청사의 정문을 지나 안쪽 정원으로 들어갔다. 게양대에 일장기가 올라가고, 만세 소리가 울려퍼졌다. 사이조는 즉시 한편의 시를 작성했다. 원고는 비행기로 운반되어 도쿄로 전송되었다.

마쓰이 사령관, 지금 말을 타고 유유히 중산문을 지나가네!

수염은 길게 자라, 말 위에 허리를 곧추세운 모습

의외로구나, 만세를 외치는 소리는 들리지 않고, 단지 존재하는 것은 숭엄崇嚴한 감동!

내가 본 것은 젊은 육전대 일 병사의 감격의 눈물

무언無言의 행진 속에

눈물방울이 뚝뚝

총신銃身에서부터 늠름한 주먹을 타고 흘러내리는 것을 봤을 뿐.마지막 제3연

「내가 본 입성식」이라는 제목의 시는 다음날 18일 『요미우리신문』 조간에 게재되었다. 사이조는 행진의 맨 마지막 열의 단체로 눈을 돌렸다.

〈그림 2〉 난징입성식(1937.12.17 오후 1시30분) 마쓰이장군(우에노 특파원 촬영),
『지나사변 화보』 제11집(1938.1.27), 아사히신문사

　　대열의 끝에 카키색 군복 같은 복장을 한 신문기자단. 합의한 것처럼 하얀 천으로 감싼 상자를 짊어지고 걸어가고 있다. 사변으로 수염이 무성하게 자랐고 모두 영양 불량의 창백한 얼굴이다. "짊어진 것은 무엇입니까?" 길 옆에서 행진을 송영하고 있던 내가 어떤 사람에게 물어봤다. "동료의 유골입니다. 불쌍하게도 제1선에서 전사한 친구의 유골에게, 적어도 오늘 난징 입성의 감개를 보여주는 것입니다. 보세요. 아사히의 하마노浜野의 유골도, 모두 동료가 짊어지고 있습니다."西條,「나는 봤다!! 난징 눈물의 입성」

7　사이조(西條八十)는 '전보문이어서 적지 않은 오류가 있었다'고 『主婦之友』 2월호 (1938)에 기고한 「나는 봤다!! 난징 눈물의 입성」에서 시를 정정하여 다시 게재했다.

'아사히의 하마노'는 카메라맨인 하마노 요시오浜野嘉夫이다. 난징을 목전에 둔 12월 8일, 중국군의 총탄에 쓰러졌다. 향년 26세.『아사히신문』은 '카메라 전사戰士'의 죽음을 대대적으로 보도했다. 기자들은 군인들 행렬 뒤에 붙어서 행진했다. 그것은 신문기자가 군과 일체라는 것을 상징하는 광경이었다. '동맹통신'은 이렇게 보도했다.

우리 육해군 장병 외에 금일 입성식에 참여한 것은 약 150명이었다. (…중략…) 대부분은 신문·통신사, 카메라맨 등 약 100명. 상하이 공략 개시 이래 이렇게 많은 신문·통신원이 한자리에 모인 것은 이것이 처음이다. 이 중에는 잡지기자로서 난징에 온 사이조 씨의 연두색 재킷 점퍼, 골프 팬츠를 입은 다테伊達의 모습도 보인다.12월 18일 자『福岡日日新聞』,『國民新聞』; 18일 발행『上毛新聞』석간; 19일 자『九州新聞』,구마모토

봐서는 안 되는 것

입성식은 오후 3시 반에 끝났다. 오후 4시, 사이조는 해군 수뢰정을 타고 난징을 출발했다. 얼마 되지 않아 수뢰정의 기관총이 장강의 한가운데에서 꿈틀거리는 중국 병사를 향해 불을 뿜었다.

"난징에서 뗏목으로 도망쳐 온 잔병殘兵 약 ○○ 저기에 있습니다. 구경하세요."

옆에 있는 소위가 안경을 빌려주었다. 그렇군, 있네, 있어, 마른 억새풀 언덕 앞뒤로 새까맣게 꿈틀꿈틀 모여 있다.

"놈들, 강 건너편으로 조금이라도 빨리 도착하고 싶어해요. 저거 보세요. 정크에 타고 있지요?"

그렇군, 정규병 군복을 입은 자들이 정크선을 타고 갈팡질팡하고 있네. (…중략…) 그러는데 또 뿜어대는 기관총의 연기가 마침 정크선 위에서 터졌다. 위에 탄 검은 사람들이 순식간에 축 늘어져 버렸다.西條八十,「나는 봤다!! 난징 눈물의 입성」

그 후 사이조는 쑤저우蘇州, 우시無錫 등 격전지를 돌고 상하이로 돌아왔다. 여행의 마지막에 사이조는「안녕, 상하이」라는 제목의 시를 지었다.

악몽의 도시를 헤매며
봐서는 안 될 것을 보네
10일간의 여행, 피의 지옥에서
몸도 영혼도 지쳐 버렸네.
(…중략…)
수천만 시신을
바닥에 가라앉힌 장강이여
밤의 정크선의 현舷에서
푸른 불꽃은 타고 있었다.

보도된 문장과 시를 동급으로 다룰 수는 없다. 그러나 보도 문장에는 전달할 수 없는 '분위기'라는 것을 사이조의 시는 전하고 있다.

사이조가 본 '봐서는 안 될 것'이란 무엇이었을까? 12월 23일 사이조는 나가사키로 돌아왔다.「눈물의 시정(詩情),'난징 입성'」,『福岡日日新聞』, 1937.12.24

일본이 패망하고 얼마 후 사이조는『저런 꿈, 이런 시, 시의 자서전에서あの夢、この歌、歌の自叙傳より』를 저술하여 자신의 반평생을 회고했다. 1956년에『노래하는 자서전唄の自敍傳』으로 제목을 바꾸어 재간행, 그러나 함락

직후 난징을 방문한 것에 대해서는 아무것도 남기지 않았다.

기무라 이헤이의 족적

입성식을 취재한 기자 중에 사진가 기무라 이헤이木村伊兵衛가 있었다.[8] 기무라는 귀국후 사진잡지 인터뷰에 응했다.新木壽蔵·高桑勝雄,「기무라 이헤이, 와타나베 요시오 두 사람에게 중국 민정 촬영 여행담을 듣다」,『카메라』3월호, 1938

    촬영한 것은 앞으로 어떤 형식으로 발표됩니까?

    기무라 우리가 촬영한 사진은 처음 목적이 거의 지나支那의 평화 모습, 그리고 군의 여러가지 구휼과 선무宣撫라던가 그런 종류뿐이어서 그것을 외무성에서 대량으로 프린트해서 재외공관에 보낸다던가, 저쪽의 여러 신문 잡지에 보낸다던가, 하는 형식을 취하는 것과 사진첩을 만드는 것, 그리고 내지에서 가능하다면 일반사진 쪽은 전람회를 하려고 생각합니다.

    중국인이 나쁜 선전을 위해 촬영한 사진은 모아 두었습니까?

    기무라 저는 모으지 않았지만, 외무성에서는 많이 모았습니다.

당시 기무라도 국책 선전에 일정한 역할을 하고 있었다. 오로지 '지나의 평화 모습'에 포커스를 맞추었다는 점에서 신문사 카메라맨과 크게 다르지 않았다. 외무성이 사진을 모았다는 진술은 주목된다.

---

8   기무라 이헤이(木村伊兵衛)의 난징 취재에 대해서는 原田健一,「占領とプロパガンダー、木村伊兵衛の上海·南京·東京」,『人文科学研究』14, 新潟大学人文学部, 2018 참고.

절규하는 오야 소이치

『마이니치신문』의 기자단과 함께 난징 공략을 취재한 저널리스트 오야 소이치大宅壯一는 입성식 이틀 후 12월 19일에 나가사키로 돌아와 「난징 입성 종군 대강연회」에 참석했다.

나는 13일 미명, 포연이 비 오듯 하는 중산문 근처에서 어스름 달빛 아래 이 역사적 공격전을 관전했다. 그때의 함성, 펄럭이는 일장기, 일본인이, 일본군이 이러한 위업을 이루었는가라고 생각하니 더할 나위 없는 감격을 금할 수 없었다. 이것이야말로 인류의 역사가 시작된 이래 세계전쟁사에 빛나는 대위업이다. 게다가 이것은 나폴레옹이나 징기스칸과 같은 한 사람의 영웅이 이룬 위업이 아니라, 일본 민족 전체가 거둔 대위업이다. 그러므로 이 대위업은 영구히 멸망하지 않을 것이다.「성황의 난징 입성 종군 대강연회」,『大阪每日(長崎版)』, 1937.12.21

오야는 그렇게 절규하고, '만장에 터질듯한 박수갈채를 받으며 강단에서 내려왔'다.

5. 비참한 입성

입성식이 끝나고 얼마 지나지 않은 12월 17일 오후 5시경, 『도오일보』 특파원, 다케우치 슌키치竹內俊吉는 '또 하나의 비참한 입성'을 목격했다.

그것은 난징 공략에서 우리 군에게 포로로 잡힌 적 정규병 7천5백명이 전후 좌우에서 겨우 ○○○명의 황군 장병에게 감시받으며, 6열 종대로 구불구불

10여 정町(1천 수백 미터)에 걸쳐 행렬을 이루어 중산문을 통해 입성, ○○의 포로수용소로 끌려갔다. 그들은 14세의 소년부터 54~55세의 노년까지 연령은 잡다하고 그 소속 부대도 잡다하다. 어제, 그저께는 난징 성내에서 우리에게 공격을 가한 자들인데 지금은 단지 묵묵히 먼지투성이의 얼굴에 피로와 절망의 빛을 보이며 '그들의 수도'인 대로를 끌려서 걸어가고 있다.

7,500명의 포로가 난징의 중심가인 중산동로를 묵묵히 끌려서 간다.

그중에는 울음을 그치지 않는 자도 있고, 호위하는 병사에게 손을 모아 오로지 목숨을 구걸하는 자도 있다. 이 행렬이 기자의 숙사 앞에서 잠시 휴게를 했기에, 기자는 갖고 있던 담배 하나를 그들에게 던져 주니, 그것을 앞다투며 빼앗으려는 모습을 보니 실로 한심하다. 어디까지나 '지나 병사다운' 그들의 모습을 생생하게 봤다.

어스름 석양빛이 물든 난징 거리를 이 행렬이 일선교逸仙橋를 건너 중산로 쪽으로, 어떻게, 표현할 수 없는 '발소리'를 남기며 걸어가는 모습을, 기자는 깊은 감회로 배웅하지 않을 수 없었다. 저 빅 퍼레이드야말로, 항일抗日 장제스정권의 저물어가는 모습 그 자체가 아닌가.「난징 성에서」,『東奧日報』, 1937.12.26

『후쿠오카 니치니치신문』도 보도

같은 장면을 묘사한 것으로 보이는 다른 기사가 있다. 저자는『후쿠오카 니치니치신문福岡日日新聞』의 아베阿部 특파원이다.

황군皇軍이 수도 난징에서 위풍당당하게 입성식을 거행한 17일 황혼 무렵,

짓궂게도 무장을 해제당한 지나˙支那 정규병 포로 약 8천 명의 구불구불 장사진을 친 행렬이 중산문에서 성 안의 일본 난징헌병대 본부로 수용되었다. 이를 본 병사들은 저마다 '멋진 지나 포로의 입성식(?)'이라고 조소했다.

덥수룩한 머리, 꾀죄죄한 얼굴, 새까맣게 더러운 눈알만 이리저리 굴리고 있다. 맨발인 자가 대부분이다. 군모를 쓴 자는 장교로 보인다. 모자가 없어서인지, 인도인처럼 흰 두건을 머리에 칭칭 감고 있다. 방한용 저고리 같은 외투를 모두 입고 있어서 매우 무거워 보인다. 그중에는 손발에 부상을 당한 자, 얼굴 절반을 붕대로 감은 자도 있다. 8천 명이나 되는 이 포로를 자세히 구경하고 나니 지나 정규병의 편린을 엿볼 수 있다. (…중략…) 대체로 매우 어린 자가 많다. 25세 이하가 80~90퍼센트를 차지한다. 더욱 20세 이하가 전체의 50퍼센트 가까이를 넘는다. 또한 15~16세 소년병도 많이 보였다.「지나 정규병을 폭로함」상,『福岡日日新聞』, 1937.12.25

12월 17일 저녁 중산문에서 입성한 7,500~8,000명 규모의 포로. 다케우치와 아베는 아마도 같은 포로 행렬을 봤을 것이다. 이 포로들은 어떻게 되었을까?

사사키 모토가쓰의 증언

또 하나의 증언이 있다. 야전우편장 사사키 모토가쓰˙佐佐木元勝는 입성식에 참석한 다음, 난징성의 동쪽에 있는 쑨원의 묘소 중산릉으로 트럭을 타고 외출했다. 그 귀가 길의 일이다.

사사키는 "중산문 앞에서부터 또 무장 해제 당한 지나 병사 무리를 만났다. (7,200명이라던가) 엄청난 걸식 대행렬이다. 누구 하나 가련한 자가 없다"라고

적었다.『野戰郵便旗』, 1973

그중 (7,200명이라던가)의 부분은 1941년판에는 없었지만, 1973년판에 사사키가 복원한 부분이다. 『야전우편기』의 저본이 된 사사키의 일기에는 다음과 같이 적혀 있었다고 한다.

저녁 아지랑이가 피어오르는 무렵, 중산문으로 들어가기 전에, 무장 해제당한 지나 병사의 무리를 다시 만났다. 걸식의 대행렬이다. 누구 하나 연민이 가는 자가 없다. 7천200명이라고 하는데, 한꺼번에 죽일 방도를 고심 중이라고. 인솔 장교가 트럭 끄트머리에 앉아있을 때 말했다. 배에 태워 해치우려고 생각 중인데, 배가 없다. 아마 경찰서에 유치하고 굶어 죽게 한다던가.우네모토 마사미(畝本 正巳),「증언에 의한『난징 전사(戰史)』」,『偕行』, 1984.12

공간된『야전우편기』에는 1941년판, 1973년판에 모두 '한꺼번에 죽일 방법' 이하의 부분은 적혀 있지 않다.

『도오일보』의 다케우치,『후쿠오카 니치니치신문』의 아베 특파원과 사사키가 말한 포로 행렬은 조우한 일시12월 17일와 장소중산문에서 중산동로에 걸쳐, 규모7,000~8,000명가 공통하고 있으므로, 같은 포로 집단을 가리킨다고 추측된다.

사사키 모토가쓰가 목격한 포로에 대하여『난징전사』에는 나라 보병 제38연대「전투상보」등에 의거하여 동 연대가 12월 14일 오후, 난징성 북동쪽 요화문堯化門 부근에서 백기를 내건 7,200명으로서 17, 18일경 난징 중앙형무소제1감옥소로 호송한 집단으로 보인다고 서술하고 있다.

문제는 포로의 그 후의 행방이다.『난징전사』는 전 상하이 파견군 참모사카키바라榊原 주계主計의 증언에 입각하여 포로는 난징의 중앙형무소로 호송, 수용되었고 그 절반은 상하이로 보내 노역에 종사시켰다고 하였다.

한편 역사학자인 하타 이쿠히코秦郁彦는 저서『난징사건』1986에서 "그 후 그들의 운명에 대해서는 처형설, 상하이 이송설, 석방설로 여러 가지이나, 현재로서는 확인할 수 없다"고 서술한 다음, 이렇게 지적하고 있다.

다음 해1938 1월 상순 난징으로 출장 간 참모본부 이나다稲田正純 중좌가 사카키바라 파견군 참모로부터 "수용소의 포로를 상하이에서 노역시킬 생각이었는데, 며칠 출장간 사이에 죽여 버렸다"이나다(稲田正純)의 말고 들었다.

사카키바라에게 이나다는 '포로는 죽여 버렸다'고 1938년 1월 난징에서 들었다고 하는 대목은, 종전 후 하타가 이나다에게 그렇게 들었다는 의미일 것이다.[9]

주검의 진동하는 악취

입성식이 거행된 12월 17일 오후, 상하이파견군사령부 고노에近衛 공병연대의 이와사키 쇼지岩崎昌治는 도쿄의 본가에 편지를 보냈다.

오늘17일 오후 2시 30분은 오전에 부근을 순찰하고 쉬고 있습니다. 육지에서 죽인 지나 병사를 한곳에 모아 석유를 뿌려 태우고 있습니다. 딱 아이카와相川 소학교

---

[9] 하타 이쿠히코(秦郁彦)는 저서『실증사학으로의 길(実証史學への道)』(2018)에서 사카키바라 주계가 1938년 1월에 말한 내용을 소개하고 있다. 사카키바라가 다음과 같이 말했다는 것을 종전 후 하타는 이나다로부터 들었다. "상하이 공략 후 그 뒷처리 노동력으로 포로를 예정하고 있었는데, 모두 시체가 되어 버렸다. (…중략…) 4만 명에서 4만 5천 명의 포로를 모두 죽여서 남은 것은 3천 명 정도."

만한 광장에는 중국인 사체가 이중 삼중 쌓여 있습니다. 오늘은 난징 입성식입니다. 저는 참가할 수 없습니다. (중대에서 장교 1, 병사 12명뿐입니다) 그 때문에 어젯밤 성 안에 있던 중국인 약 2,000명 정도를 모아 오늘 미명에 전부 죽여버렸습니다. 양쯔강 주변에만 약 5천 명의 시체가 우글우글합니다. 바다에 있는 물고기로 '돌고래'라는 놈이 사체를 먹으러 점점 강으로 올라오고 있습니다. (…중략…) 때때로 탕탕 울리는 총성은 아직도 미처 죽이지 못한 패잔병을 죽이고 있는 소리입니다. 사체를 태우고 있는 뭔가 색다른 악취가 때때로 바람을 타고 불어옵니다. 「어느 전투의 궤적 – 岩崎昌治 진중 서간에서」, 1995

이 편지에 의하면 입성식 당일에도 사체 처리나 포로 살해는 계속되고 있었다.

나고야신문의 편집국장이며 시인인 시바타 요시오柴田儀雄는 1937년부터 다음 해에 걸쳐 상하이, 난징 등을 종군 취재했다. 귀국 후 시바타는 '미타 레이진三田澪人'이라는 이름으로 다음 작품을 『단가연구短歌研究』 1938년 6월호에 발표했다.

    2만여의 목숨 순식간에 죽었다고. 깜짝 놀라는 나의 앞에 주검의 산下關

    눈앞에서 주검의 산을 보고 나니,
    소용돌이치는 검은 흙 아래에서 진동하는 주검의 악취

'난징'에 대해 침묵하다

난징에서 열심히 원고를 보낸 『도오일보』의 다케우치 슌키치는 난징 공략 취재로부터 3년 뒤인 1940년, 아오모리青森현 의원에 당선되어 도오일보를 퇴사했다. 1942년에 중의원에 입후보하여 첫 당선되었다. 1955년부터 8년간 중의원 의원을 역임한 후 아오모리현 지사에 취임하여 무쓰오가와라 개발[10]을 추진하고 1979년까지 4기 16년간을 역임했다. 지사에서 퇴임한 후, 다케우치는 1979년과 1981년, 1983년에 잇달아 중국을 방문했다. 그러나 난징을 다시 방문했는지는 확인되지 않는다. 1986년 11월 다케우치는 86세로 사망했다. 종군기자로서 난징에서 무엇을 보았는가? 다케우치는 이와 관련한 글 또한 남기지 않았다.

---

10 [역주] 무쓰오가와라(むつ小川原) 개발은 1960년대 말 아오모리현 북부에서 전개된 석유화학콤비나트나 제철소 등 대규모 임해공업지대 개발계획을 말함.

제6장

막부산幕府山의 포로

1. 포로 1만 4,777명

일본군이 난징을 침공한 4일째인 1937년 12월 16일, 『도쿄 아사히신문』
은 「강 기슭에서 1만 5천 명 포로」라는 제목으로 다음과 같이 보도했다.

진강鎭江에서 양쯔강으로 오랫동안 진격해온 모로즈미兩角 부대는 13일 오룡산烏龍山, 14일 아침 막부산幕府山의 두 포대를 점령했는데, 그때 난징 성안에서 눈사태처럼 패주한 제18사, 제34사, 제88사 및 군관학교 교도총대 등 총계 14,777명의 적군과 조우했다. 적은 백기를 내걸고 [항복, 모로즈미 부대는]¹ 매우 적은 병력으로 앞에 기술한 병사 숫자 전부를 포로로 삼았다.

기사를 작성한 것은 요코타 세이키橫田省己² 기자. 모로즈미 부대는 모로즈미 교사쿠兩角業作가 연대장으로 있는 후쿠시마福島·아이즈와카마쓰會津若松 보병 제65연대를 말한다. 『오사카 아사히신문』도 같은 날짜에 이 기사를 실었다.

모로즈미 부대가 속한 보병 제103여단의 여단장 야마다 센지山田栴二 도일기『남경전사자료집』2에 '(포로) 14,777명을 얻었다'고 기록하고 있는데, 우수리까지 기사와 일치한다. 이렇게 많은 포로는 그 후 어찌 되었을까? 당시 신문은 이 포로에 대해 어떻게 보도했는가? 기자는 어떻게 대응했는가? 1945년 이후 포로의 행방에 대해서는 어떻게 회고했는가? 이를 다시 한 번 검토해 보고 싶다.

---

1   [ ] 부분은 원문에는 없지만 그대로는 문장의 뜻이 통하지 않아서 나중에 후쿠시마에서 발행된 호외의 문장을 참조로 저자가 보완했다.
2   기사에는 '省巳'로 되어 있는 것을 바로잡음.

후쿠시마에서 신문 호외로

약 1만 5천 명의 투항병을 한꺼번에 포로로 잡은 것은 드문 일이었다. 『아사히신문』은 16일, 후쿠시마현 내에 호외를 발행하여 향토부대의 활약을 전했다. 小野賢二·藤原彰·本多勝一 편, 『난징대학살을 기록한 황군병사들』, 1996 도쿄에서 인쇄하여 후쿠시마로 보낸 신문은 원거리이기 때문에 마감 시간이 빠르다. 이 마감 시간에 원고가 도착하지 못해서 후쿠시마에 전화로 원고 내용을 말하고, 「호외」로 현지 발행한 것으로 보인다. 인쇄인 주소는 후쿠시마현 히라시平市, 현재의 이와키시이다. 포로를 확보한 오룡산은 난징성의 북동, 막부산은 난징성의 바로 북쪽. 모두 장강을 내려다보는 위치에 있는 산이다. 포대가 있으며 중국군의 난징 방위의 요충지였다.

참고로, 오룡산과 막부산의 포대 점령에 대해서는 12월 15일 정오에 상하이의 일본군사령부가, 또 오후 4시에는 도쿄의 대본영 육군부가 발표했다. 전자는 16일 자 『고가와신보香川新報』, 후자는 16일 자 『도쿄 니치니치신문』 등이 기사를 게재했다. 그러나 다수의 포로를 획득한 것은 발표되지 않은 듯하여, 이들 기사는 그 점을 언급하지 않았다.

『아사히신문』의 특종을 지역의 『후쿠시마민보』가 16일 발행한 석간에서 다시 보도했다.

장인江陰 요새 점령 후 양쯔강 유역 적 진지를 격파, 난징을 향해 서진西進하고 있던 모로즈미 부대는 13일 오후 4시 30분 자금紫金 북방 오룡산을 점령. 14일 오전 11시에는 다시 전진하여 난징 북측 막부산 포대를 점령, 개가를 올렸는데 그때 난징성 안에서 눈사태처럼 패주해온 적군 제18사, 제37사, 제34사, 제88사, 및 군관학교 교도대원, 총수 14,777명을 포로로 잡아 큰 무훈을 세워 마침내 경사스러운 난징 입성을 이루게 되었다.

같은 16일, 『고베 유신일보神戶又新日報』 석간도 "진강鎭江에서 양쯔강으로 진격해온 모로즈미 부대는 오룡산, 막부산 포대를 점령한 바, 난징성 안에서 쏟아져나온 패병敗兵 1만 5천 명이 백기를 내걸었으므로 이를 포로로 삼았다"고 짧게 보도했다. 또한 『돗토리신보鳥取新報』도 17일, 「난징성 안에서 패주한 1만 5천 명 포로」라고 보도했다.

『도쿄 아사히신문』의 요코타, 『도쿄 니치니치신문』의 다나카

『도쿄 아사히신문』의 요코타橫田가 종군한 부대는 보병 제65연대와 센다이仙臺 보병 제104연대로 구성된 보병 제103여단통칭 야마다(山田)지대이다. 여단장 야마다 센지山田栴二의 일기에는 다음과 같이 요코타와 『도쿄 니치니치신문』의 종군기자인, 다나카 미쓰다케田中光武의 이름이 자주 등장한다.

> 1937년 11월 3일 오후 1시 『다이마이大每』정확하게는 『도쿄 니치니치』 기자 다나카 미쓰다케를 포함하여 오징어를 안주로 삼아 축배를 들었다. 『아사히朝日』의 요코타 세이키橫田省己[3] 씨에게 부탁하여 형님과 다미코民子에게 편지를 보냄.
>
> 11월 11일 『아사히』의 요코타 씨로부터 도라야虎屋의 '밤의 매화양갱'를 받았다. 또 오랜만에 찹쌀떡을 먹음.
>
> 11월 22일 옷을 갈아입고『도쿄 니치니치』의 다나카 씨의 호의임 지금까지 입었던 옷을 아사히의 요코타 씨에게 주었더니 옷 위에 덧입어서 외투가 되었다.『남경전사자료집』 2

---

3   일기에 '省已'로 되어 있는 것을 바로잡음.

요코타도 야마다로부터 옷을 받았다는 것이 인상에 남았던 모양으로, 후에 "부대장은 내가 추위에 떨고 있는 것을 보고 자신이 입고 있던 군복을 벗어 견장만 떼고 나에게 입혀 주었다"고 회고했다. 『大阪朝日新聞』, 1938.1.16

『도쿄 니치니치신문』의 다나카는 니가타新潟현의 '다카다高田 통신부'에서 파견된 기자이다. 난징으로 가던 도중 요코타와 다나카는 야마다로부터 보살핌을 받았다는 것을 엿볼 수 있다.

12월 13일 미명, 난징 함락. 요코타는 막부산 기슭에서 난징 중심부까지 7~8km 거리를 이동하여 중산문에서 취재했다. "만세 소리가 자금산紫金山으로 메아리치는 13일 아침, 무너져 버린 중산문 위를 오로지 묵묵히 유골을 선두로 하여 올라가는 한 부대가 있었다"라고 요코타의 서명 기사가 17일 자『오사카 아사히신문 도야마판富山版』에 게재되었다. 14일 모로즈미 부대는 백기를 내걸고 투항한 중국병 14,777명을 포로로 삼는다. 요코타는 막부산 기슭에서 모로즈미 부대에 합류하여, 본 장 서두에 인용한 기사를 작성했다. 그 후 요코타의 움직임을 살펴보자.

포로의 식량

12월 17일, 『도쿄 아사히신문』은 속보를 실었다. 기사에는 요코타의 서명이 들어 있다. 「주체할 수 없는 포로 대어大漁[4] 22동에 꽉꽉 들어차, 식량난이 고생의 씨앗」이라는 제목으로 다음과 같이 보도했다.

모로즈미 부대 때문에 오룡산, 막부산 포대 부근의 산지에서 포로가 된 14,777명의 적병은 무엇보다 전대미문의 대규모 포로집단이다. 그래서 포로

---

[4] [역주] 물고기가 많이 잡힘. 풍어.

를 잡은 부대 쪽이 다소 어이없다는 분위기이다. 이쪽은 비교가 되지 않을 정도로 인원이 적기 때문에 대응하기 어려운 상황. 우선 총검을 해제시키고, 부근 병영에 몰아넣었다. 1개사단 이상의 병대에 초만원이다. 밀어넣어도 22동의 큰 병사兵舍가 넘칠 정도의 대성황이다. ○○ 부대장이 "황군은 너희를 죽이지 않는다"고 부드럽게 인애의 말을 건네자 손을 올려 절한다. 마지막에는 박수 갈채를 보내 기뻐하는 상황이다. 너무나 격변하는 지나支那 국민성의 근성이 없는 모습에 이번에는 황군 쪽이 무색해질 정도이다.

그것이 모두 장제스의 친위대로 군복 등도 정연하고 통일된 교도총대의 무리들이다. 가장 곤란한 것은 식사로, 부대조차 현지에서 조달하고 있는 상황인데 이렇게 많은 사람들을 먹이는 것도 큰일이다. 무엇보다 밥그릇을 1만 5천 개나 준비하는 것은 도저히 불가능하므로 첫날밤만은 도저히 식사를 제공할 수 없었다.

첫날밤12월 14일 밤 포로들은 식사를 제공 받지 못하고, 다음 15일 밤이 되어 겨우 먹을 것을 받았다고 하니, 그 사이의 공복은 꽤 괴로웠을 것이다. 포로가 되기 전부터 식량이 부족했다고 하면 더욱 말할 것도 없다.

무엇보다, 식량이 부족한 것은 일본 병사들도 마찬가지여서 『야마다 센지山田栴二 일기』의 15일 항목에 '각 부대가 식량이 없어서 곤란하다'고 하였다. 일본 병사의 식량도 부족하니, 포로에게 지급할 식량은 거의 없었을 것이다.[5]

---

[5] 보수파 논객의 한명인 문예평론가 후쿠다 가즈야(福田和也)는 이렇게 지적한다. "포로의 처형이 이루어진 배경에는 보급이나 치안유지를 비롯한 일본군 역량의 절대적 부족이 있었다. (…중략…) 일본군이 대량의 포로에게 국제법이 요구하는 대우를 제공할 수 있는 여유가 없고, 그러기는커녕 자국군에게도 충분한 물자를 공급할 능력도 없었다. 대규모 전쟁을 시작하여 결국 수많은 무고한 포로를 처단해버렸다는 책임은 역시 부정

이 기사 내용에서 볼 때 요코타는 포로 수용 현장을 보고 이렇게 쓴 것 같다. 그것을 뒷받침하는 자료가 있다. 보병 제65연대 제8중대 소위 엔도 다카아키遠藤高明(가명)가 16일 일기에 이렇게 적고 있다.

> 오전 9시 30분부터 1시간 포대 견학을 하러 갔다가 오후 0시 30분 포로수용소 화재로 인해 출동 명령을 받고 동 3시 귀환함. 동소에서 아사히 기자 요코타 씨를 만나 일반 정세에 대해 들음.『남경대학살을 기록한 황군 병사들』

화재 현장에서 요코타를 만났다는 것이다. 이 화재 후에 장강 연안에서 포로가 살해되는데, 그 자리에 요코타가 있었는지는 확실하지 않다. 그러나 1만 수천 명의 포로가 그 후 어찌 되었는지, 기자라면 당연히 궁금했을 것이다. 학살 현장을 목격했는지 여부는 제쳐두고라도 무언가 정보를 얻었을 것임은 틀림없다.

한 명 남김없이 몰살

12월 17일에는『도쿄 아사히신문 후쿠시마판』도 속보를 게재했다. 「엄청난 성과를 거둔 모로즈미兩角부대, 포로 1만 5천이라니 너무나 대단한 무훈武勳이다. 현縣에서 환희 폭발」이라는 제목이 지면을 장식했다.

> 「모로즈미 부대의 대무훈, 적병 1만 5천을 포로로」라는 장쾌한 뉴스가 어제 16일 아침 본사 특전特電으로 보도되자 현 전체가 터질듯한 폭발적 환희로 가득 차 '장하다, 장하다'며 출정 가족의 집 앞에는 감사와 감격의 일장기가 나부껴

할 수 없다." (후쿠다(福田),「존 라베의 일기『남경대학살』을 어떻게 읽을까,『諸君!』, 1997.12)

고 거리이든 마을이든 일장기 아래 비유할 수 없는 환희의 인사를 나누고, 학교에서는 곧바로 교실에서 교재로 다루어졌다. 생도 아동의 만세가 폭발하고 현청縣廳을 비롯한 각 관청, 은행, 회사 등도 이 장쾌한 뉴스로 일도 손에 잡히지 않는 상황. '백기를 세우고 투항하게 되어……'라니 통쾌하구나. 아예 한 명도 남김없이 몰살해 버리면 좋겠

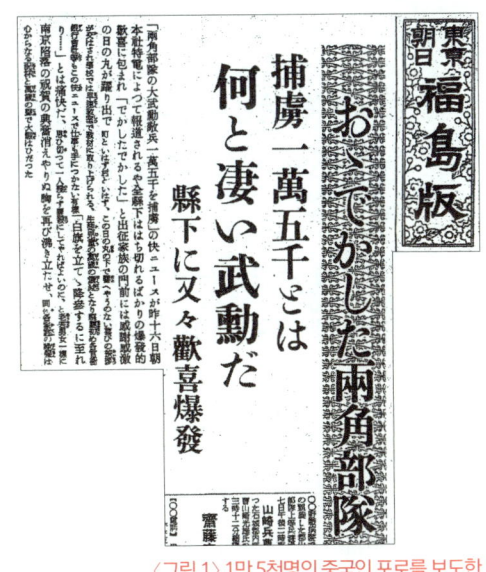

〈그림 1〉 1만 5천명의 중국인 포로를 보도한 『도쿄 아사히 후쿠시마 판』

네라며 남녀노소 모두 난징 함락의 축하로 흥분했던 기분을 다시 고양시키며 각 가정의 만찬은 마음에서 우러나오는 축배와 만세 소리로 떠들썩했다.

후쿠시마 현 내의 반응을 정리했다. '몰살'은 모두 죽인다는 뜻이다. 한편 요코타는 17일 입성식을 취재했다. 19일 자『도쿄 아사히신문 후쿠시마판』에 요코타가 서명한 다음 기사가 실렸다.

포로 1만 5천이라는 전쟁사에도 보기드문 다수를 획득하여 빛나는 난징 입성식에 참가한 우리 모로즈미 부대는 17일 아침, 군장軍裝도 늠름하게 오전 9시 중앙문에서 입성, 중산로의 대도로를 거쳐 적의 항일작전 본거지인 중앙군관학교 부근에 도열, 무훈에 빛나는 부대 깃발을 선두로 경사스럽게 입성식을 종료했다.

입성식 다음, 요코타는 12월 하순에 모로즈미 부대와 함께 난징에서

장강 북쪽 연안으로 이동, 일본에 귀환했다.「야마다 센지 일기」에 다음과 같이 요코타의 이름이 보인다.

> 12월 25일 밤 아사히 기자 요코타 씨의 개선凱旋[6] 송별회를 개최.
> 12월 27일『아사히』요코타 기자,『도쿄 니치니치』의 다나카 기자 모두 개선한다는 것으로 고향에 편지를 부탁함.『남경전사자료집』2

28일에는 요코타가 작성한「병사들의 떡방아, 모로즈미 부대의 설날 준비」라는 기사가『도쿄 아사히신문』후쿠시마판·미야기宮城판에 게재되었다. 1만 5천명의 포로는 어찌 되었는가? 결국 요코타가 기사를 작성하는 일은 없었다. 그래도 장강 연안의 집단 학살은 풍문처럼 일본 국내로 전해진 것 같다.

일본 병사는 양식 우송이 제대로 이루어지지 못하여 며칠간 식사를 하지 못한 채 돌격하고 또는 생감자를 씹으며 전투를 계속하고 있다. 그 때문에 어느 날, 양쯔강 변에서 포로 1만 2천명에게 식량 공급을 할 수 없어서 몰살시켰다고 한다.

그렇게 말한 기후岐阜현 양장점 주인이 육군형법 제99조조언비어(造言飛語)금지 위반 혐의로 검거되어 금고 4개월형을 선고받았다.西谷徹,「支那事變에 관한 造言飛語에 대하여」,『사상연구자료』특집 제55호, 1938 이것만으로는 막부산 포로라고 단정할 수 없지만 상황은 부합한다.

---

6   [역주] 일본으로 귀국하는 것을 말함.

피로 물든 들판

요코타는 난징 함락 1개월 후 종군 체험을 회고하며 이렇게 적었다.

전체적으로 전쟁터는 영화나 잡지의 한 컷 사진으로 보는 것처럼 멋있는 것이 아니다. 진군 나팔도 울리지 않을 뿐 아니라 성대한 대행군도 없고 '땅이 차가워 뼈조차 썩지 않는다'고 두보^{杜甫} 시인이 말한 것처럼 아기 새도 울지 않는 피로 물든 들판이다.「그늘의 행군」,『大阪朝日新聞』, 1938.1.16

금지된 광경 표현을 두보의 시를 빌어 묘사했다. 고심한 한 구절이 아니었을까? 전쟁이 끝나고 요코타는 아사히신문 도쿄 본사의 교열부장 등을 지냈다.『아사히평론』1949년 3월호에「언론은 어떻게 탄압당했는가? 전시 중 기사 게재금지 사항을 중심으로」라는 제목의 논고를 기고했는데, 내용은 태평양전쟁 중 언론통제에 대해 작성한 것으로, 난징 공략에 대해서는 언급하지 않았다. 또한『주간 아사히』1958년 5월 14일호에도「칭칭 옭아맨 언론」이라는 제목의 기고를 하였는데, 역시 난징 공략에 대해서는 언급하지 않았다.

또한 다음 사실도 언급해 두고 싶다.『'난징학살'의 허구』[1984]의 저자, 다나카 마사아키^{田中正明}는 이 책에서 막부산의 포로에 대해 "요코타 기자도 모로즈미 부대장도 1만 4천은 너무 과장되었다. 8천 정도일 것이라고 말하고 있다"고 서술했다. 그러나 요코타가 그런 발언을 한 사실은 저자가 조사한 범위에서는 어디에도 없다. 이것은 역사학자인 호라 도미오^{洞富雄}도 저서『난징대학살의 증명』[1986]에서 지적하고 있다.

2. 『후쿠시마민유신문福島民友』의 「향토부대 전기」

'1960년 안보[7]'의 다음 해인 1961년 12월, 후쿠시마민유福島民友 신문사는 「향토부대 전기鄕土部隊戰記」의 연재를 시작했다. 연재는 2년간 계속되어 1965년 7월에 동명의 단행본전3권으로 발간되었다. 그 제1권 『향토부대 전기 1-불타는 대륙전선』에 아이즈와카마쓰會津若松 보병 제65연대별명 백호부대의 연대장이었던 모로즈미 교사쿠兩角業作가 서문을 제공했다.

본 전기戰記는 한정된 일 부대의 작전행동을 묘사한 것에 불과하나, 우리 육군의 최전성기에 전군의 꽃으로서 최강을 뽐낸 백호부대의 용맹과감, 견인불발堅忍不拔의 전투기록이며, 후세에 좋은 유산이 될 것으로 믿습니다.

또한 이 책의 후기에는 신문 연재의 목적에 대해 "대동아전쟁에서 순수한 애국심에 불타, 용감하게 싸워 산화한 영령을 위로함과 함께, 향토부대의 진실된 모습을 영원히 기록하고자 한 것"이라고 설명하고 있다.

후쿠시마현 출신 병사들이 중국 전선에서 얼마나 고생하고 분투했는가? '영령'들은 얼마나 용감히 싸웠는가? 그것을 되돌아보는 것이 목적이며, 그 필치는 전시하에 다수 출판된 「분투기」에 가까웠다. 이러한 경향은 이 책뿐 아니라 당시 지방지가 연재한 전쟁 회고기사에서 공통된 것이었다.제9장 참조

「향토부대 전기 1」은 본문 중에서 "일화사변日華事變[8]의 진상은 일본의

---

7   [역주] 1960년 미일 공동방위를 명문화하고 일본에 미군 배치를 허락한 미일 신 안보조약에 반대하여 일어난 시민의 반대운동.
8   [역주] 중일전쟁의 다른 표현.

중국침략이었다는 것을 역사는 밝히고 있다"고 지적하고 나아가 "침략 저지를 위해 일어난 중국 측의 조국애가 우리 장병에 대한 반격이 되어 나타났다"고도 서술하고 있다.

그러나 이러한 논조는 극히 적고, 위의 구절의 뒤에는 "열악한 장비로 상하이 공략에서 이긴 이유는 적보다 뛰어난 왕성한 사기, 특히 어떤 곤경도 견디어 이기는 동북인 특유의 인내심 때문이었다고 할 수 있다"고 하여 향토 출신 병사를 칭송했다.

전쟁은 침략전쟁이었으나, 병사들의 분투는 칭찬할 만하다.

후쿠시마민유신문사의「향토부대 전기」는 이러한 전쟁인식에 서 있었다.

향토부대 3부작

「향토부대 전기 1」의 난징 공략 부분의 취재, 집필을 맡은 것은 당시 아직 20대였던 아베 데루오 阿部輝郎 기자이다. 1933년 후쿠시마 출생으로, 후쿠시마민유신문사에서는 나중에 논설위원장을 지냈다. 아베는 난징 공략에 관하여 다음 세 저술을 남겼다.

1964년『향토부대 전기 1 – 불타는 대륙전선』후쿠시마민유신문사 간행
1982년『후쿠시마전쟁과 인간 1 – 백호편』후쿠시마민유신문사 간행
1989년『난징의 진눈깨비 – 학살의 구조를 쫓아서』교육서적 간행

막부산에서 투항한 많은 포로의 행방을 아베는 어떻게 봤을까? 아베는

『향토부대 전기』 1에서 「난징학살사건의 진상」이라는 장을 구성하여 다음과 같이 적고 있다. ^{아래 인용은 요지임}

1937년 12월 15일^{정확하게는 14일}에 획득한 포로의 실제 숫자는 14,777명. 이중 비전투원을 해방시키고, 남은 8,000명을 막부산 포대의 부속 건물에 수용했다.

15일 야마다^{山田} 여단장은 부하인 소위를 난징 군사령부에 파견하여 지시를 구했다. 군사령부는 '모두 죽이라'는 지시를 내렸다. 야마다는 놀라서 모로즈미 연대장과 상의했다. 밤 9시가 지나, 저녁 식사 중, 포로가 불을 질러[9] 혼란한 틈을 타 약 절반인 4,000명이 도망갔다.

16일, 야마다 여단장은 부관인 중좌^{中佐}를 군사령부에 파견하여 "포로를 죽일 수는 없다. 군이 직접 수용해야 한다"고 건의했으나 사령부는 응하지 않고 "포로는 전원 신속히 처리하라"는 명령을 내렸다.

17일, 입성식. 모로즈미 연대장은 포로 살해를 피하고 싶다는 상관, 야마다 여단장의 마음을 알아채고, 사령부 명령에 반하여 남은 포로 전원을 밤중에 장강 대안에서 해방시킬 것을 결의. 입성식 전에 독단으로 부하인 대대장에게 명했다. 입성식에 참석한 모로즈미와 야마다는 저녁에 부대로 돌아왔다.

17일 심야 12시경, 포로 200~300명을 태운 10여 척의 작은 배가 장강 대안으로 건너려고 강 가운데에 도착했을 때, 대안의 중국군이 일본군이 강을 건너는 것으로 인지하고 발포했다. 기슭에서 대기하던 4,000명 정도의 포로가 장강 위에서 총살당한다고 오해하고 경계하는 일본군을 습격했다. 일본병이 경계를 위해 미리 준비해 둔 기관총을 발사했다. 이 혼란 속에서 일본 장교 1명, 병사 6명이 사망했다.

---

9   실제로 화재는 12월 16일 오후에 일어났다.

18일 아침, 강 연안에 1,000명 정도의 포로의 사체가 있었다. 그 후 대부분은 도망갔다. 국제법에 의하면 도망간 포로는 사격해도 된다고 되어 있다. 모로즈미 부대의 경우는 당연히 이에 해당한다고 생각된다.

'일본군은 포로 다수를 해방하고자 했다. 그러나 포로가 돌연 습격했으므로 자위 목적으로 할 수 없이 발포, 그 결과로서 약 1,000명의 사체가 생겼다. 계획적으로 살해한 것이 아니라, 우발적인 사건이었다'는 것이 이 책의 결론이다. 아베는 '자위 발포설自衛發砲說'[10]이라 하는데, 저자의 관점에서 말하자면 '우발적 발포설'이다.

자위 발포설

위의 『난징학살사건의 진상』의 기술에서 포로 숫자의 추이를 정리해 보자.

12월 15일(실제로는 14일) 약 1만 5천 명의 포로. 이 중 비전투원을 해방. 15일 (실제로는 16일)에 화재. 이를 틈 타 남은 포로 약 8천 명 중 절반이 도망. 17일, 남은 포로 4천 명을 해방시키고자 장강 연안으로 연행. 그런데 포로는 돌연 폭동을 일으켜 대부분 도망. 강 연안에 약 1천 명의 사체 남음.

학살이 있던 것은 17일 심야에서 18일 미명에 걸쳐 1회뿐이었다고 한다. 실제로는 16일에도 학살이 있었는데, 아베는 이를 언급하지 않았다. 그런데 아베는 '난징학살사건의 진상'에서 이 숫자의 근거를 거의 밝히지

---

10 (일본) 방위청 방위연수소 전사실(戰史室), 『戰史叢書－支那事變 陸軍作戰』1(1975)은 출전을 명기하지 않고 또 특별한 검토도 하지 않고 '자위 발포설'을 채택하고 있다.

않았다. 포로 숫자 14,777명만은 '야마다 여단장 진중陣中 메모'라고 설명을 달았는데, 그 외의 설명은 없다. 그 내용에서 볼 때, 모로즈미 교사쿠의 수기후술에 전면적으로 의거하면서, 야마다 센지의 일기 기술을 보태서, 그대로 옮긴 것에 가깝다.

그런데 아베는 권말 「후기」에서 이 두 가지 자료를 수집했다고 밝힐 뿐, 그에 입각하여 이 책의 장을 구성했다고는 하지 않았다. 그리고 아베는 마치 자신이 그 현장에 있었던 것처럼 이렇게 적고 있다.

저항하는 포로에게 흥분한 나머지, 총격한 병사가 있었다고 해도, 어느 정도는 허락되는 것이 아닐까? 모로즈미 부대의 병사들 중에 포로의 손을 뒷짐 결박시켜 묶고 일렬로 세워 놓은 다음 미소를 머금은 채 죽이는 일이 없었던 것만으로도 그런대로 다행이었다.

이 서술방식은 객관적 보도와 거리가 멀다. 주관적 관점이 너무나 돌출되어 있다. 그리고 아베는 다음과 같이 결론지었다.

향토부대가 수천 명의 포로집단에 대해 발포한 것은 사실이나, 실제로는 군 명령의 '모두 죽이라'는 명령을 배반하고, 포로집단이 도망을 꾀하던 중에, 우발사건으로 할 수 없이 발포가 이루어졌다는 것이 밝혀졌다. 향토부대는 전장에서의 이상 심리 중에서도 휴머니즘을 잊지 않았다.『향토부대 전기』1 후기

포로를 놓아주려던 중에, 폭동이 일어나 할 수 없이 발포했으며, 거기에는 '휴머니즘'이 있었다고. 일찍이 종군기자가 향토부대를 칭송한 것처럼 아베도 또한 향토부대를 찬양했다.

「야마다 일기」와 「모로즈미 수기」

『향토부대 전기』를 간행한 다음, 『후쿠시마민유신문』은 1978년 2월부터 1982년 6월까지 전쟁을 후세에 전승시키기 위해 시리즈 「후쿠시마의 전쟁과 인간」을 연재했고, 이를 1982년 10월 단행본으로 발간했다. 이 책에서 아베는 야마다 센지의 일기『향토부대 전기』1에는 '진중 메모'라 함와 모로즈미 교사쿠가 전쟁 종료 후에 정리한 「회상 노트」의 몇군데를 인용하고 있다. 야마다 센지의 일기에 대해 아베는 1989년에 출판한 『난징의 진눈깨비』에서 이렇게 설명한다.

> 야마다 소장은 종전 후에는 센다이仙台 시에 살다가 이미 고인이 되었다. 1962년 1월 취재하고 싶다는 의향을 흔쾌히 받아들여 당시의 일기를 보여 주었다. 게다가 필사도 허락했다. 『난징의 진눈깨비』

난징 공략 당시에 야마다가 작성한 일기를 『향토부대 전기』의 취재에 즈음하여 아베가 필사했다는 것이다. 1962년의 일이었다. 야마다의 일기와 모로즈미의 회상 노트는 1993년에 간행된 『남경전사자료집』 2권에 각각 「야마다 센지 일기」와 「모로즈미 교사쿠 수기」로 수록되었다. 여기에서는 전자를 「야마다 일기」, 후자를 「모로즈미 수기」라 부르기로 한다.

포로의 처치

우선 「야마다 일기」에서 막부산 점령과 포로와 관련된 메모를 인용해 두겠다.

> 12월 14일 다른 사단에 포대를 빼앗길 것을 염려하여 오전 4시 반 출발. 막

부산 포대로 향함. 날이 밝아 포대 근처에 도착하니 투항병이 너무 많아 처치에 곤란. 선발대에 의해 막부산은 오전 8시 점령. 근교의 문화주택, 촌락 등 모두 적에게 불태워짐. 포로 처치에 곤란하여 마침 발견한 상원문 밖의 학교에 수용했더니 14,777명이나 되었다. 이렇게 많아서는 죽이는 것도 살리는 것도 어려운 일이다. 상원문 밖 삼헌옥三軒屋에서 숙박했다.

12월 15일 포로 처치 등으로 혼마本間 기병소위를 난징으로 파견하여 연락함. '모두 죽이라'는 것임. 각 부대 식량이 없어 곤란.

12월 16일 아이다相田 중좌를 군에 파견하여, 포로 처치 등에 대해 협의하게 함. 포로 감시, 실로 다야마田山 대대의 큰 임무임. 포대 병기는 별도로 하고 소총 5천, 중기관총, 경기관총, 그 외 다수를 얻음.

12월 17일 자동차로 난징 시가, 중산릉 등을 구경. 군관학교는 일본 육사보다 위풍당당하다. 오후 1시 30분부터 입성식 축하회. 3시에 돌아옴. 센다이교도학교仙台仙臺敎導學校 와타나베渡邊 소좌가 사단 부관이 되어 착임 도중 여단에 옴.

12월 18일 포로 처치로 부대는 힘에 벅찬 상태. 강기슭에서 이를 시찰함.

12월 19일 포로 처치로 출발 연기. 오전 모두 출동하여 분발하게 함. 군, 사단에서 보급을 받아 일본쌀을 먹음.

12월 20일 오전 9시에 예정인 바, 10시에 개시. 푸커우浦口로 가 구니사키國崎 지대장과 회견. 이어서 강포진江浦鎭에 숙박.

12월 14일에 약 1만 5천 명의 포로를 수용한 야마다 지대는 20일에 장강 대안으로 건너갔다. 이 사이에 포로를 해방시켰다거나 포로가 도주하기도 했다는 내용은 전혀 없다. 존재하는 것은 사령부에서 '모두 죽이라'

는 지시를 받고 강변에서 '처치'했다는 기술이다.[11]

3. 야마다는 배를 보았는가?

1945년 이후에 야마다 센지를 취재한 또 하나의 인물이 있다. 『남경대학살의 환상』의 저자인 스즈키 아키라鈴木明이다. 스즈키는 1972년에 센다이仙臺에 있는 야마다의 자택을 방문했다. 그 후 야마다는 1977년에 90세로 작고함 약 1만 5천 명의 포로의 행방을 추적하는 데에 중요한 포인트의 하나는 포로를 도망치게 할 배의 존재이다. 정말 해방시키기 위해 강가로 연행했다고 한다면, 꽤 많은 숫자의 배를 준비할 필요가 있다.

앞에서 살펴본 것처럼, 「야마다 일기」에는 배로 도망치게 했다라는 기술도, 배 자체에 대한 기술도 없다. 스즈키는 "배의 크기는 어느 정도이고

---

[11] 「야마다 일기」가 1993년에 『난징전사자료집』 2에 수록되어 공표됨으로써 하나의 사실이 분명해졌다. 그것은 1982년에 간행된 『후쿠시마 전쟁과 인간』 1에서 아베가 「야마다 일기」에서 인용한 기술과, 『난징전사자료집』 2의 그것이 일치하지 않는다는 점이다. 예를 들어 아베는 1937년 12월 15일과 18~20일의 항목을 다음과 같이 인용했다. "15일 포로의 처치로 혼마 소위를 사단에 파견한 바, '처치하라'는 명을 받음. 18일 포로 건으로 힘에 벅참, 강기슭을 시찰함. 19일 포로의 건으로 출발 연기, 오전 모두 출동하여 처치하게 함. 20일 샤칸에서 푸커우(浦口)로 향함. 도중에 사체가 어지럽게 흩어져 있음. 10시 푸커우(浦口)에 도착하여 구니사키(國東(國崎)) 지대장과 회견." 15일 항목에는 '모두 죽이라는 것이다'가 '처치하라'로 되어 있다. 또한 18, 19일 항목의 '포로 처치'가 '포로의 건'으로 되어 있다. 20일 항목에는 원문에는 없는 '도중에 사체가 쌓여 있었다'는 구절이 추가되어 있다. 「야마다 일기」의 구절은 스즈키 아키라(鈴木明)의 『난징대학살의 환상』에도 인용되었다. 스즈키의 인용은 아베 인용과 거의 일치한다. 아베는 "나는 이때 (스즈키가 1972년에 후쿠시마에 취재하러 왔을 때) 야마다 여단장의 일기 등에 대해 가르쳐 주었다."(『난징의 진눈깨비』)고 밝히고 있다. 스즈키도 '후쿠시마의 신문사에 근무했던 A씨'가 '취재에 협력해 주었다'고 『난징대학살의 환상』에 적었다. 즉, 아베가 스즈키에게 「야마다 일기」의 사본을 보여주었던지, 복사본을 건네 주었던지 했을 것이다.

몇 척이었습니까?"라고 야마다에게 묻는다. 이에 야마다가 대답한다.

몇 척 있었을 거예요. 한 척은 봤어요. 수십 명이 탈 수 있으니, 꽤 큰 배였어요. 양쯔강에는 작은 배는 없어요.

야마다는 강가로 가서 '수십 명은 탈 수 있는' 배를 봤다는 것이다. 이것은 아베阿部가 저술한 「난징학살사건의 진상」『향토부대 전기』1의 기술과 상반되는 증언이다. 「난징학살사건의 진상」에는 포로 해방을 결의한 모로즈미 연대장이 독단으로, 즉 상관인 야마다 여단장에게 알리지 않고, 부하에게 포로를 해방시키도록 명했다고 했다. 그렇다고 한다면, 그 현장에 야마다가 직접 간다는 것은 있을 수 없다. 게다가 「모로즈미 수기」는 포로집단을 강가로 연행한 1937년 12월 17일 밤의 일을 이렇게 적고 있다.

날이 저물어 어두워졌다. 포로는 지금쯤 장강長江의 북안北岸에 도착하여 해방의 기쁨을 만끽하고 있을 것이다, 라고 숙소의 책상 앞에 앉아 생각하고 있었다.

즉, 모로즈미는 숙소에 있었고, 강가의 현장에는 가지 않았다. 자신이 독단으로 결정한 포로 해방 현장에 입회하지 않는다는 것은 부자연스러운 것이 아닌가? 라는 의문과 함께 여단장인 야마다가 현장에 있고, 그 부하인 모로즈미가 숙소에서 대기하고 있는 상황이 있을 수 있는지, 라는 의문도 든다. 야마다의 '한 척은 봤어요'라는 한마디로 「모로즈미 수기」가 묘사한 스토리는 무너진 것처럼 보인다.

배는 있었는가?

강가의 현장에 있던 전 소좌 히라바야시 사다하루平林貞治는 스즈키 아키라의 취재를 받고 이렇게 말했다.

아무튼 배가 좀처럼 오지 않아요. 생각해보면 약간의 배로 이렇게 많은 사람들을 운반한다는 것은 처음부터 불가능했을지 모릅니다. 포로 쪽에서도 불안한 느낌이 들었을 테지요. 갑자기 어디에선가 와—라는 함성이 일어났어요.

이 증언은 배가 강에 없다는 것을 보고, 포로 해방이 거짓말이라는 것을 포로가 눈치채고, 소란 상태가 되었다는 것을 시사하고 있다. 「제5장 샤칸에서」에서 살펴본 것처럼, 양쯔강의 대안對岸으로 도망가고자 했던 중국 병사나 민중은 책상이나 목재 등 물에 뜨는 것이라면 무엇이든지 붙잡고 난징에서 탈출하고자 했다. 거기에 일본군은 가차 없이 총포탄을 퍼부었다. 강 건너편으로 건너간 배는 난징 쪽으로는 돌아오지 않는다.

12월 17일 밤의 단계에서 적어도 수천 명 규모의 포로를 강 건너편으로 수송할 수 있는 충분한 배를 일본군이 준비할 수 있었을까?

제5장에서 언급했듯이, 야전우편장 사사키 모토가쓰도 17일 일기에서, 7,200명의 포로를 인솔하는 장교가 "배가 없어"라고 말했다는 것을 적고 있다. 포로를 해방시키고자 양쯔강변으로 연행했다는 『향토부대 전기 1』의 기술의 신빙성에 대해서 『남경대학살의 환상』은 결과적으로 중대한 의문을 던진 모양새가 되었다. 그 위에서 스즈키 아키라는 양쯔강변에서의 포로 학살에 대해 이렇게 결론지었다.

"진실은 이제 더 이상 알 수 없게 되었다."

스즈키는 그렇게 불가지론不可知論, 즉 '환상' 속으로 뛰어들어갔다.

4. 모로즈미兩角 수기

아베 데루오의 '자위 발포설'은 주로 「모로즈미兩角 수기」를 논거로 삼았다. 「모로즈미 수기」는 어떤 자료인가? 아베는 그 내력에 대해 『난징의 진눈깨비』에서 이렇게 적었다.

모로즈미 교사쿠兩角業作 대좌는 전쟁 종료 후 도쿄 스기나미에 살다가 이미 고인이 되었다. 1961부터 1962년에 걸쳐 취재를 하기 위해 몇 번인가 방문한 나에게 상세하게 당시 사정을 설명하고, 두꺼운 노트를 빌려 주었다. "일기는 간략한 내용이어서 이를 기초로 하면서 종전 후에 격전의 추억을 적어놓은 것이에요. 다른 사람에게 보여 줄 생각으로 적은 것은 아니나……"라는 것인데, 전술戰術, 반성 등도 포함하여 상세하게 적어 놓았다. 일기의 중요 부분, 회상 노트의 중요 부분을 필사할 것을 흔쾌히 허락했다. 필사한 것은 지금도 내가 갖고 있다.

모로즈미가 난징 공략 당시 간략하게 작성된 일기에 입각하여 종전 후 노트로 정리한 회상기를 아베가 필사했다는 것이다. ^{그리고 얼마 후 모로즈미는 1963년에 75세로 사망했다}

한편, 「모로즈미 수기」와 함께, 그 저본이 된 「일기」도 함께 수록한 『난징전사자료집』 2는 이 두 가지 자료에 대해 다음과 같이 설명하고 있다.

「수기」는 분명히 종전 후 작성된 것으로^{원본은 아베 데루오 씨 소장}, 막부산사건을 의식하고 있으며, 다른 1차 자료로 뒷받침되지 않으면 참고자료로서의 가치밖에 없다. (…중략…) 안타까운 것은 「모로즈미 일기메모」는 연구자 아베 데루오 씨가 필사한 남경 공략 전후의 부분밖에 현존하지 않고 그 원본과의 대조는 불가능한 상황이다.

애당초 종전 후 작성된 회상기인데다가 모로즈미가 직접 작성한 원본은 존재하지 않고, 아베의 필사본밖에 남아있지 않다. 게다가 아베의 필사가 정확한지를 검증할 방도가 없다. '자위 발포설'은 이러한 취약한 토대 위에 세워진 것이었다.

서로 짜고

당시 강기슭 현장에 있었을 리가 없는 야마다 센지 여단장이 포로를 도망치게 하려 했을 때, 배는 몇 척이나 있었냐는 스즈키 아키라의 질문에 "몇 척이었을 것이야. 한 척은 봤어요"라고 대답한 것의 모순은 이미 살펴본 대로이다.

「모로즈미 수기」의 기술에 대하여 또 하나의 의문이 있다. 「모로즈미 수기」는 1937년 12월 17일 포로 해방에 대해 "내 3촌 크기의 심장으로 결정하면 된다. '자!'라고 마음을 굳히고 다야마 대대장을 불러 비밀리에 다음 지시를 내렸다"고 적었다. 또한 "처치 후, 있는 그대로 야마다 소장에게 보고한 바, 소장도 마침내 안도하며 가슴을 쓸어내렸고, 매우 '내 뜻대로 되었다'는 표정을 하고 있었다"고 말하여 포로를 해방시키고자 한 것이 모로즈미의 독단이었음을 강조하고 있다.

이 점은 『향토부대 전기』1도, 해방은 '연대장의 독단 결정'이었다고 서술하고 있다. 사령부의 '포로를 죽이라'는 지시를 받아들이고 싶지 않은 야마다의 흉중을 간파하고 야마다에게 책임이 돌아가지 않도록 모로즈미가 독단으로 포로를 해방시켰다, 이것이 「모로즈미 수기」의 기본 스토리였다.

그런데 『후쿠시마 전쟁과 인간』 1에는 이와 상반된 기술이 있다. 이 책에서 아베는 야마다가 '모로즈미 연대장과 서로 짜고 야간에 비밀리에 해방시킬 것을 결단했다'고 말했다고 하였다. 아베는 신문 연재를 위해 야마다, 모로즈미를 직접 취재했다.[12] 그렇다고 하는 데에도 사실관계의 애매함이 남는다. 포로 해방은 모로즈미의 독단이었는가? 그렇지 않으면 야마다와 모로즈미가 '서로 짜고' 한 것이었는가?

국제법과 도망간 포로

「모로즈미 수기」는 그 말미에 "도망간 자는 사살해도 된다고 국제법에서 인정한다"고 적었다. 아베도 그 기술을 그대로 답습하여 "국제법에 의하면, 도망간 포로는 사격해도 지장이 없도록 되어 있는데 모로즈미 부대의 경우는 당연히 이에 해당한다고 생각된다"고 『향토부대 전기』 1에서 자신의 견해를 서술하고 있다. 이것은 사실일까?

포로 취급을 결정한 1929년 제네바조약은 이렇게 규정하고 있다. 일본은 제네바조약을 비준하지 않았지만[13] 당시 국제 표준이므로 참조해 보자.

---

12 아베 데루오는 『향토부대 전기』, 『후쿠시마 전쟁과 인간』 취재에서 1961년부터 3년간과, 1975년부터 5년간에 걸쳐 다수의 관계자의 이야기를 들었다고 한다.(『난징의 진눈깨비』)
13 역사학자 와타나베 히사시(渡邊久志)에 의하면, 중일전쟁 개시 후 1937년 9월부터 10월에 걸쳐 상하이에서 일본 적십자 활동을 시찰한 적십자국제위원회에게 일본정부는 시노부 준페(信夫淳平) 등 일본 육해군 법학자가 참가하여 작성한 「조서(調書)」를 교부했다. 조서에는 '포로 취급에 대하여 1907년 헤이그조약 및 1929년 제네바조약의 정신에 비추어 자발적으로 따르고 있다'고 서술되었다고 한다. 와타나베 히사시(渡邊久志), 「난징사건 학살자 숫자를 재고한다―제4회 국제법을 둘러싼 논의와 논점」 1, 『中歸連』 51호, 2012.12.

제50조 ^{도주에 대한 징벌} 도주한 포로로서, (자신이 소속된) 군에 도달하기 전에, 또는 포로를 잡은 군의 점령지역을 벗어나기 전에 다시 체포된 자는 징벌만을 부과해야 한다. 포로로서 (자신이 소속된) 군에 도착하거나, 포로를 잡은 군의 점령지역을 벗어난 다음에 다시 포로가 된 자는 앞서 도주한 것에 대해서는 아무런 벌도 받지 않아야 한다.

도망간 포로가 다시 잡힌 경우, 징벌은 부과된다. 그러면 '징벌'이란 무엇인가?

제54조 ^{가장 무거운 징벌} 구류는 포로에게 부과된 가장 무거운 징벌로 삼는다. 동일한 벌의 기간은 30일을 초과할 수 없다.

도주한 포로에 대한 가장 무거운 징벌은 30일 이내의 구류로 정해져 있다. 도주한 포로를 다시 잡아 징벌에 처하는 것을 국제법은 인정하고 있으나 '사살해도 된다'고는 하지 않았다. 다시 포로로 잡히면, 포로가 속한 측의 전력戰力은 피해를 입는다. 그것으로 충분하며 그 이상의 벌을 부과해서는 안 된다. 그것이 국제법의 사고방식이었다.

「사토 이치로 일기」

1989년 1월, 아베는 난징을 방문하여 막부산 아래 장강 연안 주변을 걸었다. 일본에서 '소화昭和'가 끝나려 하는 때였다.[14] 그리고 이해 12월 아베는 르포 『난징의 진눈깨비』를 출판했다. 이 책에서 아베는 막부산 포로

---

14 [역주] 일본의 소화시대는 1926.12.25~1989.1.7.

의 행방을 알고 있는 모로즈미연대 소속의 일등병, 사토 이치로佐藤一郎의 일기를 인용했다. '사토 이치로'란 아베가 붙인 가명이었다.

그동안 『향토부대 전기』 1, 『후쿠시마 전쟁과 인간』 1의 막부산 포로에 관한 기술은 종전 후 작성된 「모로즈미 수기」가 저본이 되어 있었는데, 「사토 이치로 일기」는 난징 공략 당시 작성된 1차 자료라고 한다. 일기는 이렇게 적고 있다.

> **12월 16일** (…중략…) 점심을 먹고 전우 4명과 사이좋게 고향 이야기를 하며 생각에 잠겨있는데, 잔병殘兵이 있는 막사에서 화재 발생. 즉시 잔병에 대응하기 위해 감시. (…중략…) 저렇게 2만 명이나 되기 때문에 경비하는 데에도 등골이 휜다. 경비 순번이 나에게 올까 걱정이다. 저녁밥을 먹고 나서 자려고 하는데 급히 정렬하라고 하므로 또 행군인가 하고 생각하고 있으려니, 잔병이 있는 막사까지 갔다. 잔병을 경비하며 양쯔강 변, 막부산 아래 있는 해군성 앞까지 가니, 중기관총과 경기관총으로 난사하는 상황이 되었다. (…중략…) 오후 11시 반, 달 밝은 밤길을 따라 숙사로 돌아와 고향 가족을 생각한다. 최근 편지도 보내지 못했다고 생각하며 4명과 잠자리에 들었다.
>
> **12월 17일** (…중략…) 저녁 준비를 하고 있자, 또 잔병 연행이라고 한다. 입성식으로 피곤한 다리를 질질 끌며 갔다. (…중략…) 4명이 입성식 이야기를 하며 전쟁이 무사히 끝난 것을 기뻐했다. 고향 사람들도 라디오로 이 소식을 듣고 무사할지 걱정하고 있을 것이라고 생각한다. 아침 2시에 취침.

여기에서 알 수 있는 것은 모로즈미 부대 병사는 16일과 17일 두 번, 장강 연안으로 포로를 연행했다는 점이며, 기관총은 16일에는 이미 준비되어 있었다는 점이다. 아베는 이렇게 서술했다.

2만여 명의 포로가 있었는데, 실은 12월 16일과 17일 일기 다음에 그 전부가 사라져 버린 것이다. 포로라고 하면, 무저항 상태인 사람들이다. 아무래도 살해 당한 것이 틀림없다고 생각한다. 만약 '죽여'라고 명령한 사람이 있다고 한다면, 그것은 인간의 마음을 갖지 않은 괴물 그 자체라고 해도 된다. 『난징의 진눈깨비』

아베는 여기에서 처음으로 강변에서의 집단학살이 16일에도 있었다고 밝히고 있다. 그것은 아베가 의거한 「모로즈미 수기」도 「야마다 일기」도 이 점을 언급하지 않았기 때문이라고 보인다.

아베의 결론

『향토부대 전기』 1에서 아베는 포로 대부분은 일본군이 해방시켰든지, 도주하든지 했다고 한 「모로즈미 수기」 기술을 그대로 '사실'로 서술했다. 모로즈미 부대는 포로를 도망치게 하려 했다. 그들은 '휴머니즘을 잊지 않았다'고 까지 적었다.

그러나 「사토 이치로 일기」가 말하는 '사실'은 「모로즈미 수기」와 크게 다르다. 모로즈미 부대는 포로를 해방시켜 주기 위해 강변으로 연행했던 것일까? 그렇지 않으면 연행한 시점에서 살해가 의도되었던 것일까? 아베가 인용한 「사토 이치로 일기」에는 결정적인 기술은 없다.

실제로는 어떠했을까? 그것을 탐색하기 위해 아베는 1989년에 난징을 방문했다. 난징에서 아베는 중국 측 자료를 참고로 하면서 포로가 집단 학살당한 현장을 찾고 목격자를 찾았다. 그러나 발견하지 못했다. 귀국 후에 집필한 『난징의 진눈깨비』에서 아베는, 모로즈미 부대의 전前 간부의 증언을 적었다. 모로즈미로부터 포로를 해방시키라고 비밀리에 지시받은 대대장으로서 「모로즈미 수기」에 등장하는 다야마 요시오田山芳雄는 아베에게 이렇게 말했다고 한다.

(포로를 강변으로 연행한 것은) 해방시키는 것이 목적이었습니다. 그러나 나는 만일의 소동이 발생할 것을 생각하여 기관총 8정을 준비시켰습니다. 배는 4척, 아니 7척인가 8척 모았으나 전혀 충분한 숫자는 아니어서 나는 마음이 무거웠어요. 그래도 어떻게든 대안對岸의 저편으로 도망가게 놔두려고 생각했습니다.

총성은 최초의 배가 출발하자마자 일어났습니다. 순식간에 포로집단이 소동을 일으켜 손을 쓸 수 없었어요. 아군 몇 명이 살해당하고, 마침내 발포가 시작되어 버렸습니다.

아베가 모로즈미부대의 전 간부에게 들은 증언은 세세한 부분예를 들면 모로즈미 부대가 준비한 배의 숫자 등에서 무시할 수 없는 차이가 있다. 그것은 모두 포로가 소동을 피웠기 때문에 할 수 없이 발포했다고 하는 '자위 발포설', '우발적 발포설'의 범주에 속하는 것이었다. 이들 증언이 모두 사실이라고 하면 모로즈미 부대는 강변으로 연행한 다수의 포로를 이틀 연속 '우발적'으로 기관총으로 쏘아버린 것이 된다.

포로들은 왜 격앙했는가? 무슨 일이 계기가 되었던 것일까?

모로즈미 부대의 전 간부들은 중요한 점은 거의 말하지 않은 채로 '자위 발포설'에 동조했다. 다른 한편으로 막부산에서 수천 명 규모의 비전투원을 해방시켰다던가, 12월 16일 화재로 4천 명이 도주했다는 등, 「모로즈미 수기」의 기술을 뒷받침하는 증언을 한 이는 없었던 것 같다. 결국 포로 숫자가 단계적으로 크게 감소해가는 '모로즈미 설'은 존재의 토대가 사라지는 것 같은 형국이 되었다.

아베가 입수한 「사토 이치로 일기」 자체가 12월 16일 항목에 "저렇게 2만 명이나 되니 경비하는 데에도 등골이 휜다"고 적고 있어서, '모로즈미 설'은 이미 유지할 수 없게 되었다. 아베는 『난징의 진눈깨비』 권두 부분에서 이렇게 적었다.

어느 시점에 이 (2만 명이라고도 1만 5천 명이라고도 하는) 다수의 포로가 허깨비처럼 사라져 버렸다. 아무런 흔적도 남기지 않고. 아무래도 전원(거의라고 해도 좋을지 모른다)이 살해당한 것 같다는 것은 단편적인 사료에서 추측되는데, 어디에서, 어떻게, 라는 구체적인 것은 수수께끼인 채로이다.

모로즈미 부대가 살해한 인원에 대해 아베는 『향토부대 전기』 1에서 '1천 명을 상회하는 정도'라고 했다. 그 점에 대해서는 생각을 바꾼 아베인데, '자위 발포설', '우발적 발포설'을 버리지는 않았다. 그리고 이렇게 결론지었다.

해방시킬 의도가 바뀌어서 총격이 벌어졌는가? 처음부터 학살할 의도로 연행했는가? 난징학살을 연구하는 사람들은 각각의 입장에서 추론을 시도한다. 도대체 어느 쪽이었을까? 나는 잘 모르겠다. 그러나 그동안 살펴본 증언이나 일기가 보여 주는 것은 아무래도 해방시킬 의도가 변경됨으로써 실패한 것 같다. 『난징의 진눈깨비』15

제6장 | 막부산(幕府山)의 포로   305

모로즈미 부대의 장병은 포로를 해방 시키고자 했는데, 포로가 소동을 일으켜 달성하지 못했다는 것이다. 아베는 고향인 후쿠시마 출신 장병의 '선의'를 믿었다. 고향의 선배를 나쁘게는 쓸 수 없었다. 그런 자기 규제 또는 '배려'도 거기에는 포함되어 있었을지 모른다.

5. 병사들의 일기

「사망자 수는 '14,777명'인가? 이와키의 회사원이 4년간 조사, 난징대학살·양쯔강 연안 최대규모사건」

1990년 9월 19일 『아사히신문』 석간은 그렇게 보도했다. 필자는 편집위원 혼다 가쓰이치本多勝一. 막부산에서 다수의 중국 병사를 포로로 잡은 아이즈와카마쓰會津若松 보병 제65연대 모로즈미 부대의 전 장병을 대상으로 후쿠시마현 거주 회사원인 오노 겐지小野賢二가 인터뷰를 하거나, 당시 일기를 제공 받거나 하여 조사한 결과. 학살당한 포로 수는 14,777명에 매우 근접하다는 결론을 얻었다는 내용이었다.

---

15 『난징전사』(1989.11)는 막부산(幕府山) 포로에 대한 대응에 대해 "후쿠시마민유신문사 논설 주간 아베 데루오 씨가 보병 65부대 참전자 약 100인의 증언을 정리하여 1989년에 「신설(新說)」을 발표했다"고 적었다. 그 골자는 다음과 같다. "1937년 12월 16일 모로즈미 부대 제2대대가 장강 연안의 중국 해군 부두 부근에 포로 500~2,000명을 연행. 소란 상태가 벌어져 동일 저녁부터 밤에 걸쳐 기관총 4정으로 폭동집단 주력을 사살했다. 다음 17일 모로즈미 부대는 남은 포로를 해방시킬 목적으로 강안(하루 전 지점에서 하류로 7km)으로 연행한 바, 폭동이 일어나 동일 저녁부터 심야에 걸쳐 폭동집단의 주력을 기관총으로 사살했다. 단, 포로 숫자는 증언자에 의해 크게 차이가 있고, 확인되지 않는다." 그런데 이 「신설」을 어디에서 가져왔는지 『난징전사』는 밝히지 않았다. 또한 『난징전사』보다 1개월 후에 출판한 『난징의 진눈깨비』(1989.12)는 이 「신설」을 언급하지 않았다.

전년도 1989년에 해행사(偕行社)가 발행한 『난징전사(南京戰史)』는 『후쿠시마민유신문』 기자 아베 데루오의 『후쿠시마 전쟁과 인간』1이나 방위청 방위연수소 전사실의 『지나사변 육군작전』1에서 살해한 포로를 약 1천 명이라고 한 것을 소개했다.

오노 겐지가 조사를 시작한 것은 1988년. '자위 발포설'은 아무래도 이상하다고 느낀 것이 조사의 동기였다. 그는 전우회 명부를 입수하여 편지로 증언해 줄 것을 의뢰했다. 오노는 회고한다.

〈그림 2〉
오노 겐지, 「병사의 진중일기로 보는 난징대학살」,
『전쟁 책임연구』 가을호, 1995

직접 실행한 당사자와 대면하는 것은 괴로운 작업이었다. 게다가 혼자서 말이다. 항상 고독했다. 성과가 없는 헛수고의 연속과 초조함과 절망감이 항상 따라다녔다. (…중략…) 전화로 욕을 먹고, 현관에서 내쫓기는 상황이므로 이 사건의 성격을 짐작하게 한다고 해도 좋을 것이다. 「병사의 진중일기로 보는 난징대학살」, 『전쟁 책임연구』 가을호, 1995

오노는 화학회사의 노동자로 3교대 업무를 하면서 틈틈이 약 200명의 증언과 진중일기 20여 권, 녹음테이프 100개 이상을 모았다. 이미 살펴본 대로, 아베 데루오의 신문 연재나 르포는 거의 전 부대 간부의 종전 후의 회상에 의거하여 작성되었다. 이에 대하여 오노는 문자 그대로 1차 자료를 발굴하여, 1996년 『난징대학살을 기록한 황군 병사들』藤原彰, 本多勝一과의 공편, 이하 『황군병사들』로 줄임을 완성했다.

해방시켰다는 기록 없음

『황군병사들』에 수록된 병사 일기에서는 무엇이 보이는가? 개개의 기술에 관해서는 『황군병사들』에 미루기로 하고, 여기에서는 일기 내용의 골자를 정리해 두겠다.

12월 14일, 약 1만 5,000명의 투항병을 포로로 삼았다. 「모로즈미 일기」는 비전투원을 풀어 주었다고 하지만, 그에 관한 기술은 어느 일기에도 없다. 다음 15일, 포로는 더욱 늘어났다. 16일, 포로를 수용한 건물에서 화재 발생. 저녁부터 장강 연안에 포로 일부를 끌어내어 총살했다. 17일, 입성식. 저녁부터 강변에서 다수의 포로를 살해했다. 18일, 사체의 뒷처리를 했는데 이날만으로는 끝나지 않아 19일도 작업이 이어졌다.

이 사이에 포로를 해방하려 했다는 기술은 발견되지 않는다. 그런데, 새삼 병사들의 일기를 거듭 읽으며 발견한 것이 있다. 다음에 인용하는 것은 모두 포로를 수용한 건물에서 화재가 발생했고, 포로를 강변으로 연행하여 집단학살했다는 1937년 12월 16일의 일기 내용이다.

마침내 2만 명 중 3분의 1, 7천 명을 오늘 양쯔강 변에서 총살하기로 결정하고 호위하러 감. 그리고 전부 처분을 마침. 살아남은 자를 총검으로 찔러 죽임.
近藤榮四郞(가명), 출정일지

이 중 '양쯔강변에서 총살하기로 결정하고'라는 구절은 총살이 포로 소동에 기인하여 우발적으로 일어난 것이 아니라 사전에 계획되었음을 시사하고 있다. 이어서 인용하는 것은 대규모 포로학살이 있었던 12월

17일 자의 일기이다.

오후 5시 적병 약 1만 3천 명을 총살 사역하러 감. 目黒福治(가명), 진중일기

'총살 사역하러 감'이라는 기술도 역시 포로 살해가 우발적이 아니었음을 시사하고 있다. 『황군병사들』의 편자의 한 명인 역사학자 후지와라 아키라藤原彰는 「해설」에서 이렇게 적었다.

여기에 모은 일기는 석방설, 자위 발포설을 깨부수는 자료이다. 어떤 일기에도 석방이나 포로 반란 내용이 전혀 없다. 1만 수천 명 또는 그 이상의 포로를 조직적으로 살해했다는 사실을 담담하게 그대로 기술하고 있는 것이다.

야마다 지대는 12월 14일 막부산 부근에서 1만 4천여 명, 15일에도 이어서 수천 명의 포로를 잡은 점, 군 명령으로 16일에 그 3분의 1을 강변에서 사살하고, 17일, 18일에도 처형을 계속하여 18, 19일 양일에는 사체 뒷처리로 병력을 출동시킨 것이 명백하다. (…중략…) 1만 4천 또는 그 이상의 포로를 조직적으로 처형한 것이 기록되어 있다. 이것은 국제법상으로도 인도상으로도 허락되지 않는 불법행위임은 말할 것도 없다.

포로들의 자위 행동

무장 해제당한 1만 수천 명에서 2만 명의 포로들이 장강 연안으로 연행되었다. 거기에 기관총이 준비된 것을 포로들은 금방 눈치챘을 것이다. 이것은 무슨 일인가? 애당초 포로는 보호되어야 할 존재가 아닌가? 이대로라면 죽는다. 그렇게 직감한 포로들이 도주를 시도하거나, 반항을 했다고 해도 그것은 죽음을 면하기 위한 어쩔 수 없는 '자위 행동'이 아니었는

가? 해방되는 것이 확실하다면, 포로들은 굳이 봉기할 필요가 없었다. '자위'라는 단어를 사용한다면, 포로들의 행동이야말로 '자위 행동'이었다. 기관총으로 무장한 모로즈미 부대와 맨손 맨주먹의 포로들은 애당초 대등한 관계가 아니었다. 진작에 저항 의사를 버리고, 무기를 버린 포로들에게 일본군은 기관총을 난사했다.

2015년 10월, 니혼테레비는 「NNN도큐멘트」라는 프로그램에서 「난징사건 병사들의 유언」을 방송했다. 2년 반 후인 2018년 5월에 그 속편에 해당하는 「난징사건 2 역사 수정을 검증하라」를 방송했다. 이 방송에서는 오노가 수집한 장병의 종군일기나 증언 영상, 증언 음성을 골자로 막부산에서 포로가 된 중국 병사의 그 후를 추적하여 모로즈미 교사쿠가 종전 후에 말한 '자위 발포설'을 검증했다.

이 방송이 보여준 종군일기의 기술이나 전 병사들의 증언에서는 모로즈미 부대가 포로를 해방시키고자 했다는 흔적을 발견할 수 없다. '자위 발포설'이란 '종전 후에 군의 간부가 책임 회피를 위해 만들어낸 이야기'이며, '전범戰犯이 될 것을 두려워 한 간부들의 변명'이라고 이 방송은 결론지었다.

'자위 발포설'은 학살 책임자와 이에 연결되는 사람들이 종전 후가 되어 말한 것이며, 학살의 최전선에 있었던 장병의 일기에는 포로를 '해방'하려 했다는 것을 나타내는 어휘는 적혀있지 않았다.[16]

---

16   막부산 포로에 대해 1945년 이후에 작성된 회상기 중에 독립 산포 제1연대의 병사로서 26세에 종군한 마스코 오토시게(增子音重)의 『실록 중일전쟁의 단면, 종군병사의 개인사(実録日中戰争の断面, 従軍兵士の自分史)』(1988)가 있다. 마스코는 1937년 12월 16일 포로 살해 현장에 있었던 것 같다. 그는 저서에서 이렇게 서술하고 있다. "그 산(爆風山 — 원문 오기) 아래 초가지붕을 한 지나(支那) 병영(兵營)이 있는데, 그 수는 20동 정도였다고 생각되는데, 그 병영에 포로들을 수용하고 있었다. 식사도 주지 않고, 병영의 주위는 우리 보병대 기관총이 20정이나 늘어서 있어서 도망을 방지하려고

'자위 발포설'을 최초로 세상에 소개한 기자로서 아베가 도큐멘트「난징사건2」의 후반부에 등장했다. "최근 난징학살은 없었다는 이야기가 있는데"라는 질문을 받고 아베는 이렇게 대답한다. "있었다고 생각해요, 학살이 있었던 것은 인정하고, 겸허하게 반성하면서 앞으로 나아가는 쪽이 좋지 않은가 라고 생각하고 있습니다."

그렇게 말한 아베는 2021년 12월 8일 88세로 사망했다.

6. 거기에 기자는 있었는가?

시간을 1937년 12월로 돌려보자. 앞서 인용한 12월 17일 자 『도쿄 아사히신문』의 기사 한 구절을 다시 한번 보자.

모로즈미 부대 때문에 오룡산, 막부산 포대 부근의 산지에서 포로가 되어 버린 14,777명의 적병은 무엇보다 전대미문의 대규모 포로집단으로 수용한 부

엄중히 경계하고 있었다. 배가 고프다고 해도 식량을 줄 수 없고, 수용은 했지만 실제는 처지 곤란했던 것이다. 막사에 불을 질러 소동을 일으키자, 간수도 대응하지 못하고 상사의 명을 기다리던 중, "전쟁은 아직 끝나지 않았다. 전부 죽여!"라는 지령이 내린 것 같다. (…중략…) 명령대로 거기에서 나온 포로들을 뒷짐 결박하고, 2인 1조로 연결하여 바깥 광장에 세웠다."
"약 1시간 정도 걸려 양쯔강변의 어느 건물이 있는 곳에 도착했다. (…중략…) 그 넓은 마당에 포로들은 연달아 꿇어앉혀졌다. 입구가 있을 뿐, 마당의 저편은 높은 산이고, 도망갈 수 없는 곳이었다. 포로를 전부 마당에 앉혔으므로, 이번에는 지나 병사를 끌고 가서 목을 베거나, 총검으로 찔러 죽이거나 하는 자도 있었다."
"그러던 중 '와아ー'라는 함성이 터졌다고 생각할 겨를도 없이 기관총 소리가 어둠을 뚫고 일제히 몇십 정이나 발사되었다. 포로들은 앉은 채로 흔적도 없이 처덕처덕 마당에 꼬꾸라진 자세로 죽은 것이다."

대 쪽이 다소 어이없는 분위기이다. 이쪽은 비교가 되지 않을 정도로 인원이 적기 때문에 대응하기 어려운 상황이다. 우선 총검을 해제시키고, 부근 병영에 몰아넣었다. 1개 사단 이상의 병대이므로 초만원으로 밀어넣어도 22동의 큰 병사兵舍가 넘칠 정도의 대성황이다.

이를 작성한 요코타橫田省己 기자가 포로를 수용하는 현장에 있었을 것이라는 점도 이미 서술한 대로이다. 그 외『도쿄 아사히신문』사진부의 가와무라 에이치河村英一와 우에노 고로上野悟郞가 '대병사大兵舍' 앞에서 넘칠 정도의 포로가 모여 있는 사진을 촬영하고 있어서[17] 현장에 있었던 것은 분명하다. 그러나 두 명의 카메라맨은 그 후 포로의 행방에 대해 아무런 글도 남기지 않은 것 같다.

너무도 비슷한 기사

그러면, 그 외 신문사 특파원은 막부산 포로를 보지 못했을까? 위 기사가『도쿄 아사히신문』에 실린 다음 날인 18일,『후쿠시마민유신문』에 「대량 포로에 모로즈미 부대의 즐거운 당황, 손님은 15,000명, 식량 조달로 우왕좌왕」이라는 제목으로 다음 기사가 게재되었다.

모로즈미부대 때문에 오룡산, 막부산 포대 부근 산지에서 포로가 된 1만 4천 777명의 난징 패주병은 무엇보다 전대미문의 대포로집단으로서, 잡은 부대 쪽도 다소 어이가 없는 모양이다. 이쪽은 비교가 되지 않을 정도로 소수이

---

17 가와무라 에이치(河村英一)가 촬영한 사진은 1937년 12월 18일 발행.『도쿄 아사히신문』석간에, 또 우에노 고로(上野悟郞)가 촬영한 사진은『아사히 그래프』1938년 1월 5일호에 게재되어 있다.

〈그림 3〉 중국인 포로사진(난징 서부 상원문), 지나사변화보 11(1938.1.27), 아사히신문사

므로 대응이 어려운 상황. 우선 총검을 버리게 하고 부근 병영에 밀어 넣었다. 1개 사단 이상의 병대로서 최대한 밀어 넣어도 22동의 대병사大兵舍가 넘칠 정도로 대성황이다.

한번 읽어보면 알 수 있듯이 17일 자 『도쿄 아사히신문』 기사와 너무도 닮았다. 「난징에서 16일 발」이라고 하는데 서명은 없다. 같은 날의 『후쿠시마민보』는 「모로즈미 부대 즐거운 비명, 22동의 대병사가 가득 참. 우리 쪽 몇 배나 되는 포로」라는 제목으로 다음과 같이 보도했다.

1만 4천 777명이라는 희유의 대량 포로를 안고 기쁜 비명을 지르고 있는 우

제6장 | 막부산(幕府山)의 포로   313

리 모로즈미 부대의 이야기 —

어제 보도와 같이 난징에 입성하기 위해 막부산 요새를 공격하여 이곳을 점령한 모로즈미 부대는 난징에서 패주한 적병 대부대와 조우하여 일거에 이들을 포로로 삼았는데, 우리 병력의 ○배나 되는 1개 사단 이상의 병력을 무장해제시키느라 비명. 점차 총검을 버리게 하고 부근 병영에 유치했는데, 22동의 대병사大兵舍가 가득 차고도 넘칠 정도의 성황

이쪽도 서명이 없다. 『후쿠시마민유신문』의 기사 만큼은 아니나 『아사히신문』의 기사와 매우 닮은 부분이 있다. '즐거운 비명'이라는 표현은 이때부터 있었던가 할 정도로 좀 놀라게 된다. 기사가 이 정도로 닮은 것은 어째서 일까? 어쩌면 『후쿠시마민유신문』, 『후쿠시마민보』는 『아사히신문』의 기사를 저본으로 하여 원고를 작성했을지 모른다. 그렇게 생각하지 않으면 이렇게 유사하다는 것을 이해할 수 없다. 혹은 당시는 신문사 사이에 무언가 양해가 있었을지도 모르겠다.

오룡산, 막부산에서 다수의 투항병이 체포되어 병영에 수용된 12월 13일, 이 단계에서는 『후쿠시마민유신문』, 『후쿠시마민보』 기자도, 『후쿠시마신문』 기자도 현지에는 없었다. 그 점은 지면에서도 확인된다. '동맹통신' 기자도 난징에 있었던 흔적은 없다.

특파원, 막부산 기슭에

『후쿠시마민유신문』은 1937년 9월 하순부터 모로즈미 부대에 종군한 이치노 나오지市野直治 기자가 12월 초 후쿠시마로 귀환했고, 장강 연안의 난징으로 육박하는 모로즈미 부대의 뒤를 하세가와 헤하치로長谷川平八郎 기자가 쫓아가고 있었다. 하세가와는 11월 30일, 「모로즈미 부대 난징으

로 돌진」이라는 제목으로 다음 기사를 송고했다.

(후속의) 나이기^{內儀} 부대 ○○반에 도착한 정보에 의하면 모로즈미 부대는 이미 장인현^{江陰縣} 성의 잔적^{殘敵}을 소탕하고 서북방으로 도주하는 적을 맹렬히 추격 중으로 이미 일부는 난징에서 20리 지점에 도달했다.『福島民友新聞』, 1937.12.1

그런데, 하세가와가 서명한 기사를 더듬어 보면, 하세가와는 그 후 난징으로 가지 않고 진샨^{金山}, 후저우^{湖州}로 갔다.『후쿠시마민유신문』의 기자는 막부산에도 함락 직후의 난징성 안에도 가지 않았다. 10월 초순에 상하이에 상륙한 이래, 모로즈미 부대에 종군한『후쿠시마신문』의 특파원 미타 에이치^{三田英一}는 11월 하순에 돌연 귀국을 표명했다. "장병의 고생은 상상 이상이고, 남은 지면으로는 모두 전달할 수 없다. 귀임하여 강연 활동을 하기로 했다"요지,「보도 보국(報國)에서 강연 봉사로!」, 1937.11.27라고『후쿠시마신문』은 그 이유를 보도했는데, 같은 지면에 실린 미타의 서명 기사에 다음 구절이 있다.

이제부터 어떻게 해서든지 하루, 십 리 가까이 행군을 각오하지 않으면 안 됩니다. 아무튼 교통수단이 따로 없는 지방 신문은 어찌할 도리가 없는 것입니다.

부대는 성큼성큼 앞으로 가는데, 자동차가 아니고는 어떻게도 따라잡을 수 없다……. 아무튼 미타는 부대를 쫓아갈 기력을 잃어버렸던 것 같다. 12월 3일 밤 미타는 후쿠시마역에 도착했다.

한편 10월 초 이래 모로즈미 부대에 종군하여 취재하던『후쿠시마민보』의 특파원 야나이 쇼고로^{箭內正五郎}는 12월 4일 점령 직후의 장인^{江陰}을

제6장 | 막부산(幕府山)의 포로 **315**

취재한 다음 11일경 일단 상하이로 돌아갔다. 이 점은 12월 21일 자 『후쿠시마민보』에 게재된 「야나이 특파원의 사신 私信」이라는 기사로 알 수 있다. 아내에게 보낸 근황 보고의 일부를 지면에서 소개한 기사이다.

　일본군이 마침내 난징을 눈앞에 둔 시기에 왜 야나이는 상하이로 되돌아갔을까? 그 점은 알 수 없지만, 그가 다시 난징으로 향한 것은 12월 17일, 입성식 당일 이른 아침이었다. 함락 1개월 후에 시작된 연재 「야나이 특파원 종군일기에서」 제1회 기사 『福島民報』, 1938.1.14에서 야나이는 이렇게 적고 있다.

　　12월 17일 오늘, 우리 군의 경사스러운 입성식이 난징에서 거행된다. (…중략…) 기자는 이 아침에 며칠 전부터 감기에 걸렸지만 오로지 난징을 향해 발걸음을 재촉했다. 체온 38도 3분, 좀 열이 너무 높다. 그런데 아무래도 이 경사스러운 입성식에 맞춰 도착할 수 있을 것 같지 않다. 아마 난징 입성은 내일 저녁 때가 될 것이다.

　상하이에서 난징 간의 거리는 280km. 일본 도카이도 東海道 신칸센에 비유하면, 도쿄에서 도요하시 豊橋까지의 거리이다. 게다가 난징으로 가는 길은 험로여서 난징이 함락했다고 해도 중국 측의 공격이 완전히 끝난 것도 아니었다. 차를 이용하여 이동해도 통상 중간에 1박 할 필요가 있었다. 야나이가 난징에 도착한 것은 다음날 18일 오후 5시. 중산문에서 성 안으로 들어가 거리 중앙부 군보도부에 들러 모로즈미 부대의 소재를 물었다.

　알려준 대로 중산문을 나와 왔던 길로 되돌아갔지만 결국 부대에 도착하지 못하고, 밤 12시 가까이가 되어 난징성으로 되돌아가, 성 안의 비행

장 격납고 일각에 자리를 잡았다.「야나이 특파원 종군일기에서」2,『福島民報』, 1938.1.15

다음날 19일, 야나이는 막부산 기슭으로 향했다. 이날의 모습을 야나이는 다음과 같이 적었다. 여기에서 야나이는 막부산 포로의 그 후의 모습에 대해 언급했다.

> 아침밥을 먹고, 즉시 출발이다. 우리 모로즈미 부대가 주둔하는 막포산幕布山[18]까지 약 1리 반 정도이다. 대평문大平門[19] 을 지나자 켜켜이 적의 사체가 보인다. 성 안을 구경하러 나갔다고 하는 우리 부대 병사 몇 명을 만났다. 막포산 포대에는 과연 견고한 방위선이 펼쳐져 있었다. 토치카는 무수히 만들어져 폭 10미터 정도의 철조망이 몇 겹이나 쳐있다. 부대는 산을 하나 넘어 양쯔강 연안 부락에 있었다. 도중에는 모두 우리 부대의 초소이다. 난징에서 쏟아져 나와 이 포대로 도망간 2만 가까운 잔병을 교묘하게 양쯔강 연안으로 유인하여 일거에 이를 소탕하고, 모로즈미 부대의 용감한 명성을 날린 지점도 이 부근이다. 켜켜이 쌓인 사체를 넘어 처참하고 비장한 장면을 상상해 본다. 자포자기에 빠진 그들 중에는 난방용으로 총기를 불지피고 있던 뻔뻔한 놈도 있었다. 그보다도 우리 부대를 진정으로 기쁘게 한 것은, 조사 결과 노육택老陸宅 부근에서 우리 군을 20일간 괴롭히던 적 약 2천 명이 이 중에 포함되어 있다는 사실이다. 한 번에 천추千秋의 한恨을 풀었던 것이다. 본부에 인사를 하고 원대인 야마구치山口憲 부대로 돌아가는 길이라고 한 곤도 에이쇼近藤榮昌 중위와 함께 약 1리 떨어진 막포산 남쪽 기슭에 도착했다.「야나이 특파원 종군일기에서」3,『福島民報』, 1938.1.15[20]

---

18 막부산(幕府山)의 오기. 이하 이 기사에 적힌 막포산은 모두 원문 오기임.
19 태평문(太平門)의 오기.
20 12월 19일에는 그외에『도쿄 니치니치신문』의 기자(성명 불명)가 모로즈미 부대 휘하

'2만 명 가까운 잔병을 교묘하게 양쯔강 연안에 유인하여 일거에 소탕……'이라고 야나이는 말했다. 이것은 막부산에 끌려간 포로의 모습을 전하는 중요한 구절이다. 모로즈미 부대는 포로를 강변으로 '유인하여 소탕했다'고 기사는 적고 있다. '포로'라는 명칭을 꺼렸는지, '잔병殘兵'이라고 말을 바꾸었는데 '2만에 가까운 잔병'이라고 한 점에서 볼 때 막부산의 포로를 가리키는 것은 분명하다.

야나이는 12월 19일, 포로를 집단 학살한 장강 연안의 현장 근처에 도착했다. 19일이라고 하면, 집단 학살에서 겨우 이틀이 지난 시점이다. 현장에서는 포로의 사체를 치우는 작업이 계속되고 있었다. 모로즈미 부대 간부는 '포로를 강변으로 유인하여 일거에 소탕했다'고 말했다고 야나이는 설명했다. 그 설명에 입각하여 야나이는 기사를 작성했을 것이다.

다음날 20일, 야나이는 막부산 기슭을 출발하여 샤칸의 중산마두中山碼頭에 도착했다. 오전 11시에 부대와 함께 장강 북쪽 기슭으로 건너갔다.「야나이 특파원 종군일기에서」4,『福島民報』, 1938.1.16

야마다 지대의 전前 장병에게 증언을 채록한 오노 겐지 씨에게 위 기사를 읽어봐달라고 부탁했다. 주목되는 점은 '켜켜이 쌓인 사체를 밟고 넘어 처참하고 비장한 장면을 상상해 본다'고 한 구절이다. 오노 씨는 말한다.

> 야나이 씨가 양쯔강변에 간 12월 19일에는 학살당한 포로의 사체를 장강에 떠내려 보내는 작업이 이루어지고 있었습니다. '켜켜이 쌓인 사체를 밟고 넘

에 있던 흔적이 엿보인다. 모로즈미 부대의 치중특무병 엔도 주타로(遠藤重太郎)(가명)의 진중일기 12월 24일 항목에 다음 기술이 있다. "(편지를 보내는 것은) 12월 19일 난징 북방 1리의 지점 마륭산(馬隆山)(막부산을 말함) 포대 기슭에서 포로를 정리하고 있을 때 내가 쓴 편지를 니치니치신문 기자에게 부탁하여, 난징 야전우편국에 보내달라고 했다."(『황군병사들』)

어'라는 표현에서 볼 때, 야나이 씨가 실제로 수많은 사체를 자신의 눈으로 본 것이 틀림없다고 생각합니다. 그리고 야나이 씨는 '처참하고 비장한 장면' 즉, 살해 장면을 상상하여 '일거에 이것을 (포로를) 소탕했다'고까지 적은 것입니다. 이렇게 작성한 것은 야나이 씨뿐이라고 생각합니다. 저는 1990년경에 한 번 야나이 씨를 방문하여 이야기를 들은 적이 있습니다. 단지 와병 중이었고 만년의 야나이 씨는 이제 기억이 흐려져 있어서 확실한 이야기를 듣지는 못했습니다.

「패잔병」 섬멸

시간을 되돌려 보자. 야나이는 1938년 1월 19일, 후쿠시마로 돌아갔다. 이보다 앞서 1월 7일, 「경사스러운 난징 입성식에 전군全軍 부대 최상의 모습, 야나이 특파원」이라는 제목의 기사가 『후쿠시마민보』 1면을 장식했다.

이미 살펴본 것처럼 야나이가 난징에 도착한 것은 입성식 다음날인 1937년 12월 18일이다. 따라서 야나이는 실제로 입성식을 보지 못했다. 게재된 기사는 '우리 부대의 장병은 감격한 나머지 손을 마주 잡고 사나이의 눈물을 흘렸다'고 한 것처럼 상투적인 표현을 동원했다. 어떻게 3주일이나 늦어서, 게다가 실제로 보지 못한 입성식 기사를 굳이 작성했을까? 이점은 알 수 없다.

이 입성식 기사의 바로 아래에 「천마天馬 하늘을 걷다, 모로즈미 부대의 전사戰史」라는 제목으로 관련 기사가 게재되었다. 야나이가 서명한 기사이다. 이 기사에서 야나이는 강변의 집단 학살을 언급했다.

오룡산 포대 점령, 난징 교외의 막포산막부산의 오기 포대 탈취. 우리 부대의 무훈은 혁혁하여 전군에 메아리쳤다. 이리하여 난징 입성식 참가의 감격으로 이어진 것이다. 막포산 부근에는 2만에 가까운, 난징에서 탈출하여 양쯔강을 건너 북쪽 기슭으로 도망가려던 패잔병을 섬멸하는 등의 위훈도 있었다. 이 패잔병 중에는 약 2천 명 정도 노육택 부근에서 우리 부대를 힘들게 했던 잔병이 포함되어 있다. 그것을 알게 된 장병은 '원수를 갚았다'며 기대하지 않았던 쾌재를 부른 것이다. 10월 11일 노육택의 적에게 제1탄을 발사한 데서부터 난징 입성까지 68일이 지났다. 모든 감개는 하나가 되어 '공攻'이다. 있다고 한다면 단지 눈물이다. 그 눈물은 감격의 눈물인가, 아니면 감상의 눈물인가?

이 기사에서도 야나이는 2만 가까운 패잔병을 섬멸했다고 적었는데 이것도 포로를 가리키는 것은 분명하다. 노육택은 상하이 교외의 촌락인데 모로즈미 부대가 10월 전투에서 다수의 사상자를 낸 곳이다. 강변에서 살해한 포로 중에 노육택에서 싸운 중국 병사가 다수 포함되어 있어서 모로즈미 부대 병사들의 적개심을 부추겼다고 하는 것이다.

야나이는 이 기사를 '난징 교외 막포산^{막부산} 포대의 숙사인 한 농가에서'라고 맺었다. 야나이는 12월 19일에 막부산에 도착하여, 20일에는 장강 북쪽 기슭으로 이동했다. 따라서 기사를 작성한 것은 12월 19일로 특정된다.

해가 바뀌어 1938년 1월 8일, 『후쿠시마민보』는 「모로즈미 부대, 취안자오全椒에서 새해를 맞이함」이라고 보도했다. 작성한 자는 야나이 기자로 보인다.

우리 모로즈미 부대는 다시 막포산^{막부산의 오기} 포대 아래에서 난징을 탈출하여 양쯔강을 건너 북지 방면으로 도망가려던, 2만 명 가까이 되는 패잔병을 만나 이를 섬멸하는 전과를 거두고 20일 새로운 사명 하에 난징 중산마두에서 마침내 북쪽 강안江岸으로 도하했다.

여기에도 야나이는 '패잔병 2만 가까이'를 '섬멸'했다고 적었다. 오룡산, 막부산에서 투항한 약 1만 5천여 명에서 2만 명의 포로를 둘러싸고 『도쿄 아사히신문』의 요코타 기자 등이 '다수를 확보했다'는 취지의 기사를 작성했다. 그러나 당시에 '섬멸했다'고 작성한 기자는 야나이 외에는 발견되지 않는다.

후방 부대가 있었다.

1945년 이후에 야나이는 난징 공략전의 종군 체험에 대해 아라 겐이치阿羅健一와의 인터뷰에서 다음과 같이 대답했다. 야나이는 1904년에 태어났고 1928년에 『후쿠시마민보』에 입사, 1940년에 편집국장에 취임하고, 1948년에 공직추방령[21]에 따라 퇴사하기까지 국장을 지냈다고 한다. 인터뷰를 한 것은 1985년 12월로 야나이는 81세. 장소는 야나이의 자택이었다.阿羅健一, 『남경사건, 일본인 48인의 증언』.

문   12월 14일경, 제65연대는 1만 5천 명이라고도 2만 명이라고도 하는 포로를 잡았지요?

---

21 [역주] 일본 패망 후 1946년 1월 4일 연합국군 최고사령관 총사령부(GHQ)의 지령「공무 종사에 적합하지 않은 자의 공직 제거에 관한 건」에 근거하여, 군국주의적, 극단적 국가주의적 지도자를 공직에서 추방한 지령을 말한다. 1947년 1월 관련 법령이 개정, 대상자가 확대되어 1948년 5월까지 20만 명 이상이 추방당했다. 야나이 쇼고로(箭内正五郎)는 이때 추방된 것으로 보인다. 그러나 군정(軍政)이 끝난 후 1951년 10월 31일까지 17만 7천여 명이 해제 처분을 받았고, 1952년 4월 28일 샌프란시스코평화조약 발효와 함께 일본 정부는「공직추방령 폐지법」을 시행하여 해당자를 복권시켰다.

제6장 | 막부산(幕府山)의 포로

답 　지금 말씀드린 것처럼 나는 후방 치중부대에 있어서, 포로를 잡았을 때는 그 자리에 없었습니다. 포로를 잡았다는 것은 연대본부에 도착한 다음에 들었습니다.

문 　포로는 어떻게 했습니까?

답 　끌어안고 있어도 귀찮으므로 도망가게 놔둔 것이 아닙니까? 그 무렵 포로는 쫓아내는 수밖에 없었으므로, 놓쳤다고 하면 야단을 맞으니, 퇴각시켰다던가, 섬멸했다고 말한 것 같습니다.

문 　포로 이야기는 쓰지 않았습니까?

답 　쓰지 않았습니다. 포로나 전투 이야기보다도 병사들 소식 기사가 호평이었습니다. 그래서 그런 기사를 썼습니다. 포로에 대해서는 『지나사변 향토부대 사진사 支那事変郷土部隊写真史』가 정확하다고 생각합니다. 이 책은 사실 그대로 썼으니까요.

문 　검열 때문에 포로에 대해 작성하지 않은 것이 아닌가요?

답 　검열 때문은 아닙니다. 쓰지 않은 것은 포로 이야기를 그다지 듣지 못했기 때문입니다. 그만큼 포로 이야기는 화제가 되지 않았습니다. (…중략…)

문 　종전 후 『후쿠시마민유신문』이 연재한 「향토부대 전기」에 의하면, 이때 포로는 대다수가 도망가고, 남은 3천 명 정도 석방하고자 할 때, 폭동이 일어나 사살했다,고 되어 있습니다만…….

답 　포로가 소동을 일으켰다는 이야기를 들은 것은 종전 후입니다. 난징에서는 포로라 해도 그다지 화제가 되지 않았습니다. 종전 후에 학살이라는 이야기가 있어서 새삼 포로에 대해 물어본 것입니다.

이러한 야나이의 답변을 어떻게 판단해야 할까? 우선 최소한의 지적을 해두고 싶다. 야나이는 포로 이야기를 '쓰지 않았다'고 말했으나 이것은 사실과 다르다. 당시 기사는 '패잔병', '잔병'이라는 말로 표현을 바꾸었으나 이는 포로를 가리키고 있다. 야나이가 '사실대로' 작성했다고 하는 『지나사변 향토부대 사진사』『후쿠시마민유사』, 1938에 수록된 「모로즈미 부대 분전기奮戰記」는 막부산 포로에 대해 이렇게 적었다.

> 동 (12월) 13일 (정확하게는 14일)에는 이미 난징에 육박하여 난징 교외 북쪽 약 2km 지점, 양쯔강 연안에 있는 막부산 포대를 점령하고, 잔적殘敵 약 2만의 포로를 획득했다. 이 2만 포로 중에는 노육택老陸宅 패잔병 약 2천 명도 포함되어 있다는 것을 우연히 알게 되어 우리 모로즈미 부대의 장사將士를 열광시켰다.

여기에는 확실히 '2만 포로'라고 적혀있다. 위 부분의 집필자는 야나이다. 그 점은 이 책 가운데에 적혀 있다. 『지나사변 향토부대 사진사』가 포로에 대해 '사실대로' 작성했다고 야나이는 말하지만 이 책에 포로에 대해 기술한 부분은 이 한 구절뿐이다.

야나이는 포로를 도망치도록 한 것이 아닌가라고 말하고 있는데, 의도적으로 도망치게 했다, 혹은 도망치도록 유도했다는 것을 나타내는 기술은 『황군병사들』에 수록된 일기에는 존재하지 않는다.

7. 기사는 작성되고 있었다

막부산 포로에 대해 보도한 신문은 『아사히신문』, 『후쿠시마민유신문』, 『후쿠시마민보』 뿐은 아니었다. 『도쿄 니치니치신문』는 1937년 12월 18일 자 후쿠시마판에서 「수도에서 도망친 적병 2만을 포로로. 대좌, 중좌, 참모도 섞임. 또다시 모로즈미 부대의 수훈」이라는 제목으로 다음과 같이 보도했다. 다나카田中光武 기자의 서명이 적혀 있다.

　장인성江陰城 점거로 일약 용맹스러운 이름을 천하에 떨친 모로즈미 부대가 적의 수도 난징 공략에서 포로 2만을 수중에 넣어 큰 수훈을 세웠다. 지난 7일 장인을 출발, (…중략…) 13일 정오에는 난징 동방 오룡산 포대에 도착하여 동 포대의 적에게 맹공을 개시, 약 2시간 만에 이를 점거. (…중략…) 14일 오전 8시에는 난징 교외 막부산 포대로 돌진했다.

　동 9시, 동 포대를 점거 (…중략…) 드디어 난징성 북방으로 육박했다. 이때 우리 군의 수도 포위공격으로 퇴로를 찾아 양쯔강을 따라 퇴각하던 적의 대부대를 만나, 모로즈미 부대의 용사들은 기세를 올려 요격, 맹렬하게 총을 쏘았으므로 전의戰意를 잃은 적병은 크게 저항도 하지 않고 백기를 들어 항복했는데, 적敵의 부대는 실로 2만에 달하는 대부대였다.

『도쿄 니치니치신문』후쿠시마판은 그러나 그 후 포로의 행방에 대해서는 보도하지 않았다. 또 하나, 12월 17일 발행한『도쿠시마德島 마이니치신문』석간도 「수훈의 모로즈미 부대, 오룡산, 막부산 포대 점령 후 난징 북방 공세, 적 2만을 포로로, 대부분 백기를 들고 항복」이라는 제목으로 난징 16일발의 다음 기사를 실었다.

장인江陰 요새 점거전으로 일약 용맹스러운 이름을 천하에 떨친 모로즈미 부대는 적의 수도 난징 공략에서 포로 2만을 획득하는 엄청난 대승리를 거두었다.

표현에 다소 차이가 있으나 『도쿄 니치니치신문 후쿠시마판』의 기사와 닮았다. 더욱 『도쿠시마 마이니치신문』은 「적병 2만의 항복」이라는 제목으로 사설까지 게재하고 있다. 1937.12.20

난징 공략전 말기, 16일 오후 8시, 모로즈미 부대가 막부산 포대를 점령하고 성안으로 진격중, 2만이라는 다수의 적군이 백기를 들고 항복한 일은 전날 발행호의 특전特電대로인데 (…중략…) 이들이 장제스가 자랑하는 중앙군 정규병이라는 점은 놀랄 일임과 동시에 가소로운 일이다. 정규병이라고 해도 연령이 통일되지 않고, 15~16세 정도의 소년도 섞여 있는데, 그들 병졸의 복장은 매우 훌륭한 것이어서 장교는 해달 가죽으로 된 매우 사치스런 복장을 하고 있다는 것이다.

2만 명의 포로를 획득했다고 할 뿐, 특별한 내용은 없다. 이 글의 '전날 발행호 특전'은 확인되지 않음

참모의 강연회

막부산 포로에 대해 당시 신문은 속보를 보도하지 않았다고 흔히 지적되어 왔다. 확실히 장강 연안에서 무슨 일이 있었는지 자세히 보도한 신문은 없다. 그러나 신문이 아무것도 보도하지 않은 것은 아니다. 1938년 1월 5일 센다이仙台 제2사단 참모, 후루미야 쇼지로古宮正次郎 보고강연회가 센다이에서 개최되었다. 후루미야는 전 해인 12월, 3주일에 걸쳐 상하

이와 난징 전선을 시찰하고 돌아왔다. 센다이에서 취재에 임한 신문기자도 초청받아 강연회는 실로 4시간에 이르렀다.

이때의 모습을 1월 7일 『도쿄 아사히신문 후쿠시마판』이 「후루미야 소좌의 귀국담」이라는 제목으로 보도했다.

> 전장鎮江에서 나뉘어져, 상원문에서 1만 4천 777명의 포로를 획득하고 용약하여 난징 공략에 참가한 야마다 부대도 21일 밤 저현滁縣에 입성, 22일에는 ○○부대 전부가 집합하여 상하이 상륙 이래 150리 동안의 악전사투에 대해 이야기했다.

다음 8일에는 『가호쿠신보河北新報』[22]가 「후루미야 참모의 귀향 보고」라는 제목으로 보도했다. 후루미야는 '칭찬하지 않을 수 없는' 일로 막부산 포로를 언급했다.

> 난징 북방에서는 모로즈미 부대가 그 유명한 14,777명의 투항병을 포로로 잡아왔다.

일거에 '1만 4천 777명'을 포로로 삼은 이야기는 당시 널리 퍼져 있었던 것 같다. 같은 날 『후쿠시마민보』에 「상하이·중지中支·난징·북지北支로, 성전聖戰은 73일째, 모로즈미 부대 전투사」라는 제목으로 대형 기사를 게재했다. 후쿠시마 출신 소위가 『후쿠시마민보』의 야나이 쇼고로 기자에게 맡긴 진중일기를 소개하는 내용이다.

---

22 [역주] 미야기(宮城)현 센다이에서 발행한 지방 일간신문.

12월 14일 오전 4시 숙영지 출발, 난징이 가까움. 밤은 난징 교외의 해군병학교에서 숙영.

12월 15일 체재.

12월 16일 약 2천 명의 패잔병, 양쯔강을 따라 도주하려는 것을 섬멸함. 난징을 구경.

12월 17일 난징 입성식. 우리 부대도 참가.

12월 18일 야영.

12월 19일 드디어 양쯔강 도하. 북쪽 강안으로 향하고자 함. 명령이 있어 인원 등재 담당이 됨.

12월 20일 난징 중산마두에서 양쯔강을 도하하여 푸커우진浦口鎭에서 일박.

12월 16일 항목에는 포로를 수용한 건물에서 화재가 발생했다는 내용은 없으나, 도망가려는 패잔병 약 2,000명을 '섬멸'했다는 것은 적혀 있다.

가호쿠신보도 보도

난징 함락에서 1개월 후인 1938년 1월 14일 자 『가호쿠신보河北新報』의 「미야기현 소식란宮城縣下面」에 막부산 포로에 대해 언급한 기사가 게재되었다. 표제는 「오야마 군이 전하는 강남전선 모습」, 미야기현 출신의 '○○대 오장' 오야마 히코우에몬大山彦右衛門이 고향에 보낸 일기풍의 기록을 소개한 기사이다.

앞 부분에는 "오야마 히코우에몬 군은 출정 이래 상하이, 난징으로, 게다가 이번 사변의 최대 전선에서 활약하여 포연이 비 오듯 하는 가운데에도 연일 크고 작은 소식을 빠뜨리지 않고 고향 사람들에게 보고해 왔다. 글 중에 생생하게 강남전선의 모습이 떠오르고 있다"고 적고 있다. 오야마는 막부산에서 다수의 포로를 만났다. 이하 긴 인용이지만, 중요하므로 상세히 인용하고자 한다.

> **12월 13일** (맑음) (…중략…) 내일은 4시 반 출발, 오룡산 포대 공격 예정. 동일 적군 약 1천 명 정도가 난징 방면에서 양쯔강 변을 향하여 도피했다고. 숙영지에서 말의 식량을 징발하려고 창고에 갔더니 패잔병 3명을 발견, 마구간 앞에서 ○○에 처함.
>
> **12월 14일** (맑음) 오전 4시 반 출발, 전진 도중 목적한 오룡산 포대는 한바탕 전투를 벌이고 지금 함락. 난징에는 이미 아군이 입성했다는 소식을 들음. 이 쾌보를 듣고 병사들 모두 기뻐함. 9시경 보병 ○○연대에서 적의 포로 약 2만을 잡았다고 하여 부근 공터에서 무장을 해제시켰다. 그 훌륭한 일은 소좌 이하 18명, 다음 공격 목표인 막부산 포대도 또 싸우지 않고 함락하여 이에 난징 방위의 진지는 모두 함락되었다. 장인성江陰城 이래 8일의 추격전 도중 전장시鎭江市에서 적의 방위 진지를 돌파한 후 50여 리, 탈 없이 난징에 입성. 오후 4시 난징성 동북 500미터 성 밖 삼가둔三家屯에서 숙영.

포로의 숫자는 '약 2만'이라고 적었다.

> **12월 15일** (맑음) 오늘은 휴식이다. 지나支那 말을 받으러 갔던 병사 2명이 패잔병 8명이 동굴 속에서 잠자고 있는 것을 발견, 5명을 ○○, 1명은 도망. 2명을 연행해와서 나에게 처분해달라고 한다. 아무래도 ○○할 기분이 들지 않아 두 사람 모두 여기에서 부리기로 했다. 내일은 ○ 대장이 인솔하여 성 안에 들어가 지나支那 말 ○○

예정. 난징성 공격으로 다른 사단에서는 상당한 희생자가 있었다고 한다. 공격 격전 7일에 이르렀다고 한다. 그 공격에 임한 부대만 성 안에서 숙영, ○○○대는 성 바깥이다. 무엇보다 우리 부대의 주력 중 전장橫江에서 양쯔강을 건너 이곳에 온 것은 보○○○대와 산포 제 ○○대 뿐이다.

12월 16일 (맑음)오늘은 ○대장 인솔로 난징 성안에 들어감. 화평문和平門(동북쪽 문) 성곽의 두께를 재니 걸음 41보였다. 모든 ○대隊와 헤어지고 말을 물색함. 성 안에는 밭이 있고 연못이 있고 대나무숲도 있다. 시가지까지는 1리나 된다. 11시 집합 위치에 모임. 포도주나 단과자 등 가득 ○○해 와서 낮잠을 자면서 먹음. 부근 병영에 수용해 둔 포로가 방화 도주를 기도했기 때문에 그 경계를 위해 초나바야시蝶名林 소위 지휘로 병사 약 30명이 갔다. 날이 저물어 돌아옴, 그 이야기를 들으니 약 2만 명 중 5천 명을 양쯔강변에 데리고 가서 정렬시켜 ○○○○했다.

'포로가 방화 도주를 기도했기 때문에' 약 2만명 중 5천 명을 강변으로 데리고 가서 정렬시켜 '○○○○'했다고 한 병사의 일기를 당시, 『가호쿠신보』가 지면에서 소개하고 있었다. '그 이야기를 들으니'라고 하여 누군가에게 들은 정보이지만, '약 2만 명'의 포로의 행방에 대해 병사들 사이에서 어떻게 이야기가 오갔는지 기사는 적고 있다. '○○○○'의 복자 부분에는 살해했다는 의미의 표현이었을 것이다. 역설적이게도, 복자 부분이야말로 학살을 표징하고 있다. 『후쿠시마민보』의 야나이 기자가 '섬멸'했다고 적었던 점에서도 그것은 분명하다.

12월 17일 (맑음) 여기에서 휴양 후 오전 9시 집합. 도보 편성으로 난징 입성식을 거행한다. 각 부대 정숙하게 행진. 난징 시내는 황군皇軍으로 가득 찬 장관이었다. 우리는 화평문으로 입성, 중앙로를 남진하여 난징 중앙의원 앞에서 대기했다. 1시 30분, 군사령관 마쓰이松井 대장, 말을 타고 다수의 막료幕僚를 이끌고 위풍당당하게 입성한다. 우리 소대 제30대는 전 ○○○ 대장, 모로즈미 대장의 구령으로 '머리, 우향!' 경례를 하고, 각 부대의 나팔은 「바다로 가면」 3회 연주, ○대장 이하는 군사령관을 수행하여 국민정부에 들어가 국기 게양, 건배, 성수聖壽 만세를 삼창함. 돌아오는 길에 국민대회당 4층 옥상에 올라 시내를 내려다 봄. 지나支那 160사師의 진중일지 7월 8일부터 11월 7일까지 4책을 발견하고 지참하여 ○대장에게 바침. 오늘도 오후부터 포로 처분으로 ○대隊부터 출동, 오후 10시 귀영歸營.

이날, 입성식에 참가한 필자 오야마 히코우에몬는 집단 학살 현장에는 가지 않았을 것이다. '포로 처분으로' 부대가 출동했다는 기술은 포로 집단 학살이 우발적으로 일어난 것이 아니라 계획적으로 이루어졌음을 시사하고 있다.

12월 18일 (바람이 불고 흐림) 아침 바람이 강하고 진눈깨비가 조금 내림. 근래 춥다. 잡은 지나支那 말의 조련을 함. 나는 사무실에서 ○대隊의 노래를 작성. 오후 위병 근무를 함. 8시 명령이 있어서 ○대 주력은 전장鎭江에서 양쯔강을 도하하여 대안 5, 6리 지점 □□ 있음. 그 앞은 또한 7, 8리 서방의 대합大合으로 진출하여 저현滁縣을 향해 행군 중임. 적敵 48사帥는 저현에 집결한 것 같다. 우리 야마다 지대는 모레 20일 샤칸에서 승선하여 양쯔강을 도하하여 노영老營에서 ○대와 합류할 예정이다.

12월 19일 오늘 아침 또 포로 처분을 위해 출동. 여기에서는 돼지, 닭이 없고 소뿐으로 매끼니마다 소고기만 먹는다. 장제스가 살던 성 부근에서 이어지는 전장 주변까지 쌀이 길쭉한 남경미南京米뿐이다. 우수수 밥알이 흩어져서 아무리 해도 목구멍을 넘기기가 쉽지 않아서 장병들 모두 □.

베이징에 민국임시정부가 성립했다는 것을 찢어진 신문에서 보았습니다. 이번 정강政綱이라는 것 중에는 공산주의 절대 배격이라는 주장이 있는 것 같습니다. (…중략…) 산이 보였다는 둥, 전장戰場에는 아무래도 만기풍滿期風[23]이 부는 것 같은데 그러나 아직 주먹이 울고 있습니다. 일동은 잘 있습니다.

기사의 요점을 정리해 보자.

12월 14일, 2만 명의 투항병을 포로로 삼았다.

16일, 포로가 화재를 일으켜 도주를 도모하여 5,000명을 장강 연안에 연행하여 '정렬'시켜 ○○○○ 했다고 들었다.

17일, 입성식, 오후부터 밤까지 포로가 처분되었다.

19일, 이날도 포로 처분이 이루어졌다.[24]

---

23 [역주] 군대에 너무 오래 있어서 말기에 나타나는 증세를 말하는 속어.
24 『난징대학살을 기록한 황군병사들』에 수록된 「오데라 다카시(大寺隆) 진중일지」 12월 19일 항목에 다음 기술이 있다. "오전 7시 반 정렬하여 청소 작업을 하러 감. 양쯔강변

이 『가호쿠신보』의 기사에 대해서도 저자는 오노 겐지 씨의 감상을 물었다. 오노씨는 이렇게 말했다.

아마 진중일기의 사본을 군사우편으로 가족인가 친구에게 보낸 것이 신문사에 전달된 것이라고 생각합니다. 저도 당시에 『가호쿠신보』는 열람했었는데 이 기사는 못 봤습니다. 모로즈미 부대의 병사 일기와 이 기사를 비교해보면, 18일 사체 처리에 대해 언급하지 않은 점을 제외하면 대체로 일치하고 있습니다. 여기에도 포로를 해방시켰다는 취지는 기록된 것이 없습니다. 복자伏字가 있었다고 해도 포로의 행방이 신문지상에 공표되었다는 점은 중요합니다.

이렇게 살펴보면, 포로를 해방시키고자 했는데, 포로가 폭동을 일으켜서 할 수 없이 발포했다는 '자위 발포설'이나 '우발적 발포설'은 1945년 이후에 부대 간부가 말한 것이며 이것을 뒷받침할 1차 자료는 존재하지 않는다. 병사 일기의 내용을 보면 약 2만 명으로 추정되는 포로를 강변에서 의도적으로 살해한 것은 명백하다. 당시 『후쿠시마민보』, 『가호쿠신보』의 보도를 봐도 병사일기와 모순되는 점은 없다.

땅바닥에 엎드린 포로 2만

그 외에 병사들의 좌담회 기사에도 막부산이 등장한다. 『도쿄 니치니치신문』의 다나카 미쓰다케 기자가 장강의 북측, 저현에서 작성하여 보낸 「강북 진중 이동 좌담회」『도쿄 니치니치신문』 후쿠시마판, 1938.1.9가 그것이다. 막부산에서 다수의 투항병을 포로로 삼았을 때의 모습에 대해 현장에 있던

의 현장에 가서, 켜켜이 쌓인 수백명의 시체에 놀람. 석유를 뿌려 태웠기 때문에 악취가 매우 심하고 오늘 사역병은 사단 전부. 오후 2시까지 걸려 작업을 마침."

장병이 다음과 같이 말하고 있다.

> **와타나베 쇼조**渡邊正蔵 **일등병** 난징의 뒷골목에 포로가 많았어요. 1만 8천, 약 2만 명이었으니까요.
> **이세키 준**伊關淳 **소위** 무장해제를 시켰더니 도로에 소총탄이 가득하여 걸을 때는 탄환 위를 서벅서벅 걷지 않으면 안 될 정도였으니까.
> **가사마 이이치**笠間伊一 **일등병** 소총탄은 그래도 봐 줄 만하고 수류탄, 박격포탄이 쌓여 있는 데에는 말문이 막혔어요. 지금 폭발할까, 이제 펑 터질까 하고 살얼음판을 걷는 느낌이란 그런 것이었어요.

또한 『도쿄 니치니치신문』 1938년 1월 20일 자 후쿠시마판에는 「용맹대좌담회(상)」가 실렸다. 다수의 투항병을 포로로 잡은 상황에 대해 이야기를 나누었다.

> **간노 아사키치**菅野淺吉 **군조** (…중략…) 이번 전투에서 뭐니 뭐니 해도 막부산을 점령했을 때만큼 통쾌한 일은 없었습니다. 추격, 또 추격. 난징 교외 막부산으로 돌진한 12월 14일 오전 0시 반. 우리는 명령을 받고 막부산 요새로 향했어요. 거리 약 4리 정도, 도중에 읍두산진邑斗山鎭 부근에서 적이 패주하는 것을 뿔뿔이 쫓아냈고 산 아래 불□지不□地에서 고생한 보람이 있어서 마침내 오전 8시 막부산을 완전히 점거했습니다. 정상에 일장기를 게양하고 멀리 동쪽에서 떠오르는 태양을 맞이하고, 북으로는 웅대한 양쯔강의 강줄기를 내려다보고, 서남쪽에 적의 수도 난징 성을 바라보며 목이 터져라 만세를 외쳤을 때의 기분은 평생, 아니 죽어도 잊지 못할 겁니다.

제6장 | 막부산(幕府山)의 포로   333

쓰노다 에이치^{角田榮一} 소위 (…중략…) 적이 거의 무저항 상태로 일장기를 세우고 투항해 왔으므로 우리는 명령을 받았지만 2만의 적 가운데로 돌진했으니 지금 생각하면 완전히 식은땀이 납니다.

쓰노다는 종전 후 『후쿠시마민유신문』의 아베 데루오 기자에게 '자위 발포설'을 말한 사람이다. 1938년 1월 14일 『도쿄 니치니치신문 후쿠시마판』은 모로즈미 부대가 주둔 중인 취안자오^{全椒}에서 위령제를 지냈다고 보도했다. 거기에서 낭독한 조사에는 다음 구절이 있다.

서진하여 적국 수도 난징의 북□ 오룡산, 막부산 포대를 탈취하고 무려 2만의 포로를 획득, 지금 또 강을 건너 진포선^{津浦線}을 완전히 차단했다.

'포로 2만'은 언제부터인가 모로즈미 부대의 대명사처럼 되어 버린 것 같다. 1월 25일 자 『도쿄 아사히신문 후쿠시마판』에 「모로즈미 부대가 완성」이라는 기사가 실렸다. 노래의 제목은 「모로즈미 부대 성전가^{聖戰歌}」이다. 가사에 역시 '포로 2만'이라는 구절이 있다.

보라. ○○의 위무^{威武} 앞에
대지에 엎드린 포로 2만
아아 강남의 영령이여
와서 기뻐하라 이 위훈
석양빛을 받으며 낮게 고한다.
대장의 눈에 눈물이 고인다.

작사는 히라바야시 세이지平林貞治 소위이다.『會津新聞』석간 1938.2.25 종전 후, 히라바야시는 '자위 발포설'을 주장하여 "어지럽게 마구 사격하는 상황이 되어 그 사이에 다수의 포로가 도망쳤다. 결국 그 자리에서 죽은 것은 3천, 아무리 많아도 4천 명을 넘지 않는다"고 말했다.아베 데루오,『난징의 진눈깨비』

'웃음소리'는 무엇을 말해 주는가?

『후쿠시마민보』의 야나이 기자는 1938년 1월 19일 오후 후쿠시마로 돌아왔다. 22일 밤, 야나이는 후쿠시마 공회당에서「모로즈미 부대 전진戰陣 비화」라는 제목으로 강연회를 개최했다.『후쿠시마민보』는 20일 자 석간에 게재한 사고社告에서 '1만7천의 지나병을 포로로 한 난징성 막포산막부산 오기의 격전과 점령, 난징 입성' 등에 대해 야나이가 보고한다며 독자의 참가를 당부했다. 야나이는 강연회에서 막부산에 대해 언급했으나 강연의 내용은 기사에 보도되지 않았다.「야나이 종군기자 보고 제1성」,『福島民報』, 1938.1.24

1월 26일 자『후쿠시마민보』에서「상하이에서 난징으로 야나이 특파원 종군보고 좌담회」연재가 시작되었다. 야나이를 비롯하여 후쿠시마 시장, 일본은행 후쿠시마 지점장,『후쿠시마민보』사장 등 지방의 명사 등 모두 15인이 참석한 대좌담회였다. 연재 제5회1월 30일 자에서 이런 대화가 오고갔다.

> **야나이** (모로즈미 부대는 1937년 12월) 13일에는 마침내 난징 교외의 막부산 포대를 점령하고 그 수비에 들어갔습니다. 그리고 17일에는 그 역사적인 항일抗日 수도 난징 입성식에 참가한 것입니다.
> **와타나베 편집국장** 모로즈미 부대가 대부대를 포로로 했다고 하지요.

〈그림 4〉 중국에서 귀국하여 강연하는 야나이 쇼고로 기자(중앙에 서있는 사람)와 경청하는 사람들
『지나사변 향토부대 사진사』, 후쿠시마민유사, 1938

야나이 그것은 병사들이 '라이 라이'라고 말했더니, 술술 밖으로 나옵니다. 100, 200명이 모여드는데 그중에는 정규병이 가득했습니다. 통역이 조사해 보니 그 노육택과 마가택에서 우리 모로즈미 부대를 괴롭힌 패잔병 약 2천 명도 섞여 있었습니다. 이들 지나 병사를 보고 놀란 것은 자신의 무기를 땔감으로 사용한 것입니다. (웃음) 권총 보관집이 나무인데 이것도, 철□도 태우고 있으니 너무 어이가 없어요. 이쪽에서도 저쪽에서도 '라이 라이'라고 불러 모으니 1만 7천 명이라고 했습니다만 2만 명을 돌파했을지 모릅니다.

사토 사와·후쿠시마 시장 포로는 어떻게 했어요?

야나이 어떻게 했는지 모릅니다. 양쯔강에 들어가 자살했는지 모릅니다. (웃음소리) 혹은 포로로 그대로 두었을지 모릅니다.

야나이의 최후의 발언 중에 '웃음소리'가 있다. 이 '웃음소리'에는 어떤 의미가 있었을까?

제7장

점령하의 난징

1. 난민구의 신문기자

〈그림 1〉 난징 안전구 국제위원회(The International Committee for Nanking Safety Zone)의 위원들(1937.12.13) 뒷줄 중앙 존 라베(John Labe), 그 오른쪽 존 마기(John Magee) 목사 [예일신학대학교 도서관 소장본]

1937년 12월 17일에 입성식이 거행되어 일본군에 의한 점령통치가 시작되었다. 기자들은 거기에서 무엇을 봤을까?

난징성 안의 난민구難民區에서는 10만여 명에서 20만 명 규모의 피난민이 추위에 떨며, 부족한 식량을 나누고 있었다. 23일, '동맹통신'은 다음 24일부터 일본군이 난민구 내에서 '패잔병'을 더욱 철저히 색출할 것이라고 다음과 같이 보도했다.

제7장 | 점령하의 난징

우리 군에서는 일찍부터 일반복장을 한 정규병을 색출하려고 힘쓰고 있는데, 더욱 24일을 기하여 철저한 숙정 공작을 시행하게 되었다.『讀賣新聞』,『德島每日新聞 夕刊』,『上毛新聞夕刊』,『鹿兒島朝日新聞』, 1937.12.24

난민구 안에는 많은 중국 병사가 군복을 벗어 버리고 도망쳐 왔다. 그들은 언뜻, 민간인과 구별되지 않는다. 그래서 주민 한 명 한 명 조사하여 병사를 색출하고자 했다. 담당한 것은 교토 제16사단 사단장 나카시마 게사고中島今朝吾였다.『후쿠오카 니치니치신문福岡日日新聞』의 도요후쿠豊福 기자는 주민들을 신문하여 색출하는 현장을 봤다.

패잔병 중에는 지금까지 이유도 모르는 채 지나 군벌에 동원되었다는 사정을 변명하여 용서를 구하기도 하고, 짐을 운반하는 군부軍夫로라도 써 달라고 애원하는 자도 있다. 그중에는 양민을 가장하여 어디까지나 시치미를 떼는 자도 있다. 그러나, 날카로운 눈매의 황군 장병에게 이마에 패인 군모의 흔적이나 총기로 인해 생긴 오른손의 굳은살을 지적받고는 거듭 당황하는 모습은 비참하기도, 우스꽝스럽기조차 한 장면이다.「전쟁 뒤의 난징 풍경」,『福岡日日新聞』, 1937.12.28

기자에게는 우스꽝스럽게 보인 광경도, 당사자인 중국인에게는 생사의 갈림길이었다. 상하이 미국대사관 부영사 제임스 에스피James Espy가 1938년 1월에 작성한 보고서「난징에서의 상황」은 다음과 같이 '속임수 공격'까지 이루어지고 있었다고 서술하고 있다.요지

12월 25일경, 난징대학교로 피난한 3만여 명의 중국인을 등록할 준비를 위해, 몇 명의 일본군 장교가 대학을 방문하여 약 2,000명의 남학생을 밖으로 집

합시켰다. "중국군에 있던 자는 스스로 나서라. 말하면 보호한다. 말하지 않고 나중에 중국군이었다는 것이 밝혀지면 총살한다"고 말했다. 약 200명이 스스로 밝혔다. 그들은 즉시 연행되었다. 나중에 그중 4, 5인이 중상을 입고 도망쳐 왔다. 남은 학생은 떨어진 여러 장소로 연행되어 총검에 찔렸거나 총살당했다고 그들은 말했다. ^{洞富雄 편, 『중일전쟁 남경 대잔학사건 자료집』 1}

빈발하는 강간사건

난징에서 피난민 구제를 담당한 것이 난징 국제안전구위원회이다. 독일인, 미국인 22명의 위원이 거칠게 몰아치는 침략의 폭풍 속에서 고투의 나날을 보냈다. 그들을 방문한 일본인 기자가 있었다.

12월 14일 아침, 기독교 선교사이며 난징 국제적십자위원회 위원장인 존 G. 마기 John G. Magee는 구호소로 배정받은 중국 외교부의 건물에서 중국인 부상병을 운반해서 데리고 갔다. 도중에 일본군 병사를 만났다. 마기는 안전구위원회의 위원도 맡고 있었다. 일본 병사는 부상병의 고통스러워하는 손과 발을 비틀거나 묶거나 하며 고통을 주었다. 거기에 일본군 군의가 지나갔다. 부상병을 데리고 가는 길이라고 마기가 독일어로 말하자 군의는 병사에게 명하여 부상병을 놓아주게 했다. 잠시 후 영어를 꽤 잘하는 일본 신문기자가 와서 말했다.

개중에는 질이 나쁜 일본 병사도 있어요. ^{滝谷二郎, 『목격자의 난징사건-발견된 마기 목사의 일기』, 1992, 이하 『마기일기』}

4일 후인 12월 18일 오후, 마기는 일본 병사의 범죄 현장을 우연히 목격했다. 당시 난민구에서는 일본병사에 의한 강간사건이 빈발하고, 이에 대한 대응으로 마기는 매일 쫓기고 있었다.

제7장 | 점령하의 난징   343

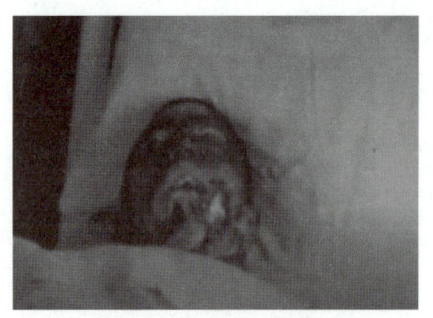

〈그림 2〉 난징학살 존 마기 필름의 한장면
[예일신학대학교 도서관 소장]

(12월 18일) 오후, 나는 독일인 스파링Eduard Sperling, 상하이 보험공사(上海保險公司) 씨와 몇 채의 집을 보고 다녔는데, 어떤 집도 여자가 강간을 당하지 않은 집이 없었습니다. 어느 집에서 한 부인이 마루에 누워 울고 있었습니다. 이야기를 들으니, 방금 남자에게 강간을 당했다고 하는 것입니다. 우리는 남자를 찾고자 3층 방 앞까지 가니 안에는 인기척이 있어서 나는 영어와 독일어로 "문을 여세요!"라고 외쳤습니다. 스파링 씨도 큰 목소리로 외쳤습니다. 안에 있던 일본 병사는 문을 열자마자 계단을 뛰어내려 도망갔습니다. 나는 그 남자의 등에 대고 "개새끼!"라고 욕을 했습니다. 나는 이 일을 일본총영사에게 말했습니다. 영사는 "방법이 없어요"라고 한마디만 했습니다. 또 아사히신문사 쪽 사람에게도 말했지만, 그도 또한 "어쩔 수 없어요"라고만 할 뿐입니다.『마기일기』

이틀 후인 20일, 아침 예배를 마친 무렵 마기는 누군가가 문을 두드리는 소리를 들었다. 문을 여니, 두 명의 일본인 기자가 서 있었다.

영어가 능숙한 『아사히신문』 기자, 확실히 이름은 가리야마라고 말했습니다. 그 사람과 잠시 이야기를 나누었습니다. 지금 난징에서 일어나는 무서운 일에 대해 그에게 말했는데, 그는 일본인 모두가 그 병사들 같지는 않다는 점을 이해해달라고 말했습니다. 나도 몇 번인가 일본을 여행한 것을 말하고, 나는 그 점을 잘 알고 있다고 말했습니다. 그도 나의 이야기를 열심히 들어주었습니다. 점심시간이 되어 다시 오겠다고 말하고 겨우 두 사람은 돌아갔습니다.『마기일기』

〈그림 3〉 난징의 존 라베 구택(저자 제공)

마기는 일본 병사에게 습격당하여 병원으로 실려 온 중국인 여성이 학살 후의 현장 모습을 16mm 필름 동영상 카메라로 몰래 촬영했다. 필름은 나중에 상하이에서 현상되어 미국 등지로 반출되어 상영되었다. 이 필름 해설에서도 마기는 일본인 기자를 언급하고 있다.

공정하게 하기 위해 한마디 하자면, 많은 일본인은 일부 일본 병사의 못된 행동을 인정하고 있다. 두 명의 신문기자도 그것을 나에게 인정했다. 그 한 명은 그러한 일이 일어난 것은 '피하기 어려웠다'고 말했다. 군의 기강 이완을 인정한 어느 총영사도 같은 말을 했다. 도대체 이것은 일본군에 대한 무슨 논평인 것일까? 石田勇治 편역, 『자료 독일외교관이 본 난징사건』, 2001

"일본군의 잔혹 무도한 행동을 멈추게 해."
그러나 일본인 기자는 대답할 방도가 없었다.

당신의 펜의 힘으로

『마기일기』에서 한 명의 기자 이름이 보인다. 영어가 능숙한 '가리야마'라는 이름의 『아사히신문』 기자. 그는 『오사카 아사히신문』 사회부원으로 오사카외국어학교 출신인 모리야마 요시오^{守山義雄, 당시 27세}로 보인다.

확실히 '모리야마'라는 이름을 명시한 재류외국인도 있다. 난징 안전구 국제위원회 위원장인 존 라베이다. 1937년 12월 20일 오후 6시, 라베는 모리야마를 만났다. 그것은 마기가 '가리야마'를 만났던 같은 날이었다.

오후 6시 (기독교 선교사인) 밀즈의 소개로, 『오사카 아사히신문』의 모리야마 특파원이 방문했다. 모리야마 기자는 독일어도, 영어도 능숙해서 이것저것 질문을 퍼부어댔다. 과연 익숙한 모습이었다. 나는 생각했던 것을 그대로 털어놓아 부디 당신의 펜의 힘으로 일각이라도 빨리 일본군이 질서를 되찾도록 힘을 써 달라고 호소했다. 모리야마 씨는 말했다. "그건 정말 필요합니다. 그렇지 않으면 일본군의 평판이 손상되어 버리고 마니까요."^{라베, 『난징의 진실』, 1997, 인용은 고단샤(講談社) 문고판(2000)에서, 이하 『라베일기』}

이 무렵 난징에서는 화재가 잇달았다.

일본군이 거리에 불을 지르고 있는 것은 이제 의심할 여지가 없다. 아마 약탈과 강탈의 흔적을 지우기 위해서일 것이다. 어제는 시내 여섯 곳에서 불이 났다.^{라베일기, 12월 21일}

모리야마는 각오한 행동에 나섰다. 12월 그믐이 가까운 어느 날, 난징 경비 책임자인 교토 제16사단장 나카시마 게사고^{中島今朝吾}에게 호소했다.

모리야마 전쟁이 끝났는데 때때로 성 안의 여기저기에서 건물이 불타고 큰 화재가 일어나고 있습니다. 무언가 목적이 있어 군이 명령하여 불을 지르고 있는 것입니까? 많은 시민이 살 집이 없어 곤란을 겪고 있습니다. 화재를 일으키지 않는 것이 치안유지를 위해서도 좋다고 생각합니다.

나카시마 여기는 적의 수도 난징이네. 난징의 건물 하나하나, 나무 하나, 풀 한포기에도 꺼림칙한 항일의 마음이 깃들어있어. 그 항일의 마음을 분쇄하는 것이다. 어딘가의 건물에 아직 패잔병이 잠복하고 있다. 그것을 불태우는 것이다. 난민구 시민 속에 아직 패잔병이 잠복해 있지. 그것을 색출하여 잡지 않으면 안 되는 것이다.

이 대화는 『아사히신문』 기자 와타나베 마사오^{渡邊正男}가 1938년 3월에 난징에서 모리야마로부터 들은 것이라고 한다. 와타나베 마사오, 「상하이(上海)·난징(南京)·한커우(漢口) 55년째의 진실」, 『별책 문예춘추』 1월호, 1993

국방부인회의 방문

1938년 1월 2일 오전, 난민구에 있는 금릉여자문리학원^{金陵女子文理學院}의 교수 미니 보트린은 일본 국방부인회의 여성 3인의 방문을 받았다. 보트린은 학원에 설치된 여성 전용 피난소의 책임자를 맡고 있었다. 일본 병사가 침입하여 여성을 강간하거나 유괴하여 매일같이 편안할 날이 없었다. 보트린은 이 날의 일기에 다음과 같이 적었다.

(국방부인회의) 여성들은 아무 말도 하지 않았으나 흥미롭게 바라보고 있었다. 일본어를 말할 수 있다면 여기 피난민들이 안고 있는 고통의 일부분을 설

명할 수 있을텐데, 안타깝기 그지없다. 岡田良之助 외 역, 『난징사건의 나날 – 미니 보트린 일기』, 이하 『보트린 일기』.

이 일본인 여성 3인은 에히메현 국방부인회 소속으로 보인다. 그 중 한 명의 방문기가 『에히메신보 愛媛新報』에 게재되었다.

> (1월) 2일, 군사령본부에서 아마리베 余戸[1] 의 니노가쿠 二郭 소좌를 만나 중국인이 피난하고 있는 금릉여자대학 금릉여자문리학원의 옛명칭 으로 안내를 받았습니다. 중국 부녀자가 1만 명, 그 외에 노인이 약간, 그 광경은 정말 필설로 다할 수 없는 것이었습니다. 미국 적십자에서 돌보고 있어서 상냥한 미국 부인이 계셨습니다. 너무나 애처로워서 위문금을 두고 돌아왔습니다. 「기노시타(木下) 여사 위문 보고」, 1938.1.28

뭐가 어떻게 애처로웠는지 기사는 전하지 않았다. 이보다 앞서 섣달 그믐에 보트린을 만난 일본인이 있었다. 야전우편장 사사키 모토가쓰 佐佐木元勝 이다. 그때의 모습을 사사키는 일기에 이렇게 적었다.

> 1937년 12월 31일 아침, 구름 낀 하늘에 수십만 마리의 새가 집단을 이뤄 날고 있다. 헌병의 호위를 받으며 자동차로 금릉여자대학에 간다. 가는 길에는 피난민 중에서 패잔병을 색출하는 검사로 긴 행렬이 서 있다. 아이를 안거나, 가발을 쓰거나 하여 속이려는 패잔병도 있다고 한다. (…중략…) 금릉여자대학은 미국 교회의 부인 두 명이 관리하고 있다. 양복을 입은 고등우편장은 유

---

[1] [역주] 에히메(愛媛)현 마쓰야마(松山)시에 있는 지명.

창하게 이 외국부인과 대화를 나눈다. 회화 내용은 병사들의 여성 폭행에 대해서이다.『야전우편기』[2]

기자도 야전우편장도 난민구에서 일본 병사에 의한 강간사건이 빈발하고 있는 것을 당시 파악하고 있었다.

모리야마 요시오의 술회

1938년 1월 5일 자 『오사카 아사히신문』에 「전설의 모처우호^{莫愁湖}를 거닐며」라는 제목으로 모리야마가 서명한 기사가 게재되었다.

지도로 보는 난징의 성벽에서 서쪽으로 벗어난 지점에 모처우호^{莫愁湖}라는 작은 호수가 있다. (…중략…) 적갈색의 수면에는 인간의 몸에서 빠져나온 기름이 감돌며 호수 표면에 무지개를 그리고 있다. 그리고 지나인도 놀랄 정도로 전쟁 후 난징은 까마귀가 늘었다. 그 까마귀가 호반의 마른 나뭇가지 사이에서 군집을 이뤄 우는데, 일종의 비릿한 공기는 여전히 주변에 자욱하게 고여 있다.

난징에서 엄청난 사망자가 나왔다는 것을 모리야마는 암시적으로 표현했다.

---

2   인용문 중 "회화 내용은 병사들의 여성 폭행에 대해서이다"의 부분은 전시하 1941년에 간행된 『야전우편기』에는 없다. 종전 후 1973년판에서 복원되었다.

2. 난징은 미소 짓네

〈그림 4〉 평화를 되찾은 난징, 『도쿄 아사히신문』 석간, 1937.12.20

입성식을 마친 이틀 후, 1937년 12월 20일 자 『아사히신문』 석간에 사진특집이 게재되었다. 제목은 「평화를 되찾은 난징, 황군을 맞이하여 용솟음치는 환희」. 게재된 네 장의 사진에는 각각 다음의 설명이 달려 있다.

① 병사의 장보기
② 황군 입성으로 안도하여 성밖의 밭을 일구는 농민들
③ 황군의 보호를 받는 피난민들
④ 평화로운 이발소 풍경

촬영자는 가와무라 에이치河村英一, 촬영일은 17일이다. 이중 ③의 사진 설명에 대해 역사학자 호라 도미오洞富雄는 이렇게 지적하고 있다.

이것은 오히려 '편의병便衣兵' 연행 사진처럼 보인다. 한 사람도 짐을 가진 자가 없다. 성 밖의 피난처에서 돌아온 시민이라면 이럴 수가 없다.洞富雄,『난징대학살의 증명』

많은 중국인 남성 그룹이 다소곳이 줄줄이 걷고 있는 사진을 보면, 호라 씨의 지적은 정확하다고 생각된다. 촬영일이 17일이라면, 이것은 혹시,『도오일보』특파원, 다케우치 슌키치竹内俊吉가 17일에 목격한 '7천 5백 명'의 포로집단『東奧日報』, 1937.12.26, 제5장 참조의 일부일지 모른다.

잇달아 사진 특집

그 후에도『도쿄 아사히신문』은 12월 22일 자 석간, 25일 자 석간, 30일 자 석간에서 사진 특집을 편성했다. 순서대로 제목과 사진 설명을 보자.

12월 22일 자 석간「어제의 적에게 온정, 난징 성안의 친선 풍경」
① 치료를 받고 있는 지나 부상병
② 황군 장병의 온정에 식욕을 채우는 투항 병사
③ 포성이 그친 난징성 안에 그려진 친선 풍경
④ 다야마田山 부대장과 이야기를 나누는 적의 교도총대 참모 심박시沈博施 소좌[3]
⑤ 난징성 안의 친선 풍경

---

[3] 막부산(幕府山)에서 다수의 투항병을 포로로 잡은 아이즈와카마쓰(會津若松) 보병 제65연대의 다야마 요시오(田山芳雄) 대대장과 중국군의 심박시로 보인다. 1937년 12월 17일 자『도쿄 아사히신문』에 특파원 요코타(橫田省己)가 "포로 중 판명된 장교는 지금까지 10명 있는데, 첫번째가 교도총대 참모 심박시(沈博施)이다. 기자는 동 병영을 보호하는 다야마 부대장의 소개로 심박시와 대면했다"고 적고 있다.

<그림 5> 「어제의 적에게 온정, 난징 성안의 친선 풍경」, 『도쿄 아사히신문』 석간, 1937.12.22

12월 25일 자 석간 「난징은 미소 짓네, 성안 점묘點描」

① 장난감 전차로 아이들과 노는 병사 (난징 중산로中山路에서)

② 전쟁이 끝나니 부서진 마차도 아이들의 즐거운 놀이터 (난징 주택가에서)

③ 황군 위생반의 활약으로 맺어지는 일본과 지나支那의 친선日支親善 (난징 피난구에서)

④ 평화의 빛을 따고 지나인 교회 마당에서 새어나오는 찬미가 (난징 영해로寧海路에서)

12월 30일 자 석간 「손을 맞잡고 새해로, 날로 깊어지는 난징의 일본과 지나

〈그림 6〉 「난징은 미소 짓네, 성안 점묘(點描)」, 『도쿄 아사히신문』 석간, 1937.12.25

〈그림 7〉 「손을 맞잡고 새해로, 날로 깊어지는 난징의 일본과 지나의 친선(日支親善)」, 『도쿄 아사히신문』 석간, 1937.12.30

의 친선日支親善」

① 병사님, 설날용으로 구두 수선합시다.
② 자, 엄마 젖이 부족하면 밀크를 드세요. (수염 대장의 온정)
③ 아기야, 눈병을 고치지 않으면 설날이 오지 않아요. (군위생반, 소매를 걷어붙인 활동)
④ 새 붕대를 갈고 좋은 설날을 맞이하자. 군의부軍医部의 활동

중국 민중에게 온정이 넘치는 태도로 접하는 일본군 장병. '강하고 올바른 일본군이시카와 다쓰조(石川達三)가 말한 '언제나 용감, 언제나 자비로운 일본군''이 난징을 점령하여 이 곳에 평화가 찾아왔다.

그렇게 여겨지는 광경을 모아 신문은 프로퍼갠더 지면을 만들었다.[4] 이러한 프로퍼갠더를 전개하는 것은 군의 의향과도 일치했다. 중지나 방면군中支那方面軍 보도부장 마부치 이쓰오馬淵逸雄는 이렇게 말하고 있다.

전쟁은 파괴적 부문과 건설적 부문이 있다. (…중략…) 종군기자도 역시, 단

---

4 당시 선전 기사를 예로 들어 그렇게 '평화로운 난징'에서 학살이 일어났을 리 없다고 주장하는 경향이 일부에 있다. '나는 못 봤다'라고 한 전 병사들의 증언에 입각하여 학살이 없었던 것처럼 주장하는 논자도 있다. 가나자와 제9사단 사바에(鯖江) 보병 제36연대에 소속된 다카오 마사(鷹尾正)는 종전 후 난징대학에 유학 중인 일본인 청년에게 '정말 대학살이 있었는가'라는 질문을 받고 다음과 같이 편지로 회신했다. "그런 일을 직접 하지 않았을 뿐 아니라 현장을 목격한 적도 없다. 당시 전우들과 이야기해도 같은 대답이다. 어떤 전우는 난민구를 방문하여 구운 떡을 군표로 샀다는 추억이나 변변치 않은 보급품 과자를 중국 아이에게 주었더니 기뻐했다는 것을 그리운 듯이 말했다."는 것이다. 그러나 (학살을) 보지 않았다, 하지 않았다는 것과 '없었다'는 것은 다른 이야기이다. (보36기념지 간행회(步三六記念誌刊行會),『보병제36연대 전우회지(步兵第三十六連隊戰友會誌)』, 1983) 모든 일본군 장병이 학살현장을 본 것은 아니다. '보지 못했던' 장병이 있다고 해서 그것만으로 학살이 '없었다'는 것은 성립하지 않는다.

순히 피비린내 나는 보도에만 일관하는 것은 아니다. 장병이 얼마나 성전聖戰의 의의에 투철하고 민중을 선무宣撫하고 있는가 (…중략…) 를 보도함과 동시에 일·지日支 양국의 신 관계를 국민에게 이해시킬 필요가 있다. 馬淵逸雄, 『보도전선』

일·화융화日·華融和 풍경

'일본군이 입성하여 난징에 평화가 찾아왔다'라는 취지의 기사는 그 외에도 많은 신문이 보도하고 있다. 그중 하나, 『고가와신보香川新報』는 '난징의 평화'를 이렇게 묘사했다.

교회에서 풍금 소리에 맞추어 편안한 찬미가 소리가 새어 나온다. 미국인 존 마기 목사는 전쟁이 끝나 안도하는 지나 시민 신자를 모아 한창 예배 중이다. 아, 오늘은 일요일이었구나 라고 깨달을 정도로 안정된 모습이다. 군의 선무공작도 순조롭게 진행되어, 이날은 일본대사관 뒤쪽 광장에서 병사들이 과자와 담배를 피난민에게도 배급하고 있는 것을 봤다. (…중략…) 이렇게 항일, 배일이라는 슬로건을 잊은 지나인들과 일본인 병사들의 교제는 날로 친밀함을 더해가고 있다. 「흠모하여 따르는 지나(支那) 민중, 평화가 돌아온 난징시」, 『香川新報』, 1937.12.21

일본 병사의 강간사건이 빈발하여 마기 목사가 그 대응에 쫓기고 있던 것은 이미 소개한 바와 같다. 『교토 히노데신문京都日出新聞』도 '일·화융화日華融和[5]의 난징을 강조했다. 필자는 구니토미國富 특파원.

---

5 [역주] 일본은 근대 이후 중국을 '지나(支那)'로 불러 폄하하는 함의를 담아 호칭했다. 일본과 중국을 병기할 때 일지(日支)라고 하였다. 그러나 간혹 중국을 존중한다는 의미로 '중화민국(中華民國)'의 '화(華)'를 사용하여 '일화(日華)'라는 표현이 보인다. 중일전쟁 시기에 '일화융화'란 위선적인 표현이다. 역자는 그 함의를 드러내고자 '일중', 혹은 '중일'로 바꾸지 않았음을 부언해 둔다.

주택 지역을 어슬렁 걷노라면 주판알 계산에 밝아 장사에 능한 지나인이 벌써 일장기 완장을 팔러 다니고, 거리에 점포까지 내고 축제처럼 한몫을 잡은 자도 있다. 음식점이 있고, 식료품점이 있다. 공공사무소^{辦事處}는 이쪽 상인의 부흥을 도모하는 '무엇이든 상담'에도 응하고, 거리에는 이발소 주인이 영업을 시작하여 우리 병사들은 앞다퉈 성대한 입성식에 맞추어 단장하기 위해 몰려드는 모습이다. 밀지 마, 밀지 마, 라는 일·화융화^{日華融和}의 풍경에 먼저 웃음이 번진다. 그 옆에는 지나 아이가 무심코 구슬치기 놀이를 하고 동요을 읊조리는 쾌활한 모습. 「피난민의 찡그렸던 미간(眉間)이 펴지고, 고동치는 난징의 심장」, 『京都日出新聞』, 1937.12.25

이러한 보도를 비판했기 때문에 징계를 받은 기자가 있었다. 54세의 베테랑 기자^{소속신문사 불명}인 니시오 기요사부로^{西尾淸三郞}는 "일본 신문지상에서는 지나의 양민에게 일본군이 잘 대해주는 것처럼 발표하고 있지만, 그것은 육군 보도부가 특기로 삼는 선전이다"라고 강연했다. 그 때문에 니시오는 1937년 12월 육군형법^{조언비어 금지} 위반에 걸려, 다음해 징역 4개월 집행유예 2년의 유죄판결을 받았다.^{西ヶ谷徹, 『지나사변에 관한 조언비어(造言飛語)에 관하여』}
난징 국제적십자위원회 위원의 한 사람으로 기독교 선교사인 제임스 H. 마카람은 1938년 1월 일본 뉴스영화 취재반이 '평화가 소생하는 신년의 난징 난민구'라는 주제로 각본에 따라 촬영하는 장면을 목격했다.

금릉대학 난민구 캠프 입구에 신문기자 몇 명이 찾아와서, 케이크, 사과를 나눠주고 약간의 돈을 난민에게 건네며 이 장면을 영화 촬영하고 있었다. 그런데 이 사이에 꽤 많은 병사가 뒷마당의 담장을 기어올라가 구내에 침입하여 10명 정도의 부인을 강간했는데, 그러한 사진은 한장도 찍지 않았다.^{난징사건 조사연구회 편역, 『南京事件資料集 1 - 미국관계자료집』, 1992}

잔적이 우글우글

난징 점령 직후 일본의 신문이 '일중 친선'의 밝은 뉴스만 보도했던 것은 아니다. 현실이 그렇게 녹녹하지 않은 것은 숨길 수 없는 사실이었다. 『오사카 아사히신문』의 히라마쓰平松儀勝 기자는 '성 안에 아직 잔적殘敵이 우글우글하다'고 보도했다.

가나자와 제9사단의 각 부대는 날마다 성 안의 잔적 소탕에 분주하다. 아무래도 난징성 내외의 방위에 참가한 적 10만 명 중 절반 정도는 평상복을 입고 시내에 숨어들었기 때문에 잔적이 우글우글하다. 12월 23일 자 『오사카아사히 시가(滋賀)판』, 『후쿠이(福井)판』, 24일 자 『도야마(富山)판』, 그 외 24일에 발행한 『도야마일보(富山日報)』 석간이 이 기사를 그대로 게재했다

포로 학살도 계속되었다. 가나자와 보병 제7연대 이노이에井家又一는 12월 22일, 그런 모습을 일기에 남겼다.

땅거미가 찾아오는 오후 5시, 대대 본부에 집합하여 패잔병을 죽이러 간다고 한다. 쳐다보니 본부 마당에 161명의 지나인이 온순하게 기다리고 있다. 앞으로 죽음이 다가오는 것도 모르고 우리의 행동을 쳐다보고 있다. 160여 명을 데리고 난징 외국인 거리를 욕하면서 연행한다. 고림사古林寺 부근의 주요 지대에 덮개를 씌운 총좌銃座가 곳곳에 보인다. 날은 이미 서산에 저물어 사람의 실루엣만 알 수 있을 뿐이다. 가옥도 점점이 있을 뿐. 연못가로 데리고 가서 건물 한 채에 처넣었다. 건물에서 5명씩을 끌어내어 총을 쏘는 것이다. 악! 이라고 외치는 자, 중얼거리며 걷는 자, 우는 자. 이제 마지막이라는 것을 깨닫자 역시 평정심을 잃어버린 모습을 본다. 전쟁에 진 병사에게 남은 길은 일본군에게 죽임을 당하는 것뿐이다. 「井家又一日記」, 『南京戰史資料集』

일본 병사들은 중국 민중의 궁핍함을 목도했다. 1938년 설날을 난징에서 맞이한 미에三重현 출신 21세의 병사는 난징은 '죽음의 거리'라고 고향에 보낸 편지에 적었다.

> 난징 거리는 완전히 으스스한 죽음의 거리입니다. 번화가는 불에 타 폐허가 되었고 자기 집을 찾아 조금씩 돌아오는 주민도 망연자실하고 있습니다. 먹을 것이 없는 난민이 쌀을 구하여 노인도 아이도 공포에 휩싸인 채로 일장기를 들고, 안거증安居証을 갖고 방황하고 있습니다. 설날이라고 하는데 굶주림의 고통은 비참합니다. 「램프 아래 소탕전」, 『伊勢新聞』, 1938.1.25

산더미를 이룬 시체, 샤칸

12월 하순이 되어도 샤칸下關에는 중국인 시체가 다수 보였다. 그것을 당시 신문도 보도했다. 오이타大分 보병 제47연대에 종군한 승려, 오이데 다다노부小出唯信는 12월 23일 샤칸의 절벽에 섰다.

> 배의 선착장에는 지나 포로가 사역 당하고 있어, 사람과 말이 먹을 식량 운반 등에 종사하고 있다. 또한 격전이 벌어진 부근의 강에는 적의 시체가 많이 떠 있다. 『豊州新報』, 1938.1.30

3일 후 26일, 일본에서 시찰하러 온 경시청 건축과장 이시이 케이石井桂[6]가 샤칸을 방문했다. 그때의 모습을 귀국 후, 1938년 2월에 열린 도쿄 소방연구회에서 보고했다.

---

6 이시이 케이는 1945년 후 정계에 입문하여 자민당 참의원과 중의원을 역임했다.

중산북로를 지나면 샤칸이라고 하는 선착장에 도착합니다. 여기에는 적의 사체가 많이 있었습니다. 전쟁에서는 아무튼 지면 안 된다는 생각이 뼈에 사무쳤습니다. (…중략…) 이^{방공 대책}를 소홀히 하면, 그 샤칸 선착장에서 목도한 2~3천의 사체처럼 되거나, 혹은 주민 중에 젊은 부인은 한 명도 남지 않는 상황을 당하지 않을 수 없을 겁니다. 石井,「건축상에서 본 중부 지나(支那) 전화(戰禍) 시찰담」,『帝都消防』3월호, 1938

샤칸에 수많은 사체가 있었다는 사실은 난징을 시찰한 경찰 관료에 의해 직접 국내로 전해졌다.

3. 스기야마杉山平助와 이시카와石川達三

문예평론가로 『아사히신문』 학예부 촉탁인 스기야마 헤이스케^{杉山平助}가 『오사카 아사히신문』 기자 2명, 무전 기사 1명과 함께 자동차로 아사히신문 난징통신국에 도착한 것은 1937년 12월 27일 저녁 5시였다.^{杉山平助},「난징(南京)」,『개조』, 1938.3월호

스기야마는 당시 43세. 『도쿄 아사히신문』 학예란에 익명 칼럼 「두전함^{豆戰艦}」으로 문학, 정치, 사회를 날카롭게 비평하여 평판이 좋아서, '저널리스트의 모범'의 1인으로 평가받고 있었다. 都築久義,「스기야마 헤이스케(杉山平助)론」,『愛知淑德大學論集』제6호. 난민구 내에 있는 난징통신국에는 기자 등 10여 명이 있었다. 수도도 전기도 아직 복구되기 전이었다. 스기야마는 다음날 28일부터 3일간 난징에서 지냈다.

도덕률은 무기력

어느날 밤, 난징통신국에 모인 젊은 종군기자들이 램프 주변에서 토론을 벌였다. 그때의 모습을 스기야마는 이렇게 적었다.

> 바깥은 어둡다. 그리고 피난민이 주변에 한가득 살고 있다. 사체는 아직 여기저기 굴러다니고 있다. 전쟁과 인도人道에 대한 논의가 활기를 띠었다.[7] 전쟁이 시작된 이상, 승리를 위해서는, 그리고 그 전과戰果를 올리기 위해서는 무엇을 해도 좋다. 이 경우 모든 도덕률은 무력하며 무능하다고 나는 주장했다. 전투원과 비전투원의 구별 등은 엄밀한 의미에서 불가능하다. 杉山平助,「난징」

난징에서의 일본군의 행동을 둘러싸고 격렬한 토론이 이루어졌을 것이다. 스기야마는 토론 내용에 대해서는 직접 언급하지 않고 '전투원과 비전투원의 구별 등 엄밀히 불가능하다'는 반론만을 적었다. 이를 통해 '비전투원까지 무차별적으로 살해하는 것은 문제가 아닌가?'라는 비판이 있었을 것임을 우회적으로 알 수 있다. 나아가 스기야마는 이렇게 주장했다.

> 나는 아들의 시체를 품에 안고 비가 오는 가운데 3일간 계속 울었다는 중국 노파의 이야기를 막 들었다. 모처우호莫愁湖 주변에 그 시체는 뒹굴고 있었다고 한다. (…중략…) 이다지도 자식과 번뇌와 한탄이 중첩되어 있는데 하늘이 꿈

---

[7] 당시『아사히신문』난징통신국장이었던 하시모토 도미사부로(橋本登美三郎)는 "난징에서의 사건은, 전혀 들은 바 없어. 만약 있었다면 기자들 사이에서 이야기가 나왔을 것이야. 기자는 조금이라도 화제가 될만한 것은 이야기를 해. 그게 일이니까. 소문이라도 들은 적 없어"라고 종전 후 말했다. (阿羅健一,『南京事件』日本人48の証言』) 그러나 저자(조마루)는 자신의 기자 경험에서 볼 때, 기자들 사이에서 "논의가 활기를 띠었다"는 스기야마의 서술에서 리얼리티를 느낀다.

쩍도 하지 않는다는 것이 있을 수 있을까? 그러나 하늘은 움직이지 않는다. 땅도 움직이지 않는다. 사람의 한탄 따위는 아무것도 아닌 것이다. (…중략…) 나는 눈에 눈물이 그렁그렁한 이 지나인의 고통에 냉소한다. 너희들의 생명 따위는 아무것도 아니다, 라고 생각하는 것이다. 당장 내가 그렇게 되지 않도록 노력할 뿐이다. 생명을 걸고 일본을 지킬 뿐인 것이다. 杉山平助,「난징」

왜 우리는 이 전쟁에서 죽지 않으면 안되는가? 무엇을 위한 전쟁인가? 어디에 정의가 있는가?

중국인의 생명에 대단한 의미는 없다고 오만하게 내뱉는 것 외에, 스기야마는 중국 민중의 무언無言의 질문에 대답할 방도가 없었다. 일본으로 돌아온 후 스기야마는 『도쿄 아사히신문』에 「전선에서 돌아와서상·하」를 기고했다.

가랑비가 내리는 날, 중국인 사체가 시커먼 해초조림처럼 쌓여 있는 난징의 성벽 주변을 혼자서 조용히 걷고 있을 때 "꿈인가? 생시인가?"라는 옛날 설화에 있을 것 같은 구절이 그대로 나의 마음에 떠올랐던 것이 생각났다. (…중략…) 돌아와 보니, 교외의 나의 집 마당의 마른 잔디에는 화창한 햇볕이 비치고 있고 프리지아는 조용히 향기를 내뿜고 있다. 피아노 소리도 어디에선가 들려온다. 이 얼마나 평화로운가? 그러나 나는 이제 이 평화를 믿을 수 없다. 난징의 인상은 너무나도 강렬하다. 나의 마음은 뒤숭숭하다. 불안하다.『東京朝日新聞』, 1938.1.18

스기야마는 귀국 후에도 마음의 동요를 억누를 길이 없었다.[8]

---

8 스기야마 헤이스케(杉山平助)는 그후 외무대신으로서 일·독·이 삼국동맹을 체결한 마쓰오카 요스케(松岡洋右)에 심취하여 마쓰오카를 찬미하는 기사로 이름을 떨쳤는데, 전

「살아있는 병사」

〈그림 8〉 이시카와 다쓰조, 『살아있는 병사』,
가와데쇼보(河出書房), 1945 [일본국회도서관 소장본]

1938년 1월, 스기야마와 교대하듯이 난징을 방문한 작가가 있었다. 1935년에 제1회 아쿠다가와상芥川賞을 받은 이시카와 다쓰조石川達三, 당시 32세. 중앙공론사에서 파견하는 형태로 난징 방문을 결심한 이시카와는 1월 5일 상하이에 상륙, 8일에 난징에 도착했다. 교토 제16사단 장병의 이야기를 듣고 일주일 후 15일에 난징을 떠났다. 1월 하순에 도쿄로 돌아와 즉시 집필한 것이 「살아있는 병사」였다. 그중에 다음의 구절이 있다.

이러한 추격전에서는 어느 부대라도 포로 처치에 곤란한 법이었다. 자신들은 앞으로 필사적으로 전투를 해야 하는데 경비를 하면서 포로를 데리고 걸어 다닐 수는 없었다. 무엇보다 간단히 처치할 방법은 죽이는 것이다. 그러나 일단 데리고 오면 죽이는 데에도 힘이 들어서 안 된다. "포로는 잡으면 그 자리에서 죽여라." 그것은 특별히 명령이라고 할 것은 없지만, 대체로 그런 방침이 상부

쟁이 격렬해지자 집필의 장을 잃었다. 종전 후 1946년에 52세로 사망. 오야 소이치(大宅壯一)는 스기야마에 대해 "그 정도로 에고이즘에 투철하고 에고이즘으로 일관하여 산 사람은 일본인 중에 드물다"고 평가했다. (「익명 비평의 선구자」, 『文學界』, 1955년 9월호)

에서 제시되었다. 이런 경우에 가사하라笠原 오장은 역시 용감하게 그것을 실행했다. 그는 실에 펜 구슬처럼 줄줄이 묶은 열세 명을 닥치는대로 순서대로 목을 베었다. 『살아있는 병사』(복자 복원판), 中公文庫, 1999, 강조 부분은 발표 당시 복자(伏字)였던 부분

이시카와는 '자유로운 창작'이라고 변명하면서, 포로 학살이나 강간, 약탈, 방화 등 전장의 현실을 생생하게 묘사했다. 부대명, 인명 등에 창작의 부분은 있어도 당사자를 취재한 결과물로서의 작품이었다. 「살아있는 병사」는 『중앙공론』 1938년 3월호 2월 19일 발매에 게재되었다. 일단 서점에 진열되었지만 금방 발매금지되었다. 그리고 이시키와는 신문지법 위반 안녕질서 문란으로 기소되었다. 8월에 열린 공판에서 이시카와는 난징에 간 동기를 이렇게 말했다.

매일 보도하는 신문조차 입맛에 맞는 사건은 보도하고, 진실을 보도하지 않아서 국민이 태평하게 지내는 것이 저는 불만이었습니다. 국민은 출정한 병사를 신神처럼 생각하고, 우리 군이 점령한 토지에는 순식간에 낙원이 건설되고 지나 민족도 이에 협력하는 것처럼 생각하고 있지만, 전쟁이란 그렇게 한가한 것이 아니다, 전쟁이라는 것의 진실을 국민에게 알려, 국민에게 비상시국을 인식시켜 이러한 시국에 대해 확고한 태도를 취할 수 있도록 하기 위해서도 정말 필요하다고 생각하고 있습니다. 특히 난징 함락 무렵에는 제등행렬을 하고, 축제로 들떠 있었기 때문에 분개를 금할 수 없었습니다. 나는 전쟁이 어떠한 것인지 정말 국민에게 알리지 않으면 안 된다고 생각하여, 이를 위해 꼭 한번 전선을 시찰하고 싶다고 생각했습니다. 河原理子, 『전쟁과 검열(戦争と検閲)』, 2015

신문 보도에 대한 불만

"신문은 전쟁의 진실을 보도하고 있지 않다. 진실을 취재하여 국민에게 알리기 위해 전선戰線에 갔다."

이시카와 다쓰조는 법정에서 집필 동기를 그렇게 설명했다.

신문이 쓰지 않는다면, 내가 쓴다.

그렇게 생각하고 난징으로 달려갔다. 그리고 현지를 방문한 감상을 질문받고 "전쟁이라는 것이 얼마나 스케일이 크고 무서운 것인가?" "예상을 훨씬 넘는 것이었다"고 대답하고 있다. 더욱 이시카와는 당시 작성해둔 미발표 원고에서 다음과 같이 밝혔다고 한다.

신문 잡지의 전쟁 기사나 뉴스영화에서 보이는 장면은 단지 전쟁의 한 장면 밖에 보여주지 않는다. 그 결과로써 국민은 전쟁을 매우 쉬운 것으로 생각하고 있다. "지나支那 주민은 가는 곳마다 황군皇軍을 환영할 뿐이며 우리 병사는 철두철미 깊이 그들에게 친절하고 그들을 보살펴주어서 점령지구는 모두 봄바람이 살랑살랑 분다"고. 그런 전쟁이 있을 까닭이 없다. (…중략…)

병사는 신神이 아니다. (…중략…) 신문 보도처럼 늘 용감하고 늘 자애로울 리가 없다. 河原理子,『전쟁과 검열』

전시하戰時下의 신문은 일본군의 '현재 있는 모습'을 쓰지 않고, 일본군의 '바람직한 모습'을 기사로 작성했다. '늘 용감하고 늘 자비로운' 일본군의 모습만 보도했다. 이시카와는 그것이 불만이었다. 그의 신문 비판은 정곡을 찌르고 있다. 그는 강간이나 학살 등의 처참한 광경도, 전쟁에 따르는 어쩔 수 없는 행위로 그대로 전해야 한다고 생각했다. 그러나 검열 당국은 그것을 허락하지 않았다.

이시카와는 1938년 9월 금고 4개월, 집행유예 3년의 유죄 판결을 받았다. 검사 측이 항소했으나 다음 해 3월 도쿄지방재판소가 1심과 같은 판결을 내려 재판은 종료되었다. 이시카와는 일본이 패망한 후 얼마 되지 않아 난징 취재에 대해 요미우리신문의 인터뷰에 응했다. 이에 대해서는 제9장에서 다루고자 한다.

4. '부흥' 광경

함락한지 1개월이 지난 1938년 1월 중순, 난징 거리가 활기를 되찾고 있다는 취지의 보도가 각 신문에 활력을 불어넣었다. 『도쿄 니치니치신문』은 1월 18일 「지나 아가씨도 대로를 활보, 겨우 1개월만에 이러한 활기」라는 제목으로 가네코 요시오金子義男 기자의 거리 르포를 게재했다.

함락 당시는 노인 외에는 모습을 볼 수 없었는데, 이제는 지나 부인, 특히 아가씨가 대로가 좁다며 활보하고 있다. (…중략…) 그중에는 젊은 애인과 재미 있다는 표정으로 걷는 여성도 있다. 치안이 유지되고 있다는 큰 증거가 아니고 무엇이겠는가? 중산로 광장을 비롯하여 읍강문挹江門 부근도 지금은 시체 썩는 냄새도 안 나고 질서가 회복되고 있다. 샤칸 부근에도 중산동로 부근에도 병사가 모인 곳에 일본인 가게가 장사를 시작하여 카키색이 산을 이루고 있다. 게다가 '근일 개점'이라고 안내한 벽보가 많다. 이렇게 나아간다면 1개월 전의 적국 수도 난징 거리는 '난징의 긴자銀座'가 될 것이다.

미에현 출신의 어느 일등병은 1월 난징의 모습을 고향에 보낸 편지에서 전하고 있다.

중산로에는 일본인이 많이 활기를 띠고 있어서 군인 상대로 장사를 시작하고 있습니다. 또 각소에 군위안소(요리점)이 생겨 매일 북적북적 대성황입니다. 「가소로운 거짓 방송」, 『大阪朝日新聞(三重版)』, 1938.2.4, '요리점'은 원문 그대로임9

일본인 거리가 출현

1월 하순에는 난징 중심부에 '일본인 거리'가 생겨 일본 풍물을 볼 수 있게 되었다.

「가치도키勝鬨 단팥죽」이나 「모리나가 과자점」 등 다수의 상인이 가게를 열고 빛나는 일본거리의 탄생을 알리고 있다. 난징은 이미 상하이에서 열차가 직통으로 연결되어, 아침 7시 반에 타면 저녁에 도착하므로 일본인 상인의 왕래

---

9   군위안소를 둘러싸고는 국내 공창제도를 전지(戰地)에 가지고 간 것으로 문제없다는 주장이 있다. 그러나 난징 공략 당시 신문에는 공창제도에 비판적인 기사가 산견된다. 예를 들면 1937년 12월 16일 자 『요미우리신문 미야기판(讀賣新聞宮城版)』은 현회(縣會)에서 「공창 폐지 요망안」이 1표 차이로 가결되었다고 다음과 같이 보도하고 있다. "의견서 내용은 다음과 같다. 공창제도를 신속히 폐지할 것을 요망함. (이유) 현시 세계에 정의 인도를 고조시키고 있는 우리나라로서는 이러한 나쁜 제도를 신속히 철폐해야 한다고 믿는다. 하물며 비상시국에서 거국진충(擧國盡忠)의 마음에 불타 성전(聖戰)을 일으키고 있는 시절에, 장병의 보건, 국력의 소장(消長)을 걱정하는 때이므로 신속한 단행을 절실히 바란다." 또한 1938년 2월 25일 자 『호치신문(報知新聞)』 투고란에는 다음 의견이 게재되었다. "한편으로 댄스를 금지하고 다른 한편으로 공창(公娼)을 허락하는 모순은 새삼 말할 것도 없다. (…중략…) 문명국이 이를 공인하여 부끄럼도 없이 방치하는 것은 그 체면상으로도 바람직하지 않다. (…중략…) 정부는 신속히 공창제도 폐지를 결의하고, 화류병 만연을 방지하여 국민 보건의 근본 문제에 대해 일대 영단을 내리는 남자다움을 주저해서는 안된다고 생각한다."

도 빈번하여 난징 재건의 제1선으로 성큼성큼 진출하고 있다. 「난징 부흥의 빛깔, 눈부신 일본 상인 진출」, 『大阪時事新報』, 1938.1.25

단, 이들 상점은 '폭격, 포격으로 무너진 가옥을 임시 수리해서 개점한 것으로 약간의 일본 취향의 음식을 사서 먹을 수 있을 정도'였다고 한다. 「난징에 봄은 왔다」, 『東京,朝日新聞(長野版)』, 1938.2.22 난징에 있으면서 라디오로 일본 스모의 실황 중계방송을 들을 수도 있었다. 요코즈나 橫綱 후타바야마 雙葉山 가 연전연승을 거듭한 것이 이 무렵이다.

대로변에는 나고야의 마쓰자카야 松坂屋 를 비롯하여 일본 상인의 상점이 즐비하여 병사들을 맞이하며 술, 담배, 일용품을 팔고, 우동, 단팥죽, 오뎅 가게까지 진출하여 대만원으로 성황이다. 사진기 상점도 상하이에서 출장 와서 현상과 인화로 대성황이다.

유흥가가 곳곳에 생겨 갑자기 몇 마디 배운 일본어로 지나 아가씨가 호객하는 것도 안타깝다. (…중략…) 거리를 걸으면 일본 기모노를 입은 여성이 삼삼오오 판석을 깐 길 위로 통나무 게다를 딸깍딸깍 소리를 내며 걷고 있다.

스모의 봄 시즌 경기도 라디오로 들을 수 있다니 꿈과 같은 기분이다. 전등도 22일부터 들어오고, 수도도 나오게 되어 모든 것이 새로워진 모양. 완전히 어디를 봐도 함락 후의 적의 수도라고는 믿기지 않는 평화로움이 가득 차 있다. 「좀 와서 봐, 새로 태어난 난징」, 『名古屋新聞』, 1938.1.27

일본 신문도 대량 입수할 수 있게 되었다. 나가사키 長崎 현 사세보 佐世保 시 직원으로 응소한 병사가 "(1월) 15일에는 『오사카마이니치』를 비롯한 내지 신문이 대량으로 난징에 도착했다"고 고향에 편지로 알렸다. 「고가 하치로(古賀八郎) 군의 진중일기」,『大阪每日新聞(長崎版)』, 1938.1.26 '적의 수도 난징'의 중심부에 일본의 문물이 들어오기 시작한 것이다.

4월이 되어도

한편, 난징 성 밖에서는 함락한 지 3개월 가까이 되어도 아직 인마(人馬)의 사체가 뒹굴고 있었다. 3월 4일 자 난징 자치위원회 구제반 앞으로 한 민간인이 보낸 편지에 다음 내용이 보인다.

> 나는 최근 교외에서 성 안으로 왔는데, 3월이 되었다고 하는데도 도중의 마가점(馬家店)・대정방(大定坊)・철심교(鐵心橋)는 좌우 양측에 사람의 시체와 말뼈가 들판에 널브러져 있는 모습이었습니다. 어떤 자는 다소 높은 곳에서 하늘을 보고 누운 자세로 눈을 뜨고 입도 벌린 채이고, 어떤 자는 밭두렁에 엎어져서 살과 뼈가 노출되어 있어, 시신은 매나 들개의 먹이가 되고 있습니다. 완전한 형태는 드물고 발과 팔이 없거나, 머리가 없거나 합니다. 가령 오체가 다 남아있어도 흑갈색으로 부패하기 시작하고 있습니다. 井上久土, 洞富雄 외 편,「시체 매장에서 본 난징사건 희생자 수」,『남경대학살의 현장으로(南京大虐殺の現場へ)』

4월, 오사카에서 경제시찰단이 난징을 방문했다. 그 일원들의 현지좌담회에서 오사카시 부시장이 발언했다.

> 이제 다소 부흥이 이루어져 상업도 집안에서 하고 있을 것이라고 생각했는데, 이 점은 예상밖이었다. 모두 도로 위의 노점이어서.「오사카 경제시찰단에게 듣는다」,『大阪朝日新聞(中支版)』, 1938.4.7

4월에 문예평론가 고바야시 히데오^{小林秀雄}가 문예춘추의 특파원으로 난징에 왔다. 3월에 일본에서 항저우^{杭州}로 가서, 히노 아시헤이^{火野葦平}에게 아쿠다가와상을 전달한 다음이었다.^{제2장 참조}

(난징)거리는 생각한 것보다 심각한 전화^{戰禍}를 입었다. 중심가도 여기저기 불에 타서 지붕선이 일정하지 않다. 이쪽에서 말하는 서민마을에 해당하는, 주민이 복닥거리는 거리도 화재를 피하지 못했다. 부자묘^{夫子廟} 시장에 가 봤다. 아사쿠사신사 앞의 상점거리 같은 모습이었던 것 같은데, 불탄 자리에 임시 건물을 만들어 그저 명색뿐인 물건을 진열하고 있다. 절반은 아직 빈 집이다.

이것이 '부흥'의 실상이다. 그리고 고바야시는 자신을 향한 중국인의 시선에서 심상치 않은 것을 느꼈다.

파괴되어 폐허가 된 시가의 모습은, 상하이에서 봤기 때문에 그다지 놀랍지는 않았으나, 사람들 시선이 따가웠다. 인력거꾼에게 거리 안쪽의 골목길을 가 보게 하고, 완장을 빼고 인력거꾼과 함께 지저분한 찻집에서 차를 마시거나 해 보았는데 어디에서도 그들의 눈빛은 똑같았다.^{小林,「항저우에서 난징으로」,『문예춘추 임시증간 현지보고』5월호, 1938}

시신 정리

『나고야신문』의 다케사키^{竹崎} 특파원은 난징의 피난민 사망자 수에 대한 기사를 보냈다.

최근 지나 신문 보도에 의하면, 관허^{官許} 모 장의점^{葬儀店}이 취급한 사변 발발 이후의 매장자는 4만 1천 45명으로 매월 1만여 명, 1일 약 400명에 달하고, 그 중에 비참한 것은 그 절반이 아이라는 점이다. 이 중 최근 2주일 사이에 사망한 자는 매일 아이 371명, 어른 72명이라는 놀랄만한 숫자이며, 게다가 최근에는 사체 처리가 곤란한 피난민이 이 사체를 거리에 유기하는 등 패전국의 비참한 현실을 생생하게 보여주고 있다. 「시신 마침내 거리에 유기」, 『名古屋新聞』, 1937.12.27

『오사카 아사히신문』 특파원, 하야시다 주고로 林田重五郎는 난징성 내외의 사체 정리에 관한 기사를 작성했다.

전투 후의 난징에서 우선 정리해야 하는 것은 적의 유기된 사체였다. 수로를 가득 채우고, 개천에 산처럼 겹쳐있는 몇만 명인지 알 수 없는 유해, 이를 버려두는 것은 위생적으로도 인심의 안정을 위해서도 해악이 많다. 거기에서 홍만회 紅卍會10와 자치위원회와 일본 산묘법사 山妙法寺에 속하는 우리 승려들이 서로 손을 잡고 치우기 시작했다. (…중략…)

---

10 현재는 '홍만자회(紅卍字會)'라는 표기가 일반적. '도원(道院)'이라는 종교단체에서 설립한 사회사업단체로 당시 난징분회는 난민의 구제와 사체 수용, 매장을 담당했다. (井上久士, 「유체 매장에서 본 난징사건 희생자 수(遺体埋葬からみた南京事件犠牲者数)」)『호치신문(報知新聞)』의 우에노(上野) 특파원은 1937년 12월 23일 홍만자회 난징분회 사무소를 방문하고 다음 기사를 작성했다. "지금 난징 시내로 흘러들어오는 피난민 17만 명 중에는 겉모습은 원주민을 가장하지만 호남(湖南), 호북(湖北), 광동(廣東), 광서(廣西) 등 각사(各師), 각군(各軍)의 정규병이 섞여 있으므로, 무기를 접수하고 난징을 재건하는 황군의 치안공작은 보통 어려운 일이 아니다. 23일 기자는 차가운 가랑비를 맞고 있는 피난민 사이를 헤치고 난징 영해로(寧海路)의 홍만회 본부를 방문하여 정체를 알 수 없는, 피난민의 부서진 가슴에 싹트려 하는 것이 무엇인지 타진했다. 홍만회는 굳게 철문을 닫고 외부와의 접촉을 거부하며 피난민 수용을 담당하고 있다. 살펴보니, 문에 '일본군 출입금지'라는 나무 팻말이 걸려있는 것이 아닌가?" (「홍만회 본부의 철문을 두드리다」, 『報知新聞』, 1937.12.25)

부패한 시신을 제목(題目)[11]과 함께 트럭에 태워 일정 장소에서 매장하는 것인데, 상당한 비용과 인력이 든다. 사람이 기피하는 악취를 맡으며 매일 작업이 계속되고 최근까지 성 안에서 1,793 유체, 성 바깥에서 3,311 유체를 치웠다.[12] 비용은 약 1만 1천 엔이다. 쿨리도 연 5~6만 명은 동원되었다. 그러나 여전히 성 밖의 산기슭 등에 상당수가 남아있어서 다시 8천 엔 정도의 돈을 내서 한여름철이 되기까지 어떻게 해서든 처치를 마칠 예정이다.

기사는 1938년 4월 15일 자 『오사카 아사히신문』 중지판(中支版), 16일 자 북지판(北支版), 17일 자 조선서북판(朝鮮西北版), 남선판(南鮮版)에 각각, 연재 「난징 소식」 항목의 제5회 「위생편」 기사로 게재되었다. 그러나 타이완판과 만주판, 일본 내 지면에는 게재되지 않았다. 일본군의 '분투'를 칭송하는 기사나 일·중친선을 선전하는 기자는 많았다. 그러나 사체의 뒤처리에 대해 주목한 기자는 드물었다.

---

11 [역주] 일본 일련종(日蓮宗)에서 나무묘법연화경(南無妙法蓮華経)의 일곱자를 적은 판자. 묘법 연화경(법화경)에 귀의한다는 뜻이다.
12 금릉여자문리학원(金陵女子文理學院) 교수 미니 보트린은 1938년 4월 15일에 홍만자회 본부를 방문하여 다음 자료를 받았다고 한다. "1월 중순경부터 4월 14일까지 홍만자회는 성 안에서 1,793 사체를 매장했다. 그중 약 80퍼센트는 민간인이었다. 성밖에서는 이 시기에 3만 9천 589의 남성, 여성, 아이의 사체를 매장했다. 그 중 약 25퍼센트는 민간인이었다. 이들 사체 정리수에는 우리가 극히 잔혹한 살해가 이루어졌다고 알고 있는 샤칸(下關), 삼차하(三汊河) 지역은 포함되지 않는다."(『보트린일기』)성 안에서의 사체 매장수가 일치한다는 점에서 하야시다 기자는 홍만자회로부터 얻은 자료에 입각하여 기사를 작성한 것으로 보인다.

5. 군기軍紀 숙정肅正

1938년 2월 7일,[13] '동맹통신' 상하이 지사장인 마쓰모토 시게하루松本重治는 난징에서 일본군 전사자 위령제를 취재했다. 마쓰모토는 나중에 위령제 모습을 다음과 같이 회고했다.

위령제는 극히 엄숙하게 끝났다. 나는 이것으로 끝이라고 생각했는데, 마쓰이松井 최고지휘관이 갑자기 일어서더니 아사카노미야朝香宮를 비롯하여 참여자 일동에게 설교와 같은 연설을 시작했다. (…중략…) 늙은 장군은 울먹이면서도 늠름하게 장병들을 꾸짖었다. "도대체 너희들은 무슨 일을 저지른 것인가? 황군으로서 있어서는 안 되는 일이 아닌가? 너희들은 오늘부터 어디까지나 군기를 엄정히 하고 절대로 무고한 인민을 학대해서는 안 된다. 그것이 또한 전병몰자戰病没者에 대한 공양이 될 것이다"라고. 절실한 훈계의 말씀이었다. 松本重治, 『상하이시대(上海時代)』하, 1975

중지나방면군中支那方面軍 사령관인 마쓰이 이와네松井石根는 그 자리에서 군기를 다잡아야 함을 엄중히 명했다. 위령제에 열석한 참모장 이누마 마모루飯沼守는 마쓰이의 훈계 요지를 자신의 일기에 적어 놓았다.

난징 입성 때는 자랑스러운 기분이었고, 그 다음날 위령제 역시 그 기분이었

---

13 마쓰모토 시게하루(松本重治)는 회고록 『상하이시대(上海時代)』에서 위령제가 있던 날을 1937년 12월 18일이라고 적었다. 이것은 마쓰모토의 기억 착오로 실제로는 1938년 2월 7일이었던 것이 해행사(偕行社)가 펴낸 『난징전사(南京戰史)』 등에서 확인된다.

지만, 오늘은 슬픈 기분뿐이다. 이것은 이 50일 사이에 수많은, 있어서는 안 되는 사건이 일어나 전몰 장병이 세운 공적을 깎아먹기에 이르렀기 때문이다. 무슨 낯으로 이 영령을 마주하겠느냐는 말씀이었다.「이누마 마모루(飯沼守) 일기」, 『난징전사자료집』

입성식부터 위령제까지 마쓰이의 심경은 '자랑스런 기분'에서 '슬픈 기분'으로 변화했다. 군기가 어지럽다는 것은 황족에게도 전해졌다. '소화천황'의 동생인 치치부노미야 야스히토 秩父宮雍仁는 1937년 12월 30일, 황족인 간인노미야 하루히토 閑院宮春仁, 간인노미야 고토히토 閑院宮載仁, 대본영 육군부 막료장의 차남에게 편지를 보내 "내지[14]에서 들은 것 중에는 일지 日支 친선, 동양 평화 확립의 초석이라는 견지에서 볼 때 의문으로 여겨지는 것도 적지 않다고 생각됩니다", "군기 풍기의 문제도 이 정도는 전쟁에서 늘 따르는 것이라고 간단히 치워 버려야 하는 것일까요?"라고 말했다는 것이 최근에 밝혀졌다. 『讀賣新聞』, 2020.11.15

해가 바뀐 1938년 1월 4일, 육군 중앙은 간인노미야 고토히토의 이름으로 중지나 방면군에게 "군기·풍기의 면에서, 있어서는 안 되는 사태가 최근 빈번히 발생하고 있어 군기를 엄정히 하고 (…중략…) 전 부대 방종을 경계해야 할 것"이라는 이례적인 통첩을 하달했다. 이것은 당시 신문에는 게재되지 않았다.

의미를 알 수 없는 기미가요

위령제 다음날인 2월 8일, 상하이에서 발행된 영자신문 『노스차이나 데일리뉴스』영국계와 『차이나 프레스』미국계에 마쓰모토 松本가 작성한 기사

---

14 [역주] 일제강점기에 일본을 가리키는 용어.

가 게재되었다.*난징전사* 한편 일본 신문에서는 이 기사를 게재한 신문은 확인되지 않는다. 마쓰모토 시게하루는 9일, 금릉여자문리학원에서 피난민 지원을 하던 미니 보트린을 취재하고자 한 흔적이 있다.『보트린 일기』에 다음 기술이 보인다.

'동맹통신' 지국장인 마쓰모토가 몇 분간(의 면회)을 요청해 왔다. 그는 비행기로 상하이에 갈 생각이므로 오래 있을 수는 없었던 것이다. 나로서는 그와 알고 지내고 싶었지만. 괄호는 원문 그대로임

결국 취재는 실현되지 않았다. 마쓰모토가 왜 보트린을 만나려 했을까? 상상하면, 마쓰모토는 일본군의 행동에 대해 이야기를 듣고자 했던 것은 아니었을까? 같은 무렵 마쓰모토는 전쟁의 참화에 허덕이는 중국 민중에 동정을 표하고 이렇게 작성했다.

그들 점령지역의 주민에 대해서 하루라도 빨리 선정 善政이 베풀어질 수 있도록 우리는 최대한 협력을 아껴서는 안 된다. 한 장의 일장기를 손에 들고 망연자실하여 길거리에 서 있는 노파를 생각하라. 의미도 모르는 기미가요를 부르며 희희낙락 놀고 있는 난민수용소의 아동을 상상해 보라. 굶주린 유아를 안고 이 추운 날씨에 먹을 것을 구하는 젊은 엄마를 생각하라, 그들에게 과연 무슨 죄가 있는가? 松本重治,「사변 제2기로 접어들다」,『개조』2월호, 1938

도덕의 타락

마쓰이 이와네 松井石根는 2월에 귀국한 다음 월간『현대』의 인터뷰에 응했다. 여기에서 마쓰이는 러일전쟁 때 중대장으로 출정한 자신의 경험에

서부터 러일전쟁과 현재의 차이점에 대해 이렇게 지적했다.

> 개성의 수양이라고 할까, 사회의 도덕이라고 할까, 또한 무사의 소양이라고 할까? 그런 점에서는 훨씬 차이가 있는 것처럼 생각된다. 즉 지금의 모습이 뒤떨어지고 있다고 생각하는 것이다. (…중략…) 요컨대, 국민정신, 사회도덕이라는 것이 이 40년간 자연스럽게 타락한 결과라고 나는 보고 있다.

국민정신, 사회도덕의 타락, 난징 공략의 최고지휘관은 군의 상태를 강한 어조로 비판했다. 그러면 '황군'은 본래 어떤 모습이어야 한다는 것인가?

> 일반 민중은 물론 일반 군대라해도 저항의지를 방기한 자에게는 충분히 관용적인 태도를 갖고 임해야 한다. 메이지천황의 시에
> '나라를 위해 해를 끼치는 적은 물리치더라도 불쌍히 여기는 마음은 잊지 말길'이라고 하셨다. 나는 장병에게 직접 붓을 들어 '군은 군규軍規, 풍기風紀를 엄숙히 하고, 지나의 인민에게는 물론, 군대라 해도 저항의지를 잃은 자에게는 충분히 관용적 태도로 임하고, 황군이 한번 지나가면, 지나 군민이 받들어 성덕聖德을 깊이 사모하도록 하는 것이 필요하다.'는 의미를 적어 시달했는데, 정말 그렇다고 생각한다. 『現代』 대일본웅변회, 5월호, 1938

마쓰이는 일본군 장병이 일반 인민이나 저항 의지를 잃은 병사도 가차없이 처단해 버린 것을 알고 있었다. 그리고 그러한 것은 본래 '있어서는 안 되는 일'이며, 전투행위이기 때문에 허락되는 것이라고는 결코 말하지 않았다.

중국의 군민이 우러러 '천황'의 덕을 칭송할 정도가 되지 않으면 안된다. 그것이야말로 '황군'이다. 마쓰이는 그렇게 말했다. 그러나 현실에 그런 '황군'은 존재하지 않았다. 다음 담화에도 마쓰이의 탄식이 담겨 있다. 최고지휘관이었던 마쓰이는 그 책임을 피할 수 없었다.

종군 병사의 마음가짐

1938년 여름 대본영 육군부는 「종군 병사의 마음가짐從軍兵士の心得」이라는 제목의 책자를 백수십만 부 작성하여 전 군에 배포했다. 작성에 임한 것은 육군부 제1과장 교육과장인 엔도 사부로遠藤三郎였다.[15] 이 책자는 '적대감 없는 지나支那 민중을 애련愛憐하라'고 주장하고 있다.

이번의 성전은 지나 민중을 적으로 삼는 것은 아니다. 항일용공抗日容共의 국민정부를 격멸하여 무고한 지나 민중을 구휼하는 것이 목적이다. 그들에게 황은皇恩을 느끼도록 하지 않으면 안 된다. 무기를 버리고 투항한 포로에 대해서도 마찬가지이다. 특히 부녀자를 강간하고 재산을 약탈하고 혹은 민가를 이유도 없이 불태우는 것은 절대로 피해야 한다. 이러한 행위는 단지 야만민족으로서 열강의 빈축을 살 뿐 아니라 그들 지나 민중으로부터도 미래에 영원한 원한을 사서 가령 전투에서는 승리해도 성전聖戰의 목적은 달성할 수 없게 된다.

'약탈 강간 마음대로'라는 말은 '병사는 흉기'라고 하는 외국군대라면 몰라도 신국神國이며 신무神武인 황국皇國의 군軍에서는 절대로 있을 수 없는 일이다.

---

15 엔도 사부로(遠藤三郎)는 1945년 이후 헌법 호지, 평화운동에 종사하며 재군비 반대를 주장했다. 이 사이에 몇 번이나 중국을 방문하여 마오쩌둥, 저우언라이 등과 회담하여 일본의 침략을 사죄했다. '일중 우호의 퇴역 군인회'를 만들어 오랫동안 회장을 지냈다. 1984년 91세로 사망. 저서에 『일중 15년전쟁과 나(日中十五年戰爭と私)』 등이 있다.

만일 이러한 행위를 하는 자가 있다면 이는 불충의 신하이다. 국적國賊으로 배격하지 않으면 안 된다.

무고한 민중, 투항한 병사를 학대해서는 안 된다, 강간·약탈·방화를 해서는 안 된다, 약탈 강간 등을 하는 자는 불충의 신하이며 국가의 적이라고 피력했다. 병사가 전쟁터에서 어떤 행동을 취하고 있는지, 뜻밖에도 이 책자 스스로 고백하고 있다.

마쓰이 이와네의 월간지 인터뷰의 발언이나 「종군병사의 마음가짐」도 그렇지만, '황군'의 바람직한 자세 일탈을 비판하고 질정할 수 있는 존재는 엄격한 언론보도 통제하인 당시로서는 군 당국을 빼고는 달리 없었다.

제8장

후방이라는 전장戰場

1. 동양평화를 위해

전승 기분으로 맞이한 1938년 설날, 『규슈 니치니치신문九州日日新聞』구마모토의「신년 단가短歌」란에 2등 당선작으로 다음 작품이 게재되었다.

왜 싸우는 것이냐고, 싸우는 까닭을 거국적으로 끊임없이 설명해야 하네.[1]

'많은 외국은 일본에게 '영토적 야심'이 있는 것처럼 오해하고 있다, 전쟁이 일어난 이유를 외부를 향해 끊임없이 설명하라' 이 단가를 선정한 자는 그 함의를 그렇게 설명했다. 그러면, 이 전쟁은 무엇을 위한 전쟁이었던가? 설명해 줘야 할 상대는 외국이 아니라 오히려 일본 국민이었다.

1938년 설날, 위장약인 '와카모토'의 전면 광고가 『고가와신보香川新報』, 『돗토리신보鳥取新報』 각 7일 자 등 지방지에 널리 게재되었다. 광고문이 전쟁의 '의의'를 높이 찬양하고 있다.

> 난징에 봄이 돌아온 것은
> 동양에 평화가 돌아온 징조라 생각합니다.
> 우리는 지나支那 4억 민중과 싸우는 것이 아니고
> 민중의 배후의 적敵과 싸우는 것입니다.
> 지나 민중이야말로 영원히 우리의 친구
> 친구여, 친구여, 원컨대 우리 손을 잡고
> 이제 함께 동양 평화의 건설로 나아가자! 1938년 신춘

---

1 [역주] 원문은 'たたかひの因は何ぞと国挙り戰ふ故をやまず說くべし'.

〈그림 1〉 1938년 1월 7일 자 고가와신보(香川新報) 등에 실린 위장약 '와카모토' 광고

중국인 엄마와 아이가 일장기 깃발을 손에 들고 일본군 병사를 맞이하는 장면을 그린, 세련된 분위기의 일러스트가 이 지면을 장식했다. 이 광고가 주장하는 것처럼 중국 민중을 돕기 위해서 중국 정부 및 중국군을 무찌르고 중국에서, 아시아에서 평화를 구현한다. 그것이 일본이 내건 '대의'였다.

그러나 전선의 중국 병사거기에는 소년병이나 여성 병사도 다수 포함되어 있다와 민중을 분리하여 생각하는 것은 애당초 무리가 있다. 병사들은 일장기를 손에 든 농민들의 아들, 딸이며 형과 아버지였다.

'동양 평화'를 위한 전쟁이라는 '대의'에 의문을 품은 일본 병사도 있었다. 내무성 경보국 치안과가 작성한 월차 보고 『특고외사월보特高外事月報』 1938년 2월호는 아키타秋田현 출신 일등병이 전년도 11월에 고향에 보낸 편지에 문제가 있다고 보고, 그 한 구절을 기록하고 있다.

> 기분이 격해져 조금이라도 아니꼬운 일이 생기면 찔러 죽이는 상황입니다. 동양평화가 어떻다던가 지나[중화] 민국을 완화緩和시키기 위해 라던가 하는 그런 이론적 행동을 중심으로 삼아서는 자신 등의 목숨이 위험하다, 전쟁에서 죽는 것은 명예로운 일이 아니다, 이겨서 살아서 돌아가는 것이 제일이다. (…중략…) 신문이 어떻게 보도했는지 모르지만 그동안의 신문보도는 전부 거짓말입니다.[2]

---

[2] 이 일등병의 이야기는 베트남전쟁에 종군한 미군 병사의 심리를 주요 대상으로 한 연구서 『전쟁에서의 '살인'의 심리학(戰爭における,「人殺し」,の心理學)』(Dave Grossman, *The Psychological Cost of Learning to Kill in War and Society*, 일본어역, 2004)에 인용된 한 병사의 말을 상기시킨다. "전쟁은 이제 지긋지긋하다. 전쟁의 영광이란 잠꼬대다. 피나 복수나 파괴를 목청 돋궈 외치는 자는 총을 쏜 적도 없을 뿐더러 부상자의 비명이나 신음 소리를 들은 적도 없는 놈들뿐이다. 전쟁은 지옥이다."

전쟁의 '대의'를 위해 싸우는 것이 아니다. 단지 오늘, 살아남기 위해 싸우고 있는 것이라고 말하고 싶었을 것이다. 일등병은 '동양평화가 어쩌구' 하는 신문보도를 전혀 믿지 않았다.

제국 일본의 본심

1938년 설날, 홋카이도^{北海道}의 『오타루신문^{小樽新聞}』은 「본사 주최 좌담회 '전후^{戰後} 일본을 말하다' 제1회」를 게재했다. ^{1938년 1월 9일까지 전 7회} '전후 일본'이라는 표제는 난징함락으로 중국과의 전쟁이 끝났다는 상황인식을 나타낼 것이다.

출석자는 육군중장 다테가와 요시쓰구^{建川美次}, 전 중의원 의장 도미타 고지로^{富田幸次郎}, 흥중공사^{興中公司} 사장 소고 신지^{十河信二}, 전 내각 서기관장 요시다 시게루^{吉田茂}, 법학박사 시모무라 히로시^{下村宏}[3], 『오타루신문』 도쿄지국 오타 다이키치^{多田太吉}의 여섯 명이다.

다테가와는 만주사변의 방아쇠가 된 1931년 류타오후사건^{柳條湖事件, 남만주철도 폭파사건} 직전에 참모본부 제1부장으로 관동군의 독주^{獨走}를 멈추게 하려고 봉천^{奉天}에 파견되었다가, 결국 이를 묵인한 인물로, 나중에 소련대사도 역임했다. 도미타는 고치^{高知}의 『도요신문^{土陽新聞}』의 주필을 지낸 다음, 1904년 『고치신문^{高知新聞}』을 창간하고 사장, 주필을 지낸 전 저널리스트이다. 1908년부터 중의원 의원에 10회 당선했으며, 이 좌담회가 개최된 1938년 3월에 사망했다. 소고^{十河}는 철도 관료로서 종전 후 일본 국철 총재를 지냈다. 흥중공사는 화북개발을 목적으로 한 남만주철도의 자회사이다. 요시다 시게루^{吉田茂}는 오카다 게스케^{岡田啓介} 내각^{1934.7~1936.3}의 내

---

3 시모무라 히로시(下村宏) 호는 해남(海南). 만주사변 당시 『아사히신문』 부사장, 종전 때 스즈키 간타로(鈴木貫太郎) 내각에서 국무대신 겸 정보국 총재를 지냈다.

각서기관장으로 좌담회 당시는 귀족원 의원이었으며 종전 후 총리대신을 지낸 요시다 시게루[4]와는 다른 사람이다.

이 좌담회에서도 전쟁 목적이 화제가 되었다. 1월 5일 자 연재 제3회에서 전쟁 목적을 둘러싸고 전 중의원 의장인 도미타 고지로와 육군 중장 다테가와 요시쓰구 사이에 본심에서 우러나오는 대화가 이루어졌다.

> **도미타** 일본이 동양 평화라는 등, 이러쿵 저러쿵 하는 것은 변명이고 정말은 일본이 세계적으로 경제적으로 발전하고자 해도 영국 그 외의 방해로 진출을 제지당하고 있다. 지나로 진출하고자 해도 배일排日, 항일抗日, 모일侮日이다보니, 아예 무찌르자는 생각이라고 본다. 그 일본의 이상을 군부가 대표하여…….
>
> **다테가와** 나는 그렇게는 생각하지 않는다.
>
> **도미타** 이 점은 마음속 깊이 감사하고 있다. 표면은 동양평화라던가 뭐라던가 해도 실제를 말하면 일본이 뒤로 물러나 가만히 있으면 쫓아갈 수 있겠느냐고 한다. 올해에 백만 명이나 늘어난 인구를 이 좁은 국토에 둔다면 어차피 함께 죽을 수밖에 없는 운명이니까 적극적으로 해외로 진출하겠느냐, 아니면 물러나 굶어 죽겠느냐고 한다면 저항력이 적은 쪽으로 물이 흘러가듯이 나아가는 것은 당연하다.

---

[4] 종전 후 총리대신을 지낸 요시다 시게루(吉田茂)는 난징 공략 당시 주영대사를 지냈다.『라베일기(ラーベ日記)』1938년 2월 13일 항목에 다음 기술이 있다. "런던, 1938.1.29. 요시다 시게루 주영일본대사는 오늘『데일리 스케치』의 인터뷰에서 중국에서 일본병사에 의해 말로 표현할 수 없는 잔학행위가 일어났다는 보도에 유감의 뜻을 표명함과 함께 다음과 같이 덧붙였다. 우리나라의 군대가 그렇게도 자제심을 잃고 전통에 반한다는 것은 극히 생각하기 어려운 일이다. 그러한 행위는 우리 일본인의 전통과 완전히 상반된 것이며, 우리나라의 역사가 시작된 이래 그런 사례는 없었다. 일본군은 매우 규율이 엄정하다."

다테가와 단도직입적으로 말하자면 당신이 말하는 대로이지만, 동양의 안정을 위해서라던가, 평화를 위해서라고 말해 두면 좋지 않은가?

도미타 이를 소극적으로 말하면 동양의 안정을 위해서라던가, 세계의 평화를 위해서라던가 말하는 것이 되지만, 적극적으로 말하면 일본 국민이 사느냐 죽느냐의 문제이다. 이번 전쟁에서 명분이 충분하다고 하는 것은 틀렸다. 사느냐 죽느냐, 이것 만큼의 명분이 어디에 있느냐? 단지 문제인 것은 이것을 어느 선에서 일본의 국력에 응하여 멈출까 하는 점에 있다.

도미타는 제국 일본의 본심과 같은 것을 당돌하게 폭로해 버린 꼴이 되었다. 당황한 것은 다테가와였다. 그는 '동양의 안정을 위해서라던가, 평화를 위해서라고 말해두면 좋지 않은가?'라고 말했다. 어차피 대중은 모른다, 모양새 좋도록 말해두면 된다, 라는 식이다.

보도 통제하에서 어떻게 이 기사가 게재될 수 있었을까? 매우 불가사의한 일이다. 게다가 이 연재 자체가 수수께끼를 품고 있다. 이처럼 정계·재계·관계·군계의 저명 인사에 의한 좌담회를 홋카이도 지방지인 『오타루신문』이 독자적으로 기획하여 독자적으로 게재했던 것일까? 출석자 중에 『오타루신문』 도쿄지국 오타 다이키치多田太吉'의 이름이 있으므로 좌담회는 도쿄에서 열렸을 것인데, 그렇다고 해도 이상한 일이다.

저자가 전국 각 신문의 기사를 점검하는 가운데 이 좌담회가 다른 신문에도 게재된 것을 알게 되었다. 『고베신문神戶新聞』이다. 타이틀은 「전후戰後 일본의 제문제」이며, 『오타루신문』이 전 7회로 완결한 연재를 『고베신문』은 내용을 바꾸지 않고 전 12회로 나눠 게재했다. 출석자의 한 사람으로 본사本社 미즈타니 노부오水谷信雄의 이름이 있다. 『오타루신문』에 명시된 오타 다이키치의 이름은 없다. 『오타루신문』과 『고베신문』 이외에 이 좌담회를 게재한 신문은 확인되지 않는다. 이것은 어떻게 봐야 할까?

『오타루신문』의 기사에도, 『고베신문』의 기사에도 '동맹통신'이 배포했다는 기술은 없다. 그러나 도쿄에서 개최된 것으로 보이는 좌담회 기사가 『오타루신문』과 『고베신문』에 동시에 게재된 사실을 정합적으로 설명하고자 한다면, '동맹통신'이 가맹한 각사에 설날 기획으로 배포했다고밖에 생각할 수 없다. 지금은 있을 수 없는 일이지만, 게재 신문사 측의 출석자는 게재 신문사가 각각 알아서 이름을 넣어도 좋다는 양해가 이루어졌을지 모른다. 그렇게라도 생각하지 않으면 설명이 되지 않는다.

중국에서 온천 손님을

'전쟁 목적은 경제적인 이익을 얻기 위해서'라는 도미타와 같은 견해가 신문이나 잡지에 게재되는 것은 이례적이었다. 그러나 그런 관점이 당시에 없었던 것은 아니다. 육군대신을 지낸 우가키 가즈시게宇垣一成는 1937년 11월 28일 일기에 이렇게 적었다.

> 결국 일본은 강해지기 위해 필요한 자원이나 시장을 주로 가까운 지나支那에서 찾았던 것이다. 현재의 대세로는 다른 데에서 찾을 수 있는 커다란 방도는 없고, 할 수 없이 지리적으로 가깝고 약한 지나에서 찾은 것이다. 지나 측에서 보면, 친한 국가도 아닌데다가, 약자 괴롭힘의 감정도 생기는 것을 생각하면 참으로 안됐다는 생각이 든다. 그러나 궁극적으로 얻고자 하는 것은 주권도 영토도 아니다. 실로 동아 전체의 번영과 강녕을 위한 절대적 경제적 요구이다.

한편, 난징 공략 당시 외무성 동아국장이었던 이시이 이타로石射猪太郎의 회고록 『외교관의 일생』¹⁹⁵⁰에는 다음과 같은 기술이 보인다.

'중국에 대해서는 조금도 영토적 야심이 없다'는 등의 정부 성명을 국민 대중은 진짜라고 생각하지 않았다. (…중략…) 지방에 출장 간 외무성 직원은 그 토지의 유력자들로부터 '이 성전^{聖戰}에서 점령한 토지를 일본이 차지하는 강화^{講和}를 맺으면, 우리는 깃발을 들고 외무성으로 달려 가겠다' 고 덤벼들었다. 어느 자칭 중국통이 나를 방문하여 산동^{山東}이던 하북^{河北} 정도는 받지 않으면 안 된다며 의욕을 불태웠다. 또 어떤 종교가가 방문하여 상하이 주변을 차지하라, 그것이 평화 확보의 길이라고 말했다.

기후^{岐阜}시에 본점이 있는 십육은행의 부두취^{副頭取}는 난징 함락 직전에 벌써 이렇게 말하고 있었다.

검을 갖고 싸운 다음에는 외교전, 경제전시대가 온다. (…중략…) 일본이 동양평화의 안정력이 있고, 동양 자원의 개발자인 것을 세계에 천명하는 것이야말로 황군 장병의 높은 희생에 보답하는 후방 국민의 의무라고 생각한다.「大阪朝日新聞(岐阜版)」, 1937.12.12

온천마을인 벳푸^{別府}시는 난징이 함락하자 금방 중국에 선전 활동을 계획했다.

벳푸시에서는 앞으로 지나^{支那} 대륙에서 온천 관광객을 초대하고자 지나 각지의 신생 자치단체에 온천의 본고장 대선전을 하러 갈 계획인데, 문서 선전 외에 황군 위문사를 겸하여 시의회의 현지 선전반을 중지^{中支}, 북지^{北支}에 파견

하는 것도 고려하고 있다. 『大阪朝日新聞(大分版)』, 1938.1.14

일본 민족의 임무

일본이 내건 전쟁 목적과 전쟁 실태 사이의 절대적인 괴리는 그 후에도 메워지지 않았다. 난징 지나파견군 총사령부는 황기 2600년 '소화 천황' 탄생일인 1940년 4월 29일, 중국 전선의 장병에게 팸플릿 「파견군 장병에게 고함」[5]을 배포하여 새삼 이 전쟁 목적을 설명했다.

성전 聖戰 수행의 제1선에 선 파견군 장병이 그 행장 行狀에서 하늘과 땅에 부끄러운 일이 있어서는 대어심 大御心[6]을 더럽히는 것이며, 지나인에게 오히려 영원한 원한을 남기는 일이 된다. 인심을 벗어난 성전의 의의는 없다. 약탈·폭행하거나, 지나인으로부터 이유 없는 금품, 음식 대접을 받거나, 인력거를 타고 돈을 지불하지 않거나, 토벌을 구실로 적의를 품지 않은 민가를 불태우고, 또는 양민을 살상하고, 재물을 훔치는 일이 있어서는 아무리 선전선무 宣傳宣撫를 한다고 해도 지나인의 신뢰를 받기는커녕 그 원한을 사는 것이다.

이 팸플릿은 내각정보부가 발행한 정부 홍보지 『주보 週報』 1940년 5월 15일호에도 수록되었다. 그 때문에 '동양평화를 위해'라는 슬로건과 현실이 얼마나 동떨어져 있는지, 신문이 평소에 보도하지 못했던 사실을, 거꾸로 정부가 널리 국민에게 알리는 결과가 되었다.

---

5 원제는 「派遣軍將兵に告ぐ」(1940.4.29), 『中央－戰争指導重要国策文書 632』, 일본 방위성 방위연구소 소장, 일본 아시아역사자료센터 Ref. C12120067900.
6 [역주] '천황'의 마음.

그렇다고 해도 근원을 따지면, 전쟁으로 평화를 창조한다는 슬로건 그 자체에 모순이 있었다. 그러면 '동양 평화를 위해'라는 슬로건을 중국 측은 어떻게 받아들였을까? 일례를 들자. 일본의 대중국정책을 담당하는 흥아원興亞院이 1941년경, 중국에서 수집한 항일파 문헌은 다음과 같이 적고 있다.

일본이 중국에서 물러가지 않는 한, 중·일간에 친선이라고 할만한 것이 없고, 동아東亞 또는 화평을 논할 수 있는 것은 아무것도 없다. 중국이 나아갈 길은 오로지 끝까지 저항전으로 일본을 중국에서 몰아내는 것 이외에는 있을 수 없다. 酒井順一郎, 『일본어로 배우는 중국 팔로군』, 2020

대본영 육군연구반이 1940년 9월에 작성한 「지나사변에서의 군인 군속의 사상에 영향을 끼친 여러 원인 관찰」이라는 제목의 보고서에 경계해야 할 사례로 어느 병사의 편지 한 구절이 인용되어 있다. 이 병사 또한 슬로건의 거짓을 간파하고 있었다.

동양 평화 건설과 전쟁이 무슨 관계가 있는가? 전쟁도 하지 않고 피도 흘리지 않고 이루어지는 평화가 진정한 평화가 아닌가? 吉田裕 감수, 『일본군 사상·검열 관계자료』, 2003

2. 오가와 아이지로小川愛次郎

난징 함락 전후에 신문은 전승 보도로 들끓었다. 난징을 함락시키면 전쟁이 끝난다. 열광의 배후에 있었던 것은 전쟁 종결에 대한 기대였다. 그러나 그 기대는 어그러졌다.

전장에 보낸 특파원들은 향토부대의 '분투' 모습을 그 후에도 전해 왔는데, 난징 함락 때의 열광은 의외로 빨리 지면에서 사라져 갔다. 난징 함락에서 1개월이 지난 1938년 1월 16일 정오, 총리대신 관저 응접실에서 내각서기관장 가자미 아키라風見章가 총리대신의 성명을 발표했다.

> 제국정부는 이후 국민정부를 상대하지 않고, 제국과 진정으로 제휴하기에 충분한 신흥 지나支那정권의 성립 발전을 기대한다. 그와 양국 국교를 조정하여 갱생 신新 지나의 건설에 협력하고자 한다.

그 발표 모습을 『고쿠민신문國民新聞』이 보도했다.

> 숨막히는 듯한 3분. 역사적 성명은 끝났다. 바로 그때 덤벼드는 보도진을 곁눈질한 한장翰長, 내각서기관장의 속칭의 안면 신경이 풀렸다. (…중략…) 어떤가? 오늘 성명은 내용은 극히 간단하지만 역사적 성명이다. 실로 감개무량하다.『國民新聞』, 석간, 1938.1.16

장제스의 국민정부를 부인하고 별도의 새로운 정권괴뢰정권과 교섭하겠다는 이 성명제1차 고노에(近衛)성명으로 일본은 중국에 대한 교섭 창구를 잃고 전쟁은 진흙탕 속으로 빠져들어 갔다. 다음날 17일, 『오사카 아사히신문』은 사설에서 '거국 협력의 대의에 입각하여 만강滿腔의 성의와 전폭적인 노력으로 이 성명을 지지'한다고 적었다. 정부 비판은 이미 어느 신문에서도 찾아볼 수 없었다. 외무성 동아국장 이시이 이타로石射猪太郎는 그러한 신문의 논조를 한탄했다.

오늘 아침 신문은 '국민정부를 상대하지 않는다'는 것을 모두 예찬하고 있다. 불쌍한 언론기관이다. 『石射猪太郎日記』, 1938.1.17

이틀 후인 1월 19일, 이시이한테 헌병대 본부의 한 조장이 찾아왔다. 이시이의 지인을 유치하고 있다는 것이다. 이시이는 일기에 이렇게 적었다.

그와 같은 우국지사를 체포하다니, 너무나도 잘못 짚은 것이다. 구출하지 않으면 안 된다.

체포된 것은 오가와 아이지로小川愛次郎[7], 당시 60세. 일본의 중국정책을 비판하는 의견서를 몇 번이나 작성하여 정부 요인에게 보냈다. 내각서기관장인 가자미와도 친분이 있었다. 가자미가 1945년 이후에 저술한 회상기, 『고노에近衛 내각』1951에 오가와가 체포된 경위가 적혀 있다.

상하이에 눌러앉아 있던 늙은 지사 오가와 아이지로 씨가 이런 일을 하고 있으면, 이제 일본은 빼도 박도 못하는 궁지에 몰릴 뿐 아니라 동아 수억 인민을 불행의 나락으로 몰아넣게 될 것이다. 좌시할 수 없다고 하여 도쿄로 날아와서 국민정부와 하루라도 빨리 화해하는 것이 좋다고 여기저기 열심히 설득하러 다닌 적이 있다. 그러자 그 때문에 불온한 언동을 하는 놈이라고 주목을 받다가 마침내 헌병대에 체포되어 버렸다. 거기에서 그것은 좀 심하다고 생각하여 참의였던 마쓰오카 요스케松岡洋右 씨와 내가 조치를 해서 겨우 그를 석방시킨 일도 있었다.

---

[7] 오가와에 관한 자료 일부는 구리타 히사야(栗田尚弥) 국학원대학 교수에게 제공받았다. 감사를 전한다.

일·중 제휴를 주장

오가와 아이지로는 1976년 현재의 도쿄 고다이라^{小平} 시에서 태어나 1904년 러일전쟁 중에 중국으로 건너갔다.^{小平市史 편찬위원회 편, 『小平市史 – 근현대편』, 2013} 농상무성 해외실업 연습생으로 한커우^{漢口}에 재류했다는 것이 당시의 공문서에 기록되어 있다.[8] 그후 그의 행보는 잘 알려지지 않았으나 1916년에는 중국에서 제사 관련 사업을 했던 것 같다.[9]

황태양행^{黃泰洋行}을 경영하여 호북성^{湖北省}의 물산을 취급한 [무역상] 오가와 아이지로가 1916년에 가타쿠라구미^{片倉組} 및 이시카와구미^{石川組} 등 일본 제사자본의 위탁을 받아 한커우에 이마무라^{今村} 식 건견기^{乾繭機}[10] 두 대를 두고 그 외 호북성의 십여 곳에 건견소^{乾繭所}를 설치하여 대대적으로 누에고치 매점 활동을 전개했다.

오가와는 1923년 한커우 일본인회 대표로 도쿄에 와서 한커우의 배일운동의 실정을 호소하고 있다.^{『讀賣新聞』, 1924.7.10} 이때 오가와는 헌정회^{憲政會} 기관지 「헌정^{憲政}」^{1923.8.10}에 기고하여 "현재의 상황에서 본다면 그에게 최후통첩을 보내 응하지 않을 때에는 대군을 움직여 국가의 전력을 기울여 진압해야 하는 것이 현재의 입장이 아닐까 생각한다"라며 중국의 배일운동 진압을 위해 무력 발동을 주장했다. 단, 한때는 종업원 340명을 거느린 제사사업도 1924년에는 '실패하지 않을 수 없었다'고 한다.^{잠사업 동업조합}

---

8 「實業練習生小川愛次郎病氣歸朝許可ノ件」(1906.3.14), 『在漢口帝国領事館』, 일본 아시아역사자료센터 Ref.B16080933600.
9 藤井光男 저, 『전간기(戰間期) 일본 섬유산업 해외진출사 연구』, 1987라는 연구서에 오가와의 이름이 보인다.
10 [역주] 누에고치를 건조시키는 기계.

중앙회 편, 『지나잠사업대관(支那蠶絲業大觀)』, 1929

오가와가 논객으로 모습을 나타낸 것은 1931년 만주사변, 1932년 만주국 건국을 거친 다음인 1934년이다. 이 해에 오가와는 「지나支那를 구할 방도는 단지 일·지日支 제휴」라는 책자로 자신의 주장을 정리했다.

> 일본은 머지않아 국민정부의 의뢰를 받아 대규모의 지나 원조를 해야 하는 시기가 올 것이다. 만주를 정리한 것만으로는 아직 동양의 평화는 확보되지 않았기 때문이다. (…중략…) 양국 제휴가 이루어지면, 일본은 지나의 개발 통일을 위해 행정, 재정, 경제상 원조는 물론, 공비 토벌의 실력 원조도 피할 수 없다. 동시에 경제동맹을 희망한다.

일본의 만주 지배를 전제로 국민정부와의 경제 제휴를 호소했다. 일찍이 한커우의 배일운동에 대하여 무력 발동을 주장한 오가와였으나, 1930년대에는 생각이 바뀐 것 같다. 오가와가 외교관 이시이 이타로石射猪太郎와 언제 알게 되었는지는 확실하지 않다. 공간된 이시이의 일기『石射猪太郎日記』는 1936년 1월 1일부터 시작된다. 처음으로 오가와의 이름이 등장하는 것은 1936년 2월 6일이다. 이때 이시이는 상하이 총영사로 근무하고 있었다.

> 만철 오가와 아이지로 군 방문, 홍중공사의 사업은 가망이 거의 없다고 한다.

이어서 2월 22일 항목에 '산코三幸에서 오찬. (…중략…) 시라키다치바나 시라키(橘樸), 도이土肥原 만철 상하이 사무소장, 오가와아이지로, 만철 상하이사무소 직원를 초대함'이라는 기술이 있다. 오가와는 당시 이미 만철 상하이사무소에 재직하고 있었음을 알 수 있다. 이시이는 열 살 정도 위인 오가와와 꽤 친밀했음이 일기의 기술에서 엿보인다. 1937년 5월 이시이는 외무성 동아국장에 취임했다. 대중국외교의 실무 책임자이다. 2개월 후인 7월 7일 루거우차오사건 盧溝橋事件이 일어났다.

중국에서 철수하라

루거우차오사건이 일어난 지 얼마 후 오가와는 의견서 「북지사변北支事變의 전망과 그 대책」을 집필했다. 劉傑, 戶部良一 외 편, 「이시이 이타로(石射猪太郞)와 중일전쟁」, 『'중일전쟁'이란 무엇이었는가』, 2017에 수록됨

> (중국 국민의 항일사상은) 4억 민중의 뱃속 깊이 끓어오르는 것이다. 그런데 이를 국민당 지도에 의한다던가, (…중략…) 코민테른의 사주를 받았다던가 (…중략…) 수수께끼라고도 하는 것은 말도 안 되는, 잘못 짚은 것이다. 가령 러시아가 하루아침에 지구상에서 모습이 사라져도, 국민당 정부가 무너져도, 영미의 원조가 끊어져도, 일본의 잘못된 대중국 태도가 시정되지 않는 한 중국의 항일은 절대로 멈추지 않는다. 코민테른의 선동도 국민당의 지도도 필경 (…중략…) 민국 여론의 큰 흐름 위에 춤추는 파도에 불과하다.[11]

중국의 항일은 위로부터의 지도에 의한 것이 아니라, 민중 속에서 뿜어져 나오는 것이라고 오가와는 지적하고, 내셔널리즘의 발흥을 정당히 평가하라고 주장했다.

애당초 호혜 평등 위에 섰을 때야말로 친선도, 제휴도 논의할 수 있는 것으

11　일본 아시아역사자료센터, Ref. B02030573400.

로, 무력에만 의지해서 친선을 희망한다는 것은 애당초 무리다. (…중략…) 마음으로부터의 친선은 일본에 지나支那 정복의 의도가 없다는 것을 드러내서, 그를 안심시키는 수밖에 방법은 없다. (…중략…) 이 기회에 '일본은 북지北支에서 완전히 손을 떼야 한다'. 이것이 이번 중국 출병의 대목적을 달성하는 유일무이의 방법이다.

'친선'과 '제휴'를 주장한다면 일본은 즉시 화북에서 손을 떼라고 하는 것이다. 8월 15일 자의 이 의견서를 이시이는 9월 3일 받아서, '의견은 완전히 일치하고 있다'고 자신의 일기에 감상을 적었다. 오가와는 의견서를 고노에 총리를 비롯하여 관계, 정계의 요인들에게 보냈다. 石射, 『외교관의 일생』

일본군이 난징을 공격했을 무렵, 오가와는 도쿄에 와서 이시이를 만났다. 이 두 사람의 움직임을 이시이 일기를 통해 살펴보자.

12월 9일 오가와 아이지로 군 방문, 일본은 '배틀battle'에는 이기지만 '워war'에는 진다. 위기이다. 빨리 시국을 수습하지 않으면 안 된다고 적성赤誠이 넘친다. 상하이 전선의 우리 군의 사기는 탄식할만한 것이라고 한다.
12월 13일 난징 함락
12월 16일 오가와 아이지로 군 다시 방문, 대중국 정책을 이야기함.
1938년 1월 6일 상하이에서 편지 도착, 난징에서의 우리 군의 난폭한 모습을 상세히 전함. 약탈, 강간, 눈을 뜰 수 없는 참상도 있다. 아아, 이것이 황군인가? 일본 국민, 민심 퇴폐의 발로일 것이다. 큰 사회 문제이다. 『石射猪太郎日記』

오가와는 1937년 말 시점에서 난징에서의 일본군의 '난폭한 모습', '눈을 뜰 수 없는 참상'을 편지에 적어 이시이에게 보낸 것이다.

1월 19일 오가와 구속

1월 27일 오가와 군 어제 석방

석방된 지 얼마 후 오가와는 2월 6일 이시이 등과 함께 마쓰다히라 쓰네오松平恒雄 대신이 주최하는 골프모임에 참가한다. 이시이가 데리고 갔다고 추측되는데, 그렇다고 해도 오가와와 같은 '요주의 인물'과 궁내대신이 동석한다는 것은 아무래도 이상한 조합이라고 할 수밖에 없다.

난징학살 비난
그 후에도 오가와는 의견서를 계속 작성했다. 1938년 7월 27일 자 의견서 「시국의 동향과 수습책강화대강(講和大綱)」[12]에서는 일본군에 의한 난징학살을 비난했다.

국민정부와 그 군대는 공격하지만 인민은 적으로 삼지 말고 애무愛撫하는 것이라는 것도 자주 성명으로 발표되었지만, 사실은 완전히 반대이다. 이것도 중지中支 방면의 실례인데,

① 일본병의 약탈 강간이 왕성히 일어나고 있다. 실로 놀랄만한 일로 이런 일은 청일, 러일전쟁은 물론 만주사변에서도 보지 못한 것으로 청일전쟁 당시는 '터럭만큼도 침략하지 않는다秋毫不侵'는 것을 표방하고, 이를 어긴 병사를 사형에 처한 사례조차 있었는데, 이번에는 너무나 그 숫자가 많아 그런 처치를 할 엄두도 내지 못하고, 전혀 손 쓸 방도가 없게 되었다. 황군으로서 있어서는 안 될, 무사도를 더럽히고 있다. 실로 우려할 만한 중대사이다.

12　小川愛次郎,「時局ノ動向ト收拾策(講和大綱)」(1938.7.27),『支那事變關係一件 / 善後措置(和平交涉ヲ含ム)』, 일본 아시아역사자료센터, Ref.B02030666500.

② 학살 방화가 왕성히 이루어졌다. 난징 함락 직후만 해도 시민 중에 남자를 색출하여 기관총 난사를 당한 자가 1만 명이 되며, 시가에서 화재가 다수 발생한 것은 점령 후 일본병사가 방화한 것이다. (…중략…)

응징한다고 하면서 침략 정복하는 행동을 하고, 친선 제휴가 목적이라고 하면서 오히려 항일정신을 북돋는 일을 하고 있다. 이것이 과연 일본 정신, 황도에 맞는 것이냐, 이것이 과연 천황의 뜻이냐, 라는 점에 대해 국민은 근본적인 의문을 품고 있다.

일본군의 난징에서의 행동은 재야 일본인에게 당시 이미 준엄하게 비판받고 있었다. 게다가 그것은 가자미 아키라^{風見章} 내각서기관장 등 권력의 중추에 도달했을 가능성도 높다.

오가와는 위와 같이 지적한 다음, 일본은 중국에 괴뢰정권을 세울 것이 아니라 장제스정권을 상대로 호혜평등의 제휴관계를 구축하라고 주장하고, '북지는 5개년 이내에 철수하라', '중지는 즉시 철수하라'는 등 일본군 철수의 순서까지 제시했다.

그러나 사태는 오가와가 생각하는 방향과는 정반대로 나아갔다. 일본은 1940년 3월, 국민당 지도자의 1인인 왕자오밍^{汪兆銘}을 수반으로 하는 괴뢰정권을 난징에 수립, 9월에는 일·독·이 삼국동맹을 체결했다. 그 후 미일교섭으로 중국에서 철수를 요구받은 일본은 이를 거부하고 영미에 대해 개전^{開戰}을 선택했다.

고다이라에서 남은 생을

오가와를 둘러싸고, 이런 에피소드가 있다. 일본의 패색이 농후해진 1944년 12월경, 만철 상하이사무소의 구마가야 야스시^{熊谷康}는 오가와와 함께 난징 지나파견군 총사령관을 찾아갔다. 사령관 오카무라 야스지^{岡村寧次}를 비롯하여 참모를 모이게 하여 오가와가 '이 전쟁은 아무리 생각해도 승산이 없는데, 당신들은 어떻게 생각하는가?'라고 물었다. 전원, 동감이라 했다. 참모들은 철수에 찬성했으나, 철수 때 중국 병사에게 총 맞을 것이라고 주장했다. 오가와는 단연, 그렇지 않을 것이라고 말했다.

도망쳐 돌아가는 자를 공격할 것이라고 생각하는 쪽이 머리가 이상한 거야. 그 점이 전쟁을 일으켜 자신만만하던 때와 조금도 변하지 않았어. 그러한 [중국인] 철학을 이해하지 못한다면, 마음대로 전쟁하라! 그 대신에 엉망진창으로 지게 될거야. 熊谷,「상하이·만철 조사부 8월 15일」,『海外事情』8월호, 1980

종전 후에도 오가와는 한동안 중국에 머물렀던 것 같다. 일본이 패전한 지 1년 후 상하이에 재류했던 작가 홋타 요시에^{堀田善衛}의 일기에 오가와의 이름이 등장한다.

어제 토요회에서 '종전후 대일 여론'이라는 것을 조금 말했다. 우치야마 간조^{内山完造}, 쓰카모토 스케타로^{塚本助太郎}, 오가와 아이지로^{小川愛次郎}등.『홋타 요시에(堀田善衛) 상하이 일기』, 1946.9.15

오가와에 대해서는 모르는 점이 많다. 중일전쟁에 관한 일부 연구서와 연구논문에서 그의 이름을 찾을 수 있지만 그 생애나 사상 형성을 다룬 평전은 아직 저술되지 않은 것 같다. 그러나 중일전쟁 하에서 오가와가 독자적 존재였던 점은 틀림없다.

신문기자 중에도 중국어를 잘하고 중국 정치에 능통하고 일본 정계나 중국 요인과의 네트워크를 가진 자는 적지 않았다. 그들 중에는 왕자오밍汪兆銘의 난징 국민정부나 그 후의 화평공작에 관여한 자도 있었다. 그러나 오가와처럼 국가 정책의 잘못을 정부 중추에 직언하고, 군의 철수까지 주장한 자는 그 외에 없지 않았을까?

오가와는 1945년 이후 도쿄 고다이라小平의 본가로 돌아왔다. 고다이라시 문화재심의위원회 위원장을 지낸 후 1971년 95세로 사망했다.

3. 비판자들의 시점

「신세계관에 대한 요구」

그런 타이틀의 기사가 『가호쿠신보河北新報』에 게재된 것은 난징 함락에서 약 1개월이 지난 1938년 1월 10일, 11일이었다. 상하 2회, 그 외에 1월 4~7일 자 『후쿠오카니치니치신문(福岡日日新聞)』에도 게재 필자는 철학자인 미키 기요시三木清이다. 미키는 「세계적인 세계관」에서 다음과 같이 논했다.

> 진정으로 세계를 파악하기 위해서는 단순히 민족적인 입장에 그치지 말고 세계적인 입장에 서야 하며, 또한 과학적 인식을 포함한 입장에 서야 한다.
>
> 새로운 세계관은 실로 세계적인 세계관일 것을 요구받고 있다. 세계관은 세계에 대한 주체적인 파악이라는 점에서 물론 추상적으로 세계적인류적인 입장에 설 수는 없을 것이다. 중요한 것은 민족의 기반 위에 서면서도 민족을 초월한다는 것이다. 그것이 가능한 것은 예를 들어 그리스 민족이 만든 문화가 금일까지 세계적인 의의를 갖고, 세계적으로 영향을 끼치고 있다는 것으로 실증된다. 또한 현재 일본과 지나支那가 새로운 질서로 맺어져야 한다면, 만약 우리가

갖는 세계관이 단순히 민족적^{일본적}인 데에 머물러있다면 그것은 이 결합의 기초가 될 수 없을 것이다.

일본정신론의 한계

철학의 언어를 사용하여, 미키는 편협한 내셔널리즘의 갑옷으로 몸을 감싸고 있는 '일본적 세계관'을 비판했다.

난징 함락 이전에도 미키는 『중앙공론』 1937년 11월호에 게재한 논문 「일본의 현실」에서 다음과 같이 지적했다.

〈그림 2〉 철학자 미키 기요시

일본의 특수성 역설에만 힘써 온 종래의 일본정신론은 이제 중대한 한계에 봉착하고 있다. 그런 사상은 일지^{日支} 친선, 일지^{日支} 제휴의 기초가 될 수 없기 때문이다. 일본에는 일본정신이 있는 것처럼 지나에는 지나정신이 있다. 양자를 연결할 수 있는 것은 양자를 초월한 것이어야 한다.

'폭지응징^{暴支膺懲, 횡포를 부리는 중국을 응징하라}'의 구호가 목청을 세우고 있는 와중에 미키는 '일본정신'으로 '지나정신'을 무찌르자는 주장의 부당성과 불가능함을 에둘러 지적하고, '응징'의 사상을 이성의 어휘로 비판했다. 지금 다시 읽어 보면, 이 논문이 그 시절에 어떻게 검열을 통과했는지 신기하게 생각된다.

장제스의 성명

1938년 7월 7일, 루거우차오사건 1주년을 기하여 장제스蔣介石는 「일본 국민에게 고함」이라는 제목의 성명을 발표했다.

전쟁 발발 이래 귀국의 인력, 재력, 물력의 손실은 이미 러일전쟁 당시의 몇 배에 달하고 있다. 그리고 그 중 가장 중대한 손실은 도덕상의 손실이다. 제군은 귀국의 출정 군대가 이미 세계에서 가장 야만적이며 가장 파괴력을 갖는 군대임을 알고 있을까? 제군은 귀국이 항상 자랑스럽게 여긴 '대화혼大和魂'과 '무사도'가 이미 완전히 사라져서 존재하지 않는다는 것을 알고 있을까? 모든 국제 공약과 인류의 정의는 모두 귀국의 침화군대侵華軍隊로 인해 완전히 파괴되어 버렸다. (…중략…) 수천 명을 광장에 묶어 놓고 기관총으로 난사하고, 또는 수십 명을 광장에 묶어 놓고 기름을 부어 화형에 처하고, 심지어 살인 경쟁을 하며 서로 농담거리로 삼고 있다. 張競·村田雄二郎 편『日·中의 120년』문예평론작품선 3, 2016

이 성명을 일본 신문이 보도하는 일은 일어나지 않았다. 일본을 대상화하고 객체화하는 시점. 당시의 신문에 절대적으로 부족했던 것은 그것이었다. 단, 국제여론의 동향은 자질구레하긴 해도 당시에도 국내로 전달되었다. 미국에 유학 경험이 있던 장제스의 처인 쑹메이링宋美齡의 발언도 미국 보스톤 발, '동맹통신'으로 보도되었다. 게재한 것은『가호쿠신보』와 에히메의『가이난신문海南新聞』이다.

『가호쿠신보』는 「일본은 언젠가 미국도 침략, 쑹메이링이 미국 지인에게 편지」라는 제목으로 그 발언을 소개했다.

장제스 부인 쑹메이링은 우국憂國의 여장부인 척하며 장기 교전의 급선봉이 되어 안팎으로 선전에 힘껏 분투하고 있는데, 최근 보스톤의 지인에게 편지를 보내 일본은 언젠가 미국도 침략할 것이라고 선동하고 있다. 편지 내용은 다음과 같다.

일본은 언젠가는 하와이를 침략하여 그곳에 근거지를 설치하고 이어서 캘리포니아까지 침략의 손을 뻗칠 것이다. 일본의 당면 야심은 대륙제국의 건설이지만, 궁극적 목적은 전 아시아를 정복하여 세계에 군림하려는 것에 있다. 그러나 중국은 그동안 보지 못했던 단결 모습을 보이고 있다. 조국 방위를 위해 최후까지 저항할 각오이다. 1938.1.10

쑹메이링은 미국 여론을 중국 편으로 끌어들이기 위해 이대로라면 일본은 조만간 하와이를 침략할 것이라고 경고했다. 그 예견이 곧 현실로 나타난다. 국제연맹의 동향도 런던발 '동맹통신' 전보로 일본에 전해졌다.

「국제연맹 강화 국제평화운동위원회」는 (1938년) 2월 12, 13일 양일간 런던에서 대회를 열고, 유럽제국 협력하에 일본에 대해 침략 저지운동을 일으키기로 하였다. 27일, 국제연맹강화위원회에는 쑨원의 미망인, 쑹칭링宋慶齡 여사도 출석하여 지나의 곤궁한 상황을 호소하기 위해 런던에 오게 되었다는 것을 언명했다.『鹿兒島新聞』, 석간, 1938.1.28

멕시코에서 발행된 일본어신문『메히코신보メヒコ新報』의 하마구치 이사부로浜口伊三郎 기자는 중일전쟁을 멕시코의 사람들이 어떻게 인식하고 있는지를 주제로『이세신문伊勢新聞』에 기고했다.

여기 멕시코는 물론 이웃 미국에서도 우리나라의 이번 사변에 대한 대외 선전은 완전히 실패로 끝나고 있다. (…중략…) 과거 및 이번 사변에서 우리나라의 행동이 하늘을 우러러 한 점 부끄럼이 없는, 진정으로 공정한 검劍임에도 불구하고 현재 멕시코 및 이웃 미국 부녀자들의 우물가 수다에서까지 일본은 전쟁을 좋아하는 나라이다, 정의라는 허울을 뒤집어 쓴 침략국이다, 일본을 무찔러라, 라고 외치도록 한 현실이 이를 입증한다. 「이국(異國)에서 듣는 지나사변」, 1938.1.9

서구사회에서 일본이 침략국으로 보여지고 있다는 것을 하마구치는 예상하지 못했던 일로 기록하고 있다. 난징학살을 둘러싼 특집기사를 게재한 1938년 1월 9일 자 『뉴욕 타임즈』는 일본에 도착한 후 발매금지되었다. 내무성 경보국 발행 『출판경찰보』111호가 그 기사 일부를 번역하여 인용하고 있다.

일본군의 승리는 야만적 참혹함과 포로의 일률적 처형, 시내에서의 약탈, 강간, 살육, 기타 일반적으로 일본 군대와 일본 국민의 명성에 오점을 남긴 만행으로 손상되었다. (…중략…) 지나 부인은 일본군에게 무자비하게 괴롭힘을 당했다. 미국 선교사가 비밀리에 안 사실에서도 다수의 부인이 피난민수용소에서 끌려가 강간당한 몇 가지 사례가 있다.

기류 유유의 싸움

일본의 중국 침략에 대한 정면 비판은 보도 통제로 봉쇄되었다. 『시나노 마이니치신문信濃毎日新聞』의 주필을 사직한 후 개인잡지 『타산지석他山之石』을 통해 군부 비판을 계속한 기류 유유桐生悠悠는 난징 함락 후인 1938년 3월 20일호에 게재한 논문 「지나支那에 대한 우리의 인식 부족」에서 일본인의 중국관을 근본에서부터 비판했다.

가령 이번 전쟁에서 우리가 성공을 한다 해도 다음 제너레이션에서 그[중국]는 우리에게 복수하고자 다시 일어날 것임은 단언하기에 주저하지 않는다. 그리고 이른바 동양 영원의 평화는 이로써 실현되기는커녕 영원히 파괴되어 사라질 위험이 있다. (…중략…) 항일 일색으로 가득 찬 지나에는 의외로 생각되는 의용자義勇者와 애국자가 어림잡아도 흘러넘칠 정도로 많다. 전쟁에서 이기고, 정치에서, 외교에서 지지 말 것을, 우리는 지금, 특히 우리 정부 당국에 경고하지 않을 수 없다. 太田雅夫 편, 『기류 유유의 반군논집(反軍論集)』, 1969

이 논문은 '화평 기운을 양성한다'는 이유로 발매 금지당했다. 기류는 또 '일본'이라는 껍질에 갇혀서 세계를 보지 못하는 일본을 비판했다.

스스로를 높이기 보다 스스로를 낮추고, 자신을 편협하게 하여 자기 껍질 안에 웅크리고 있는 것을 애국이라고 하고, 민족적 정신이라고 주장하는 근대적 국가만큼 어리석고 가련한 것은 없다. 위의 책

논문 「비열한 국가와 이에 깃드는 인간」도 '반군反軍 사상 양성'이라는 이유로 발매 금지되었다.

군축론의 좌절

신문기자는 무엇을 하고 있었을까?

아사히신문사의 임원으로서 '황군 위문사'로 중국 화북 지방과 상하이를 방문한 명예 주필인 다카하라 미사오高原操는 1937년 11월 교토京都, 오카야마岡山, 고쿠라小倉, 후쿠오카福岡, 구마모토熊本, 야마구치山口 각지에서 '전황戰況 보고 강연회'를 개최했다. 다카하라는 "황국 건국의 대정신과 절대로 함께할 수 없는 공산주의 사상하에 있는 난징정부국민정부를 철저히 응징하고, 반성의 결실을 거둘 때까지 지나사변은 절대로 끝나지 않는다. 오로지 장기 응징이 있을 뿐"이라고 말하고 장기전에 대한 각오를 청중에게 요구했다.「만당(滿堂)의 대관중, 감격, 눈물을 자아내다」, 『大阪朝日新聞(熊本版)』, 1937.11.18

1910년대부터 1920년대 중반까지 『오사카 아사히신문』의 편집국장, 주필을 지낸 다카하라는 보통선거와 군비축소를 주창하여 『아사히신문』의 논조를 주도해왔다.[13] 1929년 가을에는 사내 회의에서 이렇게 발언했다.

> 어느 국가든지 언론기관이 군무 당국자와 한통속이 되어 군비확장을 찬성하는 경우는 반드시 전쟁을 불러일으키고, 타국의 군비를 그 이상으로 더욱 증대시키는 법이다.아사히신문「신문과 전쟁」취재반, 『신문과 전쟁』, 2008

그렇지만 2년 후인 1931년 9월, 만철선 폭파사건류타오후사건(柳條溝事件)을

---

13 당시 『아사히신문』의 입장은 '안으로는 입헌주의, 밖으로는 제국주의'로 알려진 것처럼 대외적인 권익 옹호를 부정하지 않았고, 『동양경제신보(東洋經濟新報)』의 이시바시 단잔(石橋湛山)의 '만몽방기론(滿蒙放棄論)'에는 미온적이었다. 그래도 군부나 우익 세력으로부터 '자유주의 아사히'로 공격받았다.

계기로 일본군이 만주에 침공하자 다카하라는 군부 지지를 표명했다.

만주사변에 임하여 『도쿄 아사히신문』의 논설위원 마에다 다몬前田多門은 군부의 독주를 비판했다.

> 평생 보통선거, 데모크라시라고 해서 의회나 정당정치를 아무리 주장해 봐도 마침내 국운을 걸게 될지 모를 대외적 사건이 발발하면, 의회도, 정당 내각도 모두 로봇처럼 손을 모으고 있을 수밖에 없고, 단지 군대가 가는 대로 국가 전체의 운명이 끌려다니는 지경이 되면, 국민은 탈선한 채 달리는 기차에 탄 기분이 들지 않을 수 없다.
>
> 두셋 고급 군인의 판단 여하에 따라 국가의 대외적 행위가 어떻게든 결정되고, 만약 그 판단이 잘못되었어도 시정할 방도가 없고, 책임만은 국민 전체가 짊어진다는 구조여서 의회정치도 그 어떤 것도 아무런 의미가 없다.前田, 「만주사변에 대한 감상」, 『경제왕래(經濟往來)』, 1931 11월호

마에다의 필봉은 날카로웠다. 그러나 그런 마에다 또한 중일전쟁이 전면화하여 총력전 체제로 들어가자 발언이 크게 바뀌었다. 난징 함락 후 1938년 2월 마에다는 「지나사변과 국민의 각오」라는 제목으로 이시카와石川현 고마쓰초小松町에서 강연했다.

> 막상 때가 닥치면 영묘한 힘이 솟아나는 신神과 같은 야마토大和민족으로서 이 비상시에 용맹보국勇猛報國의 적성赤誠14에 불타지 않는 자가 있을까? (…중략…) 신불神佛에 부끄럽지 않은 마음으로, 자신의 적성을 타인이 알아주지 않

---

14 [역주] 조금도 거짓이 없는 마음.

아도 드러내겠다는 우리 국민이니만큼, 앞날에 비관할 것은 아무것도 없다는 것을 강하게 의식하고, 앞으로도 제군의 분발을 기원해 마지않는다.「국민의 지위 향상은 모두 전쟁이 계기」,『大阪朝日新聞(石川版)』, 1938.2.15

내무 관료 출신인 마에다는 1938년 그동안 10년간 근무했던 아사히신문사를 퇴사하고, 그 후 니가타현 지사 등을 역임했다. 1945년 이후에는 히가시구니^{東久邇} 내각[15], 시데하라^{幣原} 내각[16]에서 문부대신을 지내고 1946년 1월 1일 발표된 이른바「천황의 인간 선언」문안 작성에 관여했다.

가후의 귀에도

고고^{孤高}한 작가로 알려진 나가이 가후^{永井荷風}[17]가 도쿄 긴자에서 난징 공략에 종군했다는 군인과 조우한 것은 미·일 개전 후인 1942년 봄의 일이었다. 가후^{荷風}는 전쟁시대의 세상을 개탄했다.

이 사람은 [2·26사건으로] 다카하시 고레기요^{高橋是清}가 기관총을 맞고 쓰러진 모습을 직접 목격하고, 또한 수많은 중국인이 살해당하는 것을 목격해 왔는데, 전쟁이 무엇인가에 대해서는 한번도 생각한 적이 없는 것 같다. 전쟁 이야기도 경마 이야기도 별반 다르지 않은 것처럼 보인다. 요즘에는 이렇게 무신경한 귀환 병사가 매우 많다. 과거에는 톨스토이 같은 이상주의자가 있었다는 것은 꿈에도 모를 것이다.『斷腸亭日乘』, 1942.2.26

---

15 [역주] 구 일본황족인 히가시구니 나루히코(東久邇 稔彦). 일본 패망 직후 1945년 8월 17일부터 10월 9일까지 내각총리대신으로 재임했다. 패전 직후 '일억 총참회'라디오 연설을 했지만 이것이 소화일황의 전쟁 책임을 회피하는 주장이라고 비난을 받았다.
16 [역주] 시데하라 기주로(幣原喜重郎)가 이끈 내각으로 기간은 1945.10.9~1946.5.22.
17 [역주] 1879~1959. 소설가.

4. 군국 미담軍國美談과 아들의 편지

상하이전선 승리를 축하하는 제등행렬이 있던 밤, 사랑하는 아들을 먼저 저세상으로 보낸 어머니가 불단佛壇이 있는 방의 창문을 열어젖히고 "애야, 보거라. 네가 흘린 피가 보람이 있어서 오늘은 이렇게 훌륭한 제등행렬이구나"라고 말하고 가족 모두 만세를 외쳤다. 그 어머니인 55세의 기쿠노가 말했다.

아무리 아들이 사랑스럽다고 해도 국가와는 바꿀 수 없습니다. 세상 사람들은 출정한 아들의 꿈을 잘도 꾼다고 하는데, 나는 한 번도 꿈을 꾼 적이 없습니다. 전사했다고는 하는데, 아마도 영혼은 언제까지나 전장에 남아 있어서 아직 제게는 돌아오지 않은 것 같아요. 『大阪朝日新聞(德島版)』, 1937.11.16

후방의 어머니는 전사한 아들이 꿈에 나타나는 것보다 혼이 되어서도 계속 싸우기를 원했다. 도야마의 신문에도 역시 다음과 같은 화제가 게재되었다.

'내가 집을 비운 동안, 고생이겠지만 다른 사람들에게 피해를 끼치지 말고 당신 힘 닿는 데까지 일하면서 견뎌 주길 바라'라는 말을 남기고 34세의 남편은 출정했다. 그 말을 지키며, 우유배달을 하며 4살의 아들을 키우는 30세의 아내 다카.
이웃 사람이나 마을회 임원이 당연히 다카 씨에게 해당하는 군사 부조 신청을 권유해도 단호히 거절하고 단지 남편의 당부가 중요하다며 일하고 있는 다카 씨의 모습은 실로 후방을 지키는 부인의 기품 있고 씩씩한 모습이다. 『北陸日日新聞』, 1938.1.18

'후방의 어머니나 아내인 자, 이런 모습이어야 함.' 기사는 후방 여성의 '바람직한 모습'을 이렇게 제시했다.

징병 기피 기사도

그러나 전시하 사람들의 생활이 미담으로만 채워지지는 않았다. 전사자의 유족 사이에서 생각하지도 못한 트러블이 빈발했다.

> 최근 전사자의 유족, 특히 그 부모가 시^市의 사회과를 방문하여 전사한 아들의 처인 며느리와 이별하고 싶은데, 며느리를 이혼시키면 일시 하사금은 부모가 받느냐는 등의 상담을 했다고 한다. 이에 대해 그 며느리는 이혼할 이유가 없다고 하여 이를 거부하고, 시부모 측은 의리와 은애^{恩愛}를 저버리고 추태를 보이고 있다며 서로 으르렁대고 있다고 한다. 심지어 염치도 없이 아들의 출정 후, 며느리가 부정을 저지르고 있다는 등 사실이 아닌 것을 꾸며대며 이를 방패 삼아 이혼을 압박하는 부모도 있다. 사회과에서는 그 조정을 하느라 골머리를 앓고 있다. 「일시 보상금을 둘러싸고 혐오할만한 갈등」, 『大阪朝日新聞(長崎版)』, 1938.1.20

징병을 기피하여 타인인 것처럼 위장한 24세의 남자가 체포된 경우도 있다.

> 남자는 1934년 5월 이바라기^{茨城}현, 이시오카초^{石岡町}의 징병 검사를 기피하여 행방을 감추고 도쿄 니혼바시^{日本橋}의 택시업자 밑에서 조수로 일했다. 그러면서 동료의 호적초본을 훔쳐 신분을 위장하여 도쿄에서 일 자리를 전전했다. 1937년 6월경부터 치바^{千葉}현 조시^{銚子}시내의 운송점에서 붙박이로 일하고 있었는데, 짐 운임을 횡령하여 도주 중 경찰에 체포되었다. 요지, 「징병 거부와 횡령한 남자」,

『東京朝日新聞(千葉版)』, 1937.12.28

입영 중에 연대에서 탈주한 일등병이 2년 후에 체포된 보도도 보인다.

이바라기현 출신인 남자가 1936년 시즈오카^{靜岡}연대에 입영 중, 전우의 시계를 훔쳤다. 남자는 미결감방에서 탈주하여 가명을 사용하여 아이치^{愛知}현 내의 직물공장에 고용되어 거기에서 노동하는 여성과 결혼했다. 1938년 2월 어느날 밤, 나고야^{名古屋}시내에서 교통 단속 경찰관이 수상히 여겨 조사하던 중 탈주병인 것을 자백했다. 요지, 「잡힌 탈주병」, 『東京朝日新聞(茨城版)』, 1938.2.23

중국 병사 생매장 놀이

전쟁의 그림자는 좋든 싫든 후방의 아이들에게도 영향을 끼친다. 난징 함락에서 1개월 정도 지난 무렵, 전쟁과 유아의 놀이를 주목한 기사가 야마나시^{山梨}현 신문에 게재되었다.

이번 사변에서 아동의 놀이 생활이 꽤 변화하고 있다. 놀이 그 자체가 활발해지고, 동작도 용감해져 모래 장난, 시소 타기, 그리고 유동판^{遊動板}[18] 등의 놀이가 일변하여 '참수 놀이' (…중략…) 탱크^{전차} 충돌 놀이, 지나 병사의 생매장 놀이에서 토치카 공격 놀이 등 보통 언뜻 상상할 수 없는 살벌한 것이 늘어났다. 「전쟁과 아동 놀이 – 신경 써서 고치자」, 『山梨日日新聞』, 1938.1.3

전장에서 돌아온 병사의 이야기를 들은 것일까? 어린 아이들이 중국병

18　[역주] 넓은 나무 판자 그네.

〈그림 3〉 유동판
『新體育』, 도쿄 신체육사 6월호, 1951

사의 '생매장 놀이'를 하며 놀고 있다는 것이다. 유치원 교사가 글을 기고했다.

일장기 작은 깃발을 흔들며 어린 아이들이 '만세, 만세' 하는 귀여운 목소리를 들을 때, 아이지만 어떤 강한 자극에 신경이 예민해지고 있는 것은 아닐까라고 생각하게 된다. 사변하의 아동 놀이 생활은 주의를 기울이고, 지도 방법에 대해 가정도, 학교도, 유치원도 협력하여 다방면으로 연구했으면 좋겠다. 그것은 아마도 생애를 통하여 현재의 모습이야말로 강한 인상으로 남을 것이기 때문이다. 아동이 가장 좋아하는 놀이는 전쟁놀이이므로.

이러한 신중론에 대해 전쟁 영향을 적극적으로 긍정하는 의견도 있다. 『규슈 니치니치신문』구마모토에 게재된 「전쟁과 아동, 동심에 끼치는 영향」이라는 기사는 이렇게 주장했다.

어느 정도의 적개심을 배척하는 것은 바람직하지 않다. 현재로서는 전쟁이 아동에 끼치는 영향은 해악보다는 이익이 많다고 할 정도이며, 전쟁시대를 지나온 아동은 생활에 긴장미를 갖고 있다는 점 등은 하나의 증거로 보인다. 1938.2.21

참수한 목을 선물로

아동은 학교나 가정에서 전지戰地의 병사에게 편지를 작성했다. 그것을 신문이 다루었다.

소학교 6학년 여학생   지금 오라버니의 몸은 천황폐하께 바친 몸입니다. 싸울 때는 열심히 싸워 주세요. (…중략…) 어머니는 최근 매일 무나 배추를 팔러가고 있으니, 집안 걱정은 하지 말고 저 얄미운 지나 병사를 물리쳐서 선물로 지나 병사의 목을 많이 갖고 와 주세요. 그것을 가장 기대하고 있습니다." 「출정 나간 오라버니께」, 『九州日日新聞』, 1937.12.20

소학교 고등과 2학년 남학생   교정의 봉안전奉安殿19 앞의 장엄한 환송식에서 단상에 오른 병사님이 "건강하게 잘 다녀오겠습니다", "지나 병사 2~3백 명을 때려죽이고 오겠습니다" 등으로 말씀하시는 것과 꾹 다문 입매에 굳은 결심이 엿보여 우리는 주먹을 쥐고 마음으로부터 무운장구武運長久를 빌며 남자로 태어나 이렇게 명예로운 일은 없다고 생각했습니다. 「점점 훌륭한 소학생으로」, 『福島民報』, 1938.1.6

소학교 2학년 남학생   "저는 매일 아침 일찍 일어나 히에신사日枝神社에 가서 아버지의 무운장구武運長久를 빌고 있으므로 걱정하지 말아 주세요. '아버지! 심술궂은 지나 병사를 몇 명 죽였어요? 빨리 퇴치하고 개선해 주세요. 저는 매일 기다리고 있습니다." 「얄미운 지나 병사를 몇명 죽였나?」, 『山形新聞』, 1938.1.27

소학교 3학년 남학생   집에는 할아버지, 할머니, 어머니 그리고 저를 비롯하여 아이 5명이 남아 있습니다. 나라를 위해서라고 하며 모두 씩씩하게 일하고 있습니다. 저도 크면 지나 병사를 격멸하여 일본의 강함을 세계에 알리고자 합니다. 저는 징병 검사가 기다려져서 고민스럽습니다. 「병사님에게 보내는 편지」, 『靜岡民友新聞』, 1938.1.30

---

19   [역주] 학교에 '천황'과 '황후'의 초상화와 교육칙어를 모신 구조물.

'얄미운 중국병사를 많이 죽여 주세요.' 이것이 당시 아동의 모범적인 편지였다. 아이들은 전쟁터에서 아버지나 형이 '지나 병사의 목'을 많이 가져오기를 소망했다. 그것이 실제로 어떤 행위인지, 상상할 수 없었을 것이다. 목을 '많이 가져온다'는 것은 즉 '공을 세운다'는 것으로 아이들은 이해하고 있었다.

병사는 병사대로 고향의 가족에게 약속했다.

저도 적 2명을 사살하고, 7~8명은 칼로 베어 버렸습니다. 살아서 개선할 수 있다면 창코로[20]의 목을 들고 돌아가겠습니다. 그쪽은 추수도 끝났겠지요? 동생들은 사이좋게 나의 몫까지 일해서 부모님께 효도해 주세요. 「선물은 지나인의 목」, 『大分新聞』, 1937.12.13

소년단이 패잔병 사냥

1938년 2월 5일 『치바 마이니치신문千葉毎日新聞』에 소년단이 군사연습을 한다는 예고 기사가 실렸다.

대일본 소년단 약 40명은 6일 오전 9시부터 유우키 도요타로結城豊太郎 전前 장상蔵相[21] 등을 선두로 영장霊場[22] 나리타 부동존成田不動尊[23]에 참례하여 우선 무운장구를 기원했다. 이를 마치고 나리타산成田山에서 지나 병사 인형을 설치하고 패잔병 사냥을 실시했다. 동시에 열병 등을 거행하며 더욱 소년단의 후방

---

20 [역주] 중국인을 멸시하는 표현으로 청국노(清國奴)라는 뜻.
21 [역주] 대장성(大蔵省) 대신의 약칭.
22 [역주] 신도(神道)의 신과 불교의 부처가 모두 영험한 장소.
23 [역주] 치바현 나리타산(成田山) 부동명왕을 모신 절.

장기 수비 태세의 기세를 올렸다.

국내에서 10대의 소년이 패잔병 사냥 연습을 하고 있었다. 단, 실제로 어떤 연습이 이루어졌는지는 그 후의 보도가 없어서 알 수 없다. 난징에 사는 중국인 소년^{소학교 4년생}의 작문을 소개한 기사도 있었다. 나라현 출신의 상등병이 모교인 소학교에 '참고자료'로 보낸 것이다. 세 명의 작문에서 각각 다음 구절을 인용하고 있다.

> 우리가 증오해야 할 적은 일본인이다. 그들은 항상 우리를 모욕했다. 우리 91명은 결속하여 우리를 침략하려는 그들을 물리치자. 또 그들은 상하이를 공격한다. 생각건대 우리 땅을 빼앗고자 하는 것이다. 그래서 그들은 비행기를 움직이고 대포를 쏘며 온다. 우리는 지금 소학생이지만 열심히 공부하는 한편으로 한 푼이라도 기부하여 우수한 무기를 만들어 적과의 싸움을 원조하자. (…중략…)
> 현재 우리가 가장 증오해야 하는 것은 일본인이다. 때는 바야흐로 일본과 전쟁을 결행했는데 많은 시일이 필요하나 일본을 처부수어 일어서지 못하도록 해야 한다. 우리가 가장 두려워해야 하는 것은 일본인이다. 따라서 우리는 그와 행동을 함께 하지 말자. 그와의 싸움에서 우리는 광대한 토지를 빼앗기고 많은 우리 동포가 죽었다. (…중략…)
> 유산자인 이들이여, 한번 생각해 보라. 증오하고 더욱 증오해야 하는 것은 일본인이다. 우리는 유산가^{有産家}의 분발을 요청한다.『大阪朝日新聞(奈良版)』, 1938.2.1

이 기사는 제목에서 "아직 깨닫지 못하는가? 지나 소년, 이런 작문은 일본에서 통용하지 않는다"고 주장하고 있으며 "중국의 소학생은 이런 형편없는 작문을 쓰고 있다"는 것을 강조했다. 그렇다고 해도 일본의 침략을 정면에서 비판하는 중국인의 작문을 소개한 사례는 그 외에는 보이지 않는다. 이것이 왜 게재 허가를 받았는지 수수께끼이다. 중국에서는 소학생도 이 정도로 일본에 적의를 불태우고 있다, 무시해서는 안 된다, 라고 일본의 아동에게 분발을 촉구하기 위해서일까?

동양인으로서 훌륭

이색적인 의견이 지방지에 실린 적이 있다. 가나자와金澤에 본사가 있는『홋코쿠신문北國新聞』은 가나자와 시내의 소학생을 모아「전쟁에 대해 이야기하는 좌담회」를 개최하고 거의 신문 1면 전체를 할애하여 그 내용을 소개했다. 그 중 다음과 같은 의견이 보인다.

> **소학교 6학년 여학생** 장제스蔣介石가 지나支那 국민에게 왕성히 항일을 부추기고 있는 것은 나빠요. 그렇지만 지나가 언제나 지고 있기 때문에 장제스가 지나의 어린이에게까지 반일교육을 해서 위축되지 않고 저항하는 것은 훌륭하다고 생각합니다. 우리가 일본이 이기는 것이 기쁜 것처럼 장제스도 역시 지나를 이기게 하고 싶기 때문입니다.
>
> **소학교 고등과 2학년 여학생** "일본군이 제아무리 강하게 공격해도 입을 꾹 다물고 항복하지 않아요. 그리고 어디까지나 일본군에 저항하여 돌진하는 용감함은 장제스도 같은 동양인으로서 훌륭한 점이 있다고, 믿음직하다고 생각합니다.「지나사변에 아동은 대답하다」, 1937.12.6

중국과 중국인을 멸시하는 풍조가 지배적이어서 '창코로'라는 멸칭이 신문 기사 제목으로 사용되는 일도 드물지 않던 당시에 전자는 중국의 저항을 정당하게 평가하고, 중국인이 애국심을 갖는 것을 당연하다고 파악하고 있다. 후자도 역시 일본군의 '분투'를 상대화하여 이에 저항하는 장제스의 '용감함'을 칭송하고 있다.

일본의 '강함'과 '올바름'만이 일방적으로 선전되고, '자기 껍질에 갇혀 있는 것'이 '애국'으로 간주되던 풍조 속에서 두 명의 소녀는 어떻게 이런 관점을 획득할 수 있었을까? 어떻게 끓어오르는 내셔널리즘의 벽을 가볍게 넘어설 수 있었을까?

이 두 소녀의 관점이 얼마나 특별한 것인지, 같은 무렵 신문에 게재된 유명인의 발언과 비교해 보면, 그 차이가 뚜렷하게 보일지 모른다.

> 원래 지나 병사는 부랑배로서 4억 5천만 명이나 되는 국민 중 200~300만의 부랑배가 있다고 해서 대수인가? 싼 급료조차 안겨 주면 조용하니까. 그렇게 일본식으로 빡빡하게 걱정하지 않아도 된다. 만사 대충 생각하지 않으면 지나는 이해할 수 없다. (…중략…) 지나와 전쟁하는 정도는 쉬운 일이다. 기간이 길어지든 뭐든 상관없다. 거리낌 없이 지나를 두들겨 패 주는 것이다.『大阪朝日新聞(滿洲版)』, 1937.12.11

이렇게 말한 것은 당시 만철 총재인 마쓰오카 요스케 松岡洋右 이다.

제9장

1945년 8월 15일
이후의 공백

1. 근거 없는 우월감

1945년 8월 15일 정오가 조금 지나 '소화천황'의 목소리가 라디오에서 흘러나와 일본의 패전을 국민에게 알렸다. 스즈키 간타로鈴木貫太郎 내각이 퇴진하고 황족인 히가시쿠니노미야 나루히코東久邇宮稔彦를 수반으로 하는 1945년 8월 15일 이후의[1] 최초의 내각이 발족했다. 8월 20일, 『마이니치신문』의 논설위원으로 1942년 봄부터 패전 직후까지 약 150여 편의 사설을 집필한 모리 쇼조森正蔵는 패전 감회를 일기에 남겼다.

저런 전쟁 방식으로 결말을 승리로 이끄는 것은 매우 곤란하다는 것을 우리도 잘 알고 있었다. (…중략…) 게다가 우리는 전쟁 수행을 위해 잘못된 점을 척결하고 올바르고 강한 힘을 만들어 갈 능력을 갖고 있지 못했다. 그것은 우리가 해야 할 책무였던 것이다. 그러므로 현재 우리가 짊어져야 할 책임이 극히 크다는 것은 말할 것도 없다. 森正蔵, 『거국적인 전력 투구(挙国の体当たり)』, 2014

전쟁이 끝난 직후, 신문기자가 의식한 것은 일본이 졌다는 것에 대한 책임이며, '올바른 강한 힘'을 전쟁 수행에 동원해서 승리로 이끌지 못했다는 것에 대한 회한이었다.

---

[1] **[역주]** 원문은 종전(終戰) 후. 1945년 8월 15일은 이른바 '제국 일본'이 패망한 날이나, 일본에서는 이 날을 패망, 패전으로 설명하지 않고 단순히 '전쟁이 끝났다'는 의미로 종전(終戰)이라고 명명하고 있다. 시기 구분에서도 1945년 8월 15일을 기점으로 전쟁 전의 시기를 전전(戰前), 그 후를 전후(戰後)라고 일반적으로 구분한다. 이 개념은 일본의 전쟁 책임과 식민지배의 침략성을 담아내지 못하는 용어로 부적절한 표현이지만, 일본에서는 관용적인 표현으로 정착된 상황이다. 이 책의 번역에서는 이러한 함의를 고려하면서 본문 중에 '종전 후'라는 표현을 문맥에 따라서 '1945년 8월 15일 이후', '1945년 이후', '종전 후' 등으로 혼용하여 번역했음을 밝혀 둔다.

책임을 통감

『아사히신문』은 8월 23일, 사설「스스로를 벌하는 변명」을 게재했다. 전시 하의 언론, 보도 책임에 대해 사설은 "이 조직을 지켜야 한다는 필요를 너무나 강하게 느꼈기 때문에 충분히 본심을 토로하지 못한 경우도 없지 않았다"라며, '우리의 책임을 통감'한다고 적었다. 실제로는 '없지 않다'는 정도가 아니라 굳게 입을 닫아 왔던 것이었으나.

9월 4일, 제국의회의 개원식에서 '천황'이 칙어를 발표하여 앞으로 일본은 '평화국가'가 되겠다고 맹세했다. 같은 날『요미우리신문』,『호치신문』은「일본인의 적응 능력」이라는 제목으로 예언적인 사설을 게재했다.

> 많은 사람들을 접하고 통절하게 느끼는 것은, 느끼고 쓸쓸해지는 것은, 이 (패전이라는) 큰 파국^{破局}도 의외로 국민의 마음에 흔적을 남기지 않고 그들은 극히 야무지게 이를 통과하여 쉽게 적응해 나갈 것이라는 사실이다.
>
> (…중략…)
>
> 이 큰 전환이 너무나도 반성 없이 극복되고, 어제까지 오른쪽, 이제부터 왼쪽이라는 식으로 마음 처리가 이루어지는 것을 슬프게 생각한다. 슬플 뿐이 아니다. 그래서는 정말 안되는 것이다.

프랑스문학가 와타나베 가즈오^{渡邊一夫}는 이 사설을 오려서 일기에 붙여 위의 부분에 밑줄을 그었다. 渡邊一夫,『敗戰日記』, 1995

9월 19일,『마이니치신문』은 이렇게 보도했다.

> (히가시구니^{東久邇} 수상은) 18일 오후 수상 관저에서 중국 중앙통신사 특파원 송덕화^{宋德和}씨를 만나, 양국관계를 조정할 첫 번째 과업으로 우선 중국에

사죄사를 특파하고 싶다는 의향을 전하여 주목받았다.田畑光永,『이긴 중국, 진 일본』, 2015

20일에는 후속 보도가 실렸다.

히가시구니 수상·궁 전하께서는 중화민국中華民國과의 앞으로의 관계에 대해 배려하셔서 특히 적폐를 타개하고 양국의 신세계 건설에 대한 제1보로 사죄사를 파견할 의향이신데, 그 특사로서 일화日華[2] 국교國交상, 가장 관계가 깊은 현 국무대신 고노에 후미마로近衛文麿 공이 특별히 파견될 모양이다.위의 인용과 같음

그러나 사죄사 파견 계획은 그 후 지면에서 사라졌다. 중국 침략의 최대 책임자의 한 사람인 고노에는 3개월 후 음독자살했다.

마닐라에서의 주민 학살

1945년 9월 15일, 전시하 마닐라에서의 일본군에 의한 주민 학살[3]에 관한 미군의 보고서를 『마이니치신문』이 보도, 다음날에는 『아사히신문』

---

2 [역주] 패전 후 일본에서는 중국에 대한 멸칭인 지나(支那)가 공식적으로 사라져 '중화민국(中華民國)'이라고 호칭하고, 일지(日支)가 아니라 일화(日華)로 표현하는 점은 눈여겨볼 대목이다.
3 1945년 2월부터 약 1개월간 계속된 마닐라 시가전에서 약 10만 명의 민간인이 희생되었다. 이 중 60퍼센트가 일본군에 의해 살해당하고, 40퍼센트가 미군의 무차별 포격으로 사망했다고 추정되고 있다. '시내 여러 군데에서 거듭된 일본군에 의한 살육과 능욕은 그 규모와 방법에서 단순한 비전투원 살해의 범위를 넘은 제노사이드'였지만, '적어도 일본 측에서는 필리핀전투, 마닐라전투의 기억은 세대간에 전혀 계승되지 않고, 완전한 국민적 기억 상실(amnesia) 상태에 이르렀다'고 나카노 소이치(中野聰) 히도쓰바시대학 교수는 논문 「마닐라전과 난징사건」(『난징사건 70주년 국제심포지엄의 기록』, 2009)에서 지적하고 있다.

과 『요미우리신문』에도 보도되었다. 점령군에게 명령을 받고 게재한 것이었다.

점령군은 일본군의 전쟁범죄를 일본인에게 알릴 필요가 있다고 생각했다. 전시하의 신문은 일본군에게 '불리한 사실'은 보도하지 않았기 때문이다.

마닐라에서 일본군은 무엇을 했는가? 『아사히신문』의 기사에서 일부를 인용한다.

필리핀인 간호부 22세는 올해 1945년 2월 어느 날, 일본 병사가 올드 시티에서 집집마다 다니며 남자와 소년들을 끌어내어 그들을 사살했다고 말했다. 전후 2회에 걸쳐 그녀는 75명에서 100명의 시민이 살해당하는 것을 목격했다고 한다. 여자들이 일본 병사의 총 앞을 막아서며 일본 병사에게 목숨을 구걸하면 여자들도 사살당했다.

그 후 이 간호부는 여자들과 함께 몸을 숨기고 있었다. 마침 그때 함께 있던 아기가 울었기 때문에 이를 듣고 일본 병사가 집으로 들어왔다. 이 간호부는 다소 일본어를 알았기 때문에 일본 병사에게 이 안에는 여자와 아이밖에 없다고 설명했다. 병사는 그녀에게 아이를 울리지 말라고 말했다. 간호부가 집 안으로 들어가자 병사는 그녀의 발을 겨냥하여 자동소총을 쏘았다. 그녀가 죽은 체하며 일본 병사의 동작을 엿보니, 일본 병사는 아기의 머리를 총검으로 찌르고 이어서 소총으로 아기의 엄마를 사살했다. 간호부는 며칠에 걸쳐 밤에는 기어가고, 낮에는 죽은 척하여 겨우 미군 진지에 도착할 수 있었다.「필리핀 일본 병사의 폭상(暴狀), 태평양미군사령부 발표」

이 기사가 실린 다음 날 17일, 『아사히신문』은 "거의 모든 일본인이 이

구동성으로 말하는 것은 이러한 난폭한 행위는 믿을 수 없다는 것이다"
라는 등의 후속보도를 실었다. 이로 인해『아사히신문』도쿄본사는 18, 19
일 양일간 업무정지를 명받았다. 19일과 20일의 신문은 발행되지 않았다.

'마닐라 학살' 보도를 당시 사람들은 어떻게 받아들였을까? 돗토리鳥取
현의 특고경찰이 관련 보고서를 현의 경찰부장에게 제출했다. 거기에 기
록된 '마을의 여론'에는 미국에 대한 반발이 눈에 띤다.

> 요나고米子 시청 군사과　일본군의 폭행은 믿을 수 없다. 맥아더가 미군의 폭
> 행을 정당시하기 위한 책략일 것이다.
> 요나고 시의원　뜻밖의 발표이다. 아마 우리 신문계가 생긴 이래의 처음 있
> 는 일일 것이다. 일본 신문에서 일본군의 폭행을 발표하는
> 것은 신문사 자신도 괴로웠을 것이다.
> 요나고 시 경방警防 부단장　상당히 폭행을 했다고 생각한다. 나도 지나사변
> 에 임하여 전황戰況은 알고 있다. 그러나 전쟁이니까 이 정도
> 는 당연하다.
> 요나고 시의원　신문에서 보도한 정도는 아니고, 1/3 정도의 사건이라고 생
> 각한다. 만주에서 온 병사들이니 반드시 다소의 일은 있었을
> 것이라고 생각한다. 때가 오면 솜씨를 보이려고 벼르던 놈들
> 이니 어쩔 방도가 없다.
> 요나고 시 육군소좌　전쟁 중 적국인에게 폭행하는 것은 신神이 아닌 이상,
> 저지하는 것은 불가능하다.
> 돗토리 시 변호사　일본 군대의 학살행위를 열거하여 일본에 대한 보복 수
> 단의 정당성을 세계에 선전함과 동시에 일본 국민의 군대에
> 대한 신뢰감 상실, 군국주의 말살을 의도하고 있는 것이다.

서로 죽고 죽이는 전장에서 학살이란 표현은 너무 듣기 민망하다. 그러면 원자폭탄을 사용한 미국의 잔학함은 무엇이란 말인가?

돗토리여자상업학교 교사 우리는 일본 군대가 저런 학살을 하다니 아무래도 믿기지 않는다. (…중략…) 여자 교육자로서 패전의 비애를 전달하고 복수할 날을 맞이할 수 있도록 맹세해야 한다.

돗토리시 육군소좌 우리는 절대로 그렇게 한 적은 없지만, 전쟁 중에는 그 정도의 일이 있을지도 모른다. 놈들도 아무렇지도 않게 하지 않았는가? 일본의 부상자를 지상에 세워 놓고 전차로 뭉개 죽인 일도 있다. 설마 신문기사 정도의 일은 없었다고 해도 사실무근이라고는 할 수 없을 것이다.

기다카군氣高郡의 마을 부인회장 전장에서는 상식을 벗어난 심리상태가 되는 것은 상상되므로 다소의 일은 있을지 모른다고 생각한다. 그러나 가령 있었다고 해도 그것은 아주 작은 건수에 불과하다고 생각한다. 粟屋憲太郎 편, 『자료 일본현대사』 2, 1980

일본군의 만행을 비판적으로 수용한 의견은 거의 없었다. 일반적으로 그동안 몰랐던 자기편의 악행을 타인에게 지적당하고 이를 순순히 받아들이는 것은 쉬운 일은 아니다. 그것이 악행이라고 알았다고 해도 타인에게 지적받는 순간 반발하고, 부인하고 싶어진다. 사람의 심리는 그러한 경향이 있는지 모른다.

도쿠가와 무세이德川夢声[4]도 학살 기사를 읽었다.

---

4 [역주] 1894~1971. 일본의 변사, 만담가, 작가, 배우.

일본 병사의 잔학행위는 지금까지 나도 현지나 그 외에서 여러 번 들었다. 잔혹하다고 생각했으나 그다지 신경을 자극하지는 않았다. 그런데 이번에 필리핀에서의 우리 병사의 행장기를 활자로 읽고 실로 참을 수 없는 거부감을 느낀다. 『夢声戦争日記』 5, 1960

일본인에 대한 경고

패전에서 3개월 지난 11월 26일, 『아사히신문』 투고란 「목소리聲」에 「중국인으로부터」라는 제목의 장문의 투서가 실렸다.

8월 15일의 역사적 방송을 지인인 일본인의 집에서 들은 나는, 우리와 여러분의 앞날이 실로 암담하다는 것을 시사하는 말을 들었다. 여러분 중에 생각이 없는 한 여성은 '창코로'까지 와? 라며 통곡했다. 여쭙건대, 여러분 중 몇 사람이 이 말에서 엿보이는 우월감을 없애버렸을까?

여러분은 지금이야말로 완전히 마음을 비우지 않으면 안 된다. 우리에 대한 근거 없는 우월감이야말로 일찍이 여러분의 군벌을 오만하게 만든 최대의 요인이 아니었는가? (…중략…) 모든 불행의 원인은 여러분 가운데에서 배태되었으니, 여러분 모두가 책임을 지지 않으면 안 된다는 것을 이참에 철저히 새겨야 할 것이다.

필자는 고옥수高玉樹라 하였다. 지면에는 '중국인 기술평론가'라는 직함이 적혀 있다. 전시 중에 와세다대학에서 기계공학을 배우고 1945년 이후에 타이완으로 돌아가 타이페이 시장을 지낸 같은 이름의 인물이 있다. 혹시 그 사람이 일본에 거주했을 때 투고했을지 모른다.

〈그림 1〉 포코펜 악보, 아이들 사이에서 동요로 불렸다. 『新古山梨童謠歌曲集成』, 1942

중국인에 대한 일본인의 '근거 없는 우월감'은 일본이 패망한 후에도 변하지 않은 것은 아닐까? 고옥수는 그렇게 물었다. 그 의문은 고옥수 혼자만의 생각은 아니었다. 그 후 『요미우리호치신문 讀賣報知新聞』[5]에 「중국 소녀로부터」라는 제목의 투서가 실렸다.

일본인은 과연 중국인을 전승 국민으로 보고 있을까? 나는 일본인 어머니를 둔 중국 소녀이지만, 전쟁 중에 일본인으로부터 '창코로'라는 둥, '지나 포코펜 ポコペン'[6]이라는 둥, 지겹게 괴롭힘을 당해 왔다. 그렇지만 나는 반드시 우리 중국이 빛나는 최후의 승리를 얻는 날이 올 것을 확신하고 그날이 오면 이런 모

---

5 [역주] 『요미우리호치신문』은 1942년 신문통제정책으로 『요미우리신문』과 『호치신문』이 합병하여 발간된 신문이다. 1946년에 『요미우리신문』으로 재편되었다.

6 [역주] '포코펜'은 별 볼 일 없다, 보잘것없다, 질서를 중요시하지 않는다, 금지, 거절을 나타내는 뜻의 속어라 한다. 『우리의 만주(我等の満州)』(시국교육협회, 1935, 35쪽)에 의하면 중국에서 복무했던 일본 군인이 일본으로 가져간 말로 애당초 '不敷本兒(bù qiào běn ér)'라는 북경어인데 의미는 '本兒(原資)에 不敷(미치지 못한다)'라는 것으로 제 값어치보다 얻는 것이 적어 손해를 본다는 뜻이다. 중국을 침략한 일본군이 중국인의 이 말을 뭐든지 '안 돼'라는 의미로 오해하고, 게다가 '포코펜'이라고 틀리게 발음하여 통용하게 되었다고 한다. 당시는 중국인까지 '포코펜'은 중국어가 아니라 일본어로 '안 된다'는 뜻이라고 알고 있었을 정도였다고 설명하고 있다. 아이들의 놀이에도 '포코펜' 놀이가 있어서 1945년 이전 일본에서 유행했는데, 최근까지도 남아있다. 놀이방식은 15~16명의 아이들이 오니(鬼—술래)를 한 명 정하여 등을 돌리고 기둥을 향해 서게 한다. 그러면 다른 아이들이 주변에 모여 '포코펜, 포코펜, 누가 찔렀을까?' 하며 그 중 한 명이 오니의 등을 손가락으로 찌른다. 오니는 등을 돌려 자신을 찌른 아이를 찾아내는 게임이다. 찾지 못하면 반복한다. 오니란 일본의 전통설화에 등장하는 괴물이다. 이 놀이는 중국을 비하하여, 중국을 퇴치해야 할 괴물로 보고 여러 명이 오니를 괴롭히는 것을 놀이로 변형시킨 것이다. 이 놀이 방식에 대해서는 井口尚之 외, 『遊びの動態』, 明治図書, 1969, 116~117쪽.

욕을 받는 일은 사라질 것이라고 생각하여 모든 괴로움을 참아 왔다. 그리고 작년 8월 15일 마침내 빛나는 여명이 도래했다. 그러나 어찌 생각했겠는가? 나는 일본 패전 후에도 몇 번이나 '창코로'라 모욕하는 소리를 들었다. 이게 대체 어찌 된 일일까? (…중략…) 일본인 대부분은 미국에 졌지만, 중국에는 지지 않았다고 생각하는 것일까? 나는 중국인으로서 일본인의 태도에는 정말 어이가 없다. 1946.2.15

소녀도 또한 그렇게 지독한 전쟁을 끝낸 후에도 여전히 반성의 태도를 보이지 않는 일본인에게 깊이 실망하고 있었다.

2. 특집 「태평양전쟁사」

1945년 12월 8일, 일본 점령군이 제공한 특집 「태평양전쟁사, 진실 없는 군국 일본의 붕괴崩潰」가 전국지에 게재되었다. 전쟁 중 엄격한 보도통제로 아무것도 몰랐던 일본인에게 역사의 진상을 가르쳐 주겠다고 한 일종의 캠페인 기사이다. 원고를 집필한 것은 연합국군총사령부GHQ에서 교육·미디어정책 등을 담당한 민간정보교육국CIE의 기획과장 브래드포드 스미스Bradford A. Smith이다. 일본제국주의시대에 도쿄제국대학과 릿쿄대학에서 영어를 가르친 적이 있다. 영문 원고를 교도통신共同通信社, 동맹통신사 해산 후 1945년 11월 발족이 번역하여 배포했다. 竹山昭子, 『라디오의 시대』, 2002

당시의 신문은 통상적으로 앞뒷면 2페이지였는데, 이날은 2페이지 특집이 추가되어 전체 4페이지의 지면이었다.[7] 이 특집이 난징학살사건을 다루었다. 기사에는 당시 미국이 사건을 어떻게 인식했는지가 나타난다. 이하 기록해 둔다는 의미에서 전문을 인용한다.

장교가 약탈을 지휘

난징에서의 악행

12월 7일 난징의 외곽 진지에 대한 일본군의 공격이 개시된 지 일주일 후, 상하이전투에서 중국 측의 완강한 저항에 부딪치자 분노를 품은 일본군은 그것을 여기에서 폭발시켜 놀랄 만한 악행을 저질렀다. 근대사 최대의 학살사건으로 증인들이 진술하는 바에 의하면, 이때 실로 2만 명의 남녀, 아동이 살육되었던 것이 증명되어 있다. 4주간에 걸쳐 난징은 피의 거리로 변하고 잘려나간 살점이 산란해 있었다. 그중 일본병은 점점 흉포성을 발휘하여 일반시민을 대상으로 살인, 폭행을 비롯하여 온갖 고통을 가했던 것이다.

일본군이 난징에 입성한 후 며칠간은 수도의 정세를 전혀 알 수 없었으며 일부 잔류한 외국인의 안부도 그 상황이 판명되지 않았다. 일본군은 이러한 사실이 외부에 새어나가는 것을 두려워하여 모든 뉴스 소스에 대해 엄중한 검열을 했다. 그러나 이런 종류의 뉴스도 마침내 외부로 전해져 일본군의 군기 문란, 무절제한 모습이 마침내 폭로되었다.

죄는 장교들도

대약탈 및 포학 행위는 전 시가에 걸쳐 이루어졌다. 중국군이 난징에서 후퇴했기 때문에 겨우 혼란과 약탈에서 피할 수 있다고 생각한 시민은 한층 더 큰

---

[7] 특집 지면이 게재된 다음날, 12월 9일부터 「태평양전쟁사」 전 9회가 게재되었으나 중일전쟁은 다루지 않았다.

공포에 직면했다. 보정(保定)을 비롯하여 화북 지방의 점령된 도시나 마을과 마찬가지로, 난징의 흉악사건에는 명백히 장교들에 의해 선동된 사건도 많다. 그 중에는 장교가 직접 거리의 상점 약탈을 지휘한 것조차 발견된다. 또한 중국군 패잔병 사냥을 하여 밧줄로 묶어 4~50인씩 한 조로 하여 사형을 집행한 사건도 장교들이 지휘하고 있었다.

부인들도 거리이든, 주택이든 가리지 않고 폭행을 당했다. 어디까지나 폭력에 저항한 부인들은 총검에 찔려 살해당했다. 이 재난을 입은 부인 중에는 60세의 노인이나 11세의 아이까지 포함되어 있었다.

중국 적십자 위생반이 길거리의 시체를 처리하려고 갖고 온 관을 일본군은 빼앗아 승리의 축하를 위해 불태웠다. 그리고 몇 명의 적십자 종업원은 무참히 참살당하고 그 사체는 그들이 죽인 사체 위에 던져졌다. 거리의 어떤 곳에서는 난징전력회사의 종업원 54명이 참살당했다. 크리스마스가 되어 일본군 사령부는 전등을 점등시키고 싶어서 전력회사 종업원들이 어디에 있는지 물으러 왔다. 어느날 오후 남자들은 병원 뒷마당으로 끌려가 무참히 참살 연습용의 제물이 되었다. 두 명씩 등을 마주 대고 묶어 놓고 그들 눈앞에서 교관은 참살할 때 어디를 찌르면 가장 효과적인지를 가르쳤다. 그리고 그들 대부분은 밧줄에서 풀려나기도 전에 칼에 맞은 상처로 인해 죽어 버렸다.

선량한 이웃

기사는 다시 이어진다.

일본의 기만 선전

대학살을 자행하는 한편으로 일본군은 하늘에서 다음과 같은 비라를 뿌렸다. "각자 가정으로 돌아간 양민에게는 식량과 의복을 준다. 일본은 장제스에 의해 조종당하고 있는 자를 제외한 전 중국인에게 선량한 이웃이기를 희망한다."

그 결과, 비라가 산포된 다음날 일찍부터 수천 명의 양민이 피난처에서 폭격으로 파괴된 자신들의 집으로 돌아갔다. 그런데 벌써 다음 날 아침에는 여러 가지 악행 사건이 판명되어 모처럼 하늘에서 뿌린 달콤한 말도 지상군의 흉행으로 엉망진창이 되어 버렸다. 어머니는 폭행당하고 아이는 그 옆에서 울고 있다. 또 어떤 집에서는 3~4세의 아이가 방에서 돌연 살해당했고, 다른 가족은 일실에 감금당해 불타 죽었다. 난징지구 관헌은 나중에 폭행을 당한 부인의 숫자는 적어도 2천 명이라고 추정했다. 섣달 그믐에 중국 난민구 임원이 일본대사관에 호출당하여 "내일은 축하식을 거행한다. 각자 자발적으로 해도 좋으니 일본 국기를 만들어 국기 행렬을 만들어 주면 좋겠다. 내지의 일본인은 일본군이 이렇게나 환영받고 있는 뉴스영화를 보면 반드시 기뻐할 것이다"라고 대사관 직원은 설명했다. 참살은 점차 감소했다. 3월에 들어서 관제 도쿄방송국은 다음과 같은 선전뉴스를 전 세계에 방송했다.

"중국인이 이렇게 많이 살해당한 것은 불량 중국인들의 소행이며 사유재산 파괴범들은 이미 체포하여 사형을 집행했다. 그들 대부분은 장제스 진영에서 불만을 품은 중국 패잔병들이었다."

죽은 자는 말이 없다. 그러나 일본군은 그들 자신이 갖고 있는 사진으로 그 가공할 범행을 충분히 증명할 수 있을 것이다. 이 난징의 잔학행위야말로 결국 중국을 철저 항전으로 이끄는 결과가 되었던 것이다.

기사는 연합군사령부 제공임이 명시되어 있었다.

라베일기와 일치

기사 중 '난징전력회사 종업원 54명'이 살해되었다는 기술은 난징 국제안전구위원회 위원장 존 라베의 일기 내용과 일치한다. 파괴된 발전소 복구를 위해 일손을 모아 주었으면 좋겠다는 일본 측의 의뢰를 받은 라베는 일기 1937.12.22에 이렇게 기록했다.

나는 일본군에게 요청했다. 발전소의 작업원 모집을 돕겠다. 샤칸에는 발전소 노동자가 54명 정도 수용되어 있을테니, 우선 거기에 가보라고 했다. 그런데 놀랍게도 그 중 43인이 처형당한 것이다! 그것은 3, 4일 전의 일로 묶여서 강가로 끌려가 기관총 사격을 당했다고 한다. 정부의 기업에서 일하고 있었다는 것이 처형 이유다.

단, 『라베일기』는 노동자의 살해 방법을 참살이 아니라 기관총 사격이었다고 한다.

이 특집을 사람들은 어떻게 받아들였을까? 일본인에게 침략의 죄를 자각시키겠다는 점령군의 목적은 달성되었을까? 그것을 직접 얻을 수 있는 데이터는 발견되지 않는다. 단, 참고가 될만한 에피소드가 있다.

라디오 방송 '진상은 이렇다'

특집 「태평양전쟁사」가 게재된 다음 날인 1945년 12월 9일, NHK의 라디오 프로그램 「진상眞相은 이렇다」 방송이 시작되었다. 1946년 2월 10일까지 전 10회 방송되었다. 방송 내용은 특집 「태평양전쟁사」를 다룬 것이었다.

이중, 난징사건 방송 녹음본이 현존하고 있다는 것이 NHK에 의해 확인

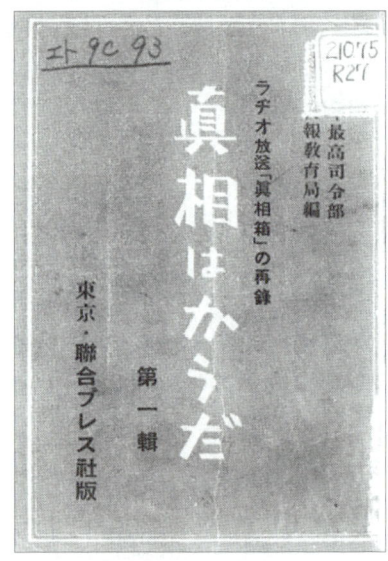

〈그림 2〉『진상은 이렇다』표지, 1946
[일본국회도서관 소장본]

되었다. 이를 보도한 2005년 12월 20일 자 산케이신문에 의하면 방송은 문필가 '타로' 등 등장인물에 의한 문답형식으로 진행되어 그 내용은 다음과 같았다고 한다. 이하 인용문은 요지임

　타로　난징에서 일본군은 어떤 짓을 했어요?
　문필가　약 1개월, 일본군은 학살, 약탈, 고문을 닥치는대로 했어. 장교는 그것을 문제삼기는커녕, 동참해서 2만 명이나 학살했어. 사상자나 고문을 받은 자는 몇만 명이나 돼. 약 1개월 동안, 난징은 죽어 가는 사람이나 썩어 가는 시체의 산이었어. 난징! 난징! (남녀의 비명, 총을 쏘는 소리, 여성의 비명이 점점 늘어남)
　문필가　대학살. 난징에서는 한두 번이 아니야. 수천 번이나 이루어졌어.

　방송일은 1945년 12월 23일로 추측된다고 한다. 그러면,「진상은 이렇다」전 10회는 청취자에게 어떻게 받아들여졌을까? 당시 NHK 연예부 부부장 副部長 으로 방송 제작을 담당한 가스가 요시가즈 春日由三 는 저서『체험적 방송론』1967 에서 다음과 같이 밝혔다.

　12월 9일, 말할 것도 없이 진주만 공격일 다음 날에 이 꺼림칙한 방송이 시작되자 아니나다를까, 비판, 비난, 공격하는 편지가 순식간에 나의 책상에 쌓이고, 항의 전화가 빗발쳤다. (…중략…) 이런 일방적이고, 불쾌한 방송이 언제까지나 잘 굴러갈 리는 없다.

방송사 연구자인 다케야마 아키코^{竹山昭子}의 인터뷰^{1989.4.10} 요청을 받고 가스가 요시가즈는 일본인의 거부 반응에 대해 "① 말하는 것은 사실일 테지만, 너무나 일본인을 비열하고 더러운 인간으로 묘사하고 있는 것이 청취자를 화나게 했다. ② 설마, 이런 일이 사실일 리 없다. 진상이라고는 생각되지 않는다. ③ NHK가 이런 가혹한 내용의 방송을 하는 것은 괘씸하다. 이런 생각이 방송국에 대한 비난 투서가 되어 쇄도했다고 생각한다"고 말했다고 한다.^{竹山, 『라디오시대』}

방송 제작 스태프의 한 명인 하마다 겐지^{浜田健二}에 의하면 대체로 투서는 비난·공격하는 내용으로 가득 차 있었다. 배우 앞으로 다음과 같은 협박장 같은 투서도 도착했다.

"네놈은 그래도 일본인인가? 네놈 목소리를 모를 것이라고 생각할지 모르나, 네놈이라는 것은 잘 알고 있어. 밤에 늘 달이 떠 있는 것은 아니니 그렇게 생각하고 있어."

"나는 지금까지 당신을 잘못 봐 왔습니다. 그런 비국민 같은 짓을 잘도 할 수 있군요. 일본인이라면 그런 이야기는 할 수 없을 것입니다. 만약 당신에게 애국심이 조금이라도 있다면 그런 방송에 출연하지 말아 주세요."^{浜田健二, 「'진상은 이렇다'의 진상」, 『문예춘추』 10월 임시증간호, 1954}

점령군에게 일본의 '악행'을 지적 받았지만, 오히려 일본인의 민족 감정을 자극해 강한 반감을 초래해 버리고 말았던 것일까?

단, 그중 "그 방송은 재미있어. 군부의 죄악을 좀 더 철저히 공격해 주길 바라"라는 격려의 편지도 있었다고 한다.^{浜田健二, 위의 글}

제9장 | 1945년 8월 15일 이후의 공백

사쿠라이 요시코의 주장

이러한 반향을 보면, 라디오 방송에 앞서 신문에 게재된 특집 「태평양전쟁사」에 대한 반응이 어떠했을까도 대략 상상된다. 「진상은 이렇다」가 청취자의 강한 반발을 불러일으킨 것처럼 「태평양전쟁사」도 부정적으로 수용한 독자가 많았다고 봐도 지장이 없을 것이다.

즉, 특집 「태평양전쟁사」나, 라디오 방송 「진상은 이렇다」, 후속 방송인 「진상 상자」는 앞선 전쟁에 대한 국민적 반성 계기를 만들지 못한 것이다. 그만큼 '일본은 올바르다', '일본은 선량하다'는 전시하의 교육·선전이 사람들에게 넓고 깊게 침투해 있었으며, 전쟁이 끝나도 그런 관점에는 그다지 변화가 없었다는 것이다. 일본인의 중국인에 대한 차별의식, 경멸감정이 1945년 이후에도 이어졌다는 점은 이미 살펴본 대로이다.

패전 후 대부분의 일본인을 사로잡은 것은 '지독한 일을 당했다', '이제 전쟁은 지긋지긋하다'는 피해감정이며, '타국인에게 지독한 짓을 했다'는 인식이나 자각은 (특히 전쟁 중 국내에 있던 사람들에게는) 부족했다.

참고로, 저널리스트 사쿠라이 요시코櫻井よしこ도 저서 『GHQ 작성의 정보 조작서 「진상 상자」의 주술을 풀이하다』 2002에서 가스가 요시가즈春日由三나 하마다 겐지浜田健二 등의 회상에 입각하여 라디오 방송 「진상은 이렇다」가 청취자의 강한 반발을 불러일으킨 점을 지적하고 있다. 사쿠라이는 당시 일본인이 점령군의 방송을 받아들이지 않은 것을 알고 있었다. 그럼에도 불구하고 사쿠라이는 이 책의 후기에서 다음과 같이 주장한다.

> 미국의 일본에 대한 재교육, 세뇌라고 해야 할 검열과 정보 조작으로 우리의 사고방식과 가치관에는 무의식적으로 일본 단죄의 그림자가 드리워지게 되었을 것이다.

왜, 이런 결론이 되는 것일까? 논리가 너무나도 널뛰기를 한다. 비난이 쇄도했던 방송이 어떻게 일본인을 '세뇌'시킬 수 있을까? '일본 단죄의 그림자가 드리워지게 되었을 것'이라는 근거도 제시하지 않고 주관적 생각을 표현하는 것만으로는 논증이 되지 않는다.

그런데 사쿠라이는 1994년의 저서 『사쿠라이 요시코가 취재한다』에서는 피해자 숫자에 대해 여러 주장이 있다는 점을 지적하고 다음과 같이 서술하고 있다.

진실은 어디에 있는가? 학살의 사실을 인정하고, 진지하게 사죄한 다음 중국 측에 제안하여 공동으로 학살의 실태를 조사해야 할 때가 아니겠는가?

그러나 사쿠라이는 그 후 생각을 바꾸어 '난징대학살은 존재하지 않았다'고 주장하게 된다.[8]

의식의 안이함

영화평론가 이와키 아키라岩崎昶가 「진상은 이렇다」에 대해 날카롭게 분석하고 있다.

---

[8] "(중국이 주장하는) 30만 명보다 훨씬 적은 규모이지만 일반시민의 학살은 있었던 것이 아닐까라는 의심을 벗어 버리지 못한 채로 왔다"는 사쿠라이 요시코가 생각을 바꾼 것은 리츠메이칸대학 교수(당시 중국근현대사) 기타무라 미노루(北村稔)의 저서 『난징사건』의 탐구』(文春新書, 2001)를 읽고 나서라고 한다. (사쿠라이 「난징사건에 관한 새로운 진실, 과연 역사를 재고해야 할 때」, 『주간 다이아몬드』, 2001.12.1) 단, 기타무라의 위의 책에 대해서는 와타나베 히사시(渡邊久志), 「얻고자 하는 것은 '실상'인가, '허상'인가?」(『中歸連』 21~24호), 이노우에 히사시(井上久士), 『난징대학살과 중국국민당 국제선전처』(笠原十九司·吉田裕 편, 『현대역사학과 난징사건』, 2006)이 근본적인 비판을 제기하고 있다. 게다가 기타무라의 저서 자체는 '난징대학살은 존재하지 않았다'고까지 주장한 것은 아니다.

그것은 전쟁 중 거짓말만을 교육받아서 그것을 미처 알아채지 못한 일본인에게 필요하고 동시에 유익한 방송이었을 것이다. 그러나 실제로는 매우 배척당했다. 이것은 아무래도 번역되어 어색한 표현이나 무감정의 딱딱하고 형식적인 말투, 강요하는 듯한 내레이션, 또 성급한 주제 선택에도 큰 문제가 있었지만, 그 이상으로 일본인 대부분이 그런 진상 따위는 새삼 친절하고 자세하게 가르침을 받고 싶지 않다는 내면의 저항감이 있었던 것이다. 당시는 TV가 없었으므로 그래도 괜찮았다, 라고 할 수 있다. 영상으로 보여 주었다면 반발은 더욱 심했을 것이다. 우리들 일본인 자신의 주체적인 사고방식, 그 의식구조가 궁극적으로 규명되지 않으면 안 된다. 꽤 많은 일본 국민은 아직 침략전쟁 이전과 전쟁 중의 꿈에서 깨어나지 못했다. 깨어나는 것을 극력 회피하고자 했다. 岩崎, 『점령된 스크린 – 나의 전후사(戰後史)』, 1975

점령군에 의해 일본인이 '세뇌되었다'고 하는 일부의 견해와는 대조적인 관점이다. 다케야마 아키코는 위의 이와사키의 문장을 인용한 다음 이렇게 지적한다.

패전이라는 현실을 직시하고, 패배를 초래한 것은 무엇이었는가? 일본을 침략전쟁으로 몰아넣은 것은 무엇이었는가 라는 근원으로 되돌아가 총괄하는 자세가 일본인에게는 결여되어 있다. 그러한 일본인의 의식의 안이함이 「진상은 이렇다」를 거부했을 것이다. 『라디오시대』

3. 도쿄재판

1945년 12월, 이시카와 다쓰조^{石川達三}의 『살아있는 병사』가 가와데쇼보^{河出書房}에서 출판되었다. 전시하에 난징 공략의 실상을 묘사하여 발매금지되었을 뿐 아니라, 이시카와 자신도 신문지법 위반으로 금고 4개월, 집행유예 3년 형의 판결을 받았다. 그 작품이 마침내 세상에 나왔다. 초판 5만 부를 겨우 2개월 만에 완판했다고 한다.[9]

〈그림 3〉
「재판받는 잔학(残虐) 난징사건」 기사 일부, 『讀賣新聞』, 1946.5.9, 『신문집성소화편년사』, 1946 (3)

다음해 1946년 5월 3일 극동국제군사재판^{도쿄재판}이 시작되었다. 난징사건의 책임을 추궁받은 마쓰이 이와네^{松井石根}가 피고의 한 명으로 재판정에 나왔다.

이시카와가 『요미우리신문』의 취재를 받은 것은 이 무렵이었다. 난징에서 무엇을 봤는가? 이시카와는 기자에게 다음과 같이 말했다.

(1938년) 정월 내가 난징에 도착했을 때 거리는 시체가 켜켜이 쌓여 대단했다. 큰 건물에 일반 중국인 수천 명을 밀어넣고 바닥에 수류탄을 두고 기름을 흘려보내 불을 붙여 열지옥 속에서 태워 죽였다. 또한 무장 해제한 포로를 연병장에 모아 놓고 기관총으로 일제 사격하여 묻어 버렸다. 마지막에는 탄환을

---

9 『現代日本文學全集 第(尾崎士郎・石川達三・火野葦平集)』 48卷(1955)에 수록된 이시카와의 연보 참조.

쓰는 것이 아깝다고 하여 양쯔강으로 긴 잔교를 만들어 강 중간으로 갈수록 낮아지도록 해서 그 위에 중국인을 줄지어 들어가게 하여 선두부터 순서대로 일본도로 목을 베어 강 속으로 밀어 버렸다. 또한 도망갈 출구가 막힌 검은 산 같은 포로들이 나무판자나 책상에 매달려 강물을 따라 떠내려오는 것을 하류에서 기다리던 구축함이 기관총으로 일제 사격하여 닥치는 대로 살해했다. (…중략…) 난징 대량 살해라는 것은 실로 끔찍한 일이었다. 우리 동포에 의해 이런 일이 일어났다는 것을 잘 반성하고, 이를 근절하기 위해 이번 재판의 의의가 있도록 했으면 좋겠다. 「재판받는 잔학(残虐)」『난징사건』, 『讀賣新聞』, 1946.5.9[10]

휴머니티에 눈을 감고

1946년 7월 25일, 난징사건을 둘러싼 심리가 시작되었다. 이날은 검찰 측 증인, 금릉대학 부속 고루병원 鼓楼病院 의사 윌슨이 난징 함락 직후 부상자가 잇달아 병원으로 운반되어 온 상황 등을 증언했다.

27일, 『아사히신문』 1면 칼럼 「천성인어 天聲人語」는 난징 공략 당시의 보도에 대해 다루었다. 진실을 보도한 기사는 없었다고 기술하며 '회한'을 문자로 새겼다.

난징대학살사건은 당시 세상에 숨길 수 없는 일이었다. 단지 일본 민중만이 사실로부터 귀와 눈이 멀어 믿고 있는 아버지나 아들, 남편이나 동포들이 악행

---

10 이시카와 다쓰조(石川達三)는 1984년 10월, 아라 겐이치(阿羅健一)의 취재 요청에 대해 다음과 같이 답신을 보냈다고 한다. "내가 난징에 들어간 것은 입성식이 있던 날에서 2주일 후, 대살육의 흔적은 조금도 보지 못했습니다. 몇만 명의 사체 처리는 2~3주일로는 끝나지 않을 것이라고 생각합니다. 그 이야기는 나는 지금도 믿지 않습니다"(阿羅, 『결정판「난징사건」일본인 50인의 증언』). 이시카와는 3개월 후인 1985년 1월, 79세로 사망했다.

비윤리적 행동을 거듭하고 있는 것도 모르고, 이겼다, 이겼다고 내지에서는 깃발 행진 행사가 이루어지고 있었다. ▼이것을 목격한 보도진 동료들은 '이것으로 전쟁은 일본이 진다. 일본인이라는 것이 너무 혐오스럽다. 전쟁을 하지 않는 나라로 귀화하고 싶다'라는 절망적인 공기가 지배했다. 그러나 실제로 신문 지면을 채운 것은 용맹스런 기사뿐으로 진실을 보도한 한 줄의 기사도 없었던 것은 부끄러운 일이다. ▼난징 입성 군사령관이나 당시 부대장도 이 비인도적 행위에 대해 아무런 처벌도 받지 않고 오히려 논공행상論功行賞을 받은 것은 얼마나 국가의 양심이 마비되어 있었는지를 말해 주는 것이다. ▼일본인의 생활의 근저에 인간으로서의 신앙생활이 결여된 것이 민족적인 결함이 아닐까?

『요미우리신문』도 7월 31일 사설에서 난징사건을 다루어 '보도진의 죄'를 언급했다.

　　난징 폭행사건은 당시 종군한 자라면 많든 적든 그 사실을 알고 있을 것이다. '성전聖戰'이라고 하면서 침략전쟁을 강행하고, 일시적 '승리' 뒤에 이루어진 수많은 만행을 목격하면서 게다가 여전히 '황군'이라고 하고, 그러한 만행이 전쟁에는 불가피한 것이라며 높은 휴머니티에서 스스로 눈을 감고 감히 직언하지 못했던 우리 보도진의 죄는 결코 가벼운 것이 아니다. (…중략…) 우리는 난징 폭행사건의 단 하나만으로도 씻을 수 없는 죄책감을 갖는다. 동시에 종전 직후의 장제스 주석의 성명에 끝없는 깊은 감사의 마음을 갖지 않을 수 없다.

이 중에 '장제스의 성명'은 '원한을 덕으로 갚는다以德報恨'고 말한 장제스의 전승戰勝 성명을 가리키고 있다.

군기는 엄숙했다

1946년 8월 8일에는 아사히신문의 「목소리聲」란에 「난징사건」이라는 제목의 투서가 실렸다.

> 참학慘虐은 전쟁에서 늘 있기 마련이지만, 난징사건에서의 일본인의 참학은 말로 다 표현할 수 없는 점이 있다. 우리 일본인으로서 정말 견딜 수 없는 기분이 들게 한다. 일본인의 몸 안에 그런 악마 정신이 있었던 것이다. 난징사건의 전모는 도쿄재판으로 백일하에 폭로되었지만, 일본인 누구나 이 악마 행위에 대한 책임과 자계自戒가 남의 이야기가 아니라고 생각하지 않는다면 거짓말이다. 세상 사람들은 일본인 전부가 그런 참학성을 갖고 있다고 생각한다. 평화를 희구하고 자유를 구하는 국민이라고 신뢰받을 날이 언제가 될지 알 수 없다. (…중략…) 난징사건의 사죄로써 일본인 전부가 마음을 담아 반성 자계한다는 증거를 세계를 향해 피력하고 싶다. 가능하다면 연판장을 작성해도 좋다. 아무래도 이를 국민운동으로까지 고양시키지 않으면 실행할 수 없다고 생각한다. 난징사건의 진상을 일본인 전부가 '알았다'고 하는 수준에서 끝날 문제가 아니라고 생각하는 것이다.

투고한 이는 치바千葉현의 농업 종사자였다. 도쿄재판의 피해 증언 진술은 8월 말까지 계속되었다. 그리고 1947년 5월부터 변호 측의 반증이 시작한다. 1947년 가을, 제10군의 법무부장이었던 오가와 세키지로小川關治郎의 선서 공술서가 법정에 제출되었다.

> 자신은 (1937년) 12월 14일 정오경, 난징에 들어가, 오후 제10군의 경비지구난징남부의 일부를 순시했다. 그때 전사한 중국 병사의 사체 6, 7인을 보았을

뿐 그 외에 시체는 보지 못했다. 제10군은 12월 19일, 난징을 철수하여 항저우杭州 작전을 수행했다. 난징 주둔 기간 내에 자신은 일본 병사가 불법행위를 했다는 소문을 들은 적도 없고 또 불법 사건을 기소받은 일도 없었다. 일본군은 작전 태세인 채로 군기軍紀는 매우 엄숙했다. 洞富雄 편, 『일중전쟁 난징 대잔학사건 자료집(日中戰爭南京大殘虐事件資料集)』 1

12월 14일에 난징성에 들어갔는데, 일본군의 군기는 지켜지고 있었다는 것이다. 그런데, 오가와 일기에는 전혀 다른 내용이 적혀 있다.

12월 14일 거리에는 지나 정규병이 겹쳐진 채로 불에 타고 있는 것을 봄. 일본 병사는 발밑에 사체가 널브러져 있는 것을 보면서 거의 아무것도 느끼지 못하는 것 같다. 그중에는 길에 사체가 가득하여 보행이 불가능하니까 불타고 있는 사체를 발로 걷어차 옆으로 치우며 걸어가는 병사를 본다. 인간의 사체 등 더 이상 아무렇지도 않은 것 같다. 잠시 후 남문 앞에 도착함. (…중략…) 문에 들어가니 양쪽에는 지나 병사의 사체가 켜켜이 쌓여 있는 것을 본다.

12월 15일 오후 시내의 상황을 시찰하러 나갔다. 각 십자로에는 철조망이 설치되었다. 또는 그 옆에는 지나 정규병이 몇 명이나 쓰러져 있는데 그 옷에 불을 붙여 태우고 있다. 그것을 봐도 별다른 느낌이 들지 않는다. 일본 병사도 거의 간접적으로 아무런 느낌 없이, 완전히 이들은 자신과 전혀 관계없는 자라고 생각하는 것 같은 광경이다. 역시 전장이기 때문에 경험하지 않을 수 없는 일일 것이다. 小川關治郎, 『어느 군법무관의 일기』

중국 병사를 학살한 다음에 불을 지르고 있는 광경이다. '국가의 체면'을 중시한 결과일까? 오가와의 공술서는 자신의 일기 내용과 전혀 다르다. 이와 같이 편지나 일기 등의 1차 자료에 비하여 나중에 작성된 회상은 일반적으로 기억 착오나 의도적 조작이 개입되기 쉬우므로 주의가 필요하다. 당시의 신문은 도쿄재판의 심리審理를 연일 보도했다. 이 보도 모습을 역사학자인 가사하라 도쿠시笠原十九司는 다음과 같이 분석한다.

압도적이었던 검찰 측의 증언 내용에 대해서는 『아사히신문』은 '전혀'라고 해도 좋을 정도로 보도하지 않고, 거꾸로 변호 측의 반론 단계의 증언은 비교적 자세히 보도했다. (…중략…) 『마이니치신문』은 다른 신문에 비하여 수차례에 걸쳐 검찰 측 증인의 증언을 보도했지만, 변호 측 증인 보도가 중심이었던 것은 『아사히신문』과 다르지 않다. 笠原十九司, 『증보 난징사건 논쟁사』

기자들의 입장은 미묘했다. 전쟁 중에 신문은 정부나 군부에 대해 한마디도 비판하지 않았다. 정부, 군부와 일체가 되어 전방의 병사와 후방 국민의 전의戰意를 고무시켰다. 전쟁 중에 신문기자들은 전쟁 지도자의 바로 옆에 서서, 말하자면 나팔을 불고 있었다.
그 지도자들이 법정으로 끌려 나올 때 기자들은 전범재판을 변호 측의 편에 서서 보도했다.[11]

재판이 끝나고

---

[11] 이와 같은 경우는 마닐라전투의 사령관, 야마시타 도모유키(山下奉文)가 포로 학대 등의 이유로 전범으로 재판을 받아 사형판결을 받은 마닐라 군사재판의 보도에도 나타났고 한다. 『아사히』, 『마이니치』, 『요미우리』 모두 변호 측 증언을 많이 다루어 검찰 측 증언을 게재한 일수는 『요미우리』가 5일, 『마이니치』 4일, 『아사히』 3일. 특히 『아사히』는 야마시타를 편든 보도였다고 한다. 賀茂道子, 『워・길트・프로그램(워ォー・ギルト・プログラム-GHQ情報教育政策の実像)』, 2018.

1948년 11월 12일, 도조 히데키東條英機, 마쓰이 이와네松井石根 등 7명의 피고에게 교수형이 선고되었다. 판결 선고를 방청한 작가 오사라기 지로大佛次郎는 다음과 같이 감상을 남겼다.

재판을 받은 자는 저 일련의 피고뿐 아니라 일본 근대의 과거이며, 일본인이라는 감상을 지우기 어렵다. 즉 일본인의 완성도가 나쁜 것이다. 치욕과 한없는 부끄러움이 격렬하게 뒤섞여 있었다. 피고들은 죽음이든, 감옥의 철문으로 이 세상과 격리되어 버릴테니 오히려 낫다. 우리는 앞으로 살아간다. 저 무표정한 마스크의 뒤에 어떤 마음이 숨어 있는지 지금은 알 방도가 없지만, '잘못했다'라고 아무도 말하지 않은 것에 불가사의한 느낌이 들었다.「도쿄재판의 판결」,『朝日評論』, 1948 12월호

도조 히데키는 법정에서 패전의 책임은 자신에게 있다고 인정했다. 그러나 일본의 침략은 인정하지 않고 사죄도 하지 않았다.

도쿄재판은 사형에 처해진 도조 등에 대한 동정과 점령군에 대한 불만을 일본인에게 불러일으켰다. 그러나 아시아 침략에 대한 깊은 반성을 일본인에게 촉구하는 계기로 삼는다는 점령군의 목적은 실현되었을까? 법정에서 취재한 교도통신 기자, 오자와 다케지小澤武二는 판결로부터 5년 후에 이를 되돌아보았다.

7년이라는 오랜 시간, 연합국 점령하에 언론의 자유를 빼앗긴 일본 대중은 도쿄재판에 대해 뭐 하나 비평 같은 것을 말할 수 없었으나 마음으로부터 이 재판을 받아들인 자는 거의 한 명도 없다고 해도 좋다.「돌아온 자, 돌아오지 못한 자」,『비록(祕錄) 대동아전사 도쿄재판 편』, 1953

전범재판의 사형수 1,068명의 유서를 분석한 사회학자 쓰루미 가즈코 鶴見和子의 논문 「극동국제군사재판－구 일본군인의 비전향과 전향」『사상』 1968.8월호이 흥미로운 데이터를 제시하고 있다.

전범 수형자의 87.4퍼센트는 구 일본군대의 전쟁이데올로기를 깨끗하게 부정하는 데에는 이르지 못했다. 구 일본군대의 이데올로기에 혐오를 표명하던지, 또는 그것을 비판한 자는 겨우 8.9퍼센트이다. 분명하게 전쟁 반대 입장을 표명한 자는 겨우 3.4퍼센트밖에 안 된다. 그런데 '반전反戰' 의지 표시를 한 자 중에 '유죄'를 인정한 자는 한 명도 없다. 또한 '유죄'를 인정한 2.1퍼센트 중, '반전' 입장을 표명한 자는 전혀 없다.

도쿄재판은 수형자에게서조차 거의 반성을 받아내지 못했다. 도쿄재판이 끝나자, '전쟁 책임 문제는 이것으로 끝났다'는 기분이 사회에 확산되었다.[12] 난징사건은 그 재판 중의 하나의 에피소드로서 이윽고 일본인의 기억에서 멀어져 갔다.

---

12 「일본인은 도쿄재판으로 일본이 일방적으로 나쁘다는 역사관(도쿄재판 사관)을 강요받았다」는 주장이 일부에 보이지만, 그것을 객관적으로 논증하는 논문을 저자는 아직 보지 못했다. 또한 「도쿄재판 사관(史觀)」에 대해서는 졸저 『『諸君!』, 「正論」의 연구』 (2011) 참조.

4. 휴머니즘의 한계

1951년 9월 샌프란시스코강화조약이 조인되었다. 패전부터 6년간 계속된 연합국군에 의한 일본점령통치는 그 역할을 마치려 하고 있었다. 그와 교대하듯이 전쟁 이전으로 회귀를 도모하는 것같은 움직임이 일본사회에 눈에 띄기 시작했다.

『요미우리신문』은 11월 그러한 움직임을 포착하여 시리즈 「거꾸로 코스」전 25회의 연재를 개시했다. 전쟁 전의 훈장이 높은 가격으로 매매되고, 카바레에는 군함행진곡이 울려퍼졌다. 「거꾸로 코스」는 순식간에 유행어가 되었다. 그러한 복고주의적인 풍조를 『요미우리신문』은 사설에서 경계했다.

> 금년 1년을 문화적인 면에서 회상해보면, 종전 후의 혁신 기분이 옅어지고, 무언가 옛 일본으로 거꾸로 돌아가, 즉 '거꾸로 코스'의 색깔이 강하게 나타나고 있다는 느낌이 깊다. 이것은 일본 자신이 걸어가는 방향으로써 가장 쉬운 것이며, 긴장이 느슨해진 것이며, 담아 둔 눈물은 다 잊었다는 식의 타성으로 밖에 생각되지 않는다. (…중략…) 일본의 과거로의 복귀는 단연 이성의 무기력이거나 지성의 태만이어서는 안 된다. 1951.12.22

후지모토 히사시의 난징 전기戰記

일본이 독립을 회복해서 1년이 지난 1953년 5월, 도쿄 미나미시나가와南品川에 있는 출판사 후지쇼엔富士書苑에서 『비록 대동아전사秘録大東亜戦史』 전 12권 간행이 시작되었다. 점령군은 1945년 12월 「신도 지령神道指令」으로 '대동아전쟁' 등의 용어를 공문서에서 사용하는 것을 금지한 경위가 있기 때문에, '대동아전사'라는 타이틀 자체에 '복고'에 대한 의지가 담겨 있었다.

전체 구성은『만주편』상,『만주편』하,『버마편』,『필리핀편』,『조선편』,『말레이 태평양 도서島嶼편』,『난인蘭印편』,『대륙편』,『원폭 국내편』,『도쿄재판편』,『개전開戰편』,『해군편』으로, 각 권당 10여 편에서 20여 편의 글이 수록되었다. 필자의 대부분은 현지에서 보도를 담당한『아사히』,『마이니치』,『요미우리』, '교도통신' 등의 기자 또는 전 기자로 그 수는 전체적으로 150명에 이르렀다. (1인이 여러 편을 작성한 필자도 있다) '대동아전사'라고 명명했으나 통사로서의 체계성은 없고, 기자의 회상 문집에 가까웠다.

『대륙편』에「난징 일등입성」이라는 제목의 글이 수록되어 있다. 필자는 산요신문사山陽新聞社의 도쿄지사장인 후지모토 히사시藤本比佐志. 난징 공략 당시,『아사히신문』기자로서 '후지모토 가메藤本亀'라는 이름으로 보도 활동을 했고, 그 후 '히사시比佐志'로 개명했다. 난징을 목전에 두고 중국군의 총탄에 쓰러진 동료 카메라맨인 하마노 요시오浜野嘉夫의 유골을 들고 난징 광화문에 도착했던 후지모토는 당시를 이렇게 회고했다.

밤중에 중포重砲로 무너진 성벽의 한쪽을 돌격로로 삼아 (사바에 보병 제36연대의) 전 부대는 성 안으로 쇄도했다. 우리도 잇달아 돌격로를 기어오른다. 흙덩어리와 함께 미끄러져 떨어진다. 전사자의 사체와 함께 미끄러진다. 피의 바다다. 실로 사산혈하死山血河였다. 이윽고 해가 뜰 무렵 와키사카脇坂 부대장의 지휘 군도가 빛을 뿜고, 성 머리에는 군기가 펄럭이고 부대는 저멀리 떠오르는 아침해에 요배를 한다. 감격의 난징 일등 입성을 신께 감사했다. 나의 배낭 속에는 하마노 특파원의 유골이 있었다. 때는 1937년 12월 13일 오전 6시![13]

실은, 후지모토는 전시하에도 같은 문장을 썼다. 1939년에 출판된 『전쟁과 종군기자』新聞之世界社 간행라는 책에 이렇게 적었다.

> 때는 마침 동쪽에서 붉게 물든 신성한 일출을 받으며, 웅장한 나팔 소리, 군기에 장식된 보라빛 수술이 바람결에 빛난다. 군도를 빼들고 호령하는 와키사카脇坂 부대장의 눈에도 이슬이 빛나고 있다. 실로 역사적 감격의 장면이다. 감정이 벅차오른 나의 뺨에 전해지는 뜨거운 눈물은 언제까지나 멈추지 않았다. 하마노浜野 군의 영혼도 울고 있을 것이다.

패전에서 8년이 지났어도, 후지모토는 전시하와 같은 수려한 문장으로 일본군의 난징 침공을 기록했다. 문장은 거의 전시 중 작성한 글의 판박이였다. 후지모토뿐이 아니다. 『비록秘錄 대동아전사』에 수록된 체험기 대부분은 전쟁 중의 기사와 같은 들뜬 분위기로 작성되어 있다. 전쟁터에서 일본군이 얼마나 분투했는가, 작성된 것은 주로 그런 내용이었다.

검열이 없어졌음에도 불구하고, 그들은 일반적으로 통제가 이루어졌던 전쟁 때와 똑같이 작성했다. 전쟁 중의 기사와의 차이점은 일본군이 얼마나 비참한 전쟁을 강요당했던가, 그 정경도 묘사된 것이다. 예를 들면 『비록 대동아전사』 제3권 『버마편』은 거의 전편이 인도, 버마 국경의 인팔 작전에 할애되었다.[14]

---

13 후지모토는 잡지 『선데이 일본』 1957년 10월 15일호에 「광화문(光華門)에 돌입하는 와키사카(脇坂) 부대」를 기고했는데, 내용은 『비록(秘錄) 대동아전사』에 쓴 「난징 일등 입성」의 발췌로서 거의 차이가 없다.
14 인팔작전에 대해서는 육군보도반원으로 중국전선과 버마 전선에 종군한 다카기 도시로(高木俊朗)가 1949년에 르포 『인팔』을 저술하여 일본군의 무모한 작전 지휘를 비판했다.

마루야마 구니오의 비판

"더 이상 전후戰後가 아니다."

1956년 7월에 발표된 『경제백서』는 그렇게 언명했다. 전년도 11월 보수 합동으로 자유민주당이 발족, 일찍이 A급 전범 용의자, 기시 노부스케岸信介가 간사장에 취임하여 수상의 자리를 엿보고 있었다. 1956년 말 일본은 국제연맹에 가맹하여 국제사회에 복귀했다. 전쟁이 끝나고 10년이 지난 뒤였다.

'저널리스트와 전쟁 책임'에 대해 평론가 마루야마 구니오丸山邦男, 정치학자, 마루야마 마사오(丸山眞男)의 동생가 질문을 던진 것은 이 무렵이었다.

> 최근 일년 동안 지식인, 특히 문학가의 책임을 날카롭게 추궁하면서도 결국 저널리스트의 책임에 대해서는 전혀 다뤄지지 않았다. (…중략…) (이 점은 전쟁 책임이) 대부분 저널리스트에게는 A급 전범이나 공직 추방 해제자와 마찬가지로 이미 폐기된 어휘가 되었다는 사실을 나타내고 있다. 그것은 10년 전 각 신문사, 잡지사, 방송국을 휩쓴 사내 민주화와 전범 추방의 폭풍으로 해결되었다고 생각하고 있는 것이다.
>
> 오류의 출발점은 여기에 있다. 언론과 보도에 관계하는 저널리스트의 책임 문제가, 관리나 재계인 등과 같은 척도로 이루어진 종전 후의 형식적인 책임 처리직급에 따라 정해진 공직 추방로 해소될 리가 없다. (…중략…) 저널리스트의 전쟁 책임 문제가 최근 1년간 전혀 다뤄지지 않는다고 나는 말했다. 아니, 1년 동안만이 아니다. 종전終戰 후 단 한 번도 저널리스트 자신의 문제로서 자주적으로 제기된 적이 전혀 없는 것이 아닌가 생각한다.『중앙공론』1957.2월호

마루야마의 지적은 핵심을 찔렀다.

신문사 경영 간부의 책임을 묻는 움직임은 패전 직후에 나타났으며, 점령정책으로 공직에서 추방당한 간부도 있었다. 그러나 개개의 기자의 책임은 거의 논의되지 않았다.[15]

버마의 수금

마루야마의 논문과 거의 같은 시기에 저널리즘 연구자인 아라세 유타카荒瀬豊는 「아시아는 살아 있다. 언론인의 아시아관」이라는 제목의 논문을 발표했다. 이 중에서 아라세는 1945년 가을부터 전개된 언론계의 전쟁 책임 추궁은 오로지 국내적인 주제로 '국민 전쟁을 이끈' 책임을 묻는 것으로 끝났다고 지적하고, '일본 언론인의 아시아관이 어떻게 변하고,

---

15 '동맹통신'의 기자인 구리바야시 다미오(栗林農夫)는 「나는 무엇을 했나? 전쟁 책임의 자각에 대하여」라는 자기 비판의 글을 잡지 『俳句人』(1947.7·8월호)에 발표했다. 그는 난징 함락에서 1년 후인 1938년 9월부터 12월까지 일본군의 광둥(廣東) 침공을 취재하고 다음해 종군기 『병대와 함께』를 개조사(改造社)에서 출판했다. 구리바야시는 구리바야시 잇세키로(栗林一石路)라는 필명을 갖고 「프롤레타리아 하이쿠(俳句)」의 리더로서 활동. 1941년에는 '신흥 하이쿠(俳句) 탄압사건'에 연좌되어 치안유지법 위반 용의로 검거되어 2년여 동안 옥고를 치렀다. 「나는 무엇을 했나?」는 원고용지 22매로 구리바야시는 이렇게 적었다. "나는 『병대와 함께』를 저술했다. 그러나 거기에 숨어 있는 의도가 무엇이었든지, 그것을 공개적으로 저술하기 위해서는 결국 현실과 타협하지 않으면 안 된다. 그러나 타협은 아무튼 현실을 긍정하는 쪽으로 빠지기 쉬운 것이다. 나의 저서가 무언가의 영향을 받았다고 한다면, 그 작은 의도보다도, 전체로서 전쟁 협력이라는 방향이 강했을 것이라고 생각된다. 이것은 정말 내가 범한 과오였다." 단, 이 글에서 구리바야시는 시인으로서의 자세나 옥중에서의 전향수기 집필 등 폭넓게 이야기하고 있으며, 종군기자로서 어떻게 행동하고 어디에 문제가 있었는지, 자신의 책임을 구체적으로 끄집어내는 데까지는 이르지 못했다. 구리바야시는 1945년 8월 15일 이후 마쓰모토 시게하루(松本重治, 난징 공략 당시 상하이 지사장)등과 도쿄에서 신문 『민보(民報)』(나중의 『도쿄민보(東京民報)』)를 창간, 편집국장을 지냈지만 3년 만에 폐간. 이후 하이쿠 창작에 전념했다. 구리바야시에 대해서는 구리바야시 잇세키로를 이야기하는 모임(栗林一石路を語る会編), 『나는 무엇을 했나, 구리바야시 잇세키로의 진실(私は何をしたか 栗林一石路の真実)』, 시나노마이니치신문사(信濃毎日新聞社), 2010이 있다.

〈그림 4〉〈버마의 수금〉광고 『映畫評論』 1956년 1월호 [일본국회도서관 소장본]

어떤 점에서 어떻게 변하지 않았는가를 검토해 둘 필요가 있다'며 다음과 같이 주장했다.

다케야마 미치오 竹山道雄 씨의 『버마의 수금 竪琴』[16]이 제시한 문제는 간과할 수 없다. 이 작품의 주인공 미즈시마 야스히코 水島安彦 상등병은 패전 후 버마에서 산속에 방치되어 있는 일본 병사의 백골을 보고 귀국할 마음을 단념하고 탁발승이 되어 동포의 영혼을 위로하기 위해 현지에 남는다. 거기에서 묘사된 버마인의 불교에 대한 귀의 관념이 숭고하고, 불교를 통해 전쟁 책임을 다하고자 하는 주인공의 심정도 언뜻 높은 휴머니즘의 발로인 것처럼 보인다. 그러나 이 주인공이 하고자 한 일은 '동포'의 유골을 수습하는 것이며, 버마인에 대한 속죄가 아니다. 탁발이라는 주인공의 생활수단은 일찍이 재앙을 부여한 버마인에게 또다시 폐를 끼치며 사는 생활이다. 그의 행위는 죽은 일본인에 대해서는 전쟁 책임을 지는 방법이겠으나 살아있는 타민족에 대한 책임을 지는 방법은 아니다. (…중략…) 무엇보다 중대한 것은 『버마의 수금』이 발표되고 약 10년 동안, 많은 독자를 확보하면서도 이 책에 포함되어 있는 민족적 에고이즘과 형태를 바꾸어 존재하고 있는 낡은 아시아관을 비판하는 목소리가 독자 사이에

---

16 [역주] 수금(竪琴)은 하프의 한자어.

서 나오지 않았던 점이다. 『중앙공론』 1958.6월호

"어이! 미즈시마, 함께 일본으로 돌아가자!"

1956년에 공개된 영화 「버마의 수금」 이치카와 곤(市川崑) 감독, 야스이 쇼지(安井昌二) 주연 이 국내외에서 높이 평가되었다. 그러나 「버마의 수금」에 나타난 휴머니즘의 한계에 대해 일본인 대부분은 깨닫지 못한 것이 아닌가라고 아라세는 지적했다.

또 하나의 한계를 지적한 이가 평론가 하시카와 분조橋川文三였다. 같은 무렵, 하시카와는 「일본근대사와 전쟁 체험」이라는 글에서 이렇게 기술했다.

> 현대 일본인은 산동山東 출병 이래 중국 대륙에서의 일본인의 역사에 대해 지나치게 이야기하지 않는다. 극단적으로 말하자면, 일본근대사에서 일본은 중국에 대해 기억할 만한 일은 아무것도 없는 듯하다. 종전 후 15년째인 오늘날에도, 일본인은 그 악몽과 같은 기억에 대해 여전히 충분히 상기하지도 않고, 잊지도 않은 듯한 상태에 있다. 이 애매한 십여 년은 장래 반드시 그 대가를 요구받게 될 것이다. 『현대의 발견 2 – 전쟁 체험의 의미』, 1959[17]

하시카와가 말한 것처럼 중국 전선에서 싸운 병사들 대다수는 침묵했

---

[17] 중국의 전범관리소에 억류되어 있던 전 일본군 장병 약 1,000명이 1956년에 귀국. 중국귀환자연락회라는 단체를 만들어 일본군의 중국 침략의 실태에 대해 증언 활동을 전개했다. 1957년에 출판된 『삼광(三光)』은 발매 겨우 20일 만에 5만 부에 달하는 베스트셀러가 되었다. 일본 침략으로 상처를 입고 쓰러진 중국인에게 관심을 가진 일본인이 존재하지 않았던 것은 아니다. 上丸洋一, 「전후 일본의 평화주의와 중국 귀환자 연락회」(『中歸連』 62호, 2017.7월호 참조).

다. 물론 그렇다고 해서 그들에게 회한이 없었다고 단정할 수는 없다. 깊은 회한이 그들을 침묵하게 했다고도 할 수 있을 것이다. 기자들도 또한 같은 심정이었을 것이다.

5. 향토부대 전기戰記의 전쟁관

1960년대에 들어서면, 일본 전국에서 전우회戰友會가 왕성히 조직된다.전우회연구회,『전우회 연구 노트』2012 그와 함께 지방지는 왕성히 향토 출신의 병사들의 '분투' 모습을 회고한「향토부대 전기鄕土部隊戰記」를 연재했다. 일본신문협회의 조사에 의하면, 1962년 4월 시점에서 전국 22개 지방지가 39 향토부대의 전기를 연재했다고 한다.高木俊朗,「전기(戰記) 그 진실과 허구」, 坪田五雄 편,『소화(昭和)일본사 5, 태평양전쟁 후기(後記)』, 1977[18]

신문에 연재된「향토부대 전기」의 몇몇은 단행본으로 출판되었다.『다이와타임즈大和タイムス』나라(奈良)는 1961년 9월부터 1년간, 향토사 연구자 노구치 도시오野口俊夫에 의한「나라 38연대 흥망사」를 연재하고, 이를 1963년에『나라연대 전기奈良連隊戰記』로 출판했다. 청일전쟁에서 시작하여 태평양전쟁, 괌에서의 전멸까지 향토부대의 족적을 더듬었다. 난징 공략에 대해서는 이렇게 서술했다.

> 스케가와助川 부대보병제38연대, 스케가와 세이지(助川靜二) 연대장는 적을 섬멸할 태세를 정비하자 난징 북방으로 몰려나온 7~8만의 적을 추적하여 자금산紫金山 북쪽

---

18   단, 일본신문협회의 조사에 대해서는 미확인.

기슭에서부터 샤칸에 걸친 양쯔강 연안에서 4만에 가까운 적을 소탕했다. 그 때문에 양쯔강물은 피로 물들고 적의 사체는 켜켜이 쌓여 하류로 2~3리나 계속 이어졌다.

이 필법은 전시하에 작성된 「전기戰記」와 다른 점이 없다.

병사는 죄가 없다

『치바일보千葉日報』는 중일전쟁부터 필리핀전투에 이르는 사쿠라佐倉 보병 제57연대의 족적을 1965년 8월부터 연재 「레이테의 비」로 다루었다. 이를 정리한 단행본 『레이테의 비, 사쿠라연대의 최후』가 1966년 10월에 간행되었다. 치바일보사의 사장 구보 이사무久保勇는 발간사에서 다음과 같이 적고 있다.

인류 최대의 비극—그것은 전쟁이라고 할 수 있습니다. 전쟁은 어디까지나 피해야 하며, 그것을 반복해서는 안 된다는 것은 말할 필요도 없습니다. 그러나 향토부대 장병이 조국을 위해 분투, 수많은 숭고한 희생자를 낳은 것은 결코 무의미한 것이 아닙니다. 가령 전쟁이 죄악이라고 해도, 연대 장병의 숭고한 행위 그 자체는 오히려 칭송받아야 한다고 생각합니다

'전쟁은 반복되어서는 안 된다, 그러나 전쟁터에 나간 장병은 칭송받아야 한다.' 그러한 이원론은 『치바일보』뿐이 아니다.

신문사가 출판한 「향토부대 전기」는 서문 등에서 각각 다음과 같이 적고 있다.

군벌에 의한 정치 지배는 현재도 장래에도 어떤 이유라도 이를 배제하지 않으면 안 된다. (…중략…) 군벌과 이를 추종한 권력은 증오해야 한다. 그러나 그들에게 동원되어 게다가 1억 일본국민의 애국의 정성에 불타 조국의 영광을 믿고 산화한 장병을 단순히 희생되었다고 잊어버리기에 민족의 피는 그렇게 차갑지 않다.이와테일보사 상무취체역 편집국장 와타나베 다케시(渡邊武); 松本政治,『향토 병단 이야기』, 岩手日報社, 1963

7만여 현민이 사랑하는 처자를 잊고 죽음을 맞이한 사실은 선악을 논외로 하더라도 시즈오카의 최대의 역사이며, 그 흔적은 평화를 구가하는 현대에 확실히 남아 있습니다. (…중략…) 명령받은 대로 임하여, 모든 것을 바친 우리의 아버지, 남편, 그리고 형은 군벌은 아닙니다. 그렇기는커녕, 출정 명령을 거부할 수 없는 운명으로 받아들이고, 정치의 틈바구니에서 괴로움을 겪고 고민한 서민 그 자체였다고 할 수 있습니다.『산케이신문』 시즈오카(靜岡) 지국 마스다 도쿠조(增田得三); 동지국 편,『아아 시즈오카 34연대』, 1963

안타깝지만 인류는 전쟁의 역사를 반복해 왔습니다. 그러나 현재의 세계관으로 과거 전쟁의 역사의 필연성을 모두 부정해버리는 것은 잘못일 것입니다. 게다가 그 전쟁의 자리에 생명을 던져 자신을 바친 젊은이들은 그 시대, 그 조건 속에서 숭고한 존재였다고 하지 않으면 안됩니다.『다이와타임즈(大和タイムス)』 사장 다나카 지로.(田中治郎);『나라연대 전기(奈良連隊戰記)』

전시하의 신문은 '강하고 올바른 일본군'의 모습을 묘사했다. 1945년 8월 15일 이후에는 일본군이 강하고 정의로웠는지는 논외로 하지만, 병사는 훌륭했다고 칭송했다.

나쁜 것은 전쟁

『석간 후쿠니치신문フクニチ新聞』후쿠오카은 1961년 7월부터 다음해 3월까지「향토부대 전기」를 연재했다. 담당은 스기에 이사무杉江勇 기자. 1962년 10월에 같은 제목으로 단행본으로 출간했다. 이 책에 인팔 작전의 지휘관, 무타구치 렌야牟田口廉也의 감상이 실렸다.

전쟁이 승패를 불문하고 얼마나 비참한지는 언제까지나 잊을 수 없다. 오히려 그것을 잊지 않도록 애쓰고, 비참함을 두 번 다시 거듭하지 않도록 올바른 여론을 지켜 나가야 한다. (…중략…) 일찍이 나와 함께 항저우만에서, 말레이, 버마에서 싸운 늠름한 청년들을 떠올린다. 그들은 모두 용감했으며 정이 깊고, 감수성이 풍부하고, 정직했다. 전쟁은 증오해야 하지만, 꾸밈없는 좋은 사람들의 진심을 접한 것은 기쁜 일이다.

식량 보급조차 무시한 무모한 작전으로 일본군은 참가 병력 10만 명 중 약 7만 명의 전사・전상병자戰傷病者가 나왔다. 거기에는 후쿠오카현 출신의 장병이 다수 포함되어 있었다. 실패의 책임을 져야 하는 무타구치가 전쟁 일반의 비참함을 들어 책임을 전가하고 있다.[19] 게다가 연재를 담당한 기자는 취재로 안 사실의 일부를 일부러 숨겼다.

쓰지 않은 것이 두세 가지 있다. 예를 들면 굶주린 끝에 인육을 먹고, 또는

19　무타구치(牟田口)의 글을 둘러싸고 작가 다카기 도시로(高木俊朗)는 "적어도 인팔 작전의 경우 증오해야 하는 것은 전쟁 그 자체라고 하기 보다 그것을 계획한 자가 아니었을까? 죄악이라고 한다면 전쟁보다 그 자의 무책임이 아니었을까?"라고 지적하고 있다. (『戰記作家高木俊朗の遺言』) 1)

주둔 중의 살인범을 찾기 위해 여자를 포함한 10여 명을 발가벗겨 2층에서 거꾸로 매달아 자백하지 않자 목을 베어 버린 사건. 또는 한 소좌가 적의 총탄을 두려워하여 군사령부의 철퇴 명령을 전선에 전달하지 않아서, 이 때문에 향토부대가 쓸모없어진 진지를 끝까지 사수하다 전멸하는 등, 너무나 비참하기 때문이다. 스기에(杉江) 기자에 의한 「후기」

이러한 것은 부대에 따라 '불편한 진실'이었다. 기자는 전쟁의 리얼한 모습을 쓸 기회를 뻔히 알면서도 놓쳤다.

'전쟁은 잘못되었다고는 해도 (혹은 전쟁으로 돌진한 국책의 잘잘못은 별도의 문제로 하고) 향토 출신 병사들은 훌륭했다. 나쁜 것은 전쟁이지 병사들이 아니다.'

「향토부대 전기」는 이러한 사고방식이 서술의 기조를 이루었다. 병사들은 잘못된 국가 정책의 피해자, 또는 희생자였던 것은 사실이다. 그러나 동시에, 그들이 침략의 최전선에 있었던 사실도 부정할 수 없다. 향토부대 전기에 공통된 것은 '책임'이라는 관념이 극히 희박한 것이다. 앞서 무타구치牟田口의 기사 내용이 상징하는 것처럼, 전쟁이 마치 지진 등의 자연재해와 같이 피하기 어려운 재앙인 것처럼 생각하고 있는 것이다. 전쟁에 '자신을 바친' 젊은이를 칭송하는 반면, 그들은 왜 사지死地로 가지 않으면 안되었는가? 무엇을 위한 전쟁이었는가? 누가 책임이 있는가? 그것을 신문이 추궁하는 일은 없었다.

신문이 전쟁 책임을 언급하면 그것은 메아리처럼 자신에게 돌아온다. 그것을 예기해서일까, 「향토부대 전기」가 전쟁에 관여한 누구의 책임을 묻는 일은 '전혀'라고 해도 될 만큼 없고, 신문 스스로의 책임에 대해 언급한 신문도 저자가 아는 한 전혀 없다.

또 하나, 공통점은 '타자'의 부재라는 것이다. 전쟁에는 상대방이 있다. 일본군이 침공하지 않았다면 목숨을 잃을 일이 없었던 사람은 중국에만 도 방대한 숫자에 이른다. 그러나 그 자세는 「향토부대 전기」에는 거의 묘사되지 않았다.

전쟁 중 전장의 병사와 후방의 서민을 격려하고, 전의戰意를 고양시킨 신문은 바다를 건너 침략한 일본군에게 생명을 빼앗긴 중국 민중에게 무슨 말을 해야 할지, 말할 수 있을지 고민한 형적이 없다.

이렇게 살펴보면, 전시하에 출판된 전기와 1945년 이후에 일부 지방지가 출판한 「향토부대 전기」[20]의 사이에 농담濃淡의 차이가 있으나 본질적인 차이를 발견하는 것은 어렵다.

『니가타일보』의 연재

『니가타일보新潟日報』는 1964년 8월 14일부터 「우리 종전終戰의 여름-살아남은 향토 군인들」[12회]을 연재했다. 니가타 현과 인연이 있는 12명의 전 장병들의 각각의 전쟁 체험을 듣고 기자가 정리했다. 필리핀 전선에서 겨우 아사餓死를 면하고 종전 후 전범 용의로 조사를 받은 전 사단 참모

---

[20] 1960년대부터 1970년대 초반까지 신문사가 간행한 「향토부대 전기(郷土部隊戰記)」, 「부대사(部隊史)」에는 다음과 같은 책이 있다. 이 책에서 소개한 것은 제외한다. 島根新聞社, 『郷土部隊秘史』, 1962; 平松鷹史, 『郷土部隊奮戰史』 1~3, 大分合同新聞社, 1962~63; 千葉日報社, 『福井部隊の血戰記』, 1963; 佐藤芳郎, 『南海の墓標』, 河北新報社, 1963; 熊本兵團戰史編纂委員會, 『熊本兵團戰史』 1~3, 熊本日日新聞社, 1965; 磯貝義治, 『戰記・甲府連隊, 山梨・神奈川出身将兵の記録』, サンケイ新聞甲府支局, 1964; 日本海新聞, 『渦まくシッタン-鳥取・歩兵第121連隊史』, 1969; 客野澄博, 『22聯隊始末記』, 愛媛新聞社, 1972.
그 외 京都新聞社, 『防人の詩,悲運の京都兵團証言録』(「比島編」, 「南太平洋編」, 「インパール編」, 「レイテ編」, 「ルソン編」, 「ビルマ編」, 「沖縄編」의 전7권, 1976~1994)가 있는데, 교토 제16사단이 중심적 역할을 담당한 난징 공략에 대해서는 다루고 있지 않다.

장, 알류샨 열도^(Aleutian Islands), 키스카^(Kiska)섬 상륙작전에 참가한 퇴역 일등 수병 등이 등장한다.

이 연재에서 한 명의 퇴역 육군 상등병이 난징학살에 대해 이야기했다. 8월 24일 자 연재 제10회 「가리워진 난징 학살, 거짓말이었던 일본군의 규율」이라는 제목이다. 기사 게재 당시 그는 51세였으며, 난징 공략 당시는 24세의 청년이었다. 취재를 담당한 기자^(서명 없음)는 이렇게 적었다.

(전 상등병의) 뇌리에 새겨져 떠나지 않는 것은 일본군에 의한 중국인 학살의 지옥도였다. 군의 기밀을 지킨다는 이유로 도망가는 시민을 손에 잡히는 대로 총격한 난징대학살에서는 아직 숨이 끊어지지 않은 자까지 트럭에 실어 양쯔강으로 운반하여 버렸다. 그 넓은 강이 사체로 뒤덮인 것은 진실이었다. 그뿐 아니다. 이르는 곳마다 부녀자를 폭행한 끝에 군화로 밟아 죽이고, 차^(茶)를 얻으러 온 굶주림에 지친 노인과 아이를 보초선^(步哨線)을 넘었다는 이유만으로 찔러 죽였다.

전 상등병은 말한다.

일본 군대는 정의로운 존재라고 교육받고 믿어 왔습니다만, 완전히 거짓말이었습니다.

1960년대 후반, 전우회 결성이 절정을 맞이했다. 『전우회(戰友會) 연구노트』 후쿠오카 현 구루메^(久留米)시 출신의 시인, 마루야마 유타카^(丸山豊)는 1969년 『니시니혼신문^(西日本新聞)』에 종군회상기 「월백^(月白)의 길」을 2개월간 연재했다. 전쟁 중에 마루야마는 군의^(軍醫)로서 버마전선, 윈난^(雲南)전선에 종군했다. 마루야마는 이렇게 적었다.

> 작년 어느 퇴역 군인 모임에서는 전지^{戰地}에서처럼 계급순으로 정렬하여 레코드의 군가가 울려퍼지는 가운데 수십 명이 자기 소개를 겸한 인사를 나누었다. 전쟁의 의미를 새삼 성찰하려는 태도를 보인 사람은 단 2명뿐이었다.『西日本新聞』, 석간, 1969.7.1

가해자의 자각

1965년 2월 미군이 북베트남에 폭격을 개시했다. 당시 수상인 사토 에이사쿠^{佐藤榮作}는 이 폭격을 지지했다. 신문과 TV는 연일 베트남전쟁 상황을 전달했다.

일본에서도 반전^{反戰}운동이 일어나 1965년 4월에 평련^{베트남에 평화를! 시민연합, 약칭은 平連}이 발족했다. 작가 오다 미노루^{小田實}, 철학자 쓰루미 슌스케^{鶴見俊輔}, 구노 오사무^{久野收} 등이 중심이었다.

7월, 미 전략폭격기 B52, 30대가 오키나와 가데나초^{嘉手納} 기지에서 발진하여 남베트남의 수도 사이공^{현 호치밍}의 근교를 폭격했다. 오키나와에서 베트남으로 직접 출격한 것은 이것이 처음이었다. 오키나와는 당시 미국의 시정권^{施政權} 아래 있었다. 베트남 전장에서 부서진 전차나 무기는 일본으로 운반하여 수리했다.

사회학자 히다카 로쿠로^{日高六郎}는 지적한다.

> 1965년 미국군의 북베트남 폭격 개시 무렵부터 우리 중에는 일본이 이제 베트남전쟁에서 가해자 입장에 섰다는 자각이 생겨나고 있다. 그것은 동시에 또 한번 우리를 전쟁 가해자인 1945년 이전의 일본 국가 및 일본 국민의 입장

으로 되돌아가게 한다. 日高六郎, 『전후(戰後) 사상을 생각한다』, 1980

무기의 파괴력으로는 압도적인 우위에 선 미군이 베트남에서 고전을 면치 못했다. 일반 농민과 병사는 외견상 구별 되지 않는다. 미군은 농가에 불을 지르고, 아이나 노인이 도망쳤다. 그 광경을 세계에서 모인 저널리스트가 카메라에 담아 르포를 작성했다. 일본의 각 보도 매체도 다수의 특파원을 파견했다.

베트남전쟁 보도에 임한 『아사히신문』 특파원 중 혼다 가쓰이치本多勝一가 있다. 베트남전쟁 후 혼다는 중국으로 여행을 떠났다.

6. 혼다 가쓰이치, 중국 여행

1960년대 말부터 1970년대 초반까지 「전쟁의 기억」과 관련한 여러 가지 동향이 있었다. 1969년 5월, 전 수상 기시 노부스케岸信介를 회장으로 하는 '자주헌법 제정회의'가 결성대회를 개최, 6월에 자민당은 「야스쿠니 신사 국가 호지護持 법안」을 국회에 처음으로 제출했다. 1970년 8월 15일 『아사히신문』은 처음으로 사설에서 전쟁 가해 책임을 언급했다.

전후戰後의 패전국에서 침략전쟁을 시작했던 정치 책임자가 지금 여전히 정치의 제1선에서 일하고 있는 것은 우리나라 외에 없을 텐데, 그 책임의 애매함을 허락하고 있는 이 나라의 성격은 도대체 뭐란 말인가?

1970년 12월 서독 수상 브란트는 폴란드 수도 바르샤바에서 유대인 희생자의 위령비 앞에 무릎을 꿇고 사죄했다. 일본에서 포크송 「전쟁을 모르는 아이들」[21]의 레코드가 발매된 것은 1971년 2월의 일이다.

왜 지금 새삼

1971년 8월 26일, 『아사히신문』 석간 1면에 「중국 여행」 연재가 시작되었다. 필자는 편집위원인 혼다 가쓰이치本多勝一. 1966년부터 다음해에 걸쳐 베트남전쟁 취재를 통해 '그렇다면, 일본군은 어떠했는가?'라는 의문이 생겨, 1971년 6월부터 40일간 중국 각지를 돌아보며 취재했다.

연재 제1부는 「평정산平頂山사건」9월 14일까지 11회 일본이 중국 동북부구 만주로 무력 침공만주사변을 개시한 후 1년 후인 1932년 9월 요녕성遼寧省 푸순撫順 근교의 마을 평정산을 일본군이 습격, 다수의 주민을 모아놓고 기관총으로 학살한 사건이다.

1971년 10월 6일에 시작된 제2부 「만인갱萬人坑」10월 19일까지 전 10회의 첫 회에서 혼다는 제1부 게재 후의 독자로부터 제기된 의문과 비판에 대답했다.

문 이제 와서 새삼 그런 것을 파헤치다니.
답 확실히 가장 좋은 방법은 사건이 있었을 때 즉각 보도하는 것입니다. 그것이 완전히 이루어지지 않은 채 패전을 맞이했으니, 이후 오늘까지도 결국 이런 종류의 본격적인 보도는 이루어지지 않았습니다. '이제 와서

---

21 [역주] 기타야마 오사무(北山修) 작사, 스기타 지로(杉田次郞) 작곡으로 듀엣가수인 '지로즈'가 불러 인기를 끌었다. 1절 가사는 이와 같다. "전쟁이 끝나고 우리는 태어났다. 전쟁을 모르고 우리는 자랐다. 어른이 되어 걷기 시작한다. 평화의 노래를 흥얼거리며. 우리의 이름을 기억해 주길 바라. 전쟁을 모르는 아이들이지."

새삼'이라며 이 문제와 마주하고 싶지 않다는 태도는 일본을 주목하는 아시아 제국에게 일본에 대한 불신과 경계를 점점 강화시킬 뿐 아니라 '이제 와서 새삼'이라고 생각하는 것 자체는 스스로의 눈을 감고, 지금이 야말로 해야 하는 과제를 하지 않고 도망치는 것의 발현일지 모릅니다.

문 전쟁이란 그런 것.

답 종전 후 우리는 전쟁을 보정하고 평화를 추구해 왔습니다. '전쟁이란 그런 것이다'라고 해 버리면, 전쟁이니 어쩔 도리가 없지 않은가라는 지점에 머물러, 전쟁 실태를 밝히고 그에 따라 전쟁 반대를 진정으로 우리 사회에 뿌리내리도록 하는 것은 불가능합니다. '그런 것'이란 '어떤 것'이었는가? 그것을 보도하는 것이 평화로 나아가는 길이라고 생각합니다. 가령 이 연재가 중국 측의 '일방적인' 보고처럼 보여도, 전쟁 중의 중국에서 일본이 어떻게 행동하고, 그것을 중국인이 어떻게 받아들이고, 지금, 어떻게 느끼고 있는지를 아는 것이 상호이해의 첫 번째 전제가 아닐까요?

피해자를 취재

난징사건은 11월 4일 시작한 제3부에서 11월 16일까지 전10회 다루어졌다. 도쿄재판에서 사건이 다루어진 이래, 무려 사반세기가 지났다.

그동안 몇 가지 전기戰記 잡지 등이 이 사건에 관한 기사를 실었다. 또한 중국인의 시점에서 난징사건을 조명한 홋타 요시에堀田善衛의 소설 『시간』1955 22이나 난징사건을 주제로 한 신바 에이지榛葉英治의 장편소설 『성

---

22 홋타 요시에(堀田善衛)의 『시간』에 다음 구절이 있다. "죽은 자는 그리고 앞으로 여전히 죽을 자는 몇만 명이라는 숫자가 아니다. 한 사람 한 사람이 죽는 것이다. 한 사람 한 사람의 죽음이 몇만이나 된 것이다. 몇만과 한 사람 한 사람. 이 두 가지 셈법 사이에는

벽 城壁』1964, 2020 복간이 출간되었지만 일반 신문이 난징사건의 피해자를 직접 취재하여 사건을 회고한 기사는 전쟁 중과 그 후를 통틀어 이것이 최초로 보인다.[23]

혼다는 네 명의 피해자를 취재하고, 각각의 체험을 상세히 기록했다. 그중 난징 공략 당시 9세 취재 당시 42세였던 남성은 엄마와 아기인 동생을 일본병사에게 눈앞에서 살해당했다. 게다가 아버지는 끌려 가고 더욱 13세의 누나는 일본병에게 폭행당한 후 잃어버리고, 11세의 누나, 7세와 5세의 동생 4인이 한겨울을 지냈다. 다시 일본군에 협력한 중국인에게 누나가 팔려 나갔고, 7세의 동생도 팔려서 어디론가 사라졌다. 4인이 재회한 것은 전쟁이 끝나고 1950년대가 되어서였다.

취재 시 53세였던 다른 남성은 난징 함락 후인 1937년 12월 하순, 약 2,000명의 청장년 남자와 함께 난민구에서 동원되어 장강 연안에서 일일본군의 총격으로 살해당할 뻔했다. 10명씩 집단으로 부두를 달리도록 한 다음 기다리고 있는 30~40명의 일본군이 일제히 총을 쏜다. 강으로 뛰어든 그 남성은 다행히 총탄을 피할 수 있었다. 잔교 아래 숨어서 하룻밤을 보내고 목숨을 부지했다.

「중국 여행」은 1971년 12월 13일에 시작되는 제4부 「삼광작전 三光作戰」12월 25일까지 전 10회을 마지막으로 완결되었다. 그것은 1945년 이후 일본의 신문이 어떻게 해서든지 써 두지 않으면 안 되는 르포였다. 일본군은

전쟁과 평화만큼의 차이가, 신문 기사와 문학만큼의 차이가 있다."
23 저널리스트인 오야 소이치(大宅壯一), 오모리 미노루(大森實)는 1966년에 난징을 방문했다. "일본인에게 이러한 (난징사건의) 사진을 보이고 대학살의 모습을 자세히 이야기한 것은 우리가 첫 케이스라고 한다"라고 오모리는 중국방문 보고인 『천안문(天安門) 불타다』(1966)에서 적고 있다. 이 무렵까지 중국은 난징사건에 대해 일본인에게 말하는 것을 자제해온 것 같다. 또한 일본과 중국 간의 기자 교류 제도가 시작된 것은 1964년이었다.

제9장 | 1945년 8월 15일 이후의 공백   465

중국에서 무엇을 했는가? 일본의 신문은 그동안 거의 아무것도 보도하지 않았다.

연재는 커다란 반향을 불러일으켰다. 독자로부터 상자 두 개 정도 분량의 편지가 도착했다. 90퍼센트 이상이 '잘했다', '감동했다'는 내용으로 '이런 것을 지금 왜 하냐'는 비난 목소리는 적었고 '그 증언은 거짓말'이라는 목소리는 거의 없었다고 한다.本多勝一, 「『중국 여행』을 왜 썼는가」, 『세계』, 2003.9월호

『우시오』의 전쟁 특집

일본이 패망하고 25년이 지나서 저널리즘은 전쟁의 가해의 측면에 겨우 눈을 돌리게 되었다. 「중국 여행」뿐 아니다. 이 무렵 발행호마다 가해 증언으로 특집을 꾸민 잡지가 있다. 월간 『우시오潮』가 그것이다. 특집의 제목을 열거해 둔다.[24]

① 1971년 7월호 「대륙 중국에서의 일본인의 범죄 – 100인의 증언과 고백」
② 1971년 9월호 「일본인의 조선인에 대한 학대와 차별 – 식민지 지배와 강제 연행의 기록」
③ 1971년 10월호 「전쟁 중의 신문은 무엇을 보도했는가? – 집필자 100인의 기록과 고백」
④ 1971년 11월호 「오키나와는 일본 병사에게 무슨 짓을 당했나? – 살아남

---

[24] 국제법학자 오누마 야스아키(大沼保昭)는 혼다의 「중국 여행」과 월간 『우시오(潮)』의 특집에 대해 이렇게 평하고 있다. "여러 사람이 혼다 씨의 작품이나 『우시오(潮)』의 기사를 접하고 거기에서 처음으로 중국 민중 한 명, 한 명을 자신들의 부친들이 어떻게 살해되었는가, 어떻게 방화하고 약탈했는가라는 것이 구체성을 갖고 보이기 시작했다. 이것은 대단한 일이라고 생각한다." (內海愛子, 大沼保昭, 田中宏, 加藤陽子, 『전후책임 아시아의 시선에 부응하여(戰後責任 アジアのまなざしに応えて)』, 2014)

은 오키나와 현민 100인의 증언」

⑤ 1972년 4월호 「생사를 헤맨 일본인의 천황폐하 – 포로 수형부터 집단자결까지 극한을 산 100인의 증언」

⑥ 1972년 5월호 「일본에서 중국인은 무슨 일을 당했나? – 강제 연행된 중국인과 가해자 일본인 100인의 증언」

⑦ 1972년 7월호 「대량살인에서 살아남은 조선인과 일본인 100인의 증언 – 숨어 살아온 피폭자와 인종 차별」

⑧ 1972년 8월호 「목숨을 부지한 전쟁범죄인 ABC급 100인의 증언 – 재판 받지 않은 전범戰犯」

⑨ 1972년 9월호 「일본인의 병역거부와 저항의 체험 – 어떻게 나는 징병, 병역을 피했는가? 100인의 증언」

이 중 ①은 중일전쟁에 관여한 신문기자와 퇴역 군인들의 증언을 모았다. 몇 가지 증언에서 그 구절을 인용해 보자.

『요미우리신문』 국제정보조사회 니시무라 다다오西村忠郎

'침략전쟁에 협력했다'는 매우 꺼림칙한 기억은 지금도 나의 마음에 영원히 지울 수 없는 검은 얼룩으로 남아 있다.

아키타秋田 거주 논픽션 작가 노조에 겐지野添憲治

중국에 침략한 일본군의 수많은 만행은 삼광三光[25]으로 집약되나, 지금도 나의 주변에 있는 퇴역 군인인 노인은 술에 취하면 대륙에서의 만행을 자랑하듯

---

25 살광(殺光)·소광(燒光)·약광(略光), 모조리 죽이고 불태우고 약탈함.

이 말하는 사람이 많다.

『아사히신문』 논설고문 모리 교조 森恭三

일본이 태평양전쟁에서 패배한 것은 미국의 원자폭탄 투하에 의해서가 아니라, 그 이전에 이미 중국에서 군사적인 점點과 선線밖에 유지하지 못하고 진작에 도의적·정신적으로는 중국 내셔널리즘 앞에 완전히 패배하고 있었기 때문이다.

『마이니치신문』 논설·편집고문 다치바나 요시모리 橘善守

중국에 대한 비인도적 행위의 도의적 책임은 첫째로는 메이지 이래의 일본의 정치 지도자, 특히 군부의 전횡에 귀속되겠지만, 그에 맹종한 국민 측도 책임이 없다고 할 수 없다.

특집 ③은 신문사의 간부와 일선 기자가 신문의 전쟁 책임에 대해 발언하고 있다. 이에 대해서는 다음 장에서 다시 언급하겠다.

'소화 천황'의 유럽 방문

「중국 여행」 연재가 이어지고 있던 1971년 가을, '소화昭和 천황'과 '황후'는 유럽 7개국을 역방했다. 그러나 유럽은 환영 분위기 일색이라고는 할 수 없었다. 영국에서는 '천황'이 식수한 삼나무를 누군가가 베어버렸다. 네덜란드에서는 '천황'이 타고 있는 자동차에 유리병이 투척되고, 일장기도 불탔다.

태평양전쟁에서 일본은 영국령이었던 말레이반도, 싱가포르, 버마, 또 네덜란드령이었던 현재의 인도네시아를 침공했다. 일본군에게 학대당한 전 포로들은 그 비참한 나날을 잊지 않았다. 일본 각 신문은 사설에서 다음과 같이 적었다.

『아사히신문』 그것천황에 대한 비판은 폐하로 대표되는 일본에 대한 비판이라고 할 수 있을 것이다. 우리는 이 비판을 순순히 받아들일 필요가 있다. 일본인이 걸핏하면 '물에 흘려보내려 하는' 과거가 거기에는 살아 있었다.1971.10.14

『마이니치신문』 종전 후 26년이나 지나서 이제 와서 새삼 어른스럽지 못하다, 는 느낌이 없지는 않다. 이렇게 말하는 이유는 과거는 '물에 흘려버리고', 새로운 관계를 백지 상태에서 시작하는 담백함을 좋아하는 일본 국민성에 맞지 않기 때문이다. 그러나 역사와 전통을 중시하는 유럽이 '과거를 잊으면 현재는 없다'며 과거에 얽매이는 것을 일률적으로 비난할 수는 없다.1971.10.15

『요미우리신문』 불행한 과거는 '물에 흘려보내고 싶다'는 일본에 대해, '용서할 수는 있어도 잊을 수는 없다'라는 유럽인의 엄격한 태도를 거기에서 발견하지 않으면 안 된다.1971.10.15

세 신문 모두 '물에 흘려보낸다'[26]는 표현을 사용했다. 이쪽은 전쟁 문제는 이제 끝났다고 생각하고 있었다. 그런데 유럽은 그렇지 않았다. 아직 '물에 흘려보내지' 않았다. 각 신문의 논설위원은 그 점에 놀랐다.
저널리즘 연구자인 아라세 유타카荒瀬豊는 이렇게 지적했다.

흥미를 끄는 것은 전국 3대 일간지의 사설에 '물에 흘려보낸다'는 표현을 공

---

26 [역주] 원문은 '水に流す'. 그 의미는 지나간 일은 없던 일로 하고 이를 탓하지 않는다, 지나간 일은 잊는다는 뜻이다. 일본적 표현 자체의 뉘앙스를 살리기 위해 직역했다.

통적으로 사용하고 있는데, 그것이 천황의 행위뿐 아니라 일본인 심성의 특성으로서, 신문에 따라 강약의 차이는 있으나, 자기변명의 논리로 되어 있는 점이다. 荒瀬, 「매스코뮤니케이션과 천황제」, 『주리스트』27, 1973.9.1

1971년 10월 14일 저녁, 귀국한 '천황'이 하네다공항의 귀빈실에서 인터뷰에 응했다.

> 이번 여행을 되돌아볼 때, 실로 국제친선의 결실을 거두고 세계평화에 기여하기 위해 한층의 노력이 필요하다는 것을 통감했습니다. 『朝日新聞』, 1971.10.15

'히로시마'라고 말할 때

패전 직후의 작품 「무사히 낳도록 할게」28 등으로 알려진 히로시마의 시인 구리하라 사다코 栗原貞子가 1972년 5월 한편의 새로운 시를 완성하였다. 제목은 「'히로시마'라고 말할 때」.

> '히로시마'라고 말할 때
> '아아, 히로시마'라고
> 다정하게 대답해 줄 수 있니?
> '히로시마'라고 말하면 '펄 하바'29

---

27 [역주] ジュリスト(Jurist). 일본 출판사 유비각(有斐閣)에서 발간하는 법률 잡지.
28 [역주] 원문은 '生ましめんかな' 직역하면 '낳도록 하고 싶네'인데, (뱃속의 아기를) 무사히 낳도록 해주고 싶다는 강한 의지를 담은 표현이다. 시의 배경은 원자폭탄 투하를 당한 히로시마의 지하실에서 피폭당한 임산부의 조산을 도우며 조산부의 입에서 튀어나온 혼잣말이다.
29 [역주] Pearl Harbor. 하와이 진주만(眞珠灣). 일본군이 1941년 12월 8일 하와이 진주만을 기습공격한 사건을 말함.

'히로시마'라고 말하면 '난징학살'

'히로시마'라고 말하면 여자나 아이를 웅덩이 속에 가두어 놓고

가솔린을 뿌려 태워 버린 마닐라의 화형

'히로시마'라고 말하면

피와 화염의 메아리가 되돌아온다.

원자폭탄은 어느 날 돌연 투하된 것이 아니다. 자국의 전쟁 책임을 방기하고 '히로시마'라고 말해도 세계의 사람들은 동정 어린 어조로 '아아, 히로시마'라고는 대답해 주지 않는다. 일본은 단순히 전쟁의 피해자였던 것이 아니다, 가해자라는 것을 잊어서는 안 된다. 시인은 조용히 호소했다. 피폭자는 왜 피폭되지 않으면 안 되었을까? 일본이 국가 정책을 그르쳐 아시아를 침략했다. 그 청구서를 비전투원인 히로시마, 나가사키의 시민이 짊어졌던 것이다.[30]

구리하라가 「'히로시마'라고 말할 때」를 지은 1972년, 도쿄도東京都가 17세부터 23세까지 젊은이를 대상으로 실시한 의식조사에서 열 명 중 네 명이 '중일전쟁이 있었던 것을 모른다'라고 대답했다는 결과가 공표되었다.『朝日新聞』, 1972.1.27 또한 구리하라가 「'히로시마'라고 말할 때」를 지

---

[30] 1985년 8월 15일, 나카소네 야스히로(中曽根康弘) 수상이 야스쿠니신사를 '공식 참배'하자, 아시아 각국에서 비판이 일었다. 『아사히신문』 아시아총국장이었던 요시다 미노루(吉田實)는 '마음이 따뜻한 아시아 사람들'의 목소리로써 다음의 글을 전했다. (吉田, 「전후(戰後) 40년과 '야스쿠니(靖国) 문제」, 『ジュリスト臨時増刊』 10월호, 1985.5.11) "피폭자 여러분에게는 동정한다. 그러나 그 원폭 투하가 중국이나 동남아시아의 광범한 민중을 비참한 상황에 몰아넣은 일본군의 침략에 대한 총결산이었다라고 생각하고 있는 사람들이 있다는 것을 잊지 말길 바란다. 일본의 반핵·평화운동은 어디까지나 과거의 전쟁에서 일본의 희생자가 된 아시아 민중과 그 고통을 나누는 것이 되길 소망한다."

은 무렵, 스즈키 아키라^{鈴木明}의『난징대학살의 환상』제1편이 월간지『제군!^{諸君!}』^{1972.4월호}에 게재되었다.

종장終章

기자들의 전쟁 책임

〈그림 1〉 난징에서 학살당한 이들을 표현한 모뉴먼트, 침화일군 남경대도살 우난동포기념관(侵華日軍南京大屠殺遇難同胞紀念館)에서 저자 촬영(2024.12)

1. 전시戰時 보도는 무엇이었는가?

일본군의 난징 침공을 신문은 어떻게 보도했는가? 지금까지 구체적인 기사를 언급하면서 살펴보았다. 거기에서 무엇을 배워야 할까? 다시 한 번 생각해 보고 싶다.

종전 50주년을 앞둔 1994년 12월, 필자는 전국에 흩어져 있는 「아홉 군신九軍神」의 유족을 방문했다. 『아사히신문』을 중심으로 하여 전시기戰時期부터 종전 후의 보도를 비판적으로 회고하는 기획 「전후戰後 50년 미디어의 검증」의 취재 일환이었다.

「아홉군신」이란 무엇인가? 1941년 12월 일본군은 하와이 진주만의 미국 주력함대를 기습공격했다. 그때 특수 잠항정潛航艇 5척이 항만 안으로 잠입하여 미군에 공격을 가했다. 특수 잠항정은 2인승으로 전부 10인이 타고 있었는데, 그중 1인은 미군의 포로가 되었다.

전사한 아홉 명은 다음 해 3월, 아홉 명의 군신軍神으로 신문에 대대적으로 보도되었다. 한명이 포로가 된 것은 감추었다. 이 아홉 명 군신 중 한 유족을 미에三重현의 자택으로 방문했다. '군신'의 막냇동생이 이렇게 말했다.

> 군신軍神의 어머니는 눈물 한 방울 흘리지 않았다고 사람들은 말했지만, 어머니는 울고, 또 울고, 1~2개월은 자리에서 일어나지 못했어요. 아사히신문 취재반, 『전후(戰後) 50년 미디어의 검증』

군인의 어머니인 자, 더구나 '군신'의 어머니인 자, 아들의 죽음을 슬퍼하는 모습을 사람들 앞에서 보여서는 안 된다. 국가에 바친 아들의 생명,

애당초 각오한 후에 단정한 자세로 받아들이지 않으면 안 된다. 그런 국가와의 '묵계黙契'를 아랑곳하지 않고 어머니는 울고 또 울었다. 그것을 당시 신문은 '군신의 모친은 눈물 한 방울 흘리지 않았다'고 칭송했다. 같은 기획 취재로『오키나와타임즈』의 우에마 세이유上間正諭 전 사장의 이야기를 들었다. 전시하,『아사히신문』나하那覇 지국원으로서 취재 활동을 하고 있던 우에마는 나하 시내의 찻집에서 커피를 마시며 자신의 통한의 체험을 회고했다. 군사령부에서 오키나와 출신 병사의「전사공보戰死公報」를 보고 우에마는 유족의 집에 취재하러 달려갔다. "명예로운 전사戰死를 거두셨습니다"라고 말하는 우에마에게 전사 병사의 모친은 "그럴 리가 없어! 불길한! 꺼져!"라고 벌컥 화를 냈다. 납득을 시키려고 다시 설명하자, 모친은 갑자기 주저앉으며 울부짖었다. 그러나 우에마도 역시 '후방의 모친은 눈물 한 방울 흘리지 않고……'라는 식으로 기사를 작성했다.

당시는 전의戰意를 고양시키는 것이 기자의 최대의 사명이라고 생각하고 있었어요. 그를 위해서는 실제보다 각색해서 써도 된다고, 무명無明[1]의 세계에 있었다고 나중에는 절실히 느꼈습니다. 아사히신문 취재반,『전후(戰後) 50년 미디어의 검증』

우에마는 그렇게 말했다. 전시戰時 보도란 무엇이었는가? 여러 갈래의 대답이 있을지 모르지만, 최대의 특징은 '사실'을 '부차적인 것'으로 간주했다는 것이다. 기자들은 전사자 유족이 비탄에 빠진 광경을 적지 않고, 눈물 한 방울 흘리지 않고 굳센 태도를 보였다고 적었다. '실제로 눈앞에

---

[1] [역주] 참된 깨달음을 얻지 못한 상태.

있는 광경'이 아니라, '군국의 어머니'의 '바람직한 모습'을, 그것이 사실이 아님을 알면서도 마치 사실인 것처럼 기사를 작성했다.

후방의 보도뿐 아니라 전장戰場의 보도에서도 마찬가지였다.

병사인 자, 상관에게 충실하고 용기 넘치고, 죽음을 두려워하지 않고, 앞으로 나서서 국가에 목숨을 바친다. 지휘관인 자, 병사에 대한 온정이 넘치고, 용맹, 대담, 세심하고 공평무사하지 않으면 안 된다.

그러한 일본군 장병의 '바람직한 모습'이 그대로 현실의 모습인 것처럼 기자들은 기사를 작성했다. 그러나 현실의 전장에 있는 것은 눈을 감고 싶은 참상과 시신의 악취였다. 거기에는 도망 병사도 있고, 자살한 병사도 있었다. 군기 위반이나 전투 기피[2]도 있었다. 지휘관의 판단 실수도 있었다. 그러나 그런 것이 기사로 보도되는 일은 없었다. 그것은 말할 것도 없이, 없었으면 하는 사실, 있어서는 안 되는 사실이었기 때문이다.

난징의 샤칸에 사체의 산이 있었다는 묘사는 당시 신문에도 보였지만, 다수의 포로를 기관총으로 학살하는 장면을 구체적으로 묘사한 기사는 없었다. 그것은 그러한 광경이 없었기 때문이 아니라 '황군의 윤리 규범'에 반反하는 행위를 드러내는 기사의 게재를 허가할 수 없었기 때문일 것이다.

---

2   상하이 침공에서는 돌격 명령을 받은 병사가 뒷걸음질 친 적이 있었다. 센다이(仙臺) 제13사단의 전투상보(戰鬪詳報)에는 "용감한 간부는 돌격을 결행해도 뒤에서 이를 따르지 않아서 실패로 돌아가는 일이 많다"는 기술이 있다고 한다. (吉田裕, 『천황의 군대와 난징사건』)

일본군의 프로파간다

난징 점령 직후에 게재된 '평화가 다시 살아났다'는 취지의 기사도 그러한 전시戰時 보도의 특질을 나타내고 있다.

'장제스와 그 군대를 격멸, 배제하여 중국 민중을 구제한다.'

그러한 깃발 아래 중국에 침공한 이상, 일본군은 피폐한 중국 민중에게 즉시 구원의 손길을 내밀고, 중국 민중은 웃는 얼굴로 일본군을 맞이한다. 그런 '일중친선'의 '평화로운 광경'이 난징 점령 후 신속히 출현하지 않으면 안 되었다. 그래서 신문은 중국의 아이들이 일본 병사가 내민 음식을 손으로 잡는 사진 등을 크게 다루고 그것이 전체인 것처럼 보도했다.

그런 의도를 갖는 프로파간다 기사를 인용하여 '주민은 미소를 보이고 있다', '학살이란 것은 없었다'고 주장하는 경향이 현재에도 일부에 남아 있지만, '일본군의 정의'를 강조하기 위한 선전 기사만을 통해서는 당시 난징에서 무엇이 일어났는지를 판단할 수는 없다. '무엇이 작성되었는가' 만이 아니라 '무엇이 작성되지 않았는가'를 볼 필요가 있는 것이다.

난징 함락 후 『오사카 아사히신문』은 이렇게 보도했다.

(황기) 2598년의 희망의 아침이 밝았다. 우리 군의 진격으로 민중의 생혈을 짜내던 적군은 영원히 패퇴했다. 이들과 교대하여 입성한 우리 군의 매우 자애로운 보호를 받으며 전화戰火를 피한 피난민도 마을로 귀환하고, 군과 함께 또다시 시작하는 신춘을 축하하고 있다. 『大阪朝日新聞(富山版)』, 1938.1.5, 『동 滋賀版』, 1.6, 『동 岐阜版』, 1.6

중국군이 사라진 다음, 도망갔던 사람들이 마을로 돌아오고, 침공해 온 일본군과 함께 평화로운 신년을 축하하고 있다고 하였다.

그러나 실은 특별히 '자애심 깊은' 일본군의 방문을 기뻐하며 마을로 돌아간 것이 아니라 총포탄이 비오듯 쏟아지는 전투가 겨우 끝난 것을 살피며 마을 사람들이 그동안의 피난 생활을 접고 아무튼 자신의 집으로 돌아갔다고 보는 쪽이 실상에 가까운 것이 아닌가?

포로의 '바람직한 모습'에 대해 작성한 기사도 있다. 일본군의 포로가 된 중국 병사는 다음과 같이 말하며 감사의 뜻을 표했다고 한다.

> 귀 군 각 장관의 훈시에 의해 (전쟁의) 대의를 분명히 밝힐 수 있었고, 또한 이번의 거사로 최근 적화되려는 우리나라의 장래를 경계하고 서구제국에 의한 분할을 막음으로써 동아東亞의 행복을 도모하고 세계를 분규 상황에서 구하여 평화를 꾀하려는 것은 실로 유쾌한 일입니다.
>
> 귀 군의 과분한 우대를 받고 비로소 인도人道로 사람을 대우하는 것을 알게 된 상황입니다. 다소라도 지식이 있는 우리 청년은 어찌 귀국의 홍은鴻恩을 잊을 수 있겠습니까? 「지나군 포로의 고백」, 『九州日報』(후쿠오카), 1938.2.11

중국인 포로는 일본군의 침공을 '실로 유쾌한 일'이라고 말하고 인도적 취급에 감사한다고 말했다는 것이다. 일본군의 '정의' 앞에 중국 병사가 넙죽 엎드린 광경이다. 이것이 일본군이 원하는 '이상적 포로'의 모습이었을 것이다.

신화 만들기가 임무

『오사카 마이니치신문』의 종군기자로 상하이 침공을 취재한 후지타 노부가쓰藤田信勝가 연대장 전사戰死의 진상을 사실대로 작성하다가 검열에서 불허가된 것은 이미 소개한 대로이다. 제1장 참조 후지타는 '상상한 무용담을 기술할 것, 즉 신화 만들기가 종군기자의 임무였던 것'이라고 종전 후가 되어 회고하고 있다.

'강하고 정의로운 일본군'

기자가 쓰는 것은 항상 그러한 일본군이어야 한다. 이시카와 다쓰조石川達三의 말을 빌자면, '항상 용감, 항상 자비 깊은 일본군'이다. 제7장 참조 그러한 일본군의 '신화'를 쓰는 것이야말로 당시 기자들의 사명이었다. 기자들이 작성하는 것은 '진짜 같은 신화'이어야 하고, 또한 '국민을 고무하는' 기사여야 했다.³ 뒤집어 말하자면 병사나 후방 국민의 전투 의욕을 고무할 기사라면, 그 기사가 어디까지 사실을 말하고 있는지는 그다지 문제되지 않았다. 신문을 읽는 자도 아마 실제 전장의 광경은 신문이 쓰는 것 같은 '눈부신 것'이 아니라는 것을 눈치채고 있던 것은 아닌가?

도쿄형사재판소의 검사, 니시가타니 도오루西ケ谷徹가 정리한 자료 「지나사변에 관한 조언비어造言飛語에 관하여」 사법성형사국,『사상연구자료』 특집 55호, 1938

---

3 1944년 2월 23일,『마이니치신문』이 "죽창으로는 해결되지 않는다. 비행기다. 해양항공기다"라고 적었기 때문에 수상인 도조 히데키(東條英機)가 격노하여 당시 기사를 작성한 37세의 기자 신묘 다케오(新名丈夫)가 징벌적으로 징집을 당했다. 이 '죽창사건'이 전시하 언론탄압사건으로서 알려져 있지만, 또 하나 별도의 '죽창론'이 있었다.『고베신문(神戸新聞)』은 1945년 3월 7일 자 사설에서 주장했다. "우리가 이번에 반성해야 하는 것은 죽창론(竹槍論)은 천황의 방패가 되어야 할 우리 국민의 각오를 나타내는 일반개념으로서만 주장 가치가 있으며, 적 상륙을 요격하는 우리 국민의 구체적 태세를 말하려는 것이라면, 금방 찬성하기 어려운 무용론(武勇論)이라고 비평하지 않을 수 없다. (…중략…) '죽창으로 1인 1살(一人一殺)'이라는 것도 애당초 실제 문제로서 6척 크기의 죽창이 닿을 수 있는, 몸들이 서로 부딪기는 근거리까지, 적의 기관총과 전차와 화염 방사기가 있는 곳까지 어떻게 접근하려 하느냐. 우리 10인 중 겨우 1명이 적에게 접근할 수 있고 마침내 한 명이 한 명을 죽이는 결실을 얻는다 해도, 이것은 실은 한 명이 한 명을 죽이는 것이 아니라, 열 명이 한 명을 죽일 수 있을 뿐이다." 죽창론은 국민의 각오를 나타내는 말이지, 실제로는 이것으로 적의 상륙을 막을 수는 없다고 지적했다. 사설의 필자는 하타 센이치로(畑專一郎). 종전 후 고베신문 주필을 지냈다. 하타는『우시오(潮)』1971년 10월호 특집에서 이 사설에 대해 언급했다.

에는 다음 자료가 수록되어 있다.

이바라기현의 34세 남자가 육군형법 조언비어 금지 위반으로 1938년 1월 금고 4개월의 판결을 받았다. 남자는 주위에 이렇게 말했다는 것이 당국의 귀에 들어왔다.

"이번 일지사변日支事變에서는 일본이 이기고 있는 것으로 신문이 보도하고 있지만 실제는 일본이 진 것이다. 모모타로桃太郎4의 오니鬼 정벌 이야기와 마찬가지로 신문에 있는 사변의 사상자나 승패도 자신에게 유리하도록 적고 있으니 신문은 신용할 수 없다."

이바라기현에서 농업에 종사한 35세의 남자도 같은 이유로 금고 6개월의 판결을 받았다. 그 남자가 아래와 같이 말하고 다닌 것이 죄로써 처벌되었다.

신문이나 라디오를 통해 일본이 이기고만 있다고 생각하는 것은 바보다. 신문이나 라디오는 진짜만을 말하는 것이 아니라 엉터리도 있다. 국민의 힘을 떨어뜨리지 않도록 유리한 것만 선전하고 있는 것이다.

니시가타니 검사는 "이런 종류의 (보도기관에 관한) 조언비어造言飛語는 그 사례가 매우 많다"고 적었다. 전쟁 보도는 신용할 수 없다고, 일반 사람들은 그것을 간파하고 있었다.

---

4 [역주] 복숭아에서 태어난 사내아이가 개와 원숭이, 꿩을 부하로 삼아 보물을 훔쳐간 오니를 퇴치하기 위해 바다를 건너 오니 섬에 쳐들어가 오니 일당을 퇴치하는 이야기. 일본의 전래동화 중 남자아이의 진취적인 기상을 키워주는 대표적인 설화로 유명하다.

2. 보도 통제와 기자

난징 공략 당시 기자는 엄격한 보도 통제가 있어서 자유롭게 기사를 쓰지 못했다. 구체적으로 무엇을 쓸 수 없었는가? 아쿠다가와상芥川賞 수상 후, 육군 보도반에 소속되어 『보리와 병대』, 『흙과 병대』, 『꽃과 병대』의 병대 3부작으로 베스트셀러 작가가 된 히노 아시헤이火野葦平는 1945년 이후 다음과 같이 말했다.

첫째, 일본군이 지고 있는 것을 써서는 안 된다. 황군은 충용의열忠勇義烈, 용감무비勇敢無比하며 결코 지거나 퇴각하거나 하지 않는 것이다.

다음으로 전쟁의 어두운 면을 써서는 안 된다. 전쟁은 살인을 기조로 이루어지는 인간 최대의 죄악이며 비극이므로 여기에는 온갖 범죄가 따라다닌다. 강도, 강간, 약탈, 방화, 상해, 기타. 언제 어떤 전쟁에서도 예외는 없다.

셋째, 싸우고 있는 적은 증오스럽고 혐오스럽게 쓰지 않으면 안 되었다. 아군은 모두 훌륭하고 적은 모두 축귀畜鬼여야 한다.

넷째, 작전의 전모를 써서는 안 된다. 병대의 세심한 신변 동향은 작성할 수 있지만, 작전 전체는 기밀에 속하므로 스케일 같은 것은 쓸 수 없다.

다섯째, 부대의 편성과 부대명을 쓸 수 없다.

여섯째, 군인의 인간성 표현을 허락하지 않는다. 분대장 이하 병대는 다소 성격 묘사를 할 수 있으나 소대장 이상은 전부 '인격 고결, 침착, 용감'으로 쓰지 않으면 안 된다.

일곱째, 여자에 대해 써서는 안 된다. 전쟁과 성욕과의 문제는 문예작품으로서의 큰 주제인데 황군은 전지에서 여자를 봐도 가슴이 두근거려서는 안 되는 것이다. 더구나 현지 여자와 교제 등은 당치도 않다. 『火野葦平選集』 2권, 1958, 해설 무엇을 쓸 수 없었는가? 여기에 알기 쉽게 나타나 있다. 이것을 봐도 기자는 '강하고 정의로운 일본군'밖에 쓸 수 없었다는 것을 알 수 있다. '강하고 올바른 일본군'의 모습만을 작성함으로써 '강하지 않은 일본군', '정의롭지 않은 일본군'의 모습은 감춰졌다. 그 조건 하에서 히노는 병사들의 희노애락을 묘사하여 사람들의 지지를 한몸에 받았던 것이다.

발표문을 전달하다

보도 통제를 신문기자는 어떻게 받아들였을까? 다이쇼 데모크라시시대[5]는 신문이 정권 비판의 화살을 쏘는 것은 드문 일이 아니었다. 이 시대에 『아사히신문』은 군비 축소와 보통선거를 주장했다.

그러던 것이 1931년 9월 일본군의 만주 침공(만주사변)이 시작된 다음, 5·15사건, 2·26사건과 군부에 의한 쿠데타 미수사건이 잇달아 발생하고 군부의 정치개입이 강화되자, 신문은 권력 감시의 사명으로부터 뒷걸음쳐갔다. 그리고 1937년 7월 루거우차오사건을 계기로 일본의 중국 침략이 전면화하자, 신문은 총력전 수행의 일익을 담당하게 된다.

『아사히신문』의 육군성 담당 기자였던 다무라 신사쿠(田村眞作)는 지면에 나타나지 않는 육군성 기자클럽의 속사정을 전쟁이 끝난 후에 털어 놓았다.

신문기자단(육군성 기자클럽)의 태도는 일화사변[6]이 시작된 무렵까지는 육군성의

---

5 [역주] 1912년부터 1926년까지 이른바 다이쇼(大正) 일황 재임시대에 일본 정치, 사회, 문화 방면의 자유주의적 풍조와 문화가 발달한 것을 가리키는 개념이다. 1954년 시노부 세이자부로(信夫清三郎)의 『大正デモクラシー史』에서 처음으로 사용되었다.
6 [역주] 1937년 중일전쟁의 다른 표현.

동향에 대해 비판적이었다. 특히 중국침략파의 동향에는 냉소적인 시선을 보내고 있었다. 오랫동안 육군 관계 기자를 지낸 전통電通7 오요카와 무사시及川六三四나 요미우리신문사의 간다 고이치神田孝一 등이 이 기자단의 선배 격이었다. 이 기자단도 일화사변으로 군의 입김이 강해지자, 군의 강제를 접하고 군의 지시 이외에는 서로 쓰지 말자는 '합의'를 했다. 기자단은 군의 무언의 압박을 받고 후퇴했다. 언론의 자유를 요구하는 대신에 스스로 언론의 자유를 제한한 것이다. 이윽고 군 발표가 중심이 되고 신문기자가 스스로 펜을 잡고 기사를 작성하는 것은 아예 사라졌다. 군이 배포한 등사판 인쇄 발표문을 받아서 신문사에서 심부름 온 오토바이에게 전달하는 것이 육군성 담당 신문기자의 중대한 업무가 되었다.田村眞作,『어리석은 전쟁』, 1950

외무성 동아국장으로서 중일관계의 외교적 해결에 힘쓴 이시이 이타로石射猪太郎도 신문, 잡지가 변질된 모습을 목도했다.

사변 발생 이래, 신문잡지는 군부 영합, 정부의 강경태도 예찬 일색으로 바뀌었다. '중국 응징', '단호 조치'에 대해 의문을 품은 논설이나 의견은 손톱의 때만큼도 보이지 않았다. 인물평론 등은 '내일의 육군을 짊어질' 중견 군인이 화제가 되고, 민간인이나 관리는 조소를 받았다. 사변 수행에 반대하거나, 군부를 비난하면 곧 헌병이 출동했다. 언론은 군부가 정한 범주 속으로 완전히 압축되어 버렸다.石射猪太郎,『외교관의 일생』, 1950

신문기자나 신문사는 보도 통제로 꼼짝달싹 못했다. 그에 따르지 않으

---

7 [역주] 일본전보통신사의 약칭. 1901년 설립하여, 1906년 주식회사 일본전보통신사로 개편되었다. 1936년 통신부를 동맹통신사에게 양도했다.

면 신문 발행을 계속하는 것이 어려웠다. 전쟁 비판, 권력 비판의 여지는 거의 남아 있지 않았다.

기자도 억압을 용인

그러면, 신문은 정부와 군부의 보도 통제의 단순한 피해자였던가?

『도쿄 니치니치신문』의 편집 간부였던 아베 신노스케阿部眞之助는 중일전쟁 발발 초기에 「저널리즘 잡감雜感」이라는 글로 국가의 명암明暗을 가르는 사태에 직면하여 '엄중한 단속이 지나치다는 것은 있을 수 없다'『신문총람, 1938년판』고 말했다. 즉, 보도 통제는 아무리 엄중해도 좋다는 것이다.[8]

게다가 아베는 '본래의 저널리즘은 언론의 비평성, 나아가 그 지도성과 본질적으로 연결되는 것이 아니다'라고까지 말했다. 그러나 '지도성'은 제쳐두고라도, '비평성'을 잃은 저널리즘은 '본래의 저널리즘'일 수 없다.

당시는 그렇게 말할 수밖에 없었다고 해도, 과연 그 정도까지 '영합'을 가장할 필요가 있었는지, 신문인으로서의 긍지는 어디로 가버렸는가? 라는 의문을 갖게 된다.

단, 당시의 신문인이 모두 아베와 같은 자세였던 것은 아니다. 5·15 사건에 즈음하여 기쿠다케 롯코菊竹六鼓와 함께 군부 비판의 논진論陣에 참여한 『후쿠오카 니치니치신문福岡日日新聞』의 아베 초타로阿部暢太郎는 같은 『신

---

[8] 1950년에 아베 신노스케(阿部眞之助)는 전시하의 보도에 대해 이렇게 말했다. "(전시하의) 신문기자는 보도의 권리를 군인에게 빼앗기고, 군인이 명령하는 대로, 보도답지 않은 보도를 긁어모으지 않으면 안 되었다. 이것만으로는 인민 지도에 효과가 없다는 것을 알게 되자, 군인은 기자들에게 보도를 설교화 하도록 명령했다. (…중략…) 이 때문에 설교의 효과를 거두지 못하게 할 사실을 왜곡하고, 뒤집어버리는 보도를 하는 것은 당연한 조치라고 생각되었던 것이다." (阿部, 「보도는 사실」, 『노 기자의 추억이야기』, 1950) 아베는 1945년 이전의 태도를 바꾸어, 피해자 입장을 강조했다. 1960년부터 1964년까지 아베는 NHK 회장을 지냈다.

문총람 1938년판』에 「언론통제와 신문」이라는 글을 기고했다. '언론통제의 필요가 있는가, 라는 논제에 대해 누구나 이를 수긍할 수밖에 없다'고 하면서 아베는 다음과 같이 주장하고 있다.

원컨대, 신문인을 그 자발적, 자주적 태도에 의거하여 국가 사회에 봉공奉公하도록 하라. 신문의 관료화, 관영화의 결과를 상상하라. (…중략…) 사랑하기 때문에 걱정도 하고 비평도 하고 싶어진다. 우리 신문인은 문장보국文章報國을 한 조각 구두선口頭禪으로 삼고 싶지 않다. 어용기자이기보다 나아가 국가의 진운進運에 참가 협력하고 싶다. 이것이 우리의 소망이다.

최대한의 자주성이 확보되었을 때 신문은 가장 국가에 공헌할 수 있다고 아베 초고로는 주장했다. 한편 『아사히신문』의 해군 담당 기자였던 이즈미 다케이치泉毅一는 1945년 이후에 이렇게 회고했다.

대본영 발표의 최대의 선도자인 해군 보도부의 '기사記事 지도指導'를 그대로 아무런 의문도 없이, 아니, 오히려 적극적인 열의를 담아 기사로 쓰고, 전의戰意 고양을 위해 노력한 것이 당시의 나였다. 부끄럼과 어리석음의 극치였다. 그렇다고 하여 당시의 나에게 주관적으로는 위선이 있던 것은 아니다. 의식적으로 사실을 왜곡한 것도 아니다. 나는 나대로 필사적으로 열심히 했다. 군 정보국이 자행한, 문자 그대로의 '가차 없는 언론 억압'을 나는 오히려 전쟁에 이기기 위해 필요한 것이라고 생각했다. 적敵에게는 당연하며 국민에 대해서도 전쟁 수행에 불리한 사실을 일부러 알릴 필요는 없지 않은가……라고.泉毅一,「미국을 궤멸시켜라」,『우시오(潮)』,1971.10월호

'국가가 필요로 한다면 언론 억압 즉 시민이 알 권리를 제한하는 것은 어쩔 수 없다'라는 생각은 전시戰時 하에만 적용된 것은 아니다. 오늘도 일부에 뿌리 깊다.[9] 거기에서 저널리즘은 국가 측에 설 것인가, 시민 편에 설 것인가라는 질문을 받고 있다.

전시戰時와 평시平時는 별도로 차단되어 존재하는 것이 아니라, 끊어짐 없이 연결되고 있다고 보지 않으면 안 된다.

베트남전쟁의 경우

만약 보도 통제가 없었다면, 기자는 전장戰場의 실태를 있는 그대로 보도했을까? 『아사히신문』 특파원으로 베트남전쟁을 취재한 혼다 가쓰이치 本多勝一는 다음과 같이 흥미로운 지적을 하고 있다. 베트남전쟁에서는 상시 4백 수십 명의 미국인 저널리스트가 남베트남에 있었다.

그 대부분이 하고 있던 것은 전전戰前의 일본군 종군기자와 다르지 않다. "○○군조軍曹는 얼마나 용감하게 베트콩을 죽였는가"라는 기사를 고향 ○○주州의 신문에 보내고 있었다. 本多,「베트남에서 죽은 전우들의 대변」,『本多勝一集(제18집)』 저널리스트」, 1995

베트남전쟁에서는 미군의 행동을 취재하는 것이 기본적으로 자유로웠다. 미군사령부에 신청하면 전선으로 향하는 헬리콥터 등에 편승하도록 해 주었다. 그때 가령 사망해도 보상을 요구하지 않는다는 서약서 제출을 요구받았지만, 기사나 사진을 보내는 데에 검열은 없었다.

---

9   2013년 12월 일본 국회에서 성립한 특정비밀보호법은 알 권리나 취재, 보도의 자유 제한에 연결되는 것이어서 반대론, 신중론이 전국 일간지와 지방지로 확산되었으나 일부 신문은 찬성으로 돌아섰다.

보도의 자유는 기본적으로 보장되어 있었다. 그럼에도 불구하고 미국인 기자들은 '향토 용사'의 '분투' 모습을 작성하여 송고하고 있었다. 그들은 베트남 민중의 비참한 일상을 베트남인의 시점에서 쓰는 일은 없었다. 그것은 검열이 있어서 쓰지 못했던 것이 아니라 그러한 시점을 기자가 갖고 있지 않았기 때문이다.

일본군의 난징 침공으로 일본 특파원이 일본 병사의 분투 모습만을 써서 보낸 것은 같은 배경이 있었을 것이다. 그들은 중국 민중의 입장에서 원고를 작성하는 일이 거의 없었다. 물론 보도 통제로 인해 쓸 수 없었다는 점도 있었다. 그러나 그 이전에 기자들은 일본군에게 불리한 사실을 보도하는 것은 피해야 한다는 인식과 판단을 군과 공유하고 있었다.

그렇다면, 보도 통제가 없었다고 해도 기자들은 일본군이 비전투원이나 무저항 포로를 학살하는 장면을 원고에 작성하지 않았을 것이며, 그 기사를 실으려는 데스크도 없었을 것이다. 민간인 살해라는 행위가 인도人道에 반하는 것임은 당시의 기자도 알고 있었음이 틀림없을 테니 말이다.

'보도 통제가 있어서 쓰지 못했다'라는 것이 거짓말은 아니다. 실제로 쓰지 못했다. 그러나 한편으로는 애당초 쓸 의사도 없었는데, 나중에 그것을 보도 통제 탓으로 돌린 기자도 그중에는 있었던 것이 아닐까?

이렇게 말할 수 있을지 모른다. 검열을 넘어 전쟁을 비판하고, 군국주의를 비판하려 한 기류 유유桐生悠悠와 같은 저널리스트에게 검열은 커다란 장해였다. 기류는 분명히, 보도 통제의 피해자였다. 그러나 애당초 통제의 범위 내에서 쓰고자 한 기자, 전장의 병사와 후방의 국민을 격려하고 고무하는 것을 자신의 사명으로 생각했던 많은 기자들에게 검열은 거의 집필의 장해가 되지는 않았다.

예를 들어 『아사히신문』 난징통신국장이었던 하시모토 도미사부로는 보도 통제에 대해 "전혀 부자유를 느끼지 않았어요. 생각한 것, 본 것은 말할 수 있었고, 썼어요"라고 종전 후 말하고 있다.阿羅健一, 『'난징사건' 일본인 48인의 증언』 이 발언에 근거하여 '당시 보도는 자유로웠다', '그러니 신문이 학살에 대해 보도하지 않은 것은 애당초 학살이 없었기 때문이다'라는 주장이 있지만 과연 그럴까? 과연 하시모토는 보도 통제가 괴롭지 않았던 모양이다. 그것은 군軍에게 불리한 기사를 쓸 의향을 처음부터 갖고 있지 않았기 때문일 것이다. 군에게 유리한 기사를 쓰는 데에 부자유는 없었다고 해서, 그 때문에 보도가 자유로웠다고는 할 수 없다.

토끼몰이처럼

교토 제16사단 후쿠치야마福知山 보병 제20연대의 병사 기타야마 아토오北山與는 난징이 함락한 1937년 12월 13일 일기에 이렇게 적었다.

서산西山을 일주하고 내려오니, 참호 안에 패잔병이 있다고 많은 사람들이 모여 웅성웅성 말하고 있다. 홍안의 미소년이다. 셔츠는 항일구국연합회의 서명이 들어간 것을 입고 있다. 조국 중화민국을 지키고자 꽤 고생했을 것이다. 모두가 너무나 참혹한 살해 방법을 구사하므로 난 차마 참고 볼 수 없어서 내가 총살하겠다고 나서지만 모두가 허락하지 않는다. 전우가 무참하게 죽었기 때문에 쉬운 살해 방법으로는 분이 풀리지 않는다고 한다. 무리가 아니다. 그렇지만 너무나 감정적이지 않은가? 일본군은 정의의 군대이며 동시에 문화의 군대이지 않으면 안 된다. 같은 사람을 죽이는 만큼 괴롭히지 말고 한 번에 싹 죽이는 것이 일본의 무사도가 아닐까?井口和起 외 편저, 『난징사건 교토 사단 관계자료집』, 1989

'아무리 그렇다고 해도 심하지 않은가?'

전장의 병사 중에도 동료들의 행동에 그런 시선을 보내는 자가 있었다. 기타야마北山는 '일본군은 정의의 군대이지 않으면 안 된다'라고 일기에 적었다. '한 번에 싹' 죽이는 것이 '정의'일지는 제쳐두고, 동료 병사들의 행위를 상대화하여 비판적으로 보고 있었다.

반대로, 기자들은 어떠했을까? 처참한 같은 장면을 본 기자는 아마 적지 않았을 것이다. 그 중에는 '그렇게까지 하지 않더라도'라며 전율한 기자도 있었을지 모른다. 그러나 대부분의 기자는 종군생활 중에 점차 감각이 마비되고 학살 장면을 마주해도 고통을 느끼지 않게 된 것은 아닐까?

1937년 11월 17일 자『에히메신보』에「토끼몰이처럼 지나 병사를 노려 공격한다. 우리 전차부대의 대활약」이라는 표제의 기사가 실렸다. 하북 성河北省 대명大名에서 '동맹통신' 특파원이 써서 보낸 기사이다.

> 저 멀리 후방에서 갑자기 소란스러운 총성이 일어난다. 잠시 후 적이 뿔뿔이 흩어져 뒤에서 도망쳐 다가오는 것이 보인다. 그러나 전차대가 기다리고 있는 것을 깨닫고 방향을 바꾸어 도망치는 5인, 7인, 30인, 50인으로 흩어지는데, 이것이 재미있다. 토끼몰이처럼 겨냥하여 쏜다. (…중략…) 오후 3시 반, 전진 명령이 내렸다. 용약勇躍, 진격을 개시하여 산 정상의 적을 대상으로 1시간만에 이들을 완전히 전멸시키고 이어서 땅거미가 지는 중에 무마촌武馬村을 공격했다. 이날 끊임없이 이어진 전투가 끝났다. 이날 적의 사상자는 500~600명이 넘는 것 같다.

기자는 무슨 생각을 하며 이 기사를 쓴 것일까? 땅거미 속 '무마촌'에서 터져나오는 사람들의 아비규환의 비명이 기자의 귀에는 들리지 않은 것일까? 그 소리를 기자는 어떻게 듣고 있었을까? 그런 질문이 보도 통제와는 상관없이 기자 앞에는 놓여 있다.

3. 전前 종군기자의 1945년 8월 15일

　종군 중에 기자들은 무슨 생각을 했을까? 전시하에 공간公刊된 기자의 종군기는 '종군 분투기'의 영역을 벗어나지 않아서, 기자들의 탄식, 공포, 분노, 불안이라는 내면을 알 수 없다. 그렇다고해서 종전 후, 당시 심경을 성찰하듯이 회상한 종군기자의 글이 있는가 살펴보니, 이것도 거의 보이지 않는다.[10]

　그 드문 사례 중 하나가 『마이니치신문』의 후지타 노부가쓰藤田信勝 기자의 일기다. 패전 후 2개월이 지난 시점에서 후지타는 종군 체험이 자신에게 무엇을 남겼는지 회고하고 있다. 1945년 10월 9일 항목에서 후지타는 이렇게 기록했다.

　　만주사변이 발발했을 무렵에는 제국주의전쟁이라든가, 침략전쟁이라고 생각하며 백안시白眼視하고 있었다. 그러나 애당초 이에 강하게 반항할 용기도, 강한 신념도 없었다.

　　1937년 7월에 중일사변이 화북 일각에서 개시되어 세상이 모두 쇼비즘배외주

---

[10] 중일전쟁, 태평양전쟁 당시 종군한 기자가 자신의 체험을 정리한 기록에는 다음과 같은 것이 있다. 小俣行男, 『戦場と記者』, 1967; 동, 『侵掠中国戦線従軍記者の証言』, 1982; 동 『(続)侵掠太平洋戦争従軍記者の証言』, 1982; 田中至, 『従軍記者の黙示録』, 1980; 小山武夫, 『補充兵記者』, 1983; 丸山静雄, 『インパール作戦従軍記』, 1984; 船戸光雄, 『最後の従軍記者』, 1984; 松本直治, 『大本営派遣の記者たち』, 1993; 石井幸之助, 『イェスかノーか 若きカメラマンのマレー・千島列島従軍記』, 1994.

종장 | 기자들의 전쟁 책임　491

의 폭풍으로 변했을 때 나는 사상적으로 아무런 반성도 없이, 단지 오로지 신문기자로서 종군하고 싶다는 열망에 들떠 있었다. 명령이 내린 것은 8월 10일이었다고 생각한다. 곧 상하이로 가라. 나는 흥분하여 상하이로, 전화戰火의 상하이로 출발했다. 그리고 그로부터 3개월, 진흙과 크리크creek, 샛강, 전선을 바삐 돌아다녔다. 나는 같은 연배의 병사와 고락을 함께 하며 혹은 생사를 함께하는 것이 정말 기뻤다. (…중략…) 전쟁에 대한 냉정한 반성 따위는 끼어들 여지가 없었다. 단지 한결같이 전우를 쓰러뜨린 적이 밉다고 생각했다. 그것은 저열한 인간의 감정이었을지 모르나 그런 격렬한 전장戰場에서는 이성이 끼어들 여지는 없었다. (…중략…) 이 3개월의 경험은 나를 마음 깊숙한 곳에서부터 민족주의자로 만들고 전쟁 지지자로 만들었다. 그때 나는 반성해본 적이 있을까? 일찍이 좌익사상에 심취했던 때처럼 무반성으로 전쟁 지지자가 된 나였다.[11]

교토대학에서 '모퉁이의 마르크스 보이'였던 후지타는『오사카 마이니치신문』입사 직후에 일어난 만주사변을 '침략전쟁'으로 생각했다. 그런데 중일전쟁에 종군하자마자, '마음 깊은 데에서부터' 전쟁을 지지했다. 전장戰場에 '이성理性'의 장소는 없었다. 일본이 힘으로 일어선 이상, 싸우는 데에 조금이라도 도움을 주는 것이 국민의 의무라고 후지타는 마음을 정했다.

---

11 후지타(藤田)는 1967년 저서『체험적 신문론(新聞論)』에서도 이렇게 적었다. "나는 당시 아직 20대의 독신이었지만, 솔직히 말하면 전쟁만큼 '재미있는' 것은 없다고 생각한 적이 자주 있었다. (…중략…) 침략전쟁이라는 의식은 전혀 없었다고 하는 것이 사실일 것이다. 다른 사람만큼 휴머니즘 등은 알고 있다고 생각했지만, 지금 생각하면 매우 불가사의하게 생각되는 점이 있다. 전장에서 양측의 많은 사상자의 사체를 봤을 때, 일본병의 사체를 보면 비통한 감정이 본능적으로 솟아오르는데, 중국병사의 사체를 봐도 그런 감정이 일어나지 않았다는 것이다. 나는 초국가주의자도 아니고 군국주의자도 아니었다. 리버럴리스트이며 신문기자라고 생각하고 있었다. 그러나 전장이라는 무대에 빠져들면, 전혀 다른 심리에 지배당해 버리는 것이다."

1945년 8월 15일 이후, 후지타는 생각을 바꾸었다. 그 해 10월 5일 일기에 이렇게 적었다.

> 신문인으로서, 군軍을 중심으로 한, 만족할 줄 모르는 침략적 욕망에 헛되이 추종하여 전쟁에 대한 본능적 흥미를, 이성의 힘으로 반성해야 하는 의무를 게을리 했다. 이성과 용기의 결여는 아무리 추궁을 당해도 변명할 여지가 없을 것이다. (…중략…) 자기반성의 가혹한 채찍과 속죄적 정진精進이 적어도 신문기자에게는 가장 필요하다. 藤田, 『패전 이후』, 1947

이 생각의 전환이 어떻게 이루어졌을까? 패전이 가까워지는 가운데 서서히 변화해 나갔을까? 일본이 패망한 후 돌연 깨달았을까? 그 경험은 기록되지 않았다.

기자들의 고백

그 외의 신문기자는 어떠했을까? 월간지 『우시오潮』 1971년 10월호가 「특집기획 전쟁 중의 신문은 무엇을 보도했는가? 집필자 100인의 기록과 고백」이라는 제목의 특집을 편성했다. 중일전쟁 개시부터 패전까지 신문에 글을 써온 기자, 작가, 대학교수 등 100명이 당시 심경이나 경험한 일, 스스로의 전쟁 책임에 대해 이야기한 것으로, 귀중한 내용을 담고 있다.

등장하는 이들은 전 신문기자 84명. 그 구성은 『아사히신문』 23명, 『마이니치신문』 19명, 『요미우리신문』 10명, '동맹통신' 7명, 『니시니혼신문西日本新聞』, 『주고쿠신문中國新聞』, 『교토신문』, 『주니치신문中日新聞』 등 지방지 27명, 그 외 전前 일본신문공사 1명이다.

기자 이외의 작가·시인으로 이시카와 다쓰조石川達三, 곤 히데미今日出海, 무네타 히로시棟田博, 아베 도모지阿部知二, 쿠사노 신페草野心平, 학자로서 오고치 가즈오大河内一男, 가미카와 히코마쓰神川彦松, 나카야마 이치로中山伊知郎, 나카가와 젠노스케中川善之助 등 14명.

어떤 생각으로 전쟁 보도에 관여했는가? 그리고 현 시점1971년에서의 소감은 무엇인가? 신문의 전쟁 책임, 신문기자의 전쟁 책임을 어떻게 생각하는가? 그들의 이야기를 들어보자.직함은 모두 기사에 의함

눈에 띄는 것은 보도 통제에 따르는 수밖에 없었다, 어찌할 방법이 없었다는 해명의 톤이다. 뉘앙스의 차이가 손상되지 않도록 각각의 발언을 그대로 인용한다.

전『아사히신문』뉴욕지국장, 평론가 호소카와 다카치카細川隆元

우연히 나의 동향 친구가 대본영 보도부장에 재직한 적이 있다. 그의 부탁으로 한 군인의 죽음을 「오니鬼 전차대장, 산화散華한 비장한 최후」 등의 제목으로 실은 적이 있다. 과장하고 화려하게 꾸며서 일본의 허상虛像을 리포트하지 않으면 안 되었다. 쓰고 싶지 않아도, 쓰지 않으면 과도한 경쟁에서 패배자가 되어 버린다. 거짓말이라는 것을 알면서 작성한 기사도 많다. 또한 진실이라고 알면서도 쓰지 않은 적도 있다. 이것을 쓴다는 것은 신문사를 망하게 할 각오가 아니면 할 수 없다는 이야기였다.

전『마이니치신문』편집총장, 동 사 최고고문 다카다 모토사부로高田元三郎

다시 전쟁이 시작된 이상, 신문이 갈 길은 하나밖에 남지 않았다. 총력전의 성과를 발휘할 수 있도록 신문사의 모든 역량을 동원하여 적극적으로 전쟁에 협력할 뿐이었다. (…중략…) 전시 중에 보도가 통제되는 것은 어쩔 수 없다.

그러나 언론, 보도의 자유가 적어도 미국 영국 정도로 허락되었다면, 국민에게 진실을 알리는 것도 어느 정도 가능했다고 생각한다. 진실을 보도하지 않았다는 의미에서 우리도 전쟁 책임을 지지 않으면 안 된다.

전 『이와테일보岩手日報』 편집국장 마쓰모토 세이지 松本政治

병사들이 목숨을 바쳐 싸우고 있다고 생각하면, 우리는 펜을 들고 보국한다는 일념을 갖지 않을 수 없었습니다. 제8사단 관계 아키타(秋田), 아오모리(青森), 이와테(岩手), 야마가타(山形)의 병사들을 방문했을 때, 병사들이 환호하는 모습을 이 눈으로 봤을 때는 신문기자로 일하는 것이 과분할 정도로 고맙다고 생각했습니다. 그러나 진실을 쓰고자 하면 군의 보도부 검열에 걸려 "당신의 기사는 너무 제대로야" 등으로 지적을 받아 비참한 내용은 전혀 쓸 수 없었습니다. (…중략…) 군이 원하는 대로 전의戰意를 부추기는 기사를 작성하게 된 것을 생각하면 이제 부끄럽기 짝이 없습니다.

전 『마이니치신문』 기자 히라타 소토기지로 平田外喜二郎

그 무렵 신문이나 잡지는 황군皇軍의 파죽지세의 진격이나 적敵의 구역 일등 입성, 적병 몇 명 참수 등 진군 나팔 같은 기사나 무용담으로 가득찼다. 그러나 한걸음 전쟁터로 발을 들여놓으면 수많은 젊은 병사가 묵묵히 죽고 있으며, 부상당한 자는 야전병원으로 속속 운반되어 부상의 고통을 이길 수 없어 울고 있고, 전투가 끝난 다음에는 노파나 아이의 시체가 뒹굴뒹굴 방치되어 있었다. 그러나 그것은 모두 금기사항이었다. 전쟁이란 이기는 것, 용감한 것이라는 검열의 철조망이 있어서 가령 작성했어도 활자가 되지 못할 뿐 아니라 종군기자의 완장조차 박탈당하는 것이 결말이었다.

전『요미우리신문』기자, 『호치신문報知新聞』오사카 본사 대표 운노 히데오海野秀雄

당시, 군軍의 감시 속에서 국민에게 진상을 전하는 것이 얼마나 곤란했던지. 만약 보도의 자유가 있었다면 무모한 태평양전쟁에 돌입하지 않아도 되었을지 모른다. (…중략…) 과감하게 생명을 던져 보도의 자유를 지키는 것은 실제로 무리한 일일 것이다. 확실히 나에게는 안타까운 일이긴 했지만 방법이 없었다.

전『마이니치신문』기자, 작가 나카야마 젠자부로中山善三郎

1937년 8월, 『도쿄 니치니치신문』특파원으로 상하이에 간 나는 상하이 육전대陸戰隊의 악전고투하는 모습을 목격하면서도 열심히 승리를 알리는 뉴스를 보내고 있었다. 예를 들어 '맹렬한 적의 반격을 받았다'라는 표현은 패배한 전쟁, '장렬한 전사戰死를 거두었다'라는 상투어는 대개 싸우지 않고 쓰러져간 장병을 추도하는 표현으로, 최소한의 애도하는 마음을 담은 것이라고 해도 된다. 매일밤 허구의 내용을 작성하지 않으면 안 되는 자신이 꺼림칙했다. 이런 경우에 후속부대나 후방의 사기를 높이기 위해서는 어쩔 수 없다고 스스로를 타이르는 것이 간신히 정신의 밸런스를 잡는 방법이었다.

이기기 위해 협력

통제를 따르는 수밖에 없었다는 씁쓸한 기억. 시대의 제약을 개인의 힘으로 넘는 것은 극히 어려웠다. 한편 보도 통제로 인해 '할 수 없이'라기보다, '전의戰意 고양을 위해' 스스로 나서서 펜을 잡았다고 밝힌 전前 기자도 있다.

전 『신아이치신문新愛知新聞』 기자, 『주니치신문中日新聞』 종합연구실 차장 야마다 유세이山田祐靜

신문기자로서 당시는 전의를 부추기도록 작성하는 것이 최선이라고 믿고 있었으며, 동시에 일본이 이길 것을 강하게 믿고 있었습니다. 전쟁은 목숨이 왔다 갔다하는 일이며, 그러한 극한 속에서 보도가 중립을 지키는 것은 불가능했습니다.

전 『마이니치신문』 부사장 구도 신이치로工藤信一良

잘못의 근본은 독자가 기뻐할 기사를 작성하고 싶다는 신문의 '잠재의식'에 있는 것이 아닐까? 본능에 가까운 욕망이다. 일본의 군부와 그 지도를 받는 민중이 좋아하지 않는 뉴스는 신문의 본능이 꺼렸을 것이다.

전 『니시니혼신문』 논설위원 오카에다 히데모토岡枝英元

젊은 기운에서였는지, 군의 검열이라는 것도 있었지만, 당연히 동료의 대부분은 국가에 불리한 것, 지는 전투는 쓰고 싶지 않다는 감정이 강하게 작동하고 있었습니다. (…중략…) 우리는 어리석었는지 모르나, 국가의 발전을 원하여 치부에 눈을 감고, 흔쾌히 군에 협력했던 점은 솔직히 말해서 있었습니다. 지금 생각하면 그것이 잘못된 군국주의 확대, 그리고 파탄으로 이어진 것인가, 라고 생각하면 절실히 반성하게 됩니다.

『아사히신문』 편집위원 시시라쿠 쓰네다카宍倉恒孝

꽤 멋진 '전장 비화戰場秘話'도 모았는데요, 글쎄요, 전시戰時 교육 탓이지요. 군과 일체가 된 취재도, 군에 유리한 기사 표현도 그다지 저항감이 없었어요. 탄압당했다던가, 압박에 고통스러웠다던가 한 것은 아니고, 자연스러웠습니다.

전 '동맹통신' 기자 가사이 마사오笠井眞男

어디까지나 이기기 위해 우리는 협력하고 있으며, 그 방향에서 상반되는 것을 써서는 안 된다는 것이 기자 측의 암묵적 양해 사항이었다. 따라서 군인으로부터 기사에 대해 압박을 받은 적은 없었다. 단지 부끄러운 것은, 나는 전쟁에 대해 정해진 생각이 없었다. 시종 스포츠 같은 흥미로 전장戰場에 참가하고 있었다는 것이다. 결과적으로 전쟁에 협력한 것이 된 것은 신문기자의 한 사람으로서 부끄러운 일이라고 반성하고 있다.

『요미우리신문』 전무취체역 광고국장 후카미 가즈오深見和夫

군軍의 압력이 두려워서라기 보다, 오로지 자기 자신이 규제했다고 할 수 있다. (…중략…) 아군에 불리한 것은 쓰지 않는다, 유리한 것은 대대적으로 쓴다. 그것을 기만이라고는 생각하지 않았다. 괴로운 전투 중에 과감히 활동하는 병사들의 모습을 고향 사람들에게 전하고 싶다는 사명감뿐이었다. 그것이 전쟁 협력 기사라고 한다면, 그렇다고 대답할 수밖에 없다. 책임 소재는 보도 규제를 한 군부보다도 자기 자신에게 있을 것이다.

군과 일체가 되어 일본 승리를 지향하는 것이 신문의 사명이라고 생각하고 있었다. 전쟁이나 전쟁 보도에 대한 의문이나 비판은 거기에는 존재하지 않았다.

『아키타 사키가케신보』 이사 이토 쇼이치伊藤正一

나는 특별히 직접 군국주의에 찬성한 사람은 아니고, 단지 있었던 일을 알렸던 것에 불과합니다. 전사자의 어린 자녀가 야스쿠니신사를 참배했을 때의 기사는 아이들의 모습을 쓰라는 지침에 따랐을 뿐입니다. (…중략…) 신문은 사실, 시사 보도를 거듭해 나가는 것이 역할이므로 나중이 되어서 군국화(軍國化)에 가담했다고 하는 것은 이상하다고 생각합니다.

전『고가와 니치니치신문(香川日日新聞)』기자,
『시코쿠신문(四國新聞)』사우(社友), 이케시타 다카요시(池下孝義)

신문인의 전쟁 책임이라는 것은 나는 있을 수 없다고 생각한다. 대체로 저 대동아전쟁은 미국과 영국이 꾸민 모략이었다. (…중략…) 도쿄재판에서 펄 박사가 주장한대로 나는 일본무죄론이 옳다고 생각한다. 침략 측은 미국, 영국, 프랑스, 네덜란드이다. 나는 그렇게 생각하고 있으므로 신문인의 전쟁 책임 등은 있을 수 없다고 생각한다.

어리석었음을 부끄러워함

90페이지에 이르는 잡지 『우시오(潮)』의 「특별기획 전쟁 중 신문은 무엇을 보도하고 있었는가?」를 통독하고 느낀 점은 기자의 책임이라는 것을 깊이 파고들어 생각한 발언이 거의 보이지 않는다는 점이다. 당시는 어쩔 수 없었다는 발언은 있어도, 전시하 보도의 어디에 문제가 있었는지, 대상의 표면을 건드릴 뿐 심부까지 도달한 의견이 없었다는 인상을 피할 수 없다.

오랫동안 『마이니치신문』의 기자를 지낸 후루야 이토코(古谷糸子)는 1963년 저서 『저널리스트』에서 패전 직후의 감상을 이렇게 밝히고 있다.

전쟁 중을 되돌아보면 그다지 양심에 부끄러운 기사를 작성한 기억도 없었지만, 전쟁이라는 것에 대해서 확실한 자신의 의견을 갖지 못했던 점에 반성과 책임을 생각하지 않을 수 없었다. 또한 자신은 신문기자 나부랭이에 불과하다

해도, 전쟁 중의 신문이 범한 큰 과오를 생각할 때 역시 우리는 '어쩔 도리가 없었다'. (…중략…) 그것은 그렇기는 했으나 그래도 그것으로 끝나지 않는다는 느낌이 들었다.

『우시오』의 특집에서 사죄의 뜻을 표현한 기자가 한 명 있다. 패전을 만주국의 수도 신경新京, 현재 장춘(長春)에서 맞이한 전 아사히신문 만주 총국장인 히사즈미 데이조久住悌三이다.

양심이 꾸짖는다. 비참한 집단자결을 하거나, 소련 병사에게 능욕을 당하거나, 폭도에게 학살당하거나, 그 개척민들이 당한 일을 생각하면, 정말, 죄송하다……. 변명할 말이 없다……. 척식성拓務省의 담당 기자였던 나는 개척민 모집 선전에 '한 역할'을 했다. 가난한 농가의 차남, 3남에게 '오족 협화'의 꿈을 불어넣으며 나가노長野나 후쿠시마의 마을 집회소에서 '왕도낙토王道樂土' 건설의 결의를 권유하고 돌아다닌 적도 있다. 뜻밖에도 최강을 자랑하던 관동군이 패배하고 게다가 자신의 가족과 재산만을 지키려고 맨 먼저 도망치는, 앞뒤가 맞지 않는 모습을 보여주리라고는 상상하지도 못했다. 그것을 알았을 때 나는 뱃속의 내장이 불타버리는 듯한 분노를 느끼고, 또 군의 획책에 춤을 춘 자신의 어리석음이 부끄러웠다. 만주 개척민의 일은 거듭 안타깝게 생각한다. (…중략…) 전쟁 말기에는 분명히 지는 전쟁이라고 알면서, 후방에서의 전투를 강조하기도 했다……. 신문의 책임은 놓쳐서는 안 된다고 생각한다.

4. 침묵의 의미

『우시오潮』1971년 10월호의 특집,「전쟁 중 신문은 무엇을 보도하고 있었는가?」에 함락 직후에 난징에 들어갔던 전 기자가 등장한다.『산요신문山陽新聞』오카야마의 전신인『고도신문合同新聞』의 마쓰야마 고이치松山吾一이다.

특집기사에 의하면 마쓰야마는 와세다대학을 졸업하고 곧 상하이의 일본어신문『상하이 니치니치신문上海日日新聞』에 근무하다가 1년 반 만에 일본에 귀국하여 3~4년 후『고도신문』에 입사했다. 마쓰야마는 이렇게 말하고 있다.

상하이 상륙작전부터 난징 입성까지 종군한 적이 있다. 열차로 난징으로 갔는데,[12] 도중에 시체가 켜켜이 쌓여 있다. 역의 플랫폼을 봐도 뒤로 손이 묶인 중국인이 줄줄이 누워 죽어 있었다. 개가 물어뜯은 시체도 있었다. (…중략…) 감각은 완전히 마비되어 시체를 봐도 아무것도 느껴지지 않는다. 현재의 상식으로 당시의 상식을 판단할 수 없다.

신문인의 전쟁 책임이라는 문제에 대해 나는 제3자가 판단해 주는 것이라

---

[12] 1937년 12월 18일 자『고도신문(合同新聞)』이 게재한 사고(社告)는 마쓰야마 기자가 12월 19일 오후에 오카야마를 출발하여 중국으로 향했다고 하였다. 그 시점에서 이미 난징 함락은 이루어진 점, 열차로 난징으로 갔다고 하므로, 마쓰야마가 '상하이 상륙작전에서 난징 입성까지 종군했다'고는 생각하기 어렵다. 당시의 기사와 종전 후의 증언의 차이가 있다. 또한 후에 마쓰야마가 기록한 수기에 의하면 마쓰야마는 1938년 12월 29일에 열차로 난징에 들어갔다. "화평문(和平門)에서 성벽을 우회하여 샤칸으로 가는 동안에는 일대는 불탄 벌판으로 변하여 패잔병의 사체가 가는 곳마다 뒹굴고 있고, 일면에는 참호 등이 구축되어 격전의 흔적을 말해주고 있다"고 그 때의 모습을 묘사하고 있다. (松山,「감격에 충만한 상하이! 난징!!(感激に充つ上海！南京!!)」,『대황하를 정복함(大黃河を征く)』,『合同新聞社 特派員從軍記』, 1938.10)

고 생각한다. 적어도 나는 전쟁을 부추기는 것은 쓰지 않았다고 생각한다. 향토 출신의 병사들이 어떻게 하고 있을까? 내 아들이나 형제가 어떻게 지내고 있을까가 궁금한 향토 사람들에게 알려 주는 것, 그것이 지방신문의 역할이었다. 그러므로 제3자가 전쟁 책임이 있다고 한다면, '그것은 왜?'라고 되묻고 싶다. 전쟁이라는 사실이 있어도 전하지 않아도 되는가? 라고 되묻고 싶다.

마쓰야마로서는 '강하고 정의로운 일본군'의 분투 모습을 향토에 전한다는 기자의 사명을 다하였는데, 왜 책임 추궁을 당하는지 모르겠다는 입장이었다. 그것이 침략전쟁이었다는 인식도, 그것을 신문이 뒷받침했다는 자각도 희박했던 것 같다.

참고로 마쓰야마는 열심히 원고를 작성하는 기자였던 것 같다. 1938년 1월에는 마쓰야마의 서명이 기입된 난징발 대형 기사가 연일 『고도신문』의 지면을 장식했다.

1938.1.10 「남북이 경쟁하는 '부흥의 봄' 중산로 中山路 속속 개점 南」
1938.1.11 「빠른 걸음의 무적의 명예, 야마다 부대 무용담 만발」
1938.1.13 「난징에서 야마다 부대의 설날」

잊고 싶은 기억

함락 직후 난징에 들어간 기자는 몇 명 정도였을까? 중지나파견군의 보도반장을 지낸 마부치 이쓰오 馬淵逸雄 에 의하면, 난징 침공에 즈음하여 각 병단에 배치한 기자, 통신원, 카메라맨은 500~600명에 이른다고 한다. 馬淵, 矢部良策편, 「중지에서의 보도전쟁」, 『아시아문제강좌』 2, 1940

그러나 종전 후가 되어 언론보도의 자유가 보장된 후에도 그 종군 체험을 발표한 기자, 카메라맨은 극히 적다.

이미 살펴본 바와 같이 『마이니치신문』의 고토 고사쿠五島廣作·아사미 가즈오淺海一男·사토 신주佐藤振壽, 『아사히신문』의 이마이 세이고今井正剛, '동맹통신'의 마에다 유지前田雄二 등이 194년 8월 15일 이후에 수기를 남겼다. 그 외에 『'난징대학살'의 환상』의 저자인 스즈키 아키라鈴木明나, 『'난징사건' 일본인 48인의 증언』의 저자 아라 겐이치阿羅健一의 취재를 받은 전 기자도 있다. 거기에는 난징학살은 없었다고 대답한 전 기자도 포함된다. 그 외에도 증언을 남긴 기자가 있을지 모르지만, 난징 공략을 취재한 기자 전체에서 보면 매우 한정된 숫자임에는 틀림없다.

기자들 대부분이 1945년 이후에도 침묵을 지킨 것은 왜일까?

난징함락 후의 사체 정리에 대해 『오사카 아사히신문』의 하야시다 시게고로林田重五郎가 기사를 작성한 것은 이미 제7장에서 소개했다. 1965년에 하야시다는 「어느 종군기자, 20년이 지나도 사라지지 않는 통한」岡本光三 편, 『日本戰爭外史,從軍記者』, 1965이라는 제목의 수기를 집필했다. 그에 의하면, 하야시다는 1937년 7월에 히메지姬路 제10사단에 종군하여 화북華北에 가서 1938년 1월에 일단 귀국, 2월 말에 다시 난징지국에 부임했다. 사체 정리에 대해 작성한 것은 이 무렵이었다. 그후 1940년에 한커우漢口 지국으로 이동하고 그해 가을에 오사카로 돌아왔다. 그리고 1941년 말부터 필리핀 전선에 종군하여 다음 해 7월에 귀국했다.

수기 중 다음과 같은 구절이 있다.

> 분명히 말해서 종군기자의 기억은 이제 와서 보면 그 전쟁이 통탄스러운 것처럼 사라져 주었으면 좋겠다고 생각할 정도이다.

『아사히신문』의 해군 담당기자였던 이즈미 기이치泉毅一가 전시하의 보도 활동에 대해 '부끄러운 일이 많고, 어리석기 짝이 없었다'라고 말한 것과 상통하는 점이 있다.

하야시다는 난징에서 무엇을 보았는가? '사라져 주었으면 좋겠다'고 생각할 정도의 무엇이 있었는지는 아무것도 말하지 않았다. 수기 「어느 종군기자」도 전시하에 신문에 실린 무던한 기사를 몇 편 모은 것이며 종군 당시의 자신을 되돌아보는 것은 아니다.

1965년 봄, 하야시다는 중국에 출장을 갔다. '비가 와서 뿌연 서호西湖' 호반에서 하야시다는 '일본과 중국이 다시는 전쟁하지 않길'을 염원했다.

> 10년이 일석一昔이라고 하는데, 이석二昔 이상이 지나도 통한痛恨은 사라지지 않는다. 「어느 종군기지」

아무리 보도 통제가 있다고는 해도 전쟁터의 참담한 광경을 보면서 그것을 미담, 무용담, 또는 신화로 만들며 독자에게 사실을 전하지 않은 것은 기자로서 통한으로 남았다. '사실을 전한다'는 본래의 사명을 완수하지 못하고, 사실을 감춤으로써 기자는 침략에 가담했다. 그것에 대한 회한이 기자를 침묵시킨 것은 아니었을까?

보다 높은 도덕성

여기에서 중·일 간의 관계 구축에 힘쓴 경제인 오카자키 가헤이타岡崎嘉平太의 말을 인용해 두고자 한다. 오카자키는 난징 함락의 다음 해인 1938년, 일본은행에 재직하면서 육군성 사무 촉탁으로 상하이에 부임, 종전 후에는 젠닛쿠全日空 사장 등을 역임하는 한편으로 중일 각서 무역사무소 日中覺書貿易事務所 대표로서 다카사키 다쓰노스케 高碕達之助 등과 함께 중·일 간의 경제교류 재개와 국교 정상화에 힘썼다.

오카자키는 『우시오』 1971년 7월호 특집, 「대륙 중국에서의 일본인 범죄, 100인의 증언과 고백」에서 다음과 같이 말했다.

> 우리 일본인이 전쟁 당시에 범한 여러 가지 잔학행위 및 종전 후의 무정견無定見, 무절조無節操한 중국정책은 얼마나 죄가 깊고 부끄러운 일인가? 나는 보다 높은 도덕성을 갖지 못한 것을 같은 일본인의 한 사람으로서 마음으로부터 안타깝게 생각하고 있다.

'보다 높은 도덕성'을 갖지 못한 것은 종군기자도 마찬가지였다. 아이나 노인까지 살해 당하는 광경을 봐도 '잘못되었다'고 생각한 기자가 없었던 것은 아닐 것이다. 실제로 육군 중앙은 '황군의 윤리규범'에 비추어 장병의 군기 위반을 문제시하여 거듭 숙정肅正을 지시했다. 그러나 실효는 없었다.

같은 현장에 있던 기자들이 일본군 장병의 문제행동을 몰랐다는 것은 생각하기 어렵다. 단, 기자들은 (오카자키가 그렇듯이) 그것을 비판적으로 보는 '보다 높은 도덕성'을 겸비하고 있지 못했다.

『도쿄 니치니치신문』의 종군기자였던 스즈키 지로鈴木二郞는 종전 후 이렇게 회고했다.

> 난징학살을 목격하기 이전, 즉 상하이와 난징 사이의 종군 1개월 간 자주 '학살'을 목격했으며, 거듭되는 참혹한 전투, 전장에서의 많은 사체와 피의 냄새로 신경이 마비상태에 있던 것은 확실한데, 눈앞에서 다수의 일본군 전사자의

모습을 볼 때마다 끓어오르는 적개심, 복수, 신경의 한 구석에 기학적인 충동이 없었다고는 할 수 없다. 鈴木,「나는 그 '난징의 비극'을 목격했다.」,『丸』1971.11월호

스즈키는 병사들과 마찬가지로 적개심과 복수심을 품고 종군했다. 스즈키도 또한 병사들의 행동을 객관적으로 볼 수 있는 '보다 높은 도덕성'을 갖지 못했다.

1945년 이후가 되어 언론의 자유, 보도의 자유가 보장되었어도 전 종군기자의 대부분은 난징에서 일어난 일, 중국에서 일어난 일에 대해 말하려 하지 않았다.

1938년 2월에 『후쿠시마민보』의 특파원으로서 난징에 갔던 사카모토 로쿠로 坂本六良 는 저서 『무관 無冠 의 제왕』에서 자신의 심경을 솔직히 토로하고 있다.

침략전쟁의 **앞잡이** 이외에 아무것도 아닌 것이 종군기자이다. 이것은 나에게 평생의 **약점**이다. 강조는 원문에 표시된 것임

아내와 자식에게는 말 못해

가해 체험을 털어놓는 것은 고통스럽다. 직접 가해를 하지 않아도 그것을 가까이에서 보고 있던 기자도 같은 고통이 있었을 것이다. 전 종군기자의 아내 당시 76세 가 신문에 다음의 투서를 보낸 적이 있다.

1937년 7월에 발발한 일중사변 日中事變 에서 남편은 종군기자의 제1진으로 탄환이 쏟아지는 경한선 京漢線, 베이징과 한커우를 잇는 철도선 의 최전선마다 군대와 함께 걸으며 전쟁 상황을 내지에 전했습니다. (…중략…) 종군기자로 전지 戰地 의 최전

선을 경험한 남편이 (종전 후) "전장의 참혹함은 아내와 자식에게는 말할 수 없어. 들으면 쇼크로 밥을 먹을 수 없게 될 테니"라고 말했는데, 남편이 살아 있다면 종전 후 42년이나 지나 풍화되려 하는 지금이야말로 지옥도와 같은 소름 끼치는 체험담이나 비화도 듣고 싶다고 생각합니다. 아사히신문 테마 담화실 편, 『일본인의 전쟁』, 1988

전 종군기자의 대부분이 1945년 이후에도 전장의 현실을 기록으로 남기는 일 없이 세상을 떠났다.

'일찍이 자신이 작성한 기사나 종군 체험에 대해 이야기하고 싶지 않다. 잊고 싶다. 어차피 이해할 수 없을 거야. 그렇다면 한층 아무것도 보지 않았던 것으로 하고 싶다. 거기에 없었던 것으로 하고 싶다. 아무것도 일어나지 않았던 것으로 하고 싶다.'

그중에는 이런 생각에 사로잡혔던 전 종군기자도 있었을지 모른다.

저자는 '그렇다고 해도'라고 생각한다. 전시 중의 보도 통제하, 쓰고자 해도 쓰지 못했던 것은 사실이다. 그러나 '사실을 전한다'는 일이 기자 본래의 사명인 이상, 전쟁이 끝나고 언론보도의 자유가 회복한 다음에, 왜 자신의 체험을 글로 남기고자 하지 않았을까? 그것이 난징을 목격한 기자들이 1945년 이후에 가져야 할 사명이며 책임이 아니었을까? 기자로서의 책임을 다하고자 한다면 그것밖에 방법은 없었던 것이 아닌가?

태평양전쟁 말기인 1944년, 인도 버마 국경에서 벌어진 임팔 작전에 대해서는 육군 영화보도반원으로서 버마에 체재했던 경험이 있는 다카기 도시로 高木俊朗가 다수의 관계자를 취재한 구술 자료를 토대로 하여 1949년이라는 이른 단계에 논픽션 『임팔 Imphal』을 발표하여, 무모한 작전 지휘를 비판했다. 그러나 난징사건에서는 다카기와 같은 기록자가 나타나지 않았다.

만년의 술회

난징 공략을 취재한 『아사히신문』 기자 중에 히라마쓰 요시카쓰^{平松儀勝}가 있다. 스즈키 아키라의 『난징대학살의 환상』 중에 히라마쓰는 이렇게 말하고 있다.

> 포로는 잡히는 것도, 죽이고 있는 것도 본 적이 없다. 상하이에서는 적이 숨은 곳을 없애기 위해 라는 이유로 집을 태우는 것을 봤고, 여자와 아이가 섞인 부패한 사체도 보며 처절한 느낌을 받은 적이 있지만, 난징에서는 방화도, 여자와 아이에 대한 폭행도 보지 못했다. 당시 학살이라는 소문은 우리들 사이에서는 없었다고 기억하고 있다.

그 히라마쓰가 만년인 1990년에 자비 출판한 책이 있다. 제목은 『죄악심중^{罪惡深重}』. 일본 중세의 승려 신란^{親鸞}의 「경이초^{歎異抄}」에 나오는 말로, 글자 그대로 '깊고 무거운 죄악'이라는 뜻이다.

히라마쓰는 1925년에 『오사카 아사히신문』에 입사하여 사회부에 소속되었고, 1931년에 만주사변에서는 특파원으로 취재를 담당했다. 패전이 임박한 1944년에는 세레베스섬 ^{현 인도네시아 슬라웨시섬}에서 메나도^{Menado}·마카사르^{Makassar} 지국장을 지냈다. 전쟁이 끝난 후에는 오사카 본사 편집서무부장 등을 역임하고 1959년에 정년 퇴임했다.

이 책의 서문에서 히라마쓰는 집필 동기에 대해 '진실 보도의 직업의식을 버리지 못하고' 저술하게 되었다고 말했다. 그동안 침묵하고 있던 전 병사가 만년이 되어 '말하지 않고는 죽을 수 없다'며 전쟁터의 경험을 유언처럼 남긴 경우가 있다.[13] 히라마쓰의 이 책도 그러한 의미를 담은 것으로 보인다.

그중 「전쟁과 붉은 오니赤鬼」라는 제목의 글이 있다. 일본 국회도서관에도 소장하지 않은 자료이므로 기록의 의미에서 난징에서의 사건에 대해 말한 부분을 전체 인용한다. 문중 '가즈오和夫'는 히라미쓰 자신을 가리키고 있다.

"군이 참혹한 짓을 하고 있어. 차마 눈뜨고 볼 수가 없어. 가즈오和夫 군, 같이 가 줘."

모리무라森村 기자가 얼굴이 새파랗게 질려서 뛰어 들어왔다. 난징에 입성한 지 이틀 후 정오가 지난 시각. 군으로부터 할당받은 숙사, 시민의 주택을 임시로 전선前線 지국으로 삼아 5~6인이 식사 중이었다.

"어디로 가는 거야?"

"양쯔강 부두. 나 혼자서는 견딜 수 없어서 도망왔어."

"무슨 일이 있는데?"

"사령부에 가니까 패잔병을 보여 준다며 부두로 데리고 갔어. 그랬더니 한 명씩 밧줄을 풀어 주고 길쭉한 판자 잔교의 끝까지 걸어가게 해."

"그래서?"

"맨 끝에 다다르면 뒤에서 총성 한 발, 탁류로 거꾸러져 떨어져. 그러면 금방 중위가 '잘했어! 1발 명중이야'라며 칭찬하는거야."

"그건 말도 안 돼. 죽인 것은 한 명이야?"

"세 명까지 보고 기분이 나빠졌어. 가즈오 군, 함께 가 줘. 도망친 것을 사령

---

13 전 일본군 병사로부터 구술 활동을 해온 시민단체 '전장(戰場) 체험 방영 보존회'(도쿄)는 전 병사들이 만년이 되어 처음으로 밝히는 증언을 다수 수집 공개하고 있다.

부가 알면 이제 취재도 못 하게 돼."

"싫어. 사람 죽이는 데에 입회하다니."

식사 중인 동료들은 모리무라 군의 한마디 한마디를 말없이 듣고 있었는데, 맛있게 먹던 쌀밥을 다 먹지 못하고 젓가락을 놓았다.

상하이 교외의 격전에서 난징까지는 길쭉한 모양의 남방미, 그것도 붉은 하급미 뿐이었다. 난징에 입성 축하로 일본 쌀이 군에서 배급되었다. 오랜만에 먹어보는 일본 쌀. '역시 고향의 쌀이 맛있어. 반찬도 필요없어'라며 맛있게 먹었는데, 모두 쌀밥을 남겨 버린 것이다.

"설마 사령부의 명령은 아니겠지?"

"격전을 겪어서 살기 등등해. 못 본 척하고 입성까지의 기사를 정리해 줘."

전선前線의 본부장 격인 다마루田丸 군이 툭 한마디했다. 그날 밤, 가즈오는 우시無錫에서부터 쑤저우蘇州까지의 광경이 묘하게 생생하게 떠올라 잠들지 못했다. 한산사寒山寺는 마굿간이 되고 불전은 훼손되고 그보다도 24~25세의 농촌의 젊은 부인의 시신이 알몸으로 비를 맞으며 길바닥에 누워 있던 것이 눈앞에서 사라지지 않는다. 흰 피부의 사타구니에 푸른 대나무가. 전쟁은 병사를 오니鬼로 만든다. 아니 오니보다 무서운 악마가 된다. 점잖은 농촌의 소집병까지.

문중의 '모리무라'는 동료 기자인 모리야마 요시오守山義雄를 가리키는 것으로 보인다. 왜냐하면 히라마쓰는 스즈키 아키라의『난징대학살의 환상』에서 "학살사건에 관해서는 모리야마 군이 선착장에서 중국 병사를 사살하는 것을 봤다고 하며 분개했기 때문에 잘 기억하고 있다"고 말하고 있기 때문이다.

또한 '전선 본부장 격인 다마루 군'도 가명으로 보인다. 실제로 '전선 본부장 격'이었던 기자는『난징통신』국장이었던 하시모토 도미사부로이

다. 하시모토는 종전 후 "난징에서의 사건은 나는 전혀 듣지 못했어"라고 말했다고 한다. 제7장 참조

부두에서 중국 병사의 학살을 봤다고 말하며 뛰어들어온 동료기자의 모습, 죽은 채로 비를 맞고 있던 발가벗은 젊은 부인. 그 모습은 히라마쓰의 뇌리에 새겨져 평생 사라지지 않았다.

5. 과오를 반복하지 않기 위해서

마음에 걸리는 말이 있다.
「만주사변으로부터 81년」이라는 제목의 『마이니치신문』의 특집 지면 2012.9.18에 적힌 말이다.

국가가 번영하기 위해 보도하고, 전쟁이 벌어진 경우에는 국가의 승리를 지원하고 칭찬하는 것은 미디어로서는 당연하며, 그 자체를 규탄할 수는 없다고 생각한다. 문제는 군부를 추종하는 범위를 넘어 군과 일체화하고, 나아가 부추기는 것 같은 보도를 했다는 것이다.

미디어사를 연구하는 저명한 대학명예교수가 지면에서 그렇게 주장하고 있었다.

놀랐다.

국가가 불법 부당한 침략전쟁을 시작했다고 해도, 보도기관은 '국가의 승리를 지원하고 칭찬하는' 것이 '당연'하며, 비판하는 것은 잘못이라고 하는 것일까? '군부를 추종하는 범위를 넘어 군과 일체화한 것'이 문제라

고 하는데, '추종'과 '일체화'는 어떻게 다른가?

2022년 2월, 러시아는 이웃나라인 우크라이나에 전면 침공을 개시했다. 위 말을 새삼 떠올렸다. 이 명예교수에 따르면 러시아 신문이나 방송국은 러시아의 '승리를 지원하고 칭찬하는 것'이 당연하다는 것이 된다. 군사 침공에 비판적인 미디어를 러시아 당국이 탄압하는 것도 당연하다는 것일까?

쓰는 것으로 책임을 진다

패전 당시 함께 『아사히신문』 도쿄 본사의 보도 제2부원^{사회부원}이었던 기시다 요코^{岸田葉子}와 무노 다케지^{武野武治} 두 사람에 의한 대담이 『아사히신문』에 게재된 것은 2007년 4월 29일 지면이었다. 2007년부터 2008년까지 석간에 연재된 「신문과 전쟁」의 마지막 기획으로 이때 기시다는 83세, 무노는 92세였다. 전시하에 어떤 마음으로 취재 활동을 했는지, 기자의 전쟁 책임을 어떻게 생각하는지, 등에 대한 이야기를 나눈 것이다.

무노는 일본 점령하의 자바섬^{현 인도네시아}에 특파원으로 주재한 경험이 있었다. 패전한 1945년 8월, 독자를 계속 배반해온 것에 책임을 지기 위해서 30세로 아사히신문사를 떠나 고향인 아키타^{秋田}현 요코테^{横手}시에서 주간신문 「다이마쓰^{たいまつ}」를 발행하며 사회적인 발언을 계속했다.[14]

---

14 1960년대 말, 무노는 신문의 전쟁 책임에 대해 이렇게 말하고 있다. "일본의 신문이 전체로서 범한 죄과는 끝도 없었지만, 그중에도 세 가지 상처는 아직 피를 흘리고 있다는 것을 직시하라. 첫째, (미국 영국과의) 개전 준비가 진행되고 있었으면서 이를 민중에게 전혀 알리지 않았다. 둘째, 지는 전쟁을 이기는 전쟁인 것처럼 보도하면서 민중을 기만했다. 셋째, 항복 준비를 진행하고 있었으면서 그것조차 사후에 보고하고, 민중이 자신의 손으로 전쟁을 마무리할 수 있는 최후의 기회에 대해서도 무엇 하나 제공하지 않았다." "일찍이 자신의 직장을 매개로 하여 깊어진 상처의 고통으로 인해 후회를 먹고, 후회를 버팀목으로 삼고 살 수밖에 없었던 전 『아사히신문』 기자가 일본의 여기저기에

대담에서 무노는 이렇게 말했다.

> 신문이 하는 일은 어떠한 경우에도 전쟁은 하지 않도록 하는 것. 그 이외에는 역할을 할 수 없으며 책임을 질 수 있는 방도도 없다.

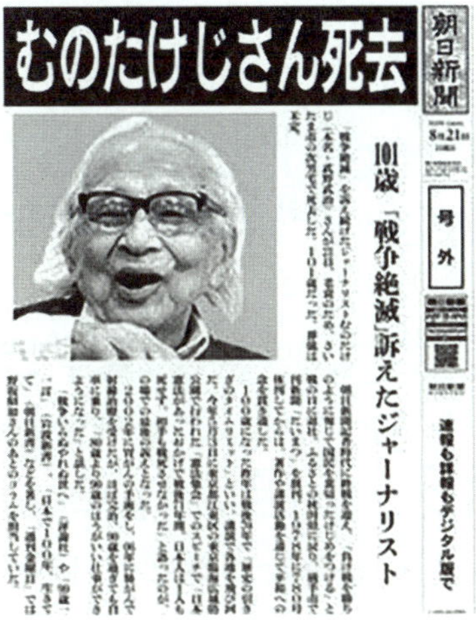
むのたけじさん死去

朝日新聞

号外

101歳 「戦争絶滅」訴えたジャーナリスト

速報も詳報もデジタル版で

〈그림 2〉
무노 다케지 사망 호외, '전쟁 절멸을 호소한 저널리스트', 『아사히신문』, 2016.8.21

전쟁이 다시 시작되어 버리면, 멈추게 하는 것은 극히 어렵다. 시작하지 않도록 힘을 쏟는 것이 제일이다. 그리고 무노는 뜻밖에 이렇게 말했다. '뜻밖에'라고 하는 이유는, 무노는 '지는 전쟁을 이기는 전쟁이라고 쓰고, 전쟁 수행을 도운 책임을 지기' 위해 신문사를 그만두었다고 말해 왔다. 무노, 『노 기자의 전언』, 2022 그런 무노로부터 다음의 발언이 이어졌기 때문이다.

> 회사를 그만둔다는 (패전 시의) 자신의 처신 방법은 최악이었다고 지금은 생각한다. 정말은 어떻게 해야 했는지를 지난번에 『류큐신보』로부터 가르침을 받았다. 『류큐신보』는 2004년과 2005년에 「오키나와 전戰 신문」이라는 기획 기사[15]를 연재했다. 이 신문의 젊은 기자들은 '만약 그 전쟁 중에 신문이 신문의 정신을 갖고 있었다면, 이런 신문을 만들었을 것이다'라는 발상하에, 현재의 정보와 시점으로 오키나와전투의 실상을 작성했다. 그런 작업을 1945년 8

아직 살아있다는 것을 아는 것도 나쁘지는 않을 것이다."(朝日新聞 東京本社 編集局報, 『연필(えんぴつ)』 53호, 1969.5.15)

15 「沖縄戰新聞」은 오키나와전투 60년 기념 기획. 2005년의 신문협회상, 이시바시 단잔(石橋湛山) 기념 와세다 저널리즘 대상을 받았다.

월 16일부터 실행하는 것. 그것이 당시 우리의 독자에 대한 책임이며 내가 해야 할 일이었다고 생각했다. 그런 것을 종전 후 60년간 계속했으면 좋았겠다.

'써야 할 사실을 쓰지 않았던 책임은 다시 쓰는 것으로 책임을 질 수밖에 없다.' 그것을 깨달았다고 하는 것이다. 확실히 1945년 이후에, 일본의 신문은 전시하의 보도를 비판적으로 자기검증하는 작업을 하지 않고, 은근슬쩍 '평화국가' 가운데로 자리를 바꾼 감이 있다.

난징 공략에 대해 말하자면, 당시의 종군기자들은 전장에서 무슨 일이 있었는지, 거기에서 어떤 생각을 했는지, 전쟁이 끝난 후 기록해 두어야 했다. 써야 할 것을 쓰지 않았던 책임은 오랜 시간이 지났다고 해도 다시 쓰는 것으로 밖에 갚을 방도가 없다. 그것이 얼마나 어려운 일이라 해도 메워야 할 수밖에 없다.

국민의 의무로써

한편, 기시다 요코^{岸田 葉子}는 이렇게 말했다.

원하던, 원하지 않던 간에, 전쟁이 시작되어 버렸다. 배로 말하면 일본호가 풍랑이 이는 바다로 나가 버렸다. 그렇게 된 이상 승조원은 올바른지 올바르지 않은지 따지기보다 이미 출항한 배를 구하고자 하겠지요.
나는 신문사에 들어와서 역시 싸우는 기분으로 열심히 임하고 있었습니다. 전쟁을 시작한 쪽이 좋다고는 생각하지 않았지만, 전쟁이 시작된 이상 어떻게든 국가에 도움이 되고 싶다고 바라고 있었습니다.

그렇구나. 그런 것이었는가? 이 대담의 사회를 본 저자^{조마루}는 기시다의 말에 쿵하고 가슴이 내려앉았다.

　국가를 위해 이바지한다, 그것이 국민의 의무이다.

　많은 기자가 '보도전사'가 되어 '강하고 올바른 일본군'이라는 신화를 작성한 토대에는 '국가를 위해 이바지하고 싶다'[16], '도움이 되지 않으면 안 된다'라는 의식이 있었다.

　『마이니치신문』의 후지타 노부가쓰 藤田信勝 도 전시 중에는 '지금은 이성이 아니라 힘의 시대이다. 일본이 힘으로 일어선 이상, 싸우는 힘을 조금이라도 플러스하는 것이 국민으로서의 의무' 藤田, 『체험적 신문론』 라고 생각했다는 것도 기시다와 똑같은 심경이었을 것이다.

　『니시니혼신문』 전 기자 곤노 요시오 今野義雄 도 『우시오』 1971년 10월호의 특별기획, 「전쟁 중의 신문은 무엇을 쓰고 있었는가?」 가운데 다음과 같이 회고했다.

　　기자 자신으로서도 국민의 한 사람으로서도 전쟁에서 이기길 바랐으며, 국민 한 사람 한 사람을 고무할 필요가 있었다. 보도가 침소봉대 針小棒大 되는 것도 피할 수 없는 상황이었다. 단지, 전쟁 상태가 되어서는 손쓸 방도가 없고, 그 이전 단계에서 어떻게 저지할 것인가이다. 왠지 모르게 옛 상처를 건드리는 느낌이 들지만, 이것이 현재의 심경이다.

　전 '동맹통신' 기자 후쿠오카 세이치 福岡誠一 도 『우시오』에서 이렇게 말했다.

16　1945년 12월에 미육군정보부 장교가 베이징 거주 일본인(민간인 301명, 군인 84명)을 대상으로 행한 의식조사에서는 "자신은 개인적 행복보다도 일본 국가를 위해 일하지 않으면 안된다"는 항목에 대해 찬성 83퍼센트, 반대 9퍼센트였다고 한다. (吉見義明, 『풀뿌리 파시즘(草の根のファシズム)』, 1987) 전쟁 중에는 더욱 찬성이 많았을 것으로 추측된다.

국가적으로 전쟁을 한다고 하면, 보도나 언론의 자유는 있을 리가 없다. 보도보다도 우선 국가의 전쟁 수행의 필요에 복종하지 않을 수 없다. 이것은 비단 일본뿐 아니라 어느 교전국도 같은 것이다. (…중략…) 일단 개전이 되면, 국민의 일원으로서 총력을 다하는 수밖에 없다.

권력을 감시하고 사실을 전하여 시민의 권리에 부응한다는 '저널리즘의 의무'는 전시하, '국민의 의무'론에 덧없이 빨려들어 갔다. 저널리즘의 독립은 거기에는 존재하지 않았으며 있는 것은 국가에 대한 복종뿐이었다.

'국가를 위해 이바지하고 싶다'라는 생각은 기자만은 아니었다. 일본을 대표하는 오피니언 리더의 한 명인 영문학자이자 평론가 나카노 요시오 中野好夫는 전시하의 심경에 대해 1948년에 이렇게 밝혔다.

나 자신의 경우, 한 번도 성전 聖戰 등이라고는 생각한 적도 없다. 쓴 적도 없다. (이것은 저술한 모든 글을 제출해서 단언할 수 있다) 이기리라고도 그다지 생각되지 않았다. 그러나 나는 결코 방관하며 일본이 지는 것을 히죽히죽 기다렸던 것은 결코 아니다. (미일개전의 1941년) 12월 8일 이후는 일 국민의 의무라는 범주에서 전쟁에 협력했다. 속아서 그랬던 것이 아니다. 흔쾌히 자발적으로 한 것이다.『분노의 꽃다발』, 1948

국가에 대한 충성을 넘어

이 '국민의 의무'론에 대하여 평론가 가토 슈이치 加藤周一는 다음과 같이 논하고 있다.

많은 지식인은 일본형 '파시즘' 체제에 비판적이었지만, 시작한 전쟁에는 이기지 않으면 안된다, 따라서 전쟁 노력에는 협력하지 않으면 안 된다라고 생각했다. 이 생각에는 두 가지 약점이 있다. 그 하나는 전쟁의 본질에 관한 이해의 오류이다. 제국주의적 팽창정책은 잘못이며 침략전쟁은 잘못이다. 잘못된 행위는 그 주체가 국가이건, 개인이건 시작한 이상은 관철되어야 할 것이 아니라, 하루라도 빨리 고쳐야 하는 것이다.

또 하나는 전쟁의 현실에 관한 판단의 오류이다. 중국 인민의 저항에 일본군이 이길 가능성은 없고, 미국 군사력에 이길 가능성도 전혀 없었던 것은 당시 이미 명백했다. 이길 가능성이 없는 전쟁에 '이기지 않으면 안 된다'고 말하는 것은 의미가 성립하지 않는다.『전후 일본, 점령과 전후 개혁 5 – 과거의 청산』, 「'과거의 극복'비망록」, 1995, 서론

이 '전쟁 노력에는 협력하지 않으면 안 된다'는 논의를 넘어서기 위해 무엇이 필요할까? 가토는 다른 저작에서 '국가에 대한 충성 개념을 넘은 국가의 선악을 판단하는 규준'을 갖지 않으면 안 된다고 지적하고 있다.

왜, 일본이라는 국가가 하고 있는 전쟁이 '잘못되었으니 그만두라'고 정면에서 직접 말하지 못했던가? 그 근본적 요인의 하나는 지식인이 자신이 믿고 있는 사상과 집단 사이에서 흔들리고 있고, 자신이 믿는 사상이나 가치가 집단, 즉 일본을 초월하지 못했다는 것이다.

멈추게 할 수 있든지, 멈추게 할 수 없든지간에, 다른 일본인의 99퍼센트가 찬성하든지, 반대하든지간에 아무튼 나쁜 것은 나쁘다. '생명선'이든 '적화 방위'든, 어떤 이유를 붙여도 중국의 아이를 죽이는 것은 나쁘다. 아이에게는 사회적 책임이 없으니까. 그것이 예를 들면 야나이하라 矢内原 선생이 선택한 길이다.加藤・凡人會『「전쟁과 지식인」을 읽음 – 전후 일본사상의 원점』, 1999

야나이하라 선생이란 도쿄제국대학 교수 야나이하라 다다오 矢内原忠雄를 말한다. 루커차오사건 발생 직후인 1938년 8월, 야나이하라는 『중앙공론』 9월호에 논문 「국가의 이상」을 싣고 이렇게 말했다.

진정한 애국은 현실정책에 대한 부화뇌동적 □□2자 복자 = 거국(舉國) 일치에 있는 것이 아니다. 오히려 부화뇌동에 저항하면서 국가의 이상에 입각하여 현실을 비판하는 예언자야말로 국가 천년 정책을 지휘하는 애국자이다.

게재지는 발매 금지당했고 이어 야나이하라는 도쿄대학에서 쫓겨났다.

자국自國의 죄과罪過

'어떤 이유를 붙여도, 중국 아이를 죽이는 것은 나쁘다.'
이 점을 깨달은 종군기자도 그중에는 있었을 것이다. 그러나 이 한 줄을 쓰고자 한 종군기자는 없었던 것이 아닌가? 그것은 기자들이 '국가에 대한 충성 개념을 넘어 국가의 선악을 판단하는 규준'을 갖고 있지 못했기 때문이다. 오카자키 가헤이타가 말하는 '보다 높은 도덕성'과 가토가 말하는 '국가에 대한 충성 개념을 넘어 국가의 선악을 판단하는 규준'은 아마 같은 것을 가리킬 것이다.

왜 기자들은 그것을 갖지 못했을까? 그 이유는 국가에 대한 충성을 차순위로 하면 애국심을 의심받게 된다, 그것을 두려워했기 때문은 아니었는가?

야나이하라보다 한 세대 빨리, 메이지·다이쇼기에 활약한 기독교 사상가 우에무라 마사히사植村正久에게 「3종의 애국심」이라는 글이 있다. 저술한 것은 청일전쟁 승리로부터 1년 후인 1896년. 청국으로부터 할양받은 요동반도遼東半島를 독일·프랑스·러시아의 삼국간섭으로 반환하지 않을 수 없게 되어 배외적 내셔널리즘이 비등한 시기였다. 우에무라는 '자국自國의 죄과罪過를 자각'하는 것은 '애국심'이라고, 다음과 같이 주장했다.『植村正久著作集』1, 1966

> 국가의 옛 모습을 사모하고, 그 역사의 광영을 좋아하며, 혹은 국가의 굴욕을 슬퍼할 뿐 아니라 자국의 죄과를 잘 자각하고, 도피했던 책임을 기억하고, 유린했던 인도人道를 반성하는 것이 애국심이 도달해야하는 지점이 아니겠는가? (…중략…) 우리나라의 이른바 애국심이라는 것은 (…중략…) 도도한 천하天下의 역사에 심취하는 것이 아니며, 비분강개하여 외부에 대해 고집을 피우는 것에 불과한 것이다. 스스로 국가의 양심을 지니고 임하며, 국민의 죄에 대해 눈물을 흘리는 자는 드물다. 심지어 이런 종류의 애국심을 품는 것을 비난하여 국적國賊이라는 딱지를 붙인다. 양심을 무디게 하는 애국심은 망국亡國의 마음이다. 이 때문에 국가를 잘못되게 한 것이 고금을 통하여 그 예가 적지 않다.

'자국의 죄를 자각하고 그 책임을 기억하는 것이 애국심이다.' 우에무라는 그렇게 주장했다. '자국의 죄에 눈을 감고, 그 책임을 망각하는 것이야말로 망국의 마음'이라고.

그런데 지금은 '자국의 죄과罪過'를 진지하게 마주하려는 자에게 걸핏하면 '반일反日'로 매도하고 있다.

헌법 이념의 토대 위에서

1945년 8월, 전쟁이 끝났다. 2년 후인 1947년 5월 3일, 일본헌법이 시행되었다. 일본의 정치나 사회제도는 토대부터 바뀌었다.

신문은 국가의 의사를 국민에게 전달하고, 국민을 '지도'하는 입장에서부터 헌법을 축으로 정부의 언동을 감시하고, 국민, 시민의 알 권리에 봉사하는 입장으로 그 위치를 바꾸었다. 그럼에도 불구하고 '전쟁 협력은 국민의 의무'라는 논리를 넘어서는 것, 또는 저널리즘이 '국가에 대한 충성개념을 넘어 국가의 선악을 판단하는' 것이 오늘날에도 여전히 쉽지 않은 것 또한 사실일 것이다.

일본 헌법제정에 관여한 수상 시데하라 기주로 幣原喜重郎는 만주사변이 일어나기 3년 전인 1928년에 「외교관견 外交管見」이라는 강연에서 이렇게 말했다.

> 세계 각국을 통하여 일반 민중은 자국과 외국과의 사이에 발생하는 분규에 대해 왠지 모르게 상대국의 주장을 항상 부정, 부당한 것처럼 일종의 선천적 편견을 품는 경향을 피할 수 없다. 냉정한 태도로 쌍방에 공평한 의견을 공표하는 자는 걸핏하면 그 애국심을 의심받고, 비분강개의 어조로 상대국에 대한 반감을 선동하는 자는 오히려 청중의 갈채를 받는다. 이러한 인심의 경향은 원활한 국제관계를 자주 저해하는 하나의 큰 원인이다. 일본 국립국회도서관 헌정자료실 소장

외국과의 사이에 외교상 대립이 있는 경우, 일반인은 상대 주장은 틀렸다고 하는 일종의 편견을 품기 쉽다. 냉정하게 쌍방에 공평한 의견을 표명하는 자는 걸핏하면 애국심을 의심받고, 상대국에 대한 반감을 부추기는 자가 오히려 갈채를 받는 경향이 있다. 이것이 국제관계를 방해하는 하나의 원인이라고 한 것이다.

이러한 경향은 현재도 크게 다르지 않다. 역사 인식이나 영토 문제 등 내셔널리즘의 감정을 건드리는 주제에서는 특히 그러한 경향이 강하다. 정

부와 다른 의견을 내거나, 냉정히 정부를 비판하는 자에 대해서는 인터넷 상에 '반일', '비국민非國民' 등이라는 조잡한 어휘로 곧바로 공격한다.

평시에도 그러하니, 이것이 전쟁상황이 된다면 순식간에 내셔널리즘이 비등할 것은 뻔하다. 전쟁은 국가에 대한 충성을 암묵적으로 혹은 노골적으로 그 성원에게 요구한다. '자국 정부를 비판하지 마라, 그것은 적을 이롭게 하는 행위다. 저널리즘은 자국의 전쟁에 협력하라'라고. 그때, 저널리즘은 자신의 입장을 관철할 수 있을까?

이 질문을 생각하는 데에 참조할 사례가 있다.

분쟁의 교훈

1982년 4월, 영국과 아르헨티나 사이에 오랫동안 귀속을 다투고 있던 포크랜드 제도 아르헨티나 측의 호칭은 마르비너스 제도를 둘러싸고 무력충돌이 일어났다. 포크랜드 분쟁 아르헨티나군이 먼저 섬에 상륙하고 영국군이 탈환했다.

이 분쟁 보도에서 영국 공영방송 BBC는 영국군을 '우리군'으로 부르지 않고 '영국군', '아르헨티나군'이라고 병렬시켜 불렀다. 그리고 영국 정부의 주장과 함께 영국 정부에 비판적인 의견도 다루었다.

> 함선 격침의 경우, 남편이나 아들의 죽음을 알고 통곡하는 아내나 모친의 눈물은 영국, 아르헨티나 쌍방에서 수신받아 크게 보도했다. 浅井泰範, 「영국의 매스컴이 제기한 것」, 『新聞硏究』, 1982.7월호

영국의 대처 보수당 정권은 BBC의 보도는 영국의 입장을 충분히 설명하고 있지 않다고 비판, 대중지『선sun』은 "우리 가운데에 반역자가 있다", "충성의 울림 위에 중립 심판은 있을 수 없다. 영국인은 조국의 편에 서든

지, 적이 되든지 어느 쪽일 뿐이다"라고 BBC나 영국 신문을 비난했다.^{佐藤}
^{欽也},「영지 논설위원 처분을 둘러싼 핫한 논쟁」,『아사히저널』, 1983.1.21

BBC의 간부 리처드 프란시스는 5월 마드리드 국제신문편집자협회의 총회에서 예정된 연설 원고를 벗어나 이렇게 연설했다.

> 영국군의 사기를 고양시키거나, 영국 국민을 국기 밑에 단결시키거나 하는 것은 BBC의 일이 아니다. 우리의 일은 주전론을 주창하는 것이 아니다. 혼란스럽고 우려할 만한 사태에 대해 장병 자신과 그 가족에게 가장 신뢰할 수 있는 정보를 전달하는 것이 우리의 일이다.
>
> 비애국적으로 비난받는 것을 두려워하여 아르헨티나 측이 촬영한 영상을 억압하는 것은 비겁한 방식이다. 포츠머스^{영국의 군항}의 절벽에 선 (전쟁)미망인은 부에노스아이레스의 (전쟁)미망인과 다른 점이 없다. BBC는 애국심에 대해 가르침을 받을 필요는 없다. 진실이야말로 가장 훌륭한 선전이다. BBC가 명성을 얻고 있다고 한다면, 그것은 정부의 끄나풀이 아니기 때문이다.^{村井仁},「또 하나의 '포크랜드분쟁'」,『NHK 文研月報』, 1982.7월호

영국의 전사자 유족의 슬픔도, 아르헨티나의 전사자 유족의 슬픔도 같은 슬픔이다. 프란시스는 그렇게 호소했다.

신문은, 혹은 광의의 저널리즘은 평시^{平時}는 물론, 전시^{戰時}에도 정부로부터 독립하여 정부를 감시하지 않으면 안 된다. 그를 위해서 '국가에 대한 충성 개념을 넘어 국가의 선악을 판단하는 규준'을 갖지 않으면 안 된다.

정부와 국가는 겹치는 부분은 있으나 본질적으로 다른 존재이다. 민주국가에서 정부는 선거에 의해 교체하는 것이 가능하고, 그것은 국가의 전체가 아니라 일부이다. 어떤 정부의 어떤 정책을 비판하는 것이 반국가^일

본에서 말하자면 '반일'인 것처럼 여기는 언설이 일부에 있지만, 이것은 잘못이다. 정부의 정책을 비판했다고 해서 '이 나라^{어느 나라든}에서 나가라'라고 비난받을 이유는 없다.

　비판의 자유, 언론·보도의 자유는 민주국가에서 빼놓을 수 없다. 비판하는 자는 떠나지 않으면 안된다고 한다면, 그것은 민주국가가 아니다. 정부가 '국책'으로 부르는 정책이 항상 최선의 선택이라고는 할 수 없다. 정부는 자주 판단을 그르친다. 마찬가지로 정부가 '국익'으로 부르는 것이 항상 국가(와 그 구성원)에 이익을 가져오는 것도 아니다. 정부는 종종 판단을 잘 못 한다.

　그것은 1945년 패전에 이른 일본의 역사를 보면 분명하다. 일본은 국책을 그르쳤으나, 저널리즘은 그것을 비판하지 않고 오히려 박수 갈채를 보냈다. 그 전형적인 모습이 일본군의 난징 침공을 둘러싼 보도였다.

　과오를 반복해서는 안 된다.

저자 후기

이 책을 쓰기 위해서 본격적인 자료수집을 시작한 것은 2020년 2월이었다. 그 달에 나는 65세가 되었고, 그동안 42년 동안 근무했던 아사히신문사를 퇴사해서 자유인이 되었다.

이래, 3년 몇 개월 동안 나는 매일 '난징'과 마주했다. 도서관을 다니며 일본군의 난징 침공을 보도한 1937년에서 1938년까지 당시의 신문^{대부분은 마이크로 필름}을 열람하고, '이것은'이라고 생각한 기사는 복사했다. 밑줄을 그으며 기사를 읽고 노트에 메모했다. 혼자서 하기에는 무리인지 모른다…… 라고 도중에 생각할 정도로 방대한 작업량이었지만, 지금까지 아무도 몰랐던 몇 줄의 기사가 있을지 모른다는 욕심에 조금씩 읽어 나갔다.

조사를 시작한 지 얼마 되지 않아 신형 코로나 바이러스 감염이 확산되기 시작했다. 도서관은 입관을 제한하게 되었다. 노트북 앞에서 나는 매일 10시간 가까이 지냈다. 2~3개월이 지난 무렵에 허리에 통증을 느끼게 되었다.

준비 작업에 일단 일단락을 짓고 원고 집필에 착수한 것은 2021년 5월이었다. 자료를 읽으면 읽을수록 읽어야 할 자료가 늘어갔다. 준비만 하다 내 인생이 끝나 버릴지 모른다고 생각하여 일단 쓰기 시작했다.

러시아의 우크라이나 침공

2022년 2월 24일, 러시아가 우크라이나에 전면 침공을 개시했다. NHK 뉴스 캐스터가 분명히 '침략'이라는 단어를 반복했다. 러시아의 침략은 일찍이 일본의 중국 침략을 저절로 상기시켰다. 당시의 일본이 언론·보도의 자유를 엄격히 제한한 것과 마찬가지로 오늘날 러시아도 또한 독립계 미디어의 전쟁 비판을 봉쇄하고, 활동을 정지시켰다.

일본의 신문, TV, 인터넷 상의 뉴스 사이트는 매일 우크라이나 정보를 보도했다. 그러한 상황에서 나는 난징 침공을 보도한 옛 신문을 되짚으며 글을 써 내려갔다.

현재진행형의 전쟁 보도와 80여 년 전의 그것이 오버랩되었다. 시가지에 대한 무차별 공격, 민간인 집단 학살, 유괴된 아이들, 성폭력, 포로에 대한 고문, 학살, 어둠 속에서 떨고 있는 주민, 그리고 유망流亡.

1930년대의 광경과 흡사한 광경이 지금 우리의 눈앞에 펼쳐지고 있다. 러시아의 우크라이나 침략이라는 거울에 일본의 중국 침략의 역사를 비추어 볼 때, 일본의 과오가 영상처럼 떠올랐다. 그리고 그 전쟁은 지금 여전히 끝이 보이지 않는다.

침략의 정의

러시아의 우크라이나 침공 개시로부터 3개월 후인 2022년 5월 24일, 아베 신조安倍晋三 전 수상은 일본·미국·오스트레일리아·인도 4개국의 수뇌회담에 참가하기 위해 방일한 인도의 모디 수상과 면담한 다음, 기자단에게 말했다.

> 우크라이나를 러시아가 침략한 건件에 대해 인도·태평양 지역의 민주주의 국가인 일본·미국·오스트레일리아·인도 4개국이 일본에 모여 세계를 향해 지역의 평화와 안정에 책임을 다하겠다는 의사를 표명한 것은 극히 타이밍과 그 의의에서도 좋았다. 「방일(訪日)한 바이든 씨, 타이완 방위에 관여」, 『아사히신문 디지털』, 2022.5.24

"어라?"라고 생각했다. 아베가 러시아의 행동을 '침략'이라고 말했기 때문이다. 2013년 4월 아베는 참의원參議院 예산위원회에서 자민당 위원으로부터 역사 인식에 대해 질문을 받고 "침략의 정의는 학술적으로도 국제적으로도 정해져 있지 않다. 국가와 국가의 관계에서 어느 쪽의 입장에서 볼 지에 따라 달라진다"라고 답변했다.

실제로는 1974년 12월, 국제연맹 총회는 「'침략'이란, 국가에 의한 타국의 주권, 영토보전 또는 정치적 독립에 대한, 또는 국제연맹의 헌장과 양립하지 않는 그 외의 방법에 의한 무력 행사」라고 정의한 총회 결정을 만장일치로 채택했고, 일본도 찬성했다.

아베 내각은 2013년 5월 침략의 정의에 대해 '여러 가지 논의가 이루어지고 있고 확립된 정의를 포함하여 답변은 곤란'하다는 답변서를 각의 결정했다. 종전 70주년을 맞이한 2015년 8월, 아베는 수상 담화를 발표했다. 종전 50주년의 무라야마村山 담화, 종전 60주년의 고이즈미小泉 담화에 있던 '식민지 지배와 침략에 의해 아시아제국의 국민에 대하여 다대한 손해와 고통을 부여했다'는 구절은 아베 담화에서 사라졌다. 그 대신에 '(일본은) 새로운 국제질서에 도전자가 되어 나갔다'라는 표현으로 대체되었다. 이것이 국제정치를 논할 때 일종의 관용구라고는 해도, 그 구절만 읽으면 무언가 일본이 좋은 일을 한 것 같은 표현이었다.

'일본이 침략했다'라고는 아무래도 말하고 싶지 않다.

그런 아베의 감출 수 없는 속마음 같은 것이 잘 전달되는 담화였다. 그런 아베가 러시아가 우크라이나를 침략하자, 본인이 개념 정의가 아직 없다고 했던 '침략'이라는 단어를 아무렇지도 않은 듯이 발설했다. 과연, 러시아의 행동은 국제법에 반하고 '침략'으로밖에 표현할 길이 없다. 국경을 넘어 우크라이나 영내에 미사일을 발사하여 다수의 사망자와 국외 탈출자를 낳고 있다. 그러나 이를 '침략'으로 부른다면, 일본군의 중국 침략도 역시 '침략'으로 부를 수밖에 없다.

일본은 중국의 영토에 대군을 파견하여 비전투원을 포함한 수많은 중국인을 살육했다. 러시아군의 우크라이나 침략도, 일본군의 중국 침략도 정의를 운운할 수 있는, 이렇게도 저렇게도 해석할 수 있는 경계선상의 예가 아니라, 문자 그대로 '침략'이 아닌가?

아베는 러시아군의 행동에 대해서는 단도직입적으로 '침략'이라고 단정했다. 결국 아베는 러시아가 한 것은 침략이지만, 일본이 한 것은 침략이 아니다, 라고 하는 것이다. 이것이 과연 역사를 공정하게 인식하는 방식일까?

역사학자 이리에 아키라 入江昭 하버드대학 명예교수는 다음과 같이 말한다.

일본에서는 역사인식 문제라는 것이 자주 언급되고 근린제국과의 사이에 과거의 기억에 대해 큰 갭이 있다고 한다. 그러나 그것은 국가 단위의 역사에 사로잡혀 있기 때문이다. 진짜 존재하는 것은 '세계의 역사'이며, 그 의미에서 인류의 역사는 하나이다. 그리고 그것은 모든 사람들이 공유할 수 있는 것이다. (…중략…) 자신들 나라의 역사를 독선적으로 해석하여 만족하는 것은 편협한 내셔널리즘을 육성할 뿐 아니라 현실 세계로부터 고립된 의식을 넓히는 것이 될 것이다. 入江昭, 『역사가가 본 현대세계』, 2014

이시카와 분요 씨에게 들음

이 책을 집필하면서 꼭 이야기를 여쭙고 싶은 저널리스트가 있었다. 베트남전쟁 보도 등으로 알려진 보도사진가 이시카와 분요 石川文洋 씨이다. 동일본 대지진이 일어난 직후인 2011년 4월에 시작된 아사히신문 석간 연재 「저널리즘 열전」에서 나는 이시카와 씨의 일과 인생에 대해 다루었다. 종군 취재에 관해서 다시 그 체험을 듣고 싶었다.

2023년 3월, 나의 요통은 급격히 악화하여 오른쪽 허벅지의 격심한 통증으로 인해 거의 걷지 못하게 되어 버렸다. 몇 미터 걷는 데에도 주저앉기를 반복하는 상황이었다. 의사에게는 추간판 헤르니아라는 진단을 받았다. 진통제를 먹고 스트레칭을 계속했다. 수술을 각오하고 있었다.

그런데 신기하게도 5월이 되어 다소 조금씩 걸을 수 있게 되었다. 아직 엉거주춤한 자세로밖에 걷지 못하는 상태였지만, 접이식 지팡이를 가방에 숨겨 넣고 나가노長野현 스와諏訪시의 이시카와 씨 자택을 방문했다.

일본군에 종군한 기자는 군의 통제하에 있었습니다. 베트남전쟁에서 프리랜서 카메라맨이었던 나와는 결정적으로 입장이 달랐어요.

이시카와 씨는 그렇게 강조했다. 통킹만사건 직후인 1964년 8월, 이시카와 씨는 26세로 처음 남베트남의 수도 사이공에 도착했다. 바로 정부 신문국과 미국 남베트남 원조군 사령부의 신문국을 찾아가서 기자증을 발급받았다. 종군 중에 사망해도 아무것도 요구하지 않을 것. 그것만이 조건이었다. 오후에는 미국 사령부의 기자회견장에 들어갈 수 있었다.

미군은 프리랜서 카메라맨에게도 협력을 아끼지 않았다. 의뢰하면 전선前線으로 향하는 수송기나 헬리콥터에 태워주었다. 최전선에서는 무상으로 식사도 제공해 주었다. 전쟁 당사국 이외의 저널리스트가 장기간 자유롭게 취재할 수 있던 전쟁은 베트남전쟁뿐이었다.

이시카와 씨는 1개월에 3, 4회 종군 취재하고 도합 20일 전후를 전선에서 지냈다. 그렇게 하여 4년간 베트남에 체재하며 취재를 계속했다.

조마루 미군과 함께 행동하고 있으면, 전쟁에 대한 견해가 미군 편이 되어 버리지 않으셨어요?

이시카와 미군이나 정부군 병사들과는 자연히 친해졌습니다. 나에게 그들은 친구였어요. 그러나 나는 미국의 베트남 정책에 반대했습니다. 그러므로 당시 미군이 베트콩으로 불렀던 남베트남해방민족전선의 병사를 '적'으로 생각하지는 않았습니다. 애당초 농민인 그들에게는 공산주의도 자본주의도 관계없었어요. 평화롭게 살면 그것으로 족했지요. 미군의 공격으로부터 마을을 지키고자 했을 뿐입니다. 나는 전쟁의 비참함을 전하고 싶다고 생각하여 베트남 농민의 시점으로 사진을 촬영했습니다. 오키나와 출신인 나는 다수의 민중이 희생된 오키나와전투와 함께 베트남전쟁을 바라보고 있었습니다.

조마루 전장에서는 비참한 장면을 자주 접하지 않으셨어요?

이시카와 『니혼테레비NTV』의 취재반에 참가하여 남베트남 정부군의 부대에 종군한 적이 있어요. 어느날 주변의 대숲에서 총격을 당했어요. 나는 땅바닥에 엎드렸습니다. 30미터 앞쪽에서 어린 농민이 엎드려 쓰러져 있고, 정부군 병사 한 명이 단검을 뽑아 그 소년에게 무언가 하고 있는 것이 보였어요. 병사가 일어나자 그 손에 소년의 목이 들려있었습니다. 병사는 목을 길거리에 던져 버렸습니다.

이시카와 씨는 그 한순간의 광경을 무비카메라로 찍었다. 참수를 본 것은 이때 한 번뿐이었다. 이 장면을 포함한 다큐멘터리 방송이 1965년 5월에 방송되었다.

그것을 본 내각 관방장관은 니혼테레비 사장에게 "그렇게 잔혹한 것을 방송하다니, 너무 하지 않습니까?"라고 전화로 항의, 니혼테레비는 이 방송의 재방송과 제2부, 제3부 방송 송출을 중지했다.「저널리즘 열전」 2014.4.15

전화를 건 관방장관은 하시모토 도미사부로橋本登美三郎. 난징 침공 당시 『아사히신문』 난징통신국장을 지낸 하시모토는 종전 후 정계에 진출하여 사토 에이사쿠佐藤榮作 내각의 관방장관에 재직 중이었다.1976년 록히드사건으로 체포

해방전선의 병사와 농민은 외견상 구별되지 않는다. 남베트남정부군의 병사는 어린 농민을 잡고 고문을 가했다. 미군부대는 농민의 가옥에 불을 지르고, 공중폭격으로 마을을 불태웠다. 노인이 화상을 입고, 아기가 엄마 품에 안겨 울고 있었다.

조마루   그러한 광경을 눈앞에 봤을 때 어떤 심경이었습니까?
이시카와 그것은 괴로워요. 그러나 이 장면을 촬영하여 세상에 전할 수 있는 것은 나밖에 할 수 없다, 그렇게 자신을 타이르며 셔터를 눌렀습니다.
조마루   난징 공략에 종군한 카메라맨은 전장에서 괴로움을 당하는 일본 병사의 모습도 또한 일본군 침략으로 피해를 입은 중국 민중의 모습도 거의 촬영하지 않은 것은 아닌가 생각됩니다. 종전 후에도 그러한 사진은 거의 발표되지 않았어요.
이시카와 육군 촉탁 카메라맨으로 중일전쟁과 태평양전쟁에 종군한 고야나기 쓰구이치小柳次一[1]에 대해 조사한 적이 있어요. 고야나기는

---

[1] 고야나기(小柳)는 1938년 1월에 처음 난징에 갔다. 당시 난징의 상황에 대해 종전 후 고야나기는 다음과 같이 말했다. "더 이상 난징 성안에는 중국병사는 없고, 전투는 없었습니다만 아직 곳곳에 시체가 널부러진 채로 방치된 곳도 있었습니다. (…중략…) 도망병은 성밖으로 나간 후 뗏목이나 나룻배로 양쯔강을 건너 건너편의 푸커우로 도망치려 했어요. 그런데 조류(潮流)로 인해 난징 쪽으로 되돌아와 버렸나 봐요. 그것을 일본의

양심적인 카메라맨이라고 생각하고 있습니다. 그러나 그도 또한 일본의 '좋은 병사'를 촬영한 사진이 많고, 중국 민중을 촬영한 사진은 불타는 집을 배경으로 중국인 여성이 울고 있는 사진이 한 장 확인되었을 뿐입니다. 중국인의 비극을 촬영한 네가 필름은 패전 시에 소각했을지 모릅니다. 같은 현장에 있어도 시점이 다르면 보이는 것이 다릅니다. 주체적으로 보려 하지 않으면 보일 것도 보이지 않습니다.

전의戰意 고양을 위해 사진을 계속 찍은 일본의 종군 카메라맨의 눈에는 일본군에게 괴롭힘을 당하는 민중의 모습은 보이지 않았다. 눈앞에 있어도 관심을 갖지도 않았다. 그러므로 없는 것과 마찬가지였다.

이시카와 씨는 1969년 31세로 아사히신문사에 입사, 출판사진부원으로 캄보디아분쟁 등의 취재 활동을 했다. 1984년 프리랜서가 된 다음에도 보스니아, 아프가니스탄 등 전쟁 현장을 취재했다.

  조마루 난징을 본 종군기자나 카메라맨의 대부분은 종전 후가 되어도 침묵을 지켰습니다.

  이시카와 그 기분은 알 것 같은 기분이 듭니다. 나는 거꾸로 지금, 열심히 말해 두지 않으면 안 된다. 베트남전쟁에 종군한 저널리스트는 거의 작고했으니까요. 나는 85세인데 앞으로도 나의 체험을 계

구축함이 기관총으로 조준하여 쏘아 버렸으니 많은 숫자의 중국병사가 죽었다고 들었습니다. 특무부의 안내로 교외에 갔는데, 아직 소탕전이 산발적으로 계속되고 있었으니, 중국병사의 사체도 그대로 방치되어 있었습니다." (小柳次一·石川保昌, 『종군 카메라맨의 전쟁』, 1993)

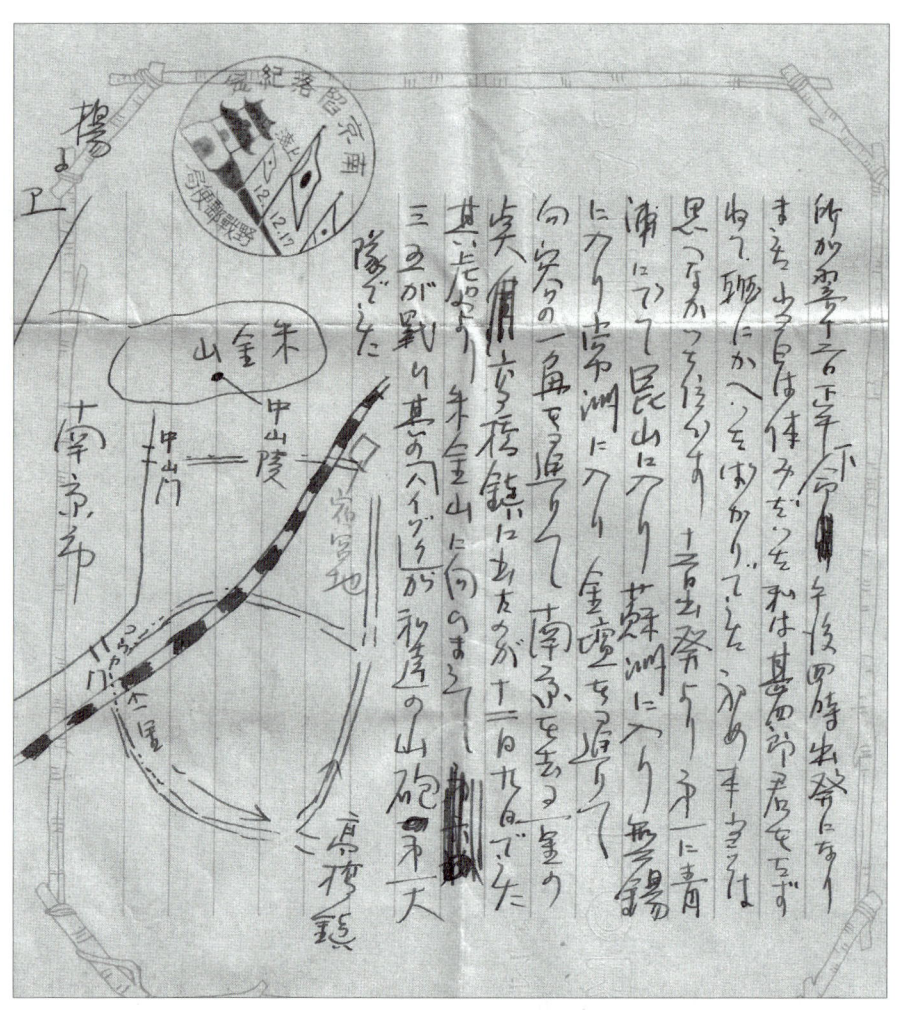

〈그림 1〉 저자의 조부가 쓴 편지 일부분. 중일전쟁 때 종군하여 난징을 떠나 이동한다는 것을 약도로 표시했다. (저자 제공)

속 이야기할 생각입니다.

나의 조부에 대해

마지막으로 개인적인 것을 언급함을 허락해 주길 바란다. 나의 조부 조마루 다이키치上丸大吉 [2]는 1914년 현재의 기후岐阜 현 다카야마高山 시에서 태어났다. 23세에 가나자와金澤 산포병 제9연대 제1대대[3] 치중병輜重兵으로 중국에 건너가, 난징 공략에 종군했다. 치중병은 식량 등을 운반하는 임무로 통상 총을 갖고 있지 않았다. 이 때문에 '치중병졸이 병사라면 나비나 잠자리도 새의 하나'라는 야유를 듣고, 병사들 중에 가장 아래 등급에 속했다.

다이키치가 소속된 제1대대의 대장은 히도히라 다카오比土平隆男. 이 책에서는 카메라맨인 사토 신주佐藤振壽가 『마이니치신문』의 취재반으로 난징 함락 직후 난징 국민정부 청사의 일장기 게양 장면을 기사로 작성했을 때 그의 이름이 등장했다.

다이키치가 전지戰地에서 고향에 보낸 편지나 엽서 몇 점이 나의 본가에 남아있다. 그중 하나는 편지봉투에 「난징함락 기념, 상하이 12. 12. 17, 야전우편국」이라는 스탬프가 찍혀있다. 세 개의 일장기가 펄럭이는 도안은 야전우편장 사사키 모토가쓰佐佐木元勝의 저서인 『야전우편기』1973에 실린 스탬프와 같은 것이다.

---

2   조마루 다이키치(上丸大吉)는 호적상 나의 조부이나 실제로는 오촌 당숙이다. 중일전쟁이 전면화하고 얼마 후 1937년 9월 중국전선에 다이키치는 종군하는데, 그때 9살이던 사촌 시게루(茂)를 양자로 삼았다. 시게루(茂)가 나의 부친이다.
3   인터넷 상의 정보로는 1983년에 『산포병 제9연대, 1전 5리의 병대의 기록(山砲兵第九聯隊, 一錢五厘の兵隊の記)』이라는 책이 출판된 것 같다. 저자 및 출판사는 「나카세 다케루(中瀨武)」. 산포병 제9연대는 조마루 다이키치가 소속된 부대이다. 꼭 보고 싶은 책인데, 일본국회도서관 등이나 고서점을 검색해도 찾을 수 없어서 아직 보지 못했다.

저자 후기   533

다이키치가 함락 직후의 난징에 발을 디딘 것은 틀림없다. 그러나 난징에서 또 난징으로 가는 도중에 무엇을 봤는지 편지는 전혀 언급하지 않았다.

다이키치가 소속된 산포병 제9연대는 1937년 12월 13일부터 24일까지 '난징성 안의 소탕 및 경비'를 담당하였고 28일에 난징을 출발하여 1938년 설날은 단양丹陽 교외에서 맞이했다.^{산포병 제9연대 기념사진첩 편찬위원 편, 『지나사변 기념 사진첩』, 1940}

그후 다이키치의 족적은 거의 모른다. 단지 하나 알고 있는 것은 1944년 2월 6일 중부태평양 마샬제도의 쿠에제린 섬^{Kwajalein, 현재는 쿠와제린섬으로 표기}에서 전사했다. 향년 29세.

일본군은 이때 미군의 공격으로 전멸했다. 그 쿠와제린섬에 내가 비행기를 타고 들른 것은 2014년 2월, 비키니사건 60주년의 취재로 마샬제도 공화국의 수도 마주로를 방문하던 도중이었다. 들렀다고 해도 쿠와제린섬에는 미군기지가 있고, 비행기 외에는 출입이 허락되지 않았다. 그곳은 '대일본제국'이 태평양으로 넓힌 판도의 거의 동쪽 끝에 해당했다.

기후현, 산이 깊은 히다飛驒에서 다이키치는 홀어머니의 슬하에서 성장했다. 10세 때에 어머니와 사별했다. 당시 의무교육이었던 심상소학교 6년을 마치고 아이치愛知현 내의 인쇄소에 이른바 정추봉공丁稚奉公[4]으로 들어갔다고 들었다.

그 청년이, 정말 멀리도 왔구나. 왜 이 태평양 한가운데의 섬에서 굶주림으로 고통을 받으며 죽지 않으면 안 되었는가?

종전 후에 태어난 나는 다이키치를 모른다. 그러나 다이키치와 인연이 없다고는 할 수 없다.

---

4   [역주] 도제제도처럼 미성년자를 일정 기간 상인 또는 수공업자의 집에 붙박이로 보내 잡역을 시키는 일.

'난징'은 단순히 하나의 역사 사실로서 나와 상관없는 곳에 존재하는 것은 아니었다. 나의 안에 '난징'이 있었다. 조사와 집필로 날이 새고 해가 저무는 3년 몇 개월을 되돌아보며 나는 그것을 겨우 깨달았다.

부기

참고문헌 중 중요한 것은 인용문 출전으로 본문 중에 표시했다. 그 외에도 다수의 서적, 논문을 참고했으나 그것을 열거하면 상당한 페이지가 필요하여 단념하지 않을 수 없었다.

이 책을 집필하게 된 애당초의 계기는 2019년 11월, 센슈대학專修大學 후지모리 켄藤森研 씨의 의뢰를 받아 난징 공략 당시 신문보도에 대해 학생에게 강의를 한 것이었다. 전 『아사히신문』 편집위원인 후지모리 씨는 나의 존경하는 선배 기자이며 연재 「신문과 전쟁」을 함께 담당한 적이 있다. 신문사를 퇴직한 다음 나의 집필 테마가 정해진 것은 이때였다. 이 책이 '신문과 전쟁'에 대해 생각해 보고 '역사와 마주하는 것'에 도움이 된다면 저자로서 그 이상의 기쁨은 없을 것이다.

이 책의 간행에 직접, 간접으로 많은 분들의 조력을 받았다. 편집을 담당한 나카지마 미나中島美奈 씨, 교열을 해 준 야마다 긴이치山田欽一 씨, 그리고 이 책을 펼쳐든 모든 독자께 깊이 감사드린다.

2023년 9월 27일
조마루 요이치

참고문헌*

단행본

内務省警保局, 『出版警察報』.

─────, 『特高外事月報』.

波多野春房, 『名譽心の修養(軍人文庫-第2編)』, 川流堂, 1913.

幣原喜重郎, 「外交管見」, 일본국회도서관 헌정자료실 소장, 1928.

「北支事變に關する情報(其四)」, 일본아시아역사자료센터, Ref.A06030016600.

「A.P南京日本兵の行動を誣ゆ」, 『各種情報資料・支那事變關係情報綴』, 일본아시아역사자료센터, Ref.A03023964300.

「派遣軍將兵に告ぐ」, 『中央-戰爭指導重要國策文書632』, 일본아시아역사자료센터, Ref.C12120067900, 1940.4.29.

「實業練習生小川愛次郎病氣歸朝許可ノ件」, 在漢口帝國領事館, 일본아시아역사자료센터, Ref.B16080933600.

小川愛次郎, 「時局ノ動向ト收拾策(講和大綱)」, 『支那事變關係一件/善後措置(和平交涉ヲ含ム)』, 일본아시아역사자료센터, Ref.B02030666500, 1938.7.27.

蠶絲業同業組合中央會 編, 『支那蠶絲業大觀』, 岡田日榮堂, 1929.

城森弘, 『受刑者耶蘇』, 日月社, 1932.

朝日新聞社史 編修室, 『朝日新聞 編年史』(下), 1937.

火野葦平, 『(詩集)山上軍艦』, とらんしつと詩社, 1937.

西条八十, 『戰火にうたふ』, 日本書店, 1938.

『新聞總覽(昭和13年版)』, 日本電報通信社, 1938.

海軍省海軍軍事普及部, 『支那事變における帝國海軍の行動』, 1938.

西ヶ谷徹, 『支那事變に關する造言飛語に就いて』, 司法省刑事局 編, 『思想研究資料』, 特輯 第55号, 1938.

永谷義雄, 『血みどろ從軍記-郷土勇士と一年有半』, 新愛知新聞社, 1939.

岡本光三 編, 『戰爭と從軍記者』, 新聞之世界社, 1939.

矢部良策 編, 『アジア問題講座(2)』, 創元社, 1940.

藤田實彦, 『戰車戰記』, 東京日日新聞社, 1940.

---

* 연도 오름차순. 단, 동일 저자의 저술은 묶음으로 열거함.

土岐善麿, 『六月』, 八雲書林, 1940.
佐々木元勝, 『野戦郵便旗』, 日本講演通信社, 1941.
馬淵逸雄, 『報道戦線』, 改造社, 1941.
中川紀元, 『世路のシミ』, 天理時報社, 1941.
石川達三, 『生きている兵士』, 河出書房, 1945.
堀田善衛著・紅野謙介 編, 『堀田善衛上海日記』(복각판), 1945, 集英社, 2008.
連合軍総司令部民間情報教育局 編, 『真相はかうだ(第1輯)』, 聯合プレス社, 1946.
藤田信勝, 『敗戦以後』, 秋田屋, 1947.
西条八十, 『あの夢この歌ー唄の自叙伝より』, イヴニングスター社, 1948.
西条八十, 『唄の自叙伝』, 生活百科刊行会, 1956.
藤田信勝, 『体験的新聞論』, 潮新書, . 1967.
ジョセフ・C. グルー, 『滞日十年ー日記・公文書・私文書に基く記録』(上, 下), 毎日新聞社, 1948.
中野好夫, 『怒りの花束』, 海口書店, 1948.
田村真作, 『愚かなる読売』, 創元社, 1950.
石射猪太郎, 『外交官の一生』, 読売新聞社, 1950.
阿部真之助, 『老記者の想い出話』, 比良書房, 1950.
風見章, 『近衛内閣』, 日本出版共同, 1951.
『国際文化画報』, 国際文化情報社, 1952.9.
火野葦平, 『土と兵隊・麦と兵隊』(新潮文庫), 1953.
『秘録大東亜戦史』(全12巻), 富士書苑, 1953.
堀田善衛, 『時間』, 新潮社, 1955.
『現代日本文学全集 第48巻(尾崎士郎・石川達三・火野葦平集)』, 筑摩書房, 1955.
エドガースノー著, 森谷巖訳, 『アジアの戦争』(現代史大系3), みすず書房, 1956.
橋川文三 외, 『現代の発見(2)ー戦争体験の意味』, 春秋社, 1959.
永井荷風, 『断腸亭日乗(6)ー昭和16年ー昭和19年』, 東都書房, 1959.
島根新聞社, 『郷土部隊秘史』, 大分合同新聞社, 1962
平松鷹史, 『郷土部隊奮戦史』 1~3, 大分合同新聞社, 1962~63.
佐々木到一, 『ある軍人の自伝』, 普通社, 1963.
野口俊夫, 『奈良連隊戦記』, 大和タイムス社, 1963.
松本政治, 『郷土兵団物語』, 岩手日報社, 1963.
産経新聞静岡支局 編, 『ああ静岡34連隊』, 1963.

千葉日報社, 『福井部隊の血戦記』, 1963.
佐藤芳郎, 『南海の墓標』, 河北新報社, 1963.
阿部輝郎, 『郷土部隊戦記(1)－燃える大陸戦線』, 福島民友新聞社, 1964.
磯貝義治, 『戦記・甲府連隊, 山梨・神奈川出身将兵の記録』, サンケイ新聞甲府支局, 1964.
榛葉英治, 『城壁』, 河出書房新社, 1964(2020復刊).
『大義』(현대일본사상대계 4), 筑摩書房, 1964.
『杉本中佐遺著「大義」』, 大義會, 1966.
『杉本五郎中佐遺著「大義」』, 전 163연대제1대대본부 전우회 발행, 1989.
『軍神杉本中佐遺著大義』, 개정 제2판, 大義研究會, 2001.
『大義 杉本五郎中佐遺著』, 황국사관연구회 복간 제2판, 2007.
『大義 杉本五郎中佐遺著』, 개정제3판, 大義研究會, 2019.
熊本兵団戦史 編纂委員会, 『熊本兵団戦史』1~3, 熊本日日新聞社, 1965.
守山義雄, 『守山義雄文集』, 守山義雄文集刊行会, 1965.
岡本光三 編, 『(日本戦争外史)従軍記者』, 新聞時代社, 1965.
『郷土部隊戦記』(全3巻), 福島民友新聞社, 1965.
昭和戦争文学全集 編集委員会 編, 『昭和戦争文学全集－別巻(知られざる記録)』, 集英社, 1965.
千葉日報社 編, 『レイテの雨－佐倉連隊の最後』, 千葉日報社, 1966.
植村正久, 『植村正久著作集』1, 新教出版社, 1966.
大森実, 『天安門炎上す－毛沢東革命の内幕』, 潮出版社, 1966.
下野一霍 講述・五島広作 編, 『南京作戦の真相－熊本第六師団戦記』, 東京情報社, 1966.
春日由三, 『体験的放送論』, 日本放送出版協会, 1967.
小俣行男, 『戦場と記者』, 冬樹社, 1967.
小俣行男, 『侵掠－中国戦線従軍記者の証言』, 現代史出版会, 1982.
小俣行男, 『(続)侵掠太平洋戦争従軍記者の証言』, 現代史出版会, 1982.
日本海新聞, 『渦まくシッタン－鳥取・歩兵第121連隊史』, 1969.
太田雅夫 編集・解説, 『桐生悠々反軍論集』, 新泉社, 1969.
不動健治, 『叢談－鎌倉山』, 鎌倉山風致保存会, 1971.
客野澄博, 『22聯隊始末記』, 愛媛新聞社, 1972.
鈴木明, 『南京大虐殺のまぼろし』, 文芸春秋, 1973.
佐々木元勝, 『野戦郵便旗－日中戦争に従軍した郵便長の記録(第1-5部)』, 現代史資料センター出版会, 1973.

佐々木元勝, 野戦郵便旗－日中戦争に従軍した郵便長の記録(第6-10部)続』, 現代史資料센터出版会, 1973.
遠藤三郎, 『日中十五年戦争と私－国賊・赤の将軍と人はいう』, 日中書林, 1974.
高崎隆治, 『戦争文学通信』, 風媒社, 1975.
松本重治, 『上海時代』(下), 中公新書, 1975.
防衛庁防衛研修所戦史室, 『戦史叢書86－支那事変陸軍』1, 朝雲新聞社, 1975.
同盟写真部同人会, 『写真 編暦七十年』, 1975.
田尻愛義, 『田尻愛義回想録－半生を賭けた中国外交の記録』, 原書房, 1977.
『回想中村正吾』, 「回想中村正吾」, 刊行事務局, 1977.
坪田五雄 編, 『昭和日本史5(太平洋戦争後期)』, 暁教育図書, 1977.
京都新聞社, 『防人の詩,悲運の京都兵團証言録』, 「比島 編」, 「南太平洋 編」, 「インパール 編」, 「レイテ 編」, 「ルソン 編」, 「ビルマ 編」, 「沖縄 編」, 전7권, 1976~1994.
本多勝一 편, 『ペンの陰謀－あるいはペテンの論理を分析する』, 潮出版社, 1977.
本多勝一, 『本多勝一集(18) ジャーナリスト』, 朝日新聞社, 1995.
_____, 『本多勝一集(23) 南京大虐殺』, 朝日新聞社, 1997.
_____・星徹・渡辺春己, 『南京大虐殺と百人斬り競争の全貌』, 金曜日, 2009.
団野信夫, 『日本人と中国』, たいまつ新書, 1979.
_____, 『一新聞記者の昭和体験』, 私家版, 1992.
田中至, 『従軍記者の黙示録』, 潮出版社, 1980.
鈴木兼吉, 『鳩とともに三十六年』, 1980.
日高六郎, 『戦後思想を考える』, 岩波書店, 1980.
奈良聯隊写真帖 編集委員会 編, 『奈良連隊写真帖』, 1980.
小山武夫, 『補充兵記者』, 東京新聞出版局, 1981.
森恭三, 『私の朝日新聞社史』, 田畑書店, 1981.
阿部輝郎, 『福島戦争と人間(1)－白虎 編』, 福島民友新聞社, 1982.
前田雄二, 『戦争の流れの中に－中支から仏印へ』, 善本社, 1982.
丸山静雄, 『インパール作戦従軍記－一新聞記者の回想』, 岩波新書, 1984.
船戸光雄, 『最後の従軍記者』, 私家版, 1984.
坂本六良, 『無冠の帝王(実は明治うまれの田舎記者)』, 護憲反安保福島県民連合, 1984.
田中正明, 『『南京虐殺』の虚構－松井大将の日記をめぐって』, 日本教文社, 1984.
吉田裕・吉見義明 編, 『資料日本現代史(10)－日中戦争期の国民動員①』, 大月書店, 1984.
安岡章太郎, 『僕の昭和史(1)』, 講談社, 1984.

望月五三郎, 『私の支那事変』, 私家版, 1985.
洞富雄 편, 『日中戦争南京大残虐事件資料集(1)－極東国際軍事裁判関係資料 編』, 青木書店, 1985.
洞富雄 편, 『日中戦争南京大残虐事件資料集(2)－英文資料 編』, 青木書店, 1985.
洞富雄 외편, 『南京大虐殺の研究』, 晩声社, 1992.
秦郁彦, 『南京事件－「虐殺」の構造』, 中公新書, 1986.
洞富雄, 『南京大虐殺の証明』, 朝日新聞社, 1986.
藤井光男, 『戦間期日本繊維産業海外進出史の研究－日本製糸業資本と中国・朝鮮』, ミネルヴァ書房, 1987.
阿羅健一, 『聞き書南京事件』, 1987.
＿＿＿＿＿＿＿, 『「南京事件」日本人48の証言』, 2001.
＿＿＿＿＿＿＿, 『決定版「南京事件」日本人50人の証言』, 育鵬社, 2022.
＿＿＿＿＿＿＿, 『南京事件はなかった－目覚めよ外務省!』, 展転社, 2022.
洞富雄 외편, 『南京大虐殺の現場へ』, 朝日新聞社, 1988.
南京戦史 編集委員会, 『南京戦史』, 偕行社, 1989.
＿＿＿＿＿＿＿＿＿＿＿, 『南京戦史資料集』, 偕行社, 1989.
＿＿＿＿＿＿＿＿＿＿＿, 『南京戦史資料集』1(증보개정판), 偕行社, 1993.
＿＿＿＿＿＿＿＿＿＿＿, 『南京戦史資料集』2, 偕行社, 1993.
阿部輝郎, 『南京の氷雨－虐殺の構造を追って』, 教育書籍, 1989.
井口和起 외편저, 『南京事件・京都師団関係資料集』, 青木書店, 1989.
日本新聞協会 편, 『別冊新聞研究(25)－聞きとりでつづる新聞史』, 日本新聞協会, 1989.
南京事件調査研究会 編訳, 『南京事件資料集1－アメリカ関係資料 編』, 青木書店, 1992.
滝谷二郎, 『目撃者の南京事件－発見されたマギー牧師の日記』, 三交社, 1992.
団野信夫, 『一新聞記者の昭和体験』, 私家版, 1992.
松本直治, 『大本営派遣の記者たち』, 桂書房, 1993.
伊藤隆・劉傑 편, 『石射猪太郎日記』, 中央公論社, 1993.
小柳次一・石川保昌, 『従軍カメラマンの戦争』, 新潮社, 1993.
石井幸之助, 『イエスかノーか－若きカメラマンのマレー・千島列島従軍記』, 光人社, 1994.
渡辺一夫 [著], 串田孫一, 二宮敬 編, 『渡辺一夫敗戦日記』, 博文館新社, 1995.
岩崎稔, 『或る戦いの軌跡－岩崎昌治陣中書簡より』, 近代文芸社, 1995.
中村政則 외편, 『戦後日本－占領と戦後改革, 第5巻(過去の清算)』, 岩波書店, 1995.
小野賢二・藤原彰・本多勝一 편, 『南京大虐殺を記録した皇軍兵士たち－第十三師団山田

支隊兵士の陣中日記』, 大月書店, 1996.
笠原十久司, 『南京事件』, 岩波新書, 1997.
趙景達, 『異端の民衆反乱－東学と甲午農民戦争』, 岩波書店, 1998.
加藤周一, 凡人会 著 『「戦争と知識人」を読む－戦後日本思想の原点』, 青木書店, 1999.
ミニー・ヴォートリン(Minnie Vautrin), 『南京事件の日々－ミニー・ヴォートリンの日記』, 大月書店, 1999.
小川関治郎, 『ある軍法務官の日記』, みすず書房, 2000.
ジョン・ラーベ 저, 『南京の真実』(일본어 번역 초판 1997), (講談社文庫), 2000.
臼井勝美, 『新版日中戦争』, 中央公論新社, 2000.
高島市良, 『日中戦争従軍記』, 私家版, 2001.
石田勇治 편역, 『資料ドイツ外交官の見た南京事件』, 大月書店, 2001.
竹山昭子, 『ラジオの時代 －ラジオは茶の間の主役だった』, 世界思想社, 2002.
桜井よしこ, 『GHQ作成の情報操作書「眞相箱」の呪縛を解く－戦後日本人の歴史観はこうして歪められた』, 小学館, 2002.
松岡環 편저, 『南京戦・切りさかれた受難者の魂－被害者120人の証言』, 社会評論社, 2003.
吉田裕監修, 『日本軍思想・検閲関係資料』, 現代史料出版, 2003.
Dave Grossman(原著), 安原 和見(翻訳), 『戦争における「人殺し」の心理学』(ちくま学芸文庫), 筑摩書房, 2004.
内海愛子, 『日本軍の捕虜政策』, 青木書店, 2005.
笠原十九司, 『南京難民区の百日－虐殺を見た外国人』, 岩波書店, 2005.
＿＿＿＿＿・吉田裕 편, 『現代歴史学と南京事件』, 柏書房, 2006.
＿＿＿＿＿, 『「百人斬り競争」と南京事件－史実の解明から歴史対話へ』, 大月書店, 2008.
＿＿＿＿＿, 『増補 南京事件論争史－日本人は史実をどう認識してきたか』, 平凡社, 2018.
高木俊朗, 『戦記作家高木俊朗の遺言』1, 文藝春秋企画出版部, 2006.
朝日新聞, 「新聞と戦争」取材班 저, 『新聞と戦争』, 朝日新聞出版, 2008.
栗林一石路を語る会 編著, 『私は何をしたか－栗林一石路の真実』, 信濃毎日新聞社, 2010.
上丸洋一, 『『諸君!』『正論』の研究－保守言論はどう変容してきたか』, 岩波書店, 2011.
井上勝生, 『明治日本の植民地支配－北海道から朝鮮へ』, 岩波書店, 2013.
小平市史 編纂委員会 편, 『小平市史－近現代 編』, 小平市, 2013.

内海愛子, 大沼保昭, 田中宏, 加藤陽子, 『戦後責任-アジアのまなざしに応えて』, 岩波書店, 2014.
入江昭, 『歴史家が見る現代世界』, 講談社現代新書, 2014.
河原理子, 『戦争と検閲-石川達三を読み直す』, 岩波新書 新赤版, 2015.
田畑光永, 『勝った中国・負けた日本-記事が映す断絶八年の転変--一九四五年~一九五二年』, 御茶の水書房, 2015.
戸部良一 외편, 『〈日中戦争〉とは何だったのか-複眼的視点』, ミネルヴァ書房, 2017.
賀茂道子, 『ウォー・ギルト・プログラム-GHQ情報教育政策の実像』, 法政大学出版局, 2018.
酒井順一郎, 『日本語を学ぶ中国八路軍』, ひつじ書房, 2020.
伊藤絵理子, 『清六の戦争-ある従軍記者の軌跡』, 毎日新聞出版, 2021.
中国第二历史档案馆, 南京市档案馆 "南京大屠杀" 史料编辑委员会编, 『侵华日军南京大屠杀档案』, 江苏古籍出版社, 1987.

잡지 기사 및 논문

矢内原忠雄, 「国家の理想」, 『中央公論』, 1938.9.
前田多門, 「満州事変に対する感想」, 『経済往来』, 1931.11.
杉山平助, 「北支から上海, 南京へ」, 『改造』, 1938.2.
＿＿＿＿, 「南京」, 『改造』, 1938.3.
松本重治, 「事変第二期に入る」, 『改造』, 1938.2.
中川紀元, 「従軍から帰って」, 『美術時代』, 1938.3.
大宅壯一, 「香港から南京入城」, 『改造』, 1938.2.
新木壽蔵・高桑勝雄, 「木村伊兵衛, 渡辺義雄両氏に支那民情撮影旅行を聴く」, 『カメラ』, 1938.3.
石井桂, 「建築上より見たる中部支那戦禍視察談」, 帝都消防協会, 『帝都消防』, 1938.3.
小林秀雄, 「杭州」, 『文藝春秋』, 1938.5.
＿＿＿＿, 「杭州より南京」, 『文芸春秋臨時増刊現地報告』, 1938.5.
西條八十, 「燦たり南京入城式」, 『話』, 1938.7 임시증간호.
＿＿＿＿, 「ああ, 感激の南京入城式」, 『少女倶楽部』, 1938.3.
＿＿＿＿, 「われ見たり!!南京涙の入城」, 『主婦之友』, 1938.2.
栗林農夫, 「私は何をしたか゚戦争責任の自覚について」, 『俳句人』, 1947.7・8.
大佛次郎, 「東京裁判の判決」, 『朝日評論』, 1948.12.

大宅壮一, 「匿名批評の先駆者」, 『文學界』, 1955.9.
浜田健二, 「'真相はかうだ'の真相」, 『文芸春秋』, 1954.10(임시증간호).
今井正剛, 「南京城内の大量殺人」, 『特集文芸春秋』, 1956.12.
丸山邦男, 「ジャーナリストと戦争責任」, 『中央公論』, 1957.2.
荒瀬豊, 「亜細亜は生きている゜言論人のアジア観」, 『中央公論』, 1958.8.
「座談会−写真商売うらおもて−元従軍カメラマン」, 『アサヒカメラ』, 1959.9.
鶴見和子, 「極東国際軍事裁判−旧日本軍人の非転向と転向」, 思想』, 1968.8.
鈴木二郎, 「私はあの"南京の悲劇"を目撃した」, 『丸』, 1971.11.
「大陸中国での日本人の犯罪−100人の証言と告白」, 『潮』, 1971.7.
「日本人の朝鮮人に対する虐待と差別−植民地支配と強制連行の記録」, 『潮』, 1971.9.
「戦争中の新聞は何を書いていたのか−執筆者100人の記録と告白」, 『潮』, 1971.10.
「沖縄は日本兵に何をされたか−生き残った県民100人の証言」, 『潮』, 1971.11.
「生死をさ迷った日本人の天皇陛下−虜囚から集団自決まで極限を生きた100人の証言」, 『潮』, 1972.4.
「日本で中国人は何をされたか−強制連行された中国人と加害者日本人100人の証言」, 『潮』, 1972.5.
「大量殺人から生き残った朝鮮人と日本人100人の証言−隠れて生きる被爆者と人種差別」, 『潮』, 1972.7.
「生きのびた戦争犯罪人ABC級100人の証言−裁かれていなかった戦犯」, 『潮』, 1972.8.
「日本人の兵役拒否と抵抗の体験−いかにして私は徴兵・兵役を逃れたか100人の証言」, 『潮』, 1972.9.
荒瀬豊, 「マス・コミと天皇制」, 『ジュリスト』, 有斐閣, 1973.9.
岡部牧夫, 「一兵士が見た日清戦争−窪田仲蔵の従軍日記」, 『創文』, 1973.11, 1974.1・3・4월호.
都築久義, 「杉山平助論」, 『愛知淑徳大學論集』, 6, 1981.
熊谷, 「上海・満鉄調査部8月15日」, 『海外事情』, 1980.8.
浅井泰範, 「英国のマスコミが提起したもの」, 『新聞研究』, 1982.7.
村井仁, 「もうひとつの"フォークランド紛争"」, 『NHK文研月報』, 1982.7.
佐藤欽也, 「英紙論説委員の処分をめぐるホットな論争」, 『朝日ジャーナル』, 1983.1.21.
本多勝一, 「南京への道」, 『朝日ジャーナル』, 1984.4.13~10.5.
畝本正巳, 「証言による"南京戦史"」, 『偕行』, 1984.12.
板倉由明, 「松井石根日記の改竄について」, 『文芸春秋』, 1986.1.

古森義久,「南京事件を世界に知らせた男」,『文芸春秋』, 1989.10.

「奈良38連隊と南京事件」,『自治研なら』, 53호, 1994.12.

渡辺正男,「上海・南京・漢ロー55年目の真実」,『別冊文芸春秋』, 1993.1.

小野賢二,「兵士の陣中日記にみる南京大虐殺－郷土部隊が捕えた捕虜約二万の行方」, 『戦争責任研究』, 1995, 秋季号.

福田和也,「ジョン・ラーベの日記『南京大虐殺』をどう読むか」,『諸君!』, 1997.12.

玉井史太郎,「『土と兵隊』戦後版補筆」, 玉井家私版,『葦平曼陀羅』, 1999.

桜井よしこ,「南京事件に関する新事実, まさに歴史を見直すべき時」,『週刊ダイヤモンド』, 2001.12.1.

小野賢二 편・해설,「報道された無数の'百人斬り'」,『戦争責任研究』, 2004, 冬季号.

寺戸尚隆,「軍事郵便の検閲と民衆の戦争意識への影響」,『国史學研究』, 龍谷大學国史學研究会, 2008.3.

小野賢二,「百人斬り競争を検証する」,『人権と教育』, 2009.5.

吉田裕,「十五年戦争史研究と戦争責任問題」,『一橋論叢』, 97-2.

渡辺久志,「南京事件の虐殺者数を再考する－第四回国際法をめぐる議論と論点(1)」,『中帰連』 51, 2012.12.

渡辺久志,「求めているのは"実像"か"虚像"か?(全4回),『(季刊)中帰連』 21~24, 2002~2003.

上丸洋一,「東学農民戦争をたどって」,『朝日新聞』, 2019.1.15~21.

찾아보기

ㄱ

가네코 요시오(金子義男) 364
가리야마 343, 345
가미카와 히코마쓰(神川彦松) 492
가사마 이이치(笠間伊一) 333
가사이 마사오(笠井眞男) 496
가사하라 도쿠시(笠原十九司) 129, 135, 161, 163, 170, 207, 250, 441, 442
가사하라(笠原) 85, 100, 108, 129, 135, 161, 163, 170, 207, 250, 362, 441, 442
가스가 요시가즈(春日由三) 432, 434
가와무라 에이치(河村英一) 312, 349
가자미 아키라(風見章) 86, 389, 396
가토 슈이치(加藤周一) 514
간노 아사키치(菅野淺吉) 333
간다 고이치(神田孝一) 482
간인노미야 고토히토(閑院宮載仁) 372
간인노미야 하루히토(閑院宮春仁) 372
고노에 후미마로(近衛文) 78, 81, 86, 421
고바야시 기요기치(小林喜代吉) 109, 245, 256
고바야시 히데오(小林秀雄) 88, 89, 368
고야나기 쓰구이치(小柳次一) 528
고옥수(高玉樹) 425
고토 고사쿠(五島廣作) 65, 501

곤노 요시오(今野義雄) 513
곤도 에이쇼(近藤榮昌) 317
곤 히데미(今日出海) 492
구노 오사무(久野) 459
구니사키(國崎) 294
구도 신이치로(工藤信一良) 495
구리하라 사다코(栗原貞子) 468
구마가야 야스시(熊谷康) 397
구보 이사무(久保勇) 453
기류 유유(桐生悠悠) 402, 403, 486
기무라 이헤이(木村伊兵衛) 269
기시 노부스케(岸信介) 447, 460
기시다 요코(岸田 葉子) 510, 512
기타야마 아토오(北山與) 487

ㄴ

나가이 가후(永井荷風) 406
나이기(內儀) 315
나카가와 젠노스케(中川善之助) 492
나카노 요시오(中野好夫) 514
나카무라 쇼고(中村正吾) 217~219, 229, 257
나카무라(中村) 207, 217~219, 229, 248, 257
나카시마 게사고(中島今朝吾) 37, 38, 205, 206, 237, 341, 345
나카야마 이치로(中山伊知郎) 492
나카야마 젠자부로(中山善三郎) 494
노구치 도시오(野口俊夫) 452
노조에 겐지(野添憲治) 465
니노가쿠(二郭) 347

니시가타니 도오루(西ケ谷徹) 478
니시무라 다다오(西村忠郎) 465
니시오 기요사부로(西尾清三郎) 355

ㄷ

다나카 마사아키(田中正明) 55, 287
다나카 미쓰다케(田中光武) 167, 281, 324, 332
다나카(田中光武) 55, 167, 281, 282, 286, 287, 324, 332, 454
다무라 신사쿠(田村眞作) 143, 144, 481, 482
다야마 요시오(田山芳雄) 304
다야마(田山) 294, 299, 304, 350, 412
다치바나 요시모리(橘善守) 466
다카기 도시로(高木俊朗) 452, 505
다카다 모토사부로(高田元三郎) 492
다카사키 다쓰노스케(高碕達之助) 503
다카사키 류지(高崎隆治) 58, 59, 261, 262, 264
다카하라 미사오(高原操) 404
다카하시 고레기요(高橋是清) 406
다케사키(竹崎) 368
다케야마 미치오(竹山道雄) 449
다케야마 아키코(竹山昭子) 427, 432, 436
다케우치 키치(竹內俊吉) 350
다테가와 요시쓰구(建川美次) 382, 383
다테(伊達) 61, 133, 267, 382, 383, 384
도미타 고지로(富田幸次郎) 382, 383
도요후쿠(豊福) 341
도조 히데키(東條英機) 442, 443

도쿠가와 무세이(德川夢声) 424
도쿠마루(德丸) 248

ㄹ

리처드 프란시스 520

ㅁ

마루야마 구니오(丸山邦男) 447, 448
마루야마 유타카(丸山豊) 458
마부치 이쓰오(馬淵逸雄) 74~76, 84, 100, 101, 353, 354, 500
마쓰다히라 쓰네오(松平恒雄) 395
마쓰모토 세이지(松本政治) 453, 493
마쓰모토 시게하루(松本重治) 105, 106, 371, 373
마쓰야마 고이치(松山吾一) 499
마쓰오카 요스케(松岡洋右) 390, 415
마쓰이(松井) 49, 68, 80, 82~84, 86, 196, 264~266, 330, 371~376, 437, 442
마쓰이 이와네(松井石根) 49, 68, 80, 82, 86, 196, 264, 265, 371, 373, 376, 437, 442
마에다 다몬(前田多門) 405
마에다 유지(前田雄二) 189, 237, 248, 501
마이너 S.베이츠 236
모로즈미 25, 26, 28, 30, 279~282, 284~288, 290~293, 296, 298~300, 302~306, 308, 310~320, 323~326, 330, 332, 334, 335

모로즈미 교사쿠(兩角業作)　25, 279, 288, 292, 293, 310
모리 교조(森恭三)　218, 232, 465
모리 쇼조(森正蔵)　419
모리야마 요시오(守山義雄)　202, 219~221, 345, 348, 508
무네타 히로시(棟田博)　492
무노 다케지(武野武治)　510, 511
무라카미(村上)　204, 236, 245, 247
무타구치 렌야(牟田口廉也)　454
무타구치(牟田口)　454, 455, 456
미니 보트린　135, 136, 241, 242, 346, 347, 373
미즈시마 야스히코(水島安彦)　449
미즈타니 소(水谷莊)　241
미키 기요시(三木清)　398, 399
미타 레이진(三田澪人)　275
미타 에이치(三田英一)　315

ㅂ

베이츠　236, 237
브란트　460
브래드포드 스미스(Bradford A. Smith)　427

ㅅ

사사키 모토가쓰(佐佐木元勝)　176, 258, 272, 273, 297, 347, 531
사이조 야소(西條八十)　263, 264, 268
사카모토 로쿠로(坂本六良)　28, 187, 504
사카키바라(榊原)　274

사쿠라이 요시코(櫻井よしこ)　433~435
사토 신주(佐藤振壽)　103, 150, 151, 203, 207, 210, 239, 501, 530
사토 에이사쿠(佐藤榮作)　459, 528
사토 이치로(佐藤一郎)　301~303, 305
소고 신지(十河信二)　382
송덕화(宋德和)　420
스기야마 헤이스케(杉山平助)　74, 358, 359, 360
스기에 이사무(杉江勇)　454
스즈키 간타로(鈴木貫太郎)　419
스즈키 아키라(鈴木明)　23, 156, 159, 179, 261, 295, 297, 299, 469, 501, 506, 508
스즈키 지로(鈴木 二郎)　121, 503
스케가와 세이지(助川靜二)　254, 452
스파링(Eduard Sperling)　343
시데하라 기주로(幣原喜重郎)　518
시데하라(幣原)　406, 518
시모무라 히로시(下村宏)　382
시바타 요시오(柴田儀雄)　275
시시라쿠 쓰네다카(宍倉恒孝)　495
신바 에이지(榛葉英治)　462
심박시(沈博施)　350
쑹메이링(宋美齡)　400, 401
쑹칭링(宋慶齡)　401
쓰노다 에이치(角田榮一)　333
쓰루미 가즈코(鶴見和子)　443
쓰루미 스케(鶴見俊輔)　459
쓰카모토 스케타로(塚本助太郎)　397

ㅇ

아라 겐이치(阿羅健一)　30, 42, 183, 220, 255, 321, 487, 501
아라세 유타카(荒瀨豊)　449, 467
아베 데루오(阿部輝郎)　289, 298, 307, 334
아베 도모지(阿部知二)　492
아베 신조(安倍晋三)　523
아베(阿邊)　248
아베(阿部)　271, 289, 296, 483, 492
아사미 가즈오(淺海一男)　50, 127, 128, 226, 501
아사카노미야 야스히코(朝香宮鳩彦)　265
아사카노미야(朝香宮)　265, 371
아이다(相田)　294
야나이　29, 30, 315~323, 326, 329, 335~337, 515, 516
야나이 쇼고로(箭內正五郎)　29, 30, 315, 326, 336
야나이하라 다다오(矢內原忠雄)　515
야마다 센지(山田梅二)　279, 281, 283, 286, 292, 293, 295, 299
야마다 유세이(山田祐靜)　495
야마모토 오사무(山本治)　215, 254
야스이 쇼지(安井昌二)　450
에토(江藤)　248
엔도 다카아키(遠藤高明)　284
엔도 사부로(遠藤三郎)　375
오가와 세키지로(小川關治郎)　120, 121, 126, 440, 441
오가와 아이지로(小川愛次郎)　388, 390~392, 394, 397

오고치 가즈오(大河內一男)　492
오노 겐지(小野賢二)　280, 306, 307, 318, 331
오다 미노루(小田實)　459
오모리 미노루(大森實)　54
오사라기 지로(大佛次郎)　442
오야마 히코우에몬(大山彦右衛門)　327, 330
오야 소이치(大宅壯一)　53, 54, 150~152, 270
오요카와 무사시(及川六三四)　482
오이데 다다노부(小出唯信)　357
오자와 다케지(小澤武二)　443
오카다 게스케(岡田啓介)　382
오카무라 야스지(岡村寧次)　397
오카에다 히데모토(岡枝英元)　495
오카자키 가헤이타(岡崎嘉平太)　502, 516
오타 다이키치(多田太吉)　382, 384, 385
와카우메(若梅)　236
와키사카(脇坂)　142, 446, 447
와타나베 가즈오(渡邊一夫)　420
와타나베(渡邊)　106, 122, 166, 221, 222, 269, 294, 332, 346, 420, 453
와타나베 마사오(渡邊正男)　221, 346
와타나베 쇼조(渡邊正藏)　332
왕자오밍(汪兆銘)　396, 398
요시다 시게루(吉田茂)　382, 383
요코타 세이키(橫田省己)　279, 281, 312
요코타(橫田)　26, 279, 281, 282, 284~287, 312, 321
우가키 가즈시게(宇垣一成)　77, 385
우노사와(鵜澤)　247

우에노 고로(上野悟郞) 312
우에마 세이유(上間正諭) 474
우치무라 마사히사(植村正久) 516, 517
우치야마 간조(內山完造) 397
운노 히데오(海野秀雄) 494
윌슨 438
유우키 도요타로(結城豊太郎) 412
이나다(稻田正純) 274
이누마 마모루(飯沼守) 111, 371, 372
이리에 아키라(入江昭) 525
이마이 세이고(今井正剛) 216, 227, 256, 501
이세키 준(伊關淳) 333
이시이 이타로(石射猪太郎) 85, 385, 389, 390, 392~394, 482
이시이 케이(石井桂) 357
이시카와 다쓰조(石川達三) 353, 361, 363, 436, 478, 492
이시카와 분요(石川文洋) 525
이안생(李安生) 247, 248
이와사키 쇼지(岩崎昌治) 150, 275
이즈미 기이치(泉毅一) 484, 502
이치노 나오지(市野直治) 27, 314
이치카와 곤(市川崑) 450
이케시타 다카요시(池下孝義) 497
이토 쇼이치(伊藤正一) 496

ㅈ

장제스(蔣介石) 14, 15, 105, 131, 140, 178, 246, 271, 283, 325, 331, 389, 396, 400, 401, 414, 415, 429, 430, 439, 476

제임스 에스피(James Espy) 341
제임스 H. 마카람 355
조마루 다이키치(上丸大吉) 530
존 G. 마기(John G. Magee) 342
진신정(陳頤鼎) 250

ㅊ

초나바야시(蝶名林) 329
치치부노미야 야스히토(秩父宮雍仁) 372

ㅋ

쿠사노 신페(草野心平) 492

ㅎ

하마구치 이사부로(浜口伊三郞) 401, 402
하마노 요시오(浜野嘉夫) 267, 446
하마다 겐지(浜田健二) 433, 434
하세가와 헤하치로(長谷川平八郞) 27, 314
하시모토(橋本登美三郎) 215, 216, 235, 236, 247, 254, 255, 486, 487, 508, 528
하시모토 긴고로(橋本欣五郞) 247
하시모토 도미사부로(橋本登美三郞) 215, 486, 508, 528
하시모토 히사시(藤本龜) 236
하시카와 분조(橋川文三) 36, 451
하야시다 시게고로(林田重五郞) 369, 501
하야시다 주고로(林田重五郞) 369, 501
하타 이쿠히코(秦郁彦) 148, 274

찾아보기 549

호라 도미오(洞富雄)　237, 250, 287,
　　342, 349, 350, 367, 440
호리에 산고로(堀江三五郎)　119, 240
호소카와 다카치카(細川隆元)　492
혼다 쇼이치(本多勝一)　50, 59, 92, 128,
　　172, 280, 306, 307, 460, 461, 463, 485
혼마(本間)　294
홋타 요시에(堀田善衛)　397, 462
후루미야 쇼지로(古宮正次郎)　325
후루야 이토코(古谷糸子)　497
후지모토 가메(藤本亀)　446
후지모토 히사시(藤本比佐志)　445, 446
후지와라 아키라(藤原彰)　280, 307, 309
후지타 노부가쓰(藤田信勝)　68~70, 477,
　　489, 513
후카미 가즈오(深見和夫)　496
후쿠다 린지(福田林治)　251
후쿠시마 다케시로(福島武四郎)　246
후쿠오카 세이치(福岡誠一)　513
후타바야마(雙葉山)　366
히가시구니　406, 419~421
히가시구니노미야 나루히코(東久邇宮稔彦)
　　419
히노 아시헤이(火野葦平)　86, 87, 93, 368,
　　480
히다카 로쿠로(日高六郎)　459
히도히라 다카오(比土平隆男)　203, 530
히라마쓰 요시카쓰(平松儀勝)　236, 356,
　　506
히라바야시 세이지(平林貞治)　297, 334
히라타 소토기지로(平田外喜二郎)　493
히사즈미 데이조(久住悌三)　498